**Dissertationen
Theologische Reihe**

Band 83

Neuer Wein in alte Schläuche

Chancen und Grenzen von
Gemeindeentwicklung aus dogmatischer
und pastoraltheologischer Perspektive

Rudolf Vögele

 EOS Verlag Erzabtei St.Ottilien

Die Deutsche Bibliothek – CIP-Einheitsaufnahme

Vögele, Rudolf:
Neuer Wein in alte Schläuche : Chancen und Grenzen von
Gemeindeentwicklung aus dogmatischer und pastoraltheologischer
Perspektive / Rudolf Vögele. – St. Ottilien : EOS-Verl., 1999

(Dissertationen : Theologische Reihe ; Bd. 83)
Zugl.: Tübingen, Univ., Diss., 1998
ISBN 3-8306-7000-1

Für Mutsch (1928–1988)

INHALTSVERZEICHNIS

VORWORT

Als ich vor etwa 25 Jahren im Arbeitskreis Jugendgottesdienst meiner Heimatgemeinde mitarbeitete, war das Lied *"Ein Schiff, das sich Gemeinde nennt"* noch ein besonderer Hit im liturgischen Ambiente. Für uns Jugendliche war es wie ein revolutionärer Aufruf, sich nicht länger im alten Glanz vergangener Herrlichkeit zu sonnen, sondern endlich aus dem sicheren Hafen der Bequemlichkeit und des einseitigen Gehorsams auszulaufen und die Fahrt auf das große Meer zu wagen.

Die letzten Jahrzehnte haben auch innerkirchlich vieles verändert. Der Fortschritt in Wissenschaft und Technik, der größere Hang zu Selbstverwirklichung und Individualität hat die Sehnsucht nach dem großen Schiff, auf dem alle Platz haben und sich wohl fühlen, immer mehr gemildert. Gefragt sind zunehmend kleinere Boote, überschaubare Gemeinschaften, in denen eine wohltuende Beziehungskultur erlebbar ist. Dadurch werden bisherige Pfarreistrukturen immer unwichtiger, dem Priestermangel begegnet man mit der Haltung, daß es 'ohne Pfarrer' auch – manchmal sogar besser – gehe, und überhaupt gelangen immer mehr zu der Überzeugung, daß das alte System Kirche ein Auslaufmodell sei. Deutlich wird eine solche Haltung in dem modernen Kirchenlied "Wenn der Geist sich regt...": *"Füllt den neuen Wein nicht in die alten Schläuche! Zwängt die junge Kirche nicht in alte Bräuche! Öffnet Herz und Ohren weit dem neuen Klang! Schöpfet Mut für Euren Glauben! Seid nicht bang!"* Auf der einen Seite also Optimismus: der Heilige Geist wird neue Strukturen schaffen, die alte, marode gewordene Kirche neu aufbauen. Auf der anderen Seite jedoch auch Klagen und viele Fragen: wie soll es denn überhaupt weitergehen? Wohin steuert die Kirche? Welche Bedeutung kommt in Zukunft der einzelnen Pfarrgemeinde zu? Inwieweit können und dürfen sich die Rollen und Kompetenzen der Verantwortlichen im Volk Gottes ändern?

Vor fünf Jahren, Mitte 1993, wurde ich beauftragt, im Erzbischöflichen Ordinariat in Freiburg den neu eingerichteten "Arbeitsbereich Gemeindeentwicklung" zu übernehmen. Durch die zusätzliche Ausbildung in Systemischer Organisationsentwicklung wurde ich dafür sensibilisiert, was es konkret bedeutet, persönlich, aber auch als System offen zu bleiben für Veränderungen und Entwicklungen. Im Juli 1996 inspirierte mich Prof. Dr. B.J. Hilberath, diese vielfältigen Erkenntnisse und Ideen zu systematisieren, sie gewissermaßen theologisch-wissenschaftlich zu filtern und in einer Dissertation zusammenzufassen. Dank seiner Begleitung und zunehmend auch der von Prof. Dr. O. Fuchs, wofür ich ihnen von ganzen Herzen danken möchte, entstand diese Arbeit, die ich – nicht mehr, aber auch nicht weniger – als einen Diskussionsbeitrag verstanden wissen möchte. Die Auseinandersetzung mit den soziologischen Gegebenheiten sowie den theologischen

Grundlagen und die konkreten Beispiele aus der Praxis, die hier mit einge-
flossen sind, sollen das Gespräch über die Kirche und die Zukunft ihrer
Gemeinden anregen. Vielleicht können sie gegebenenfalls sogar an der
einen oder anderen Stelle eine Brücke schlagen zwischen der Lehre über die
Kirche *(Ekklesiologie)* und der gelebten Kirchenpraxis *(Ekklesiopraxie)*, die
meinem Eindruck nach immer weiter auseinander klaffen. Es wäre jedenfalls eine Bestätigung für das Grundanliegen dieser Arbeit, wenn es irgendwann an der Zeit wäre, sie neu zu schreiben, weil die Erfahrungen gezeigt
haben, daß es noch viel mehr und vielleicht auch bessere Wege gibt, der
Vision Jesu vom Reich Gottes noch mehr Anschaulichkeit und Wirklichkeit
zu verleihen. Aber es ist sicher auch sinnvoll, nicht immer nur der Vision
hinterher zu eilen, sondern immer wieder auch innezuhalten, sich zu vergewissern und sich dann gegebenenfalls neu zu orientieren.

Richtungsweisend war für mich dabei die gelebte Praxis der *Communio* in
den Gemeinden. Ich verstehe meinen Dienst als Referent für Gemeindeentwicklung nach wie vor zunächst als Kundschafter, dann aber auch als Bot-
schafter, der auf die Chancen, aber auch Grenzen von Entwicklungen aufmerksam macht. Zur Verwirklichung beider Dimensionen ist mir die Kommunikation und Kooperation mit anderen unverzichtbar. Oftmals sind sich
diese anderen wahrscheinlich gar nicht bewußt, welche bedeutsamen Anregungen und Hinweise sie mir – oft auch nur nebenbei – mit auf den Weg
gegeben haben. Stellvertretend für alle möchte ich hier meinen Dank den
vielen Mitarbeiterinnen und Mitarbeitern in den Pfarrgemeinden ausspre-
chen, die ich in den vergangenen Jahren immer wieder begleiten durfte. Mit
ihnen zusammen konnte ich immer wieder erkunden, wie bodenständig
manche Ideen und theoretischen Entwürfe tatsächlich sind, und ich konnte
dadurch auch lernen, daß vieles, was theologisch durchaus denkbar ist, sich
ganz praktisch oft nicht verwirklichen läßt. Besonderer Dank gilt natürlich
den Pfarrgemeinden, die es mir erlaubt haben, ihre Erfahrungen und Erkenntnisse hier auch zu veröffentlichen. Ebenso danke ich auch meinen
Freunden und Kollegen im pastoralen Dienst, Regionalreferent und Diakon
Andreas Korol, Pastoralreferent Winfried Neumann und Pfarrer Werner
Bauer, die mir durch ihre offene und ehrliche Kritik bei der Durchsicht der
Entwürfe sehr weitergeholfen haben. In ganz besonderer Weise danke ich
meiner Frau Angelika und meinen Kindern Jonas und Aaron, daß sie mir
(oft auch gar nicht so bereitwillig) die Freiräume geschenkt haben, diese
Arbeit neben meinem bereits zeitaufwendigen Beruf zu schreiben. Gerade
sie waren es, die mich immer wieder auf den Boden der Tatsachen zurückgeholt haben. Die Fragen von ihnen – aus der Mitte des Alltags gestellt –
über Gott und seine Kirche, die Anfragen an meine Präsenz in der Familie
und die (nicht seltene) Kritik an der Institution, die oft auch über Maßen

vereinnahmt, haben mir wohl am meisten dazu verholfen, keine 'Utopie' von Kirche und Gemeinde zu verfolgen. Meiner Familie verdanke ich am meisten die Erkenntnis, daß wahre Theologie sich nicht nur in Bibliotheken, Universitäten oder Ordinariaten, sondern gerade mitten im Alltag verwirklichen und bewähren muß.

Rudolf Vögele
Freiburg-Munzingen, im Juli 1999

1 EINLEITUNG

In den vergangenen Jahren wurden auf der Leitungsebene vieler Bistümer (in Ordinariaten bzw. Generalvikariaten) spezielle Stellen eingerichtet, die sich explizit mit der Thematik "Gemeindeentwicklung", "Gemeindeaufbau" oder auch "Gemeindeberatung" befassen (sollen). Wenn man danach forscht, welche Überlegungen zur Institutionalisierung solcher neuen Aufgabenbereiche geführt hat[1], dann kann man leicht zu dem Ergebnis gelangen, daß hier ein 'Perspektivenwechsel' stattgefunden hat. Wie die Konzilsväter beim Zweiten Vatikanischen Konzil nicht mehr nur die Kirche als Weltkirche, sondern verstärkt die einzelnen Ortskirchen, also die Diözesen, als Verwirklichung von Kirche in den Blick genommen haben[2], so wird nun von der Diözesanebene her der Fokus auf die Gemeinde als Ganze gesetzt. Explizit ist bei diesen Überlegungen die Rede davon, daß jede und jeder einzelne Glied dieser Kirche ist und entsprechend seinen Begabungen und Fähigkeiten (Charismen) sowie seinen zeitlichen Ressourcen zur Auferbauung des Leibes Christi beitragen kann. Für den bzw. die einzelne ist es aber auch wichtig, daß die Gemeinde als "Beziehungsnetz" und als "Lebensraum" erfahrbar wird, in dem nicht ausschließlich die Funktion und Leistung zählt, sondern in dem "Begegnung, Teilen des Lebens und des Glaubens, Austausch und gegenseitige Hilfe möglich sind. So kann Gemeinde als Raum der Erlösung und Beheimatung erfahren werden und gegenüber der Anonymität der modernen Gesellschaft Ausstrahlung gewinnen."[3] Implizit grenzte man sich durch einen solchen Perspektivenwechsel von bisherigen Vorgehensweisen ab: zum einen von der Haltung, es müßten auch weiterhin *oben*, das heißt auf Diözesanebene, möglichst gute Konzepte entworfen und *nach unten hin* als Lösungen angeboten werden; zum anderen aber auch von der Einstellung, daß eine Gemeinde sich dann weiterentwickelt, wenn sie nur über einige in Spezialgebieten befähigte bzw. weitergebildete Mitarbeiterinnen und Mitarbeiter verfügt. Der Optimismus, daß sich über die Veränderung einzelner auch die Kirche oder die Gemeinde als Ganze ändert, hat sich in den vergangenen Jahren und Jahrzehnten nur begrenzt bewahrheitet.

---

[1] Beispielhaft nachzulesen in der Vorlage der Kommission I ("Die Zukunft der Gemeinde") – vgl.: **SEKRETARIAT DES FREIBURGER DIÖZESANFORUMS (Hrsg.):** Dokumentation zum Freiburger Diözesanforum. Heft 2: Vorlagen der Kommissionen. Freiburg 1992. S. 12-18

[2] Nähere Ausführungen diesbezüglich siehe Teil I, 2.1.3 – S. 110-117

[3] **SEKRETARIAT DES FREIBURGER DIÖZESANFORUMS (Hrsg.):** Dokumentation Heft 2. a.a.O. S. 15

Damit war – zumindest in den Überlegungen – die Richtung eingeschlagen, die Gemeinde nicht mehr nur als einen 'Teilbereich' der Diözese oder lediglich als eine territoriale Größe anzusehen, sondern als ein eigenes *System*, als einen eigenen Organismus mit jeweils unterschiedlichen Ausprägungen und Gesetzmäßigkeiten. In diese Richtung gehend verstehe auch ich meine Tätigkeit als Referent für Gemeindeentwicklung: in der Begleitung und Beratung von Pfarrgemeinden, in Vorträgen und Seminaren sowie in wissenschaftlichen Symposien versuche ich immer wieder darauf aufmerksam zu machen, welche Konsequenzen sich aus solch einer *systemischen* Betrachtung von Gemeinde ergeben können. So hat sich für mich – besonders auch im Hören und Sehen dessen, was wächst – eine Vision von Kirche und Gemeinde entwickelt, die ich hier nach folgendem Aufbau vorstellen möchte:

In dieser **Einleitung** versuche ich zunächst noch, den Begriff Gemeindeentwicklung sowohl systemisch als auch theologisch zumindest annähernd zu klären, was in der heutigen 'babylonischen Sprachverwirrung' sich als nützlich erweisen könnte;

Der **Teil I** setzt sich dann zunächst mit der gesellschaftlichen Entwicklung der letzten Jahrzehnte in unserem Lebensraum, also der Bundesrepublik Deutschland, auseinander [in der Kopfzeile gekennzeichnet mit dem Stichwort **Gesellschaft**].

Weiterhin werden in diesem 1. Teil die theologischen und lehramtlichen Rahmenbedingungen durch das Zweite Vatikanische Konzil und dessen Weiterentwicklung in Deutschland erkundet [**Kirche**].

Seinen Abschluß findet dieser 1. Teil in einer Zusammenfassung beider Analysen und einem Ausblick über die Bedeutung dessen für Kirche und Gemeinde in der Welt von heute [**Zusammenfassung und Ausblick**].

Der **Teil II** dieser Arbeit hat dann mehr eine praxisorientierte Ausrichtung: nachdem zunächst die Vision Jesu aufgegriffen und eine mögliche Verwirklichung derer beschrieben wird, sollen Kriterien für eine Entscheidung benannt werden [**Urteilen und Entscheiden**].

Erst von da aus wird versucht, 'neue Aufgaben' der Seelsorge in der heutigen Zeit zu eruieren [**Seelsorge**] und in Konsequenz daraus auch ein eventuell zu veränderndes Leitungsverständnis zu beschreiben [**Leitung**].

In einem diesen Teil abschließenden Kapitel wird dann noch dargestellt, welche Konsequenzen sich daraus ergeben könnten für einen Strukturwandel und eine veränderte Sozialgestalt von Kirche [**Veränderungen**].

Zusammenfassende Thesen sollen dann eine Hilfe sein, das Dargelegte in komprimierter Form sich noch einmal zu vergegenwärtigen und damit vielleicht auch eine Vorlage an der Hand zu haben, mit der in Gruppen der Gemeinden weiter diskutiert und gearbeitet werden kann.

Entsprechend dieser Gliederung hat es sich nahegelegt, dem 1. Teil die Gesamtüberschrift zuzuweisen: "Es ist, was es ist..." und dem 2. Teil der mehr pragmatischen Ausrichtung wegen die Überschrift: "... **aber es muß ja nicht so bleiben!**".

Ein erster Schritt der Begriffsklärung ist es nun, bei jenen Expertinnen und Experten Rat zu holen, die seit etlichen Jahren schon in der Wirtschaft und Industrie unter der Bezeichnung *systemischer Organisationsentwicklung* entsprechende Erfahrungen vorzuweisen haben und die in gewissem Sinne sicher auch 'Pate dafür standen', daß der Begriff Gemeindeentwicklung in den kirchlichen Sprachgebrauch aufgenommen wurde.

1.1 Gemeindeentwicklung als systemische Organisationsentwicklung

Von der herkömmlichen *Organisationsberatung* unterscheidet sich die *systemische Organisationsentwicklung* schon dadurch, daß sie nicht nach dem Modus vorgeht, anhand von Expertisen den Organisationen Konzepte im Sinne von Rezepten an die Hand zu geben – wie beispielsweise der Profit gesteigert, Mitarbeiter motiviert oder eingespart werden könnten – und bei der Umsetzung dieser Konzepte zu helfen. Die Konzeption der *systemischen* Organisationsentwicklung geht davon aus, daß das Potential zu Veränderungen in den Unternehmen selbst vorhanden ist, nämlich in den Menschen, die zusammen ein *System* bilden. Das System selbst – so eine spitz formulierte Prämisse dieser neueren Form der Organisationsberatung – ist 'dumm', das heißt es ist nur sehr schwer in der Lage, 'zu lernen'. Es 'lernt' bzw. entwickelt sich durch äußerliche Veränderungen, vor allem durch Strukturveränderungen. Eine Gesellschaft beispielsweise, die einen bestimmten technischen Standard erreicht hat, hat es 'gelernt', mit neuen Erfindungen – wie Eisenbahn, Automobil, Telefon, Computer usw. – selbstverständlich umzugehen; die Bundesrepublik Deutschland 'lernte' nach dem Zusammenbruch 1945 die Demokratie. Aber dieses Lernvermögen einer Organisation begründet sich nicht allein und vorrangig darin, daß einzelne Glieder dieser sich weitergebildet haben, sondern primär dadurch, daß sich auch strukturell im System etwas geändert hat. Der Wechsel von der Diktatur zur Demokratie wurde *strukturell* vollzogen und vom Großteil der Bevölkerung erst Jahre später – wenn nicht sogar zwei Jahrzehnte, also Mitte der 60er Jahre – erst richtig verstanden.[4] Eine Organisation, so kann

---

[4] Vgl. dazu auch: **FRIEMEL, F. G.:** Sorgenweg des Lernens. Wie lernfähig sind soziale Gebilde? BÄRENZ, R. (Hrsg.): Theologie, die hört und sieht. Würzburg 1998. S.82-93, bes. S. 83f

man diese Einsichten resümieren, 'lernt' also am besten, wenn von einer Vision oder Idee her (wie der Demokratie) den Gliedern dieser Organisation auch Zuständigkeits- und Entscheidungskompetenzen zugestanden werden. Mitarbeiterinnen und Mitarbeiter in der Kirche beispielsweise lernen auf diese Weise besser und schneller, was mit der Idee oder Vision vom "Gemeinsamen Priestertum aller Gläubigen" gemeint ist, wenn sie auch *wirk*lich mit in die Verantwortung hinein genommen werden. Infolgedessen nimmt die systemische Organisationsentwicklung zunächst die Kompetenzen in den Blick, die eine Organisation ihren Mitarbeiterinnen und Mitarbeiter zuspricht bzw. die einer Organisation in Form der Fähigkeiten derer zur Verfügung stehen, stützt und fördert diese, damit sich so eine *Kooperation von unten her* entwickelt.[5]

Die Mitarbeiterinnen und Mitarbeiter in solchen Veränderungsprozessen werden also als *Subjekt der Organisationsentwicklung* angesehen, die gegebenenfalls lediglich gut begleitet werden müssen.[6] Sie sind die eigentlichen Expertinnen und Experten der Organisationsentwicklung. Die 'Fachleute von außen', die über das nötige Rüstzeug verfügen, vermögen es lediglich, solche Entwicklungsprozesse zu begleiten. Die einzelnen Mitarbeiterinnen und Mitarbeiter werden gewissermaßen wahrgenommen mit ihren Fähigkeiten, aber auch Grenzen, nicht um sie in gewissem Sinn zu optimieren, sondern um mit ihnen gemeinsam den jeweiligen Platz zu finden, an dem sie mit ihren Begabungen optimal eingesetzt sind. Eine systemische Organisationsentwicklung nimmt demzufolge den Menschen in den Blick, so wie er (geworden) ist und versucht ihn zu motivieren, sich mit seinen Fähigkeiten, seinem Wissen und Können bestmöglichst in den jeweiligen Entwicklungsprozeß einzubringen. Durch eine solche *partizipative* Vorgehensweise wird erreicht, daß sich der bzw. die einzelne mit dem Unternehmen leichter identifizieren kann. Das Schlagwort dafür heißt *Corporate Identity* [7] und meint in der wirtschaftlichen Praxis "die strategisch geplante und operativ eingesetzte Selbstdarstellung und Verhaltensweise eines Unternehmens nach innen und nach außen auf der Basis einer festgelegten Unterneh-

---

[5] Besonders anschaulich ist dieser Prozeß erläutert in: **WARNECKE, H.-J.**: Die Fraktale Fabrik. Revolution der Unternehmenskultur. Berlin 1992

[6] Vgl. **OSTERHOLD, G.**: Veränderungsmanagement. a.a.O. S. 162-168; ebenso: **HOMANN, K.**: Herausforderung durch systemische Sozial- und Denkstrukturen. ERWACHSENENBILDUNG 4/1996. S. 181-186

[7] Vgl. **KÖNIG, E. u. G. VOLMER**: Systemische Organisationsberatung. a.a.O. S. 199; ebenso: **FATZER, G. (Hrsg.)**: Organisationsentwicklung für die Zukunft. Köln 1993 (Edition Humanistische Psychologie)

mensphilosophie, einer langfristigen Unternehmenszielsetzung und eines definierten (Soll-)Images".[8]

Ausgangspunkt und Ziel einer solch verstanden systemischen Organisationsentwicklung ist also, daß der oder die einzelne sich in einem System nicht mehr als unbedeutendes Objekt, sondern als Subjekt versteht, das in seinem (überschaubaren) Teilbereich eigenverantwortlich mitdenken, mitentscheiden und mitgestalten kann bzw. soll. Ein (wenn auch noch recht kleiner) Teil der Arbeitswelt verwirklicht bereits eine solche systemische Organisationsentwicklung mit dem Ergebnis, daß die Arbeitsleistungen der Mitarbeiterinnen und Mitarbeiter weitaus effektiver sind, wenn sie an der Erstellung von Unternehmens-Leitzielen mitwirken und zu deren Verwirklichung eigene Ideen, eigenes Können und Wissen einbringen können. Ausschlaggebend für ein erfolgreiches Unternehmen sind demnach nicht (mehr) nur Profit- und Kundenorientierung, sondern in gleichem Maße auch die Mitarbeiterzufriedenheit. Erst "im Zusammenspiel der Kräfte von Unternehmensprofit, Kundenbeziehungen und Mitarbeiterzufriedenheit [zeigt sich] die Kultur des Unternehmens", die eine Balance dieser drei Teilaspekte aufrecht zu erhalten sucht.[9] Der Unternehmensleitung kommt dabei mehr und mehr die Rolle zu, zur Erarbeitung und Verwirklichung einer gemeinsamen Unternehmenskultur zu motivieren, dazu das vorhandene Wissen zu vernetzen und die Kommunikation zu fördern sowie durch den eigenen Leitungsstil das starr-hierarchische Strukturprinzip Von-oben-nach-unten in einen lebendigen Organismus zu verwandeln.[10]

Mit dieser neuen Unternehmensphilosophie wird versucht, zum einen den veränderten Lebensbedingungen heutiger Menschen gerecht zu werden[11], zum anderen aber auch die immer größere Komplexität zu bewältigen.

1.2 Gemeindeentwicklung im innerkirchlichen Kontext

Auch wenn der Begriff *systemische Organisationsentwicklung* noch relativ unbekannt ist, machen nicht wenige Mitarbeiterinnen und Mitarbeiter in

---

[8] **CAVIGELLI-ENDERLIN, Z.**: Glaubwürdigkeit der Kirche. Und was ihre Struktur, ihre Kultur und ihre Strategien dazu beitragen können. Freiburg Schweiz 1996. S. 200-214, hier S. 200

[9] Vgl. **OSTERHOLD, G.**: Veränderungsmanagement. Visionen und Wege zu einer neuen Unternehmenskultur. Wiesbaden 1996. S. 35-67

[10] Vgl. **ARGYRIS, C.**: Eingeübte Inkompetenz - ein Führungsdilemma. In: FATZER, G. (Hrsg.): Organisationsentwicklung für die Zukunft. a.a.O. S. 129-144; ebenso: **KOVERMANN, W.**: Leitung, Delegation, Kooperation. Erkenntnisse aus der Organisationslehre als Hilfe für die Seelsorge. LEBENDIGE SEELSORGE 6/1991 S. 338-342

[11] Vgl. dazu die Ausführungen in Teil I, 1.1 – S. 39-56

Pfarrgemeinden – vor allen Dingen in ihrem beruflichen Kontext – derartige Erfahrungen einer sich verändernden 'Unternehmenskultur'. Überwiegend die Glieder der jüngeren Generation, die fast ausschließlich in eine 'demo-kratische Kultur' hineingewachsen sind, haben das Anliegen, auch innerhalb ihres ehrenamtlichen Engagements ähnlich vorzugehen bzw. behandelt zu werden. Mit den ca. 1,5 Mio. Bürgerinnen und Bürger, die im Bereich der Freien Wohlfahrtspflege tätig sind und sich durchschnittlich ca. 15,8 Stun-den im Monat engagieren,[12] möchten auch diese freiwillig Engagierten in den Pfarrgemeinden "in der Regel etwas tun, was das eigene Leben er-gänzt." Sie sind bereit, ihre eigenen, persönlichen Lebenserfahrungen, Ta-lente und Ideen einzubringen, auch die Fähigkeiten ihrer beruflichen Kom-petenz, wenn sich persönliche Bereicherung und Belastungen in etwa die Waage halten. Diese Gruppe der Mitarbeiterinnen und Mitarbeiter liest mit Wohlwollen, daß die Entwicklung der Kirche sich "von den Gemeinden her" vollziehen müsse, wie es der Vorsitzende der Deutschen Bischofskon-ferenz, Karl LEHMANN, in seinem Vorwort zum Schreiben der Deutschen Bischöfe zum pastoralen Dienst in der Pfarrgemeinde (1995) formulierte.[13] Sie fühlen sich ermutigt und motiviert, wenn sie – beispielsweise von ihrem Bischof – aufgefordert werden, "ein Konzept kooperativer Pastoral zu fin-den, das in die Zukunft führt und auch neue Wege wagt."[14] Wenn solche Menschen jedoch das Gefühl haben, nur ausgenutzt zu werden, 'Lückenbü-ßer' für fehlende oder nicht mehr finanzierbare hauptberufliche Mitarbeite-rinnen und Mitarbeiter zu sein oder auch immer wieder auf den Widerstand derer stoßen, die mit Veränderungsprozessen nicht so selbstverständlich umgehen können oder wollen, dann stößt deren Bereitschaft zum freiwilli-gen Engagement sehr schnell an Grenzen.[15]

---

[12] Vgl. **HEDTKE-BECKER, A.:** (Individuelle) Beweggründe und die Zukunft von Ehren-amt. CARITAS-VERBAND FÜR DIE DIÖZESE TRIER e.V.: Weichenstellung Ehren-amt. SCHRIFTENREIHE DES CARITASVERBANDES FÜR DIE DIÖZESE TRIER e.V. Heft 9. Trier 1997. S. 9-15

[13] **SEKRETARIAT DER DEUTSCHEN BISCHOFSKONFERENZ:** Der pastorale Dienst in der Pfarrgemeinde. Erschienen in der Reihe DIE DEUTSCHEN BISCHÖFE Nr. 54. Bonn 28. September 1995. Vorbemerkung

[14] Stellvertretend für viele Aufrufe in Bistümern sei hier genannt: **ERZBISCHÖFLICHES ORDINARIAT FREIBURG:** Zur Pastoral der Gemeinde. Teil II: Wege kooperativer Pa-storal und Gemeindeleitung in pfarreiübergreifenden Seelsorgeeinheiten. Leitlinien der Erzdiözese Freiburg. Erschienen in der Reihe FREIBURGER TEXTE Nr. 25. November 1996. S. 41

[15] Vgl. **BORN, G.:** Die freiwillig sozial Engagierten. DEUTSCHER CARITASVERBAND: Freiwilligenarbeit „Not sehen und helfen". CARITAS-WERKHEFT 1997. Freiburg 1997. S. 4-11. Ebenso auch **WOHLFAHRT, A.:** Ehrenamtliches Engagement heute. Das theo-logisch-psychologische Qualifizierungskonzept für Ehrenamtliche im Altenbesuchsdienst. Würzburg 1995

Eine dieser Grenzen sind jene Mitarbeiterinnen und Mitarbeiter in verantwortlichen Gremien der Pfarrgemeinden, die vor etlichen Jahren eine ähnliche Entwicklung miterlebt haben: als im Herbst 1968 das Sozialinstitut des Bistums Essen eine Prognose für die Priesterzahlen der Zukunft vorlegte, entstand in einigen Diözesen ein nahezu hysterisches Betreiben, dieser Entwicklung durch die Bildung von Pfarrverbänden oder Großraumpfarreien entgegenzuwirken. Bereits damals erklärte für die Erzdiözese Freiburg der damalige Generalvikar R. SCHLUND als Leitprinzip der pastoralen Planung, daß die Entstehung solcher Verbände von den Gemeinden her, also gewissermaßen *von unten her* geschehen sollte, und nicht als rein organisatorische Planung *von oben her.*[16] Das eigens eingerichtete Referat "Pastorale Planung" im Erzbischöflichen Ordinariat Freiburg sollte sich näherhin mit der Umsetzung und Verwirklichung dieser neuen Strukturen befassen. Der Erfolg bzw. Nichterfolg dieser innerkirchlichen Strukturreform hing aber auch damals wesentlich davon ab, ob diese von Pfarrern und anderen Verantwortlichen in den Gemeinden als einsichtig und nützlich angesehen wurde oder nicht.[17] Rückblickend läßt sich heute sagen: die Bildung von Pfarrverbänden wurde zu einer Zeit angegangen, in der es noch genügend Priester und Pfarrer gab, die noch relativ problemlos das sogenannte Versorgungsprinzip aufrecht erhalten konnten. Die Gewohnheit, daß Pfarrgemeinden in der Regel ihren eigenen Pfarrer am Ort hatten, der im Großen und Ganzen noch alleine für alles zuständig war, motivierte nur wenige Gemeinden, Kooperationsmöglichkeiten mit benachbarten Pfarreien zu nutzen. Zudem waren die meisten der in der Pfarrseelsorge tätigen Priester noch ausgebildet, gewissermaßen als Einzelkämpfer die Letzt- bzw. Gesamtverantwortung für die Seelsorge zu tragen, sodaß auch von dieser Einstellung aus erfahrungsgemäß nur selten die Bereitschaft zur Kooperation mit benachbarten Mitbrüdern anzutreffen war. Die zum Teil deprimierenden Erfahrungen bei der Bildung von Pfarrverbänden hatten also ihre Ursache vorrangig in einer mangelnden Kooperations*willigkeit.*[18]

---

[16] Vgl. **SCHLUND, R.:** Pastoralplanung. INFORMATIONEN ERZBISTUM FREIBURG. 3. Quartal / März 1970. S. 20-24

[17] Vgl. **AMTSBLATT DER ERZDIÖZESE FREIBURG** vom 11. Juli 1973. Nr. 113: Vorläufiges Rahmenstatut für Pfarrverbände im Erzbistum Freiburg. S. 281-282; **SCHLUND, R.:** Seelsorgeplanung. INFORMATIONEN ERZBISTUM FREIBURG. 2. Quartal / April 1974. S. 90-91; **BECHTOLD, O.:** Haushaltsrede zum Haushaltsplan 1976/77. ERZBISTUM FREIBURG INFORMATIONEN. 1. Quartal / Januar 1975. S. 15-16; **LEHMANN, K.:** Kooperative Seelsorge im Pfarrverband. **DERS.:** Die Zukunft der Seelsorge in den Gemeinden. MAINZER PERSPEKTIVEN - Wort des Bischofs Nr. 1. Mainz 1995. S. 87-99; **DERS.:** Pfarrverbände auf dem Prüfstand. ebd. S. 101-119

[18] Stellvertretend für viele Diözesen sei hier eine Rückmeldung genannt, die das Empfinden der Mitchristen am Ort zum Ausdruck bringt: "Die Pfarrverbände sind in ihrer vorliegen-

Aufgrund solcher Erfahrungen könnte gegen das Konzept Gemeindeentwicklung nun eingewendet werden, daß den Bestrebungen, kooperative Pastoral erneut – nun aber auf der Ebene einer Seelsorgeeinheit[19] – anzuregen, das gleiche Schicksal ereilen wird. Auch heute liegen konkrete (und noch drastischere) Zahlen und Statistiken vor und es besteht erneut die Gefahr, daß im Zuge der personellen Planung auch die pastorale Konzeption *von oben her* entworfen wird, deren Rezeption dann wieder von der Einsichtigkeit und dem Wohlwollen der Betroffenen abhängt. Ein solcher Pessimismus erhält in der Gegenwart genug Nahrung durch die allerorts produzierten Leitbilder oder Leitlinien zu einer kooperativen Pastoral, die nicht immer partizipativ entstanden sind. Oftmals wird in solchen Leitlinien nämlich übersehen oder übergangen, daß sich in den letzten beiden Jahrzehnten sehr vieles rasant verändert hat. Wie in Teil I dieser Arbeit ausführlich nachgewiesen wird, ist Kooperation in der Gegenwart eben nicht nur deshalb angesagt, weil es immer weniger Priester gibt, die in der Pfarrseelsorge die Letztverantwortung tragen können, sondern auch deshalb, weil die gesellschaftliche Situation derart vielfältig und vielschichtig geworden ist, daß einer allein gar nicht mehr für alle und alles zuständig sein kann, selbst wenn er das wollte. Das Problem ist heute viel mehr, daß Priester und hauptberufliche wie auch ehrenamtliche pastorale Mitarbeiterinnen und Mitarbeiter zwar zunehmend kooperations*willig* sind bzw. werden, aber deshalb nicht auch schon kooperations*fähig*.

Zweifelsohne bedeutet es viel Mühe und Aufwand, eine solche Kooperationsfähigkeit zu fördern, beispielsweise durch die dargelegte Vorgehensweise der systemischen Organisationsentwicklung. Gemeindeentwicklung *systemisch* anzugehen heißt nämlich zunächst einmal in Betracht zu ziehen, wer die Menschen sind, die das System Gemeinde bilden, welche Fähigkeiten, Kompetenzen, aber auch Grenzen und Widerstände vorhanden sind, sich eigenständig für eine neue Kultur des miteinander Umgehens und auch Streitens innerhalb von Kirche und Gemeinde zu engagieren. Es ist in den Blick zu nehmen, in welch einem sozialen und kulturellen Kontext dieses

---

den Struktur nicht gewachsen, sondern sozusagen den Gemeinden von oben übergestülpt worden.... Teamwork läßt sich nicht aufoktroyieren, sondern muß langsam wachsen." **BISCHÖFLICHES ORDINARIAT MAINZ:** Damit Gemeinde lebt. Auswertung der Umfrage im Bistum Mainz. 7. September 1995. S. 51

[19] Im Unterschied zum Pfarrverband, der eine Kooperation von Pfarrgemeinden (mit zum Großteil noch eigenen Pfarrern am Ort) in einem *territorialen* Raum begünstigen wollte, versteht man unter einer Seelsorgeeinheit nun jene Pfarrgemeinden, denen *personell* nur noch ein Pfarrer – gegebenenfalls im Team mit hauptberuflichen pastoralen Mitarbeiterinnen und Mitarbeitern – zugeordnet ist. Dabei handelt es sich also primär um eine *personelle Notlösung* – bedingt durch den Priestermangel –, die sich aber auch zweifelsohne (wie noch nachgewiesen wird) *pastorale Chancen* birgt.

System Gemeinde beheimatet ist und welche Daten und Fakten von den Verantwortlichen der Gemeinde wahrgenommen oder auch ignoriert werden. Dies kann sich beziehen auf das nächst größere System wie z.B. die politische Gemeinde oder Stadt, aber auch auf die innerkirchlich übergeordneten Stellen wie Dekanat oder Diözese oder letztendlich sogar die Weltkirche, die von Pfarrgemeinden oftmals nicht als relevante Umwelten an-erkannt werden. Von da her ist dann wiederum zu fragen, welche Konsequenzen dieser Kontext für den Verkündigungsauftrag dieser konkreten Gemeinde zur Folge hat. Dabei soll auch nicht vernachlässigt werden, daß die Kirche von heute sich nicht nur in einer gesellschaftlichen, sondern auch in einer religiösen Pluralität wiederfindet, die in den Grundlagentexten des Zweiten Vatikanischen Konzils und der Gemeinsamen Synode noch nicht ausgereift mitbedacht wurde – und wohl auch aufgrund der extremen Entwicklung der letzten Jahrzehnte nicht konnte.

Gemeindeentwicklung systemisch anzugehen bedeutet also letztendlich, sich auf ein ungemein schweres Terrain von sehr unterschiedlichen und zum Teil diffusen Beziehungs- und Theoriekonstellationen einzulassen, die beim ersten Hinsehen eventuell unvereinbar und unlösbar erscheinen. Es bedeutet, Ekklesio*logie* (die Lehre über die Kirche) und Ekklesio*praxie* (die gelebte Kirchenpraxis) weitgehendst zusammen zu bringen, indem beide einander beeinflussen können und dürfen. Dies heißt mit anderen Worten den Versuch zu wagen, durch eine systemische Gemeindeentwicklung zum einen die gelebte Praxis des Glaubens in den Gemeinden zur Sprache zu bringen und gemeinsam zu bedenken, was A. EXELER schon vor Jahren als "Theologie des Volkes" vorgelegt hat[20]. Zum anderen und in gleichem Maße bedeutet es aber auch, diese Erfahrungen des Glaubens mit der lehramtlichen wie auch akademischen Theologie zu konfrontieren, sich dadurch gegenseitig zu ergänzen und gegebenenfalls auch zu korrigieren.[21]

Gerade in der zweiten Hälfte der 90er Jahre unseres Jahrhunderts muß man – oberflächlich betrachtet – oftmals den Eindruck haben, daß solch einer 'Vision' in immer weitere Ferne rückt. In verschiedensten Themenbereichen erweckte die 'Amtskirche' den Eindruck, daß sie keineswegs gewillt sei, ihre Lehräußerungen mit den Erfahrungen in der konkreten Seelsorge konfrontieren zu lassen und andererseits konnte man den Eindruck gewin-

---

[20] Vgl. **EXELER, A. u. METTE, N. (Hrsg.):** Theologie des Volkes. Mainz 1978. S. 13-40

[21] Vgl.: **FUCHS, O.:** Kirche im Symbolkampf? STIMMEN DER ZEIT Heft 7 / Juli 1998. S. 442-452. In diesem Artikel mahnt FUCHS in besonderer Weise das Auseinanderfallen von dem konkreten alltäglichen Leben der Gemeinde und der sakramentalen Grundstruktur der Kirche an: wenn die Priester als Spender der Sakramente immer weniger den Kontext der jeweiligen Empfängerinnen und Empfänger der Sakramente verstehen können, dann fällt hier auf der 'unteren Ebene' eine Einheit auseinander, die gewissermaßen für die Kirche der Anfang vom Ende sein wird.

nen, daß sich die konkrete Praxis der Seelsorge, die "Theologie des Volkes", sich immer weiter entfernt von den Lehrmeinungen der Amtskirche. Dennoch soll dieser – gerade für römisch-katholische Pfarrgemeinden notwendige – *systemische* Ansatz die Grundoption für diese Überlegungen in Bezug auf Gemeindeentwicklung bleiben. Wenn es so gelänge, alle drei Partner – Lehramt, akademische Theologie und Theologie des Volkes – zu einem Dialog zusammenzubringen und aus diesem Dialog heraus die Wege zu erkennen, die Gott uns in dieser Zeit führen will (vgl. Eph 4,12), so könnte unter Umständen verhindert werden, daß die "Dialektik von Erfahrung und Dogmatik" endgültig zerfällt und "der Glaube ohne Dogmatik zum konturlosen Geschwafel oder ohne Erfahrung zum sterilen dogmatischen System erstarrt."[22] Auf der anderen Seite könnte dies aber auch "der Weg der gemeinsamen Wahrheitsfindung oder auch zu kirchlicher Einmütigkeit sein – insbesondere dann, wenn es darum geht zu klären, wie die Wahrheit zu leben ist."[23] Oder dogmatisch formuliert: es könnte der Weg sein vom *sensus fidelium* (vgl. Lumen gentium 35), von den natürlichen und alltäglichen Empfindungen und Erfahrungen der Menschen, die sie selbst vielleicht gar nicht mehr mit einem Glauben an Gott in Verbindung bringen, hin zu einem, wenn auch sehr weit umfassenden *consensus fidelium* (vgl. Lumen gentium 12), also zu (eventuell auch ganz vielfältigen und neuartigen) Glaubensäußerungen der Gesamtheit der Glaubenden.[24] Nach Ansicht von B.J. HILBERATH entspricht eine solche Vorgehensweise auch dem "Denkweg der Dogmatik", der darin besteht, "angesichts der Zeichen der Zeit sich auf das Schriftzeugnis zurückzuwenden, von ihm her kritisch die Überlieferungsgeschichte zu lesen und von daher ein Glaubensverständnis heute zu ermöglichen."[25] Der Weg selbst ist der Dialog über die je eigenen Erfahrungen, ein Miteinander-Ringen um die uns von Jesus Christus geschenkte Wahrheit, das keine und keinen unverändert aus diesem Prozeß

---

[22] Vgl. **HUTH, W.:** Glaube, Ideologie und Wahn. Das Ich zwischen Realität und Illusion. Frankfurt-Berlin 1988. S. 71

[23] **EMEIS, D.:** Wenn die Kirche von dem Menschen lernt. Freiburg 1996. S. 12

[24] Vgl. **FEIFEL, E.:** Wie drückt sich der Glaubenssinn der Gläubigen aus? Vision und Realität LEBENDIGE KATECHESE 1/1996. S. 8-15; ebenso: **VORGRIMMLER, H.:** Überlegungen zum Glaubenssinn der Gläubigen. In: DIAKONIA Heft 6 / November 1997. S. 366-375

[25] **HILBERATH, B.J.:** Treue in lebendigem Wandel. Dogmatik als Hermeneutik im Spannungsfeld der nachkonziliaren Kirche. HILBERATH, B.J. u. STALLER, D. (Hrsg.): Vorgeschmack. Ökumenische Bemühungen um die Eucharistie. Festschrift für Theodor SCHNEIDER. Mainz 1995

entläßt, sondern – im Gegenteil – viel mehr motiviert, gemeinsam entwikkelte Ziele auch gemeinsam zu tragen.[26]

Ein erster Schritt auf diesem Weg des Dialogs ist es, sich gemeinsam darüber klar zu werden, was unter den jeweiligen Begriffen, über die man miteinander spricht, jeweils auch verstanden wird. Oft genug stellt sich nämlich erst viel zu spät heraus, daß mit demselben Begriff – zum Beispiel Gemeindeentwicklung – sehr unterschiedliche Dinge verbunden und dementsprechend auch sehr unterschiedliche Erwartungen oder auch Ablehnungen in das Gespräch mit eingebracht werden.

Insofern muß nun auch in Bezug auf den Begriff Gemeindeentwicklung zunächst gefragt werden: Was ist gemeint, wenn in jüngster Vergangenheit mehr und mehr von *Gemeinde*entwicklung die Rede ist? Wer sind in der (römisch-katholischen) Kirche *zunächst* die Adressaten und dann gegebenenfalls auch die Trägerinnen und Träger von Gemeindeentwicklungsprozessen? Das heißt, es muß zunächst einmal geklärt werden, was damit ausgesagt ist, wenn von Gemeindeentwicklung – und nicht etwa von Pfarreientwicklung – gesprochen wird. Im weiteren Verlauf ist dann zu klären, welcher Inhalt in den Begriff der Gemeinde*entwicklung* hineingelegt wird. Mit anderen Worten: woraufhin kann und soll Kirche und Gemeinde sich entwickeln?

Ausgangspunkt soll dabei zunächst einmal das "Interaktionssystem Pfarrgemeinde"[27] sein, das bis in die Gegenwart hinein sich immer noch als ein verläßlicher Ansprechpartner für Gemeindeentwicklungsprozesse darstellt. Damit ist auch zum Ausdruck gebracht, daß es bei dieser Arbeit nicht um eine allgemeine Vorgehensweise zur 'Gemeindebildung' oder zu einem (christlichen) Gemeindeaufbau gehen soll, sondern der Bezug zur römisch-katholischen Kirche *den* Leitfaden bildet.[28] Die Gemeindeentwicklung in-

---

[26] Vgl. **KEHL, M.**: Die Kirche. Eine katholische Ekklesiologie. Würzburg ²1992. S. 147-159; **SCHEUTEN, W.**: Moderne Betriebsleitung und Gemeindeleitung. LEBENDIGE SEELSORGE 4-5/1995. S. 236-239

[27] Vgl. zu dieser Thematik auch **HÜNERMANN, P.**: Volk Gottes - katholische Kirche - Gemeinde. Dreiheit und Einheit in der Ekklesiologie des Zweiten Vatikanischen Konzils. THEOLOGISCHE QUARTALSCHRIFT TÜBINGEN 1/1995. S. 32-45

[28] Dies zu betonen ist mir deshalb wichtig, weil es in der Gegenwart eine Fülle an Literatur gibt, die sich mit dem Themenfeld "Gemeindeentwicklung" beschäftigt. Diese Literatur ist zwar für den römisch-katholischen Bereich nicht bedeutungslos, aber der Kontext innerhalb dieser ist - systematisch betrachtet - ein vollkommen anderer als beispielsweise in einer freikirchlich-christlichen Gemeinschaft. Zur näheren Information können folgende Publikationen dienen: **ÖKUMENISCHES GEMEINDEINSTITUT EMMELSBÜLL**: Kirche für morgen. Bausteine für gemeindekybernetische Strategie. Emmelsbüll; **ARBEITSGEMEINSCHAFT FÜR GEMEINDEAUFBAU (AGGA)**: Praxis. Das Magazin für Gemeindeentwicklung. Giengen; **ARBEITSKREIS FÜR GEISTLICHE GEMEINDEERNEUERUNG IN DER EVANGELISCHEN KIRCHE (GGE)**: Gemeindeerneue-

nerhalb der römisch-katholischen Kirche stellt nämlich in dem Sinn noch einmal einen 'Sonderfall' dar, weil eine solche (Pfarr-)Gemeinde kein in sich abgeschlossenes *System* darstellt, sondern – wie an anderer Stelle noch ausführlich gezeigt wird [29] – als katholische Gemeinde *konstitutiv* in das jeweils größere System (Diözese) eingebunden ist. Dieses Eingebundensein, das eine Gemeinde oder Gemeinschaft erst *wesentlich* zu einer römisch-katholischen Pfarrgemeinde oder Gemeinschaft macht, beeinflußt auch unübergehbar einen solchen Entwicklungsprozeß. Wenn also ein Veränderungsprozeß innerhalb der gesamten Kirche nicht nur auf einer abstrakten, rein begrifflichen Ebene verwirklicht werden soll, dann braucht es von der Leitungsebene her, sei es von Seiten einer Diözesanleitung oder auch von Seiten der Weltkirche, das Gespräch mit den 'Subjekten und Träger/innen der Pastoral' auf der Ebene ihrer Lebenswirklichkeit – und in den meisten Fällen ist das bis heute immer noch die territorial verfaßte Pfarrgemeinde.

1.2.1 Das Begriffspaar Pfarrei und Gemeinde

Nach dem CODEX DES KANONISCHEN RECHTES (CIC)[30] ist die Pfarrei umschrieben als "eine bestimmte Gemeinschaft von Gläubigen, die in einer Teilkirche auf Dauer errichtet ist und deren Seelsorge unter der Autorität des Diözesanbischofs einem Pfarrer als ihrem eigenen Hirten anvertraut wird." (Can. 515 § 1 CIC/1983). Bezeichnete das frühere Kirchenrecht die Pfarrei als territorial klar definierten Teil der Diözese (Can. 216 § 1 CIC/1917)[31], ist im neuen Codex die Betonung auf die *Gemeinschaft der Gläubigen* gelegt, die ihre legitime Einrichtung als Pfarrei durch das Wesensmerkmal der Dauer und der Zuordnung zu einem Pfarrer erhält. Dieser erstgenannte und in gewisser Weise auch neue Akzent der Gemeinschaft wird dadurch noch einmal hervorgehoben, daß in den weiteren Canones zunächst einmal betont wird, daß der jeweilige Diözesanbischof sorgfältig darauf achten soll, welche Strukturformen sich für eine bestmögliche Wahrnehmung der Seelsorge anbieten (Can. 516 § 1 u. § 2) und ebenso, welche 'Leitungsmodelle' sich als Alternativen zu dem bisherigen 'Ein-Pfarrer – eine-Pfarrei – Modell' anbieten (Can 517 § 1 u. § 2). Erst im Can. 518 wird

---

rung. Zeitschrift der Geistlichen Gemeinde-Erneuerung in der Evangelischen Kirche. Hamburg; **LOGAN, R. u. GEORGE, C.**: Das Geheimnis der Gemeindeleitung. Wiesbaden; **SCHWARZ, C.A.**: Die natürliche Gemeindeentwicklung. Emmelsbüll 1996

[29] Vgl. Teil I, 2.1.4 (S. 117-119); 2.2.2 (S. 133-138) sowie Teil II, 2.3.1 (S. 262-268)

[30] Vgl. **CODEX DES KANONISCHEN RECHTES**. Kevelaer ³1989

[31] Vgl. **JONE, H.**: Gesetzbuch der lateinischen Kirche (CIC/1917). Band I. Paderborn 1950. S. 247

dann das bisher ausschließliche Territorialprinzip eingebracht, indem es heißt: "Die Pfarrei hat in aller Regel territorial abgegrenzt zu sein und alle Gläubigen eines bestimmten Gebietes zu umfassen; wo es jedoch angezeigt ist, sind Personalpfarreien zu errichten, die nach Ritus, Sprache und Nationalität der Gläubigen eines Gebietes oder auch unter anderen Gesichtspunkten bestimmt werden." L. KARRER und vielen anderen ist an dieser Stelle die Betonung des *in aller Regel* sehr wichtig: obwohl demnach an dem sogenannten Territorialprinzip festgehalten wird, dessen Ursprung im mittelalterlichen Pfründesystem zu suchen ist, darf dennoch – im Vergleich mit dem bis dahin geltenden Codex aus dem Jahre 1917 – der Wandel und Umbruch im Verständnis der Pfarrei als "Gemeinde" auch im geltenden Kirchenrecht nicht übersehen werden.[32]

Die normative Kraft des Faktischen scheint diesen Wandel kontinuierlich voranzutreiben. Der zunehmende Pfarrermangel, die viel größere Mobilität und auch die Distanziertheit der überwiegenden Zahl der Gläubigen zu ihrer Kirche bzw. Pfarrgemeinde am Ort höhlt das bisherige Territorialprinzip de facto aus. Da sich jedoch nicht im gleichem Maße neue "Verbindlichkeitsmuster" entwickeln (pastoral-theologisch spricht man hier von einem zunehmenden "Gemeindemangel"[33]), fragt man seit der sogenannten KLOSTERMANN-Ära[34] sehr intensiv: Was versteht man eigentlich darunter, wenn man von *der* Gemeinde spricht?

So kann beispielsweise in Diskussionen von Pfarrgemeinderäten, die sich mit ihrem eigenen Profil und dem ihrer Pfarrgemeinde auseinandersetzen, eine 'fruchtbare Unruhe' festgestellt werden, wenn diese sich – zum Beispiel anhand des folgendes Bildes – näherhin mit dieser Frage beschäftigen, wer eigentlich (noch) zur Pfarrei bzw. Gemeinde gehört.

---

[32] Vgl. **KARRER, L.:** Wir sind wirklich das Volk Gottes. Auf dem Weg zu einer geschwisterlichen Kirche. Freiburg - Schweiz 1994. S. 93ff

[33] Vgl. **ZULEHNER, P.M.:** Das geistliche Amt des Volkes Gottes. HOFFMANN, P.: Priesterkirche. a.a.O. S. 204; Vgl. ebenso: **DERS:** Leutereligion. Eine neue Gestalt des Christentums auf dem Weg durch die 80er Jahre? Wien 1982; **DERS.:** Das Gottesgerücht. Bausteine für eine Kirche der Zukunft. Düsseldorf [2]1987

[34] Vgl. **KLOSTERMANN, F.:** Prinzip Gemeinde. Gemeinde als Prinzip des kirchlichen Lebens. Wien 1965; **DERS.:** Gemeinde - Kirche der Zukunft. Thesen, Dienste, Modelle. Band 1. Freiburg 1974; **DERS.:** Der Priestermangel und seine Konsequenzen. Düsseldorf 1977; **DERS.:** Wie wird unsere Pfarrei eine Gemeinde? Wien 1979; **FISCHER, H. u. GREINACHER, N. u. KLOSTERMANN, F.:** Die Gemeinde. Mainz 1970; **EXELER, A. (Hrsg.):** Die neue Gemeinde. Mainz 1967

Abbildung 1: Wer gehört zur "Pfarrgemeinde"?

Quelle: M. KEHL: Wohin geht die Kirche?
STIMMEN DER ZEIT 3/1995. S. 147-159
Bearbeitung: R. Vögele

Sind es alle katholisch getauften und Kirchensteuer zahlenden Mitglieder der Kirche, auch wenn sie in der Gottesdienstgemeinde so gut wie nie erscheinen (Bereich 1-4)? Oder begrenzt sich *Gemeinde* – um hier einen Unterschied zu dem Begriff der *Pfarrei* zu setzen – auf die kleine Schar der 5-25%, die bei den Gottesdienstzählungen noch registriert werden oder sich aktiv am Gemeindeleben beteiligen (Bereich 1-2)? Und läßt dies auch den Umkehrschluß zu, daß all diejenigen, die offiziell aus der katholischen Kirche austreten – und das waren Anfang der 90er Jahre bundesweit immerhin 100.000 Menschen jährlich[35] – automatisch weder zur Pfarrei noch zur Gemeinde gehören (Bereich 5)? Nicht aus kirchenrechtlicher, sondern aus seelsorgerlicher Perspektive kommen gegen solche Abgrenzungen jedoch auch immer mehr Fragen auf: wie steht es dann mit den "treuen Kirchenfernen"[36], die zwar weiterhin ihre Kirchensteuern bezahlen, aber sonst auf großer Distanz zur Kirche und Pfarrgemeinde leben (Bereich 4)? Kann überhaupt die Zugehörigkeit zu der "Steuergemeinschaft", die eh nur ein

---

[35] Vgl. **INSTITUT FÜR DEMOSKOPIE ALLENSBACH**: Kirchenaustritte. Eine Untersuchung zur Entwicklung und zu den Motiven der Kirchenaustritte. Allensbach am Bodensee 1992. S. 1ff

[36] Vgl. dazu auch **KEHL, M.**: Wohin geht die Kirche? Freiburg 1996. S. 136-139

Privileg weniger europäischer Staaten ist, ein Kriterium sein für die Zugehörigkeit zur "Heilsgemeinschaft"?[37] Oder ist nicht vielmehr "Vorsicht gegenüber pauschalen Etikettierungen angebracht", vorrangig bei jenen, "die mit der Kirche 'gebrochen' zu haben scheinen"? Es ist auch festzustellen, daß es "eine große Bandbreite" der Kirchendistanziertheit gibt, angefangen von der bewußten Ablehnung über leidenschaftlose und kühle Ferne (z.B. die entwicklungsspezifische Distanzierung von Jugendlichen) bis hin zu jenen, die aus der Kirche austreten aufgrund von Demütigungen und Verletzungen (z.B. Geschiedene, verheiratete Priester, Homosexuelle, Frauen usw.), die aber dennoch sogenannte "Heimwehkatholiken" bleiben (Bereich 3-5).[38]

Bis in die Gegenwart hinein beherrscht die Spannung zwischen den Begriffen 'Pfarrei' und 'Gemeinde' die pastoralen Ansätze und Leitlinien: gilt für die einen immer noch das *Parochial-Prinzip*, das Pfarreien als kirchenrechtliche Verwaltungsbezirke betrachtet, halten andere diesem das *Pastoral-Prinzip* als Konstitutivum für den Begriff Gemeinde entgegen. Für dieses ist nicht in erster Linie die territoriale Abgrenzung, sondern die Intensität des Glaubens in Wort und Tat sowie die gelebte Beziehung zu einer Gemeinschaft bzw. der Gemeindeglieder untereinander das Wesensmerkmal einer Gemeinde. So haben sich in den vergangenen Jahrzehnten mehr und mehr 'Gemeinden' konstituiert, die sich aufgrund einer gemeinsamen Spiritualität (z.B. Geistliche Gemeinschaften und Bewegungen), aufgrund eines zentralen Ortes mit besonderer Prägung (z.B. Bildungshäuser, Autobahnkirchen) bzw. auch aufgrund eines gemeinsamen Interesses (z.B. Jugend- und Erwachsenenverbände, Motorradfahrer/innen) zusammenfinden. Diese Entwicklung geht heute schon dahin, daß es auch schon zeitlich befristete 'Gemeinden' gibt, die sich beispielsweise für wenigen Wochen im Jahr auf einem Campingplatz als eine solche zusammenschließen oder – was vor allem auch in der Kurseelsorge beobachtbar ist – sich durch ständig wech-

---

[37] Vgl. **SCHMÄLZLE, U.F.**: Die Steuergemeinschaft endet. Es bleibt die Heilsgemeinschaft. Der Kirchenaustritt als pastorale Herausforderung für das "Pastoralkonzept des Emmausevangeliums". ANZEIGER FÜR DIE SEELSORGE 10/1995. S. 494-498

[38] Vgl. **KARRER, L.**: Wir sind wirklich das Volk Gottes. a.a.O. S. 114-118. An anderer Stelle (Pastoraler Erfolg oder Mißerfolg. BÄRENZ, R. (Hrsg.): Theologie, die hört und sieht. a.a.O. S. 64-81) stellt KARRER auch in Bezug auf das Thema "erfolgreich" und "gut in der Pastoral" die provozierenden Fragen: "Ist der kirchliche Aktivist schon ein guter Christ? [...] Ist man/frau schon dadurch erfolgreicher Christ oder erfolgreiche Christin, daß man alles befolgt und glaubt, was die Kirche lehrt und fordert? Oder sind etwa geschiedene Wiederverheiratete oder dispensierte oder dispenswillige Priester weniger gute Christen? Sind kontemplative Christen etwa automatisch besser als die politischen... und umgekehrt? Oder sind Homosexuelle im Zugzwang, ihre Christlichkeit mit doppelter Leistung unter Beweis zu stellen? [...] Wer sagt entscheidend, wer als Christ gut und erfolgreich ist und wer nicht? Die Frageliste wäre unendlich weiterzuführen." (S. 76)

selnde, aber sich dennoch gerne engagierende 'Gemeindeglieder' auszeichnen.

Es ist demzufolge festzustellen, daß es nach wie vor – zum Teil auch parallel nebeneinander – sehr verschiedene Formen der Gemeinde*bildung* gibt: zum einen das herkömmliche Parochial-Prinzip, in dem oftmals *mehr eine funktionale* Teilhabe der Gläubigen vorherrscht, zum anderen das Pastoral-Prinzip, das *mehr die kommuniale* Dimension betont, das heißt die fast ausschließliche Ausrichtung auf die Beziehung der Gläubigen untereinander. Beide Dimensionen, so lehrt die Erfahrung, sind je für sich nicht exklusiv verwirklichbar: auch Geistliche Bewegungen (z.B. charismatische Gebetsgruppen) können nicht existieren ohne die Erfüllung bestimmter Funktionen und bedürfen daher ebenso der Funktionäre wie eine Pfarrei mit ihrer spezifischen Verwaltung und Organisation. Andererseits kommt eine Pfarrei, die *nur* 'funktioniert', sehr schnell an ihre Grenzen, wenn nicht zugleich der kommuniale Aspekt zum Tragen kommt. Der heute vielfach praktizierte Kompromiß, von *Pfarr-Gemeinde* zu sprechen, macht von daher gesehen deutlich, daß einerseits offenbar auch weiterhin angezielt wird, "eine flächendeckende Präsenz der Kirche institutionell-rechtlich zu gewährleisten und so dem traditionellen volkskirchlichen Erwartungsmuster zu entsprechen"[39], daß andererseits aber auch nicht außer Acht gelassen werden soll, daß "aus einer Gemeinde, die sich pastoral versorgen läßt, ... eine Gemeinde werden [muß], die ihr Leben im gemeinsamen Dienst aller und in unübertragbarer Eigenverantwortung jedes einzelnen gestaltet."[40]

Vermutlich werden wir auf eine noch unbestimmte Zukunft hin damit leben müssen, nicht klar und eindeutig definieren zu können, was unter dem Begriff Gemeinde allgemeingültig zu verstehen ist. Deshalb wird es eine erste und grundlegende Aufgabe derer sein, die "wachsam die Veränderungen in Kirche und Welt wahrnehmen und sensibel auf die Umbruchsituationen der Zeit reagieren",[41] zunächst einmal für sich selbst zu klären, welche Strukturform für ihren Kontext die geeignete(re) ist. Dabei können sie gegebenenfalls – wie P. FONK – zu der Erkenntnis kommen, daß auch für sie eine "Doppelstrategie der Gemeindebildung" angesagt ist, also eine gegenseitige Ergänzung von territorialen und kategorialen Formen der Gemeindekonstituierung, weil sie zum einen zwar von dem Wunsch getragen sind, eine lebendige Gemeinde zu bilden, in der möglichst viele Menschen Hei-

---

[39] Vgl. **METTE, N.:** Pfarrei versus Gemeinde? Zur Wiederaufnahme einer unterbrochenen Diskussion. DIAKONIA 20 (1989). S. 153

[40] **GEMEINSAME SYNODE der Bistümer in der Bundesrepublik Deutschland.** Beschluß: Dienste und Ämter 1.3.2. Freiburg ⁵1976. S. 602

[41] **ERZBISCHÖFLICHES ORDINARIAT FREIBURG:** Zur Pastoral der Gemeinde. Erschienen in der Reihe FREIBURGER TEXTE Nr. 25. S. 71

mat finden, zum anderen aber auch deutlich erkennen, daß die Erfüllung dieses Wunsches ihre eigenen Grenzen bei weitem überfordert. Gerade im großstädtischen Bereich kann es sogar angezeigt sein, neben diesen beiden Dimensionen noch eine eigene Form zu finden, die in der Pastoraltheologie mit den Begriffen "Großstadt-" oder auch "Passanten-Pastoral" bezeichnet wird.[42]

Im Zusammenhang mit dieser Arbeit will also der Begriff *Gemeinde*entwicklung demzufolge zum Ausdruck bringen, daß es um die Entwicklung j e g l i c h e r Form von Gemeinden bzw. Gemeinschaften innerhalb der römisch-katholischen Kirche geht, seien es die herkömmlichen Formen der territorial verfaßten Pfarrgemeinden, der Personalgemeinden[43] oder auch der kategorial verfaßten Gemeinschaften. Im Unterschied zu der Definition des CIC bezeichnet Gemeinde in diesem Zusammenhang also auch jene Gemeinschaften von Gläubigen, die nicht unbedingt auf Dauer angelegt sein müssen und auch gegebenenfalls nicht einem Pfarrer als ihrem ausschließlichen und eigenen Hirten anvertraut werden können. Grundannahme ist jedoch, daß jede Form von Gemeinde auf ihre spezifische Weise eine Verwirklichung der Kirche ist und Anteil daran trägt, ob die Kirche als Ganze auch in Zukunft 'gesellschaftsrelevant' ist bzw. bleibt.

1.2.2 Der Begriff 'Entwicklung'

Nicht viel weniger problematisch ist im innerkirchlichen Sprachgebrauch der Begriff Entwicklung. Es wurde bereits dargelegt, daß dieser übernommen wurde von dem Begriff der Organisationsentwicklung, was nicht selten auch Ängste und Befürchtungen hervorruft. Immer wieder klingt in entsprechenden Artikeln an, daß eine Organisation wie Kirche bzw. Pfarrgemeinde in keinem Falle vergleichbar wäre mit anderen Institutionen der Wirtschaft, der Industrie oder des Staates und daß dementsprechend in ihr andere Entwicklungskriterien gelten müßten. Oftmals schüttet eine solche Abwehr gegen einen neuen Begriff 'das Kind mit dem Bade aus': es wird übersehen, daß *Entwicklung*, auch wenn der Begriff als solcher keineswegs biblisch ist, dennoch einen immens hohen theologischen Inhalt in sich birgt.

---

[42] Vgl. **FONK, P.**: Der eine Sonntag und zu viele Messen? (II). ANZEIGER FÜR DIE SEELSORGE 12/1997. S. 599-605; vgl. auch **CAVIGELLI-ENDERLIN, Z.**: Glaubwürdigkeit der Kirche. a.a.O. S. 146-154

[43] Vgl. Can. 518 CIC/1983: unter Personalpfarreien werden hier jene Gemeinschaften genannt, die "nach Ritus, Sprache oder Nationalität der Gläubigen eines Gebietes oder auch unter einem anderen Gesichtspunkt bestimmt werden."

Bezeichnet man mit dem Wort Entwicklung "einen Prozeß der Veränderung über einen bestimmten Zeitraum hinweg", wie es in einigen Wörterbüchern definiert ist, dann beginnt die biblische Entwicklungsgeschichte – wenn man die mythologische Schöpfungsgeschichte außer Acht läßt – mit dem Veränderungsprozeß von Abraham und seiner Familie (Genesis 12,1ff): hier verläßt erstmals in der überlieferten Geschichte des Glaubens ein Mensch bzw. eine Sippe ihre gewohnte Umgebung und bricht damit aus einem zyklischen Geschichtsverständnis (vgl. Genesis 11,10-32) aus. Die Fortsetzung dieser Entwicklungsgeschichte findet sich dann im Buch Exodus: wieder war ein 'Status quo' erreicht, der für einige jedoch (die Israeliten) das Leben unerträglich machte. Die menschenunwürdige Sklavenarbeit in Ägypten war für diese Motivation, eine Veränderung im wahrsten Sinn des Wortes als not–wendend zu sehen und darum um Jahwes Hilfe zu bitten (Ex 2,23-25). Begeisterung für und Aufregung über die Befreiung aus dem Sklavenhaus Ägypten charakterisieren den Weg der kleinen Exodus-Gruppe ebenso wie ihre Zweifel und Einwände. Sie beschreitet zwar neue Wege, aber immer wieder kommt es auch zur Auflehnung und zum Murren gegen Jahwe (Ex 16) bis hin zur offenen Revolution (Ex 32). Erst nachdem das künftige Volk Israel es gelernt hat, mit Irritationen und Turbulenzen umzugehen, nachdem es in all den chaotischen Zuständen auch immer wieder positive Erfahrungen machen kann, entwickeln sich daraus neue Möglichkeiten, die sich letztendlich auch in der Landverteilung konsolidieren (Josua 13,1-22,34). Eine neuer Status quo und eine neue Ordnung sind erstellt worden, für eine unabsehbare Zeit kehrt in gewisser Weise wieder Ruhe und Zufriedenheit ein, bis irgendein Anlaß erneut auf Veränderung drängen wird. Etliche Seiten könnten in dieser Arbeit damit angefüllt werden mit der Aufzählung von Prophetengeschichten, die aufgrund ihrer Berufung von Jahwe immer wieder den Anstoß und die Motivation für Veränderungsprozesse innerhalb des Volkes Israel gaben. In Zeiten, in denen sich – vor allem die Führer des Volkes Israel – 'standesgemäß' etabliert hatten und die Kluft zwischen Arm und Reich immer größer wurde, mahnten die Propheten energisch den Willen Jahwes an, Gerechtigkeit walten zu lassen, Güte und Treue zu lieben und in Ehrfurcht den Weg zu gehen mit Gott (vgl. Micha 6,8; Hosea 2,21; 6,6).

Auch im Neuen Testament läßt sich leicht nachweisen, daß von Jesus mit demselben Anliegen immer wieder Anstöße und Motivationen für Veränderungsprozesse ausgingen: in der Synagoge von Kafarnaum lehrt er anders als die Schriftgelehrten, sodaß die Menschen betroffen waren von seiner Lehre (Mk 1,22) und sich sein Ruf rasch im ganzen Gebiet von Galiläa verbreitete (Mk 1,28). Er sorgt für Veränderungen, für Unruhe und Irritationen, indem er sich nicht einfach an die bestehenden Gesetze und an den gesellschaftlichen 'Status quo' hält, sondern durch aufsehenerregende Heilungen[44] und Handlungen[45] diese 'althergebrachten' Ordnungen in Frage stellt oder sogar Gesetze und Regelungen, Riten und Rituale in seinem Sinn umdeutet[46]. Bei alledem ist aber auch festzustellen, daß Jesus das ihm vorgegebene jüdische Religionssystem nicht voreilig verläßt, sondern sich von der darin aufgehobenen Spiritualität tragen läßt: er betet die Psalmen, predigt in der Synagoge, feiert die jüdischen Feste mit usw. Er unterscheidet sich von anderen lediglich dadurch, daß er keine Berührungsängste hat, sich mit Rollenträgern und -trägerinnen unterschiedlichster Systeme einzulassen,[47] die er nur dann kritisiert, wenn sie ihre Rollenverantwortung nicht zugunsten der Menschen ausüben. "So arbeitet Jesus tatsächlich permanent an einer Transformation der Systembereiche, und zwar dergestalt, daß herrschende Systeme sich von untergeordneten und verdrängten oder diffamierten System her in Frage stellen bzw. deren Perspektive in die eigene Zweckbestimmung aufnehmen. [...] Gefährlich wird Jesus seinen Gegnern vor allem deswegen, weil er nicht nur als Individuum auftritt, sondern sich selbst als Repräsentanten eines anderen Systems begreift, das er Herrschaft oder Reich Gottes nennt, mit einem neuen regelgeleiteten Handeln, in dem

---

[44] Vgl. beispielsweise die "Heilungswunder" bei Markus und ihre Folgen für die Israeliten: 1,23-27 (Die Heilung des Besessenen), 1,40-45 Die Heilung eines Aussätzigen), 2,1-12 (Die Heilung eines Gelähmten), 3,1-6 (Die Heilung eines Mannes am Sabbat), 5,1-20 Die Heilung de Besessenen von Gerasa), 5,21-43 (Die Auferweckung der Tochter des Jairus und die Heilung einer kranken Frau), 7,31-37 (Die Heilung eines Taubstummen), 8,22-26 (Die Heilung eines Blinden bei Betsaida) und 10,46-52 (Die Heilung eines Blinden bei Jericho).

[45] Beispielsweise die Berufung des Levi in den Kreis seiner Jünger und das Mahl mit den Zöllnern (Mk 2,13-17), das Abreißen der Ähren am Sabbat (Mk 2,23-28), die 'Umdeutung' von Verwandtschaftsverhältnissen (Mk 3,20-21.31-35), die Speisung der Fünftausend (Mk 6.30-44), die Erhörung der Bitte einer heidnischen Frau (Mk 7,24-30), die Tempelreinigung (Mk 11,15-19) und schließlich sein Auftreten vor dem Hohen Rat und vor Pilatus Mk 14,53-65; 15,1-15).

[46] So schon bei seinem ersten Auftreten in Galiläa (Mk 1,14-15), in Bezug auf die Fastenfrage (Mk 2,18-22), die Frage von Reinheit und Unreinheit (Mk 7,1-23), die Autorität der Pharisäer und Schriftgelehrten (Mk 8,14-21), in Bezug auf sein Verständnis von Nachfolge und Selbstverleugnung (Mk 8,34-9,1), auf die Fragen nach der Macht (Mk 9,33-37; 10,35-45), der Ehescheidung (Mk 10,2-12), der kaiserlichen Steuer (Mk 12,13-17), der Auferstehung der Toten (Mk 12,18-27), nach dem wichtigsten Gebot (Mk 12,28-34) und schließlich auch in seiner 'Umdeutung' des Paschamahls (Mk 14,22-25).

[47] Vgl. vgl. Mt 8,1-4: Die Heilung eines Aussätzigen; 15,21-28: Die Erhörung der Bitte einer heidnischen Frau; Mk 2,13-17: Die Berufung des Levi und das Mahl mit den Zöllnern; 9,38-41: Der fremde Wundertäter; Lk 7,1-10: Der Hauptmann von Kafarnaum; 7,36-50: Die Begegnung Jesu mit der Sünderin; 19,1-10: Jesus im Haus des Zöllners Zachäus; Joh 3,1-13: Das Gespräch mit Nikodemus; 4,1-42: Das Gespräch am Jakobsbrunnen und die Aufnahme Jesu bei den Samaritern.

anders mit SünderInnen und Ausgegrenzten umgegangen wird als außerhalb dieses Systems."[48]

Wendet man die obengenannte Definition für Entwicklung auf die Vorgehensweise Jesu an, so kann er zweifelsohne – trotz seines Scheiterns – als der herausragende Initiator für Entwicklung in der jüdisch-christlichen Geschichte bezeichnet werden, da er mehr als die Propheten vor seiner Zeit eine Veränderung kolossalen Ausmaßes in Gang setzen wollte. Sein Ziel war – der Vision Jahwes und seiner Propheten folgend – eine neue Gesellschaftsordnung, in der es nicht mehr Herrscher und Beherrschte geben solle (Mt 23, 8-11), nicht mehr Arme, Ausgestoßene, Gefangene und Unterdrückte (Lk 4,18-19), sondern eine Gemeinschaft, in der sich alle als "Kinder Gottes" (Lk 18,15-17), als Söhne und Töchter des einen Vaters im Himmel (Lk 11,1-4) erkennen und annehmen sollten.

In diesem Sinne wäre es naheliegend, Entwicklung als einen *theologischen* Begriff zu definieren. Gegen eine solche Vereinnahmung spricht jedoch, daß die biblischen Erfahrungen keineswegs nur religiöser Art sind, sondern in gewisser Weise *natürlich*. Wenn man nach dem theologischen Grundsatz geht 'gratiam supponit naturam' (die Gnade setzt die Natur voraus), dann *können* natürliche Prozesse in Erfahrungen des Glaubens münden, müssen es aber nicht unbedingt. Aus ihrem Erfahrungsbereich heraus weiß G. OSTERHOLD zu berichten, daß auch wirtschaftlich-ökonomische Motivationen für Veränderungen nicht immer nur Begeisterung und Aufregung im positiven Sinn auslösen, sondern nicht selten auch Zweifel und Einwände. Die Bereitschaft, neue Wege zu beschreiten bzw. jegliche Form von Veränderungen abzulehnen, ist dort ebenso anzutreffen wie im kirchlichen Bereich. So hat sie diesen natürlichen Sachverhalt von Veränderung und Entwicklung nach langjähriger Begleitung von Entwicklungsprozessen in der Industrie und Wirtschaft auf folgende Weise ins Bild gebracht:

---

[48] **FUCHS, O.:** Supervision in der Krise der Pastoral. BENZ, R. (Hrsg.): Theologie, die hört und sieht. Würzburg 1998. S. 169-185

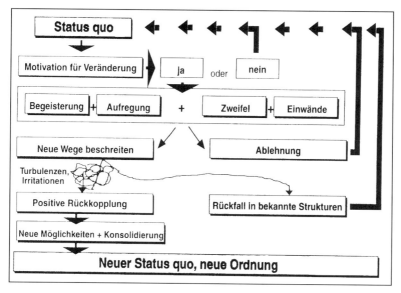

Abbildung 2: Veränderungsprozeß

Quelle: OSTERHOLD, G.:
Veränderungsmanagement. a.a.O. S. 76

Dieses an der (nichtkirchlichen wie auch kirchlichen) Praxis orientierte Bild macht also deutlich, daß Entwicklung einerseits keine 'Unmöglichkeit an sich' ist, sofern die Motivation stark genug ist, auch die Turbulenzen und Irritationen, die unumgänglich sind, durchzustehen. Es macht auch deutlich, daß die Gefahr, auch während eines Veränderungsprozesses in bekannte Strukturen zurückzufallen ('zurück zu den Fleischtöpfen Ägyptens') ungeheuer groß ist, solange sich noch kein neuer Status quo, d.h. keine neuen Strukturen und Ordnungen etabliert und konsolidiert haben. Oder anders formuliert: der Heilige Geist kann sich zwar heftig um eine Erneuerung in unseren Kirchen und Gemeinden bemühen, indem er Menschen von der Notwendigkeit und den Chancen der Veränderungen be*geist*ert; aber schlechte Strukturen können sein Wirken auch grundlegend behindern, wie es E.R. SCHMIDT und H. BERG aus ihrer Sicht als Gemeindeberater/in ausdrückten.[49]

Solche Verwirklichungen von Entwicklungen und Strukturveränderungen ließen sich nun unschwer darlegen in der gesamten Kirchengeschichte, angefangen mit den neutestamentlichen Briefen, d.h. mit der Apostelgeschichte und dem gesamten 'Gemeindebildungs-Werk' des Paulus, über die

---

[49] Vgl. **SCHMIDT, E.R. u. BERG, H.:** Beraten mit Kontakt. Handbuch für Gemeinde- und Organisationsberatung. Offenbach a.M. 1995. S. 35

vielen 'Lehrschreiben' der Kirchenväter, die in ihrer Zeit eine jeweils optimale Struktur suchten zur Verwirklichung des Auftrages Jesu, nämlich den Menschen die Frohe Botschaft zu verkündigen. Bis in unsere Gegenwart hinein ist Kirchengeschichte im Grunde *Entwicklung*sgeschichte, wie es das Zweite Vatikanische Konzil noch einmal eindringlich in Erinnerung gerufen hat (Lumen gentium 8; Gaudium et spes 3, 4 und 11 u.v.a.). Nur wenige Jahre nach dem Konzil hat PAUL VI. in seiner Enzyklika POPULORUM PROGRESSIO (1967) noch einmal nuanciert betont, daß Entwicklung – und das heißt auch die Offenheit für Neues, für Andersartiges und Fremdes – zu den Grundzügen christlicher Verkündigung zähle. JOHANNES PAUL II. geht in seiner – zum zwanzigjährigen Jubiläum von Populorum Progressio geschriebenen – Enzyklika SOLLICITUDO REI SOCIALIS (1987) sogar noch einen Schritt weiter, indem er diese Offenheit auf Veränderungen hin und damit die Bereitschaft für Entwicklungsprozesse als eine spirituelle Grunddimension des Christseins bezeichnet, die auch die "transzendente Wirklichkeit des Seins" (Nr. 29) mit einschließt.. In der Auseinandersetzung mit diesen beiden Enzykliken kommt P. LANGHORST zu dem Resultat, daß es "für eine christlich motivierte Entwicklungstheorie unzulässig [ist], genaue geschichtliche Realitätsformen von Entwicklung zu favorisieren oder ein bestimmtes geschichtliches Bild vom Menschen als Meßlatte für zukünftige Entwicklung anzusetzen... Entwicklung ist dynamisch und läßt sich nicht festschreiben." Weil Gott selbst wie seine Schöpfung plural und unbegrenzbar ist, muß aus christlicher Perspektive für Entwicklung stets Raum bleiben für Eigentümlichkeiten, für Spontaneität und Kreativität.[50]

Damit ist im Grunde aber auch schon eine Antwort gegeben auf die immer wieder gestellte Frage, woraufhin sich denn Gemeinden entwickeln sollen. Das letzte Ziel, die Vision von Gemeindeentwicklung ist unzweifelhaft die Verwirklichung der Vision Jesu. Bis dahin, d.h. bis zu dem Zeitpunkt, an dem alle Menschen einander Brüder und Schwestern, Söhne und Töchter des einen Vaters im Himmel geworden sind, steht jede Entwicklung unter dem sogenannten "eschatologischen Vorbehalt": als Christinnen und Christen streben wir ein Ziel an, dessen Verwirklichung unsere eigenen Grenzen übersteigt, dessen Erfüllung sehr wahrscheinlich auch jenseits unseres eigenen Daseins noch aussteht, das unser Handeln aber derart prägt oder prägen sollte, daß den anderen Menschen erkennbar wird, daß christliche Motivation für Veränderung einen anderen, diese Welt übersteigenden Beweger hat, nämlich den Geist Jesu Christi.

---

[50] Vgl. **LANGHORST, P.**: Zu einer Theologie menschlicher Entwicklung. In: THEOLOGIE DER GEGENWART 40 (1997). S. 262-270, hier S. 263

Damit ist nun (hoffentlich) auch deutlich geworden, daß der Begriff Entwicklung, auch wenn er im kirchlichen Sprachgebrauch relativ neu ist, eine grundlegende Dimension unseres Glaubens und unserer Hoffnung zum Ausdruck bringt. Es geht bei Gemeindeentwicklung nicht darum, einen Entwicklungsprozeß mitzumachen, weil er schlimmstenfalls *von oben her* verordnet ist. Es ist schlichtweg demotivierend, wenn als Argument dafür allein der zunehmende Priestermangel benannt wird, worauf nicht wenige Verantwortliche in Pfarrgemeinden lediglich mit dem Argument reagieren, daß dann eben die Zulassungsbedingungen zum ordinierten Dienst geändert werden müßten bzw. sollten, um einen Weg aus der Notlage zu bahnen. Entscheidend für Gemeindeentwicklung ist eine Motivation aus dem Geist Jesus Christi heraus, der "alle, die durch Taufe und Firmung Anteil haben am priesterlichen, prophetischen und königlichen Amt Jesu Christi, [ermutigen und befähigen müßte] als Christen zu leben und vom Evangelium Zeugnis zu geben"[51]

Damit klärt sich meines Erachtens auch eine weitere, oft gestellte Frage, wer denn eigentlich die Verantwortlichen für eine Gemeindeentwicklungsprozeß sind. Auch *von unter her*, von den Pfarrgemeinden her, wird viel zu oft erwartet, daß ein solcher *von oben her*, von den Diözesanleitungen gefordert bzw. gefördert werden müßte. Dies trifft aber nur einen Aspekt. Wichtiger ist noch, daß die Gemeinden selbst aus eigenem Antrieb – und das bedeutet letztendlich *von innen heraus* – die Notwendigkeit und Chance eines solchen Veränderungsprozesses erkennen und in Angriff nehmen. Von innen heraus meint dabei wiederum ein zweifaches: zum einen kann Gemeindeentwicklung nur verwirklicht werden, wenn diejenigen zustimmen und gegebenenfalls auch mitmachen, die in einer Gemeinde die legitimierten Trägerinnen und Träger der Verantwortung sind (Pfarrer, hauptberufliche pastorale Mitarbeiterinnen und Mitarbeiter, Pfarrgemeinderätinnen und -räte und andere ehrenamtliche Mitarbeiterinnen und Mitarbeiter) und die nach einer Einteilung in "Kirchenzugehörigkeits-Grade"[52] zum 'inneren Bereich' der Gemeinde zählen. Zum anderen ist aber auch die persönliche bzw. spirituelle Einstellung von allen Beteiligten entscheidend: ob sie nämlich aus einem *inneren Antrieb heraus* eine grundsätzliche Offenheit für einen Veränderungsprozeß mitbringen, die Bereitschaft, auch Irritationen und Konflikte durchzustehen und erst in einem gemeinsamen Suchen neue Wege und Lösungen zu finden, auch wenn damit manche Rollen- und Iden-

---

[51] Vgl. **ERZBISCHÖFLICHES ORDINARIAT FREIBURG:** Zur Pastoral der Gemeinde. a.a.O. S. 42

[52] Vgl. Abbildung 1 – S. 24 (Bereich 1); ebenso: **EISELE, P.:** Pfarrmanagement - Gewinn für die Seelsorge. Ein Handbuch für die Organisation von und in Pfarrgemeinden. Freiburg 1995. S. 124

titätsveränderungen verbunden sind. Negativ formuliert: Gemeindeentwicklung kann dadurch verunmöglicht werden, daß von vornherein explizit oder implizit formuliert wird, daß sich an Grundsätzlichem nichts ändern darf.[53] Ein Gemeindeentwicklungsprozeß, das kann hier schon vorweg genommen werden, wird aber keinen Beteiligten 'unbeschadet' im Sinne von unverändert belassen: es werden, wie an vielen Beispielen nachgewiesen wird, Rollen und Funktionen eine Neudefinition erfahren (müssen), die nur dann klar und transparent werden können, wenn von vorne herein auch vielfältige Möglichkeiten erlaubt und ermöglicht werden.

Für einen 'gründlichen', d.h. tatsächlich auf den Grund gehenden Gemeindeentwicklungsprozeß bedarf es zuvor erst einer gründlichen Analyse, wie sich die Gegenwart und nähere Zukunft darstellt bzw. gedeutet werden kann und was demzufolge heißen kann, Kirche und Gemeinde *für die Welt von heute* zu sein bzw. sein zu wollen. Das heißt, es ist wichtig, daß die Beteiligten an einem solchen Entwicklungsprozeß analysieren *(sehen)*, in welcher Situation sie sich zusammen mit ihren Mitmenschen am Ort befinden, sich dementsprechend auf ein gemeinsames Ziel verständigen, das sich an der Vision Jesu orientiert *(urteilen)* und die nötigen Konsequenzen und Handlungsschritte daraus ableiten *(handeln)*[54].

Bei diesen sicher nicht leichten Unternehmungen der Gemeindeentwicklung geht es also darum, *gemeinsam* – und dies bedeutet in diesem Zusammenhang die Diözesanleitungen und die Leitung der Weltkirche zusammen mit Christinnen und Christen in den Gemeinden und Gemeinschaften – Wege zu suchen, wie Seelsorge und Gemeindeleitung auf Zukunft hin praktiziert werden kann, damit für die Menschen innerhalb und außerhalb der Kirche erkennbar bleibt, "wes Geistes Kinder" wir sind.

---

[53] Vgl. **REICHERT, G.**: Kommt die "Gemeinde" als pastorale Leitidee an Grenzen? LEBENDIGE SEELSORGE 4-5/1995. S. 209-213. REICHERT beschreibt diesen Prozeß der Selbstdefinition als ein Puzzle-Spiel: die einzelnen Charismen in der Gemeinde bilden zusammen das ganze Bild, das während des Prozesses erst entsteht. Doch dieses Bild hat auch seine Grenzen, denn die Unbeständigkeit eines Gruppenprozesses hat dann auch wieder "zur Folge, daß Gemeinden kein Selbstverständnis - und damit keine Eigendynamik! - entwickeln können" (S. 211). Verhängnisvoll wird es erst recht, wenn die Gemeindeleitung die 'Puzzle' nur nach den eigenen Bildvorstellungen aussucht und einpaßt. Vgl. auch **EBERTZ, M.N.**: Sind unsere Gemeinden noch reformierbar? Interview aus KONRADSBLATT 44/1995. S. 10-12

[54] Nach diesem Dreischritt von Joseph **CARDAIJN** versucht z.B. auch das Bistum Basel ein neues Handlungskonzept zu finden, das die Pastoral vor Ort wie auch in den Gemeinden zu neuen Wegen und Lösungen führen soll. Vgl. **PASTORALAMT DES BISTUMS BASEL**: "Suchet zuerst das Reich Gottes". Ein Arbeitsinstrument für pastorales Handeln im Bistum Basel. Solothurn 1993

Ein Aufruf in diese Richtung ist sicher ein Ausschnitt aus der Konzilser-
öffnungsrede von JOHANNES XXIII., der meines Erachtens nichts an Ak-
tualität und Brisanz verloren hat:

> "In der täglichen Ausübung Unseres Apostolischen Hirtenamtes
> geschieht es, daß bisweilen Stimmen solcher Personen Unser Ohr
> betrüben, die zwar von religiösem Eifer brennen, aber nicht genü-
> gend Sinn für die rechte Beurteilung der Dinge noch ein kluges Ur-
> teil walten lassen. Sie meinen nämlich, in den heutigen Verhältnissen
> der menschlichen Gesellschaft nur Untergang und Unheil zu erken-
> nen. Sie reden unablässig davon, daß unsere Zeit im Vergleich zur
> Vergangenheit dauernd zum schlechten abgeglitten sei. Sie beneh-
> men sich so, als hätten sie nichts aus der Geschichte gelernt, die eine
> Lehrmeisterin des Lebens ist, und als sei in den Zeiten früherer Kon-
> zilien, was die christliche Lehre, die Sitte und die Freiheit der Kirche
> betrifft, alles sauber und recht zugegangen. Wir aber sind völlig an-
> derer Meinung als diese Unglückspropheten, die überall das Unheil
> voraussagen, als ob die Welt vor dem Untergang stünde. In der ge-
> genwärtigen Entwicklung der menschlichen Ereignisse ... muß man
> viel eher einen verborgenen Plan der göttlichen Vorsehung anerken-
> nen. ... Die Irrtümer erheben sich oft wie ein Morgennebel, den bald
> die Sonne verscheucht. In der Vergangenheit hat die Kirche zwar
> diese Irrtümer mit größter Strenge verdammt, heute möchte die Braut
> Christi dagegen lieber das Heilmittel der Barmherzigkeit anwenden,
> als die Waffe der Strenge ergeben. ... Erleuchtet vom Licht des Kon-
> zils, so vertrauen Wir fest, wird die Kirche an geistlichen Gütern zu-
> nehmen und, mit neuen Kräften von daher gestärkt, unerschrocken in
> die Zukunft schauen."[55]

Dieser Wegweisung von JOHANNES XXIII. folgend möchte auch diese
Arbeit bei der Entdeckung des "verborgenen Planes der göttlichen Vorse-
hung" helfen und einen Diskussionsbeitrag dazu leisten, welchen Weg die
Kirchen und Gemeinden gehen könnten und müßten, damit "die Mor-
gennebel von der Sonne verscheucht werden können". So gliedert sich das
gesamte Werk in zwei sich einander ergänzende und durchdringende Teile:
in einem ersten Teil soll näherhin analysiert werden, wie die Welt bzw. die
derzeitige gesellschaftliche und kirchliche Entwicklung gesehen und gedeutet werden kann, indem zunächst einmal unverkrampft und unaufgeregt
wahrgenommen wird, daß *es ist, was es ist...'*. In einem zweiten Teil soll
dann darauf aufbauend erläutert werden, daß die derzeitige Situation auch
viele Entwicklungschancen in sich birgt, die genutzt werden (können) von
denjenigen, die sich der Auffassung anschließen: *'...aber es muß ja nicht so
bleiben!'* Dabei wurde auf das ursprüngliche Vorhaben verzichtet, auch

---

[55] Vgl. **PESCH, O.H.:** Das Zweite Vatikanische Konzil. Würzburg ²1994. S. 76f

diese Arbeit dem Dreischritt Sehen – Urteilen – Handeln unterzuordnen, da es sich als ungünstig erwiesen hat, das Urteilen bzw. die Optionen von den konkreten Erfahrungen zu trennen. Vielmehr soll es gerade das Anliegen sein, aufgrund von konkreten Veränderungsprozessen und den Erfahrungen neuer Ordnungen, Strukturen und Zuständigkeiten einen Weg zu weisen, auf dem Ekklesio*logie* und Ekklesio*praxie* wieder mehr zueinander finden können bzw. gefunden haben.

Die Wirklichkeit kann sehr unterschiedlich betrachten: wie bei diesem Bild kann daraus nur das Negative, das Alte, das Zu-Ende-Gehende gesehen werden, die Bitternis und die In-sich-selbst-Versunkenheit – oder auch das Neue, das Nach-vorne-Blickende, die Zuversicht. Dieses Bild veranschaulicht dies auf seine eigene Weise: die Beobachtenden werden zunächst entweder eine alte Frau erkennen, die den Kopf auf das Kinn stützt – oder auch eine junge Frau, die den Blick abwendet vom Beobachter.

Beide Formen des Hinschauens auf die Wirklichkeit unserer Zeit sind – wie es bereits Papst JOHANNES XXIII. zum Ausdruck gebracht hat – immer wieder anzutreffen: die einen sehen in den Phänomenen der Gegenwart nur den Zusammenbruch, die Not und Perspektivelosigkeit, die anderen einen 'kairos', den rechten Zeitpunkt für eine Neubesinnung und für einen not-wendenden Strukturwandel der Kirche. Dementsprechend möchte ich einladen, das Positive, den Neubeginn und die Chancen für die Kirche und für Gemeindeentwicklung aus dem Geschriebenen herauszulesen.

Teil I:

1 EINE GESELLSCHAFTSANALYSE DER GEGENWART

Angst und Enge haben etymologisch dieselbe Wurzel. Deshalb kann auch die Umbruchsituation der Kirche, in der wir stehen, Angst machen, wenn sie zu eng, zu sehr als alleiniges Kennzeichen der katholischen Kirche angesehen wird. Dies ist jedoch ein – wenn auch weit verbreiteter – Trugschluß: die Kirche – und in besonderer Weise auch die beiden großen Konfessionskirchen in der Bundesrepublik Deutschland – sind keineswegs 'autarke' Systeme, also von der gesellschaftlichen Entwicklung unabhängige Institutionen, sondern vielmehr auf das Engste mit dieser Gesellschaft verknüpft. In einer Arbeit, die einen "systemischen Ansatz" beansprucht, gilt es also auch das *System Kirche* in die für sie relevante Umwelt einzuordnen.

Dabei zeigt sich jedoch die Schwierigkeit, daß der gesellschaftliche Entwicklungsprozeß an sich eine kaum noch nachvollziehbare 'Beschleunigung' angenommen hat. Entsprechend der technischen Entwicklung unserer Zeit wird es immer schwieriger, an einem Punkt stehen zu bleiben und zu re-visionieren, ohne gleich selbst ein- oder gar überholt zu werden. Anschauliche Beispiele hierfür sind die im Jahre 1992 erschienenen Werke von K. GABRIEL und G. SCHULZE, die beide aus der spezifischen Perspektive der Verfasser die Entwicklungen der letzten Jahrzehnte in (bundesdeutscher) Gesellschaft und Kirche zu analysieren suchen.[56] Beiden ist aber auch gemeinsam, daß sie die weitreichenden Konsequenzen der umwälzenden Ereignisse des Jahres 1989 (Zusammenbruch des Kommunismus und damit auch ein Stück weit des Sozialismus und die Wiedervereinigung Deutschlands) noch nicht so klar erfassen und berücksichtigen konnten. Erst aus den neuesten soziologischen Untersuchungen wird erkennbar, welche 'Verwüstungen' und unbewältigte Veränderungen hier in Gang gekommen sind.[57] Bei der vielfältigen Literatur der Soziologie und Geschichtsschreibung muß also immer mitbedacht werden, daß es Deutungen sind, wie die Gegenwart verstanden werden kann, ohne diese damit schon erschöpfend und letztgültig zu bewerten.

---

[56] Vgl. **GABRIEL, K.**: Christentum zwischen Tradition und Postmoderne. QUAESTIONES DISPUTATAE Nr. 141. Freiburg 1992; **SCHULZE, G.**: Die Erlebnisgesellschaft. Kultursoziologie der Gegenwart. Frankfurt a.M. 1992

[57] Vgl. **BULHOF, I.**: Die postmoderne Herausforderung der ökumenischen Bewegung. Deutungen der Moderne, Prämoderne und Postmoderne und ihre Bedeutung(en) für Theologie und Kirche(n). UNA SANCTA 1/1995. S. 15-29. BULHOF diagnostiziert darin, daß die "Projekte der Modernität" (die Aufklärung, der Marxismus und Sozialismus), die ja Bemühungen waren, durch menschliches Handeln Utopia auf Erden zu schaffen, gescheitert sind und ein politisches, kulturelles und moralisches Vakuum hinterlassen haben, das noch sinnvoll ausgefüllt werden müßte.

1.1 Der geschichtliche Kontext der Gesellschaftsentwicklung

1.1.1 Von der Vergangenheit in die Gegenwart

Die gesellschaftliche und die kirchliche Entwicklung getrennt voneinander zu betrachten ist ein sehr schwieriges und für die meisten Epochen der Geschichte sogar unmögliches Unternehmen. Am leichtesten ist diese getrennte – wenn auch nur in gewissem Sinn voneinander unabhängige – Entwicklung aufzuzeigen in den ersten Jahrhunderten des Christentums, wie es Gerhard LOHFINK gezeigt hat mit dem Ergebnis, daß man die alte Kirche durchaus als eine "Kontrastgesellschaft" verstehen kann.[58] Diese Kontrastgesellschaft, so hat es Karl LEHMANN zur selben Zeit einmal resümiert, bezog ihre Identität aus der Eigenart, nicht mehr in einer volklichen Zusammengehörigkeit begründet oder radikal von bestimmten ethnischen oder sozio-kulturellen Vorgegebenheiten abhängig zu sein. Vielmehr bildete sich diese quer zu allen Rassen, Bildungsschichten, sprachlichen Differenzen und sozialen Schichten. Inmitten natürlicher Abgrenzungen, politischer Auseinandersetzungen und Interessenssphären lebte diese neue Gemeinschaft, aus der die Kirche erwuchs, eine Einheit, die als eine Art Antizipation der eschatologischen Sammlung aller Völker und der Einheit der endgültigen Heilsgemeinde verstanden wurde.[59] Ob dieser – zumindest nach LEHMANN gemeinsame – Grundzug unterschiedlichster Gemeindekonzepte im Neuen Testament[60] "auch heute noch und vielleicht sogar in besonderer Weise maßgebend wirken kann", sei vorläufig noch dahingestellt. Denn der weitere Verlauf der Geschichte zeigt gerade eine gegenläufige Tendenz: die in der frühen Kirche identitätsstiftende Eigenart, "das oft desinteressierte Nebeneinander [zu überwinden] zu Gunsten einer im Geiste Gottes geschenkten Einheit in der Vielheit verschiedener Begabungen, Sprachen und Nationen"[61], verlor sich durch die entscheidende, in vielerlei Hinsicht noch die heutige Situation bestimmende Wende mit Kaiser Kon-

---

[58] Vgl. **LOHFINK, G.:** Wie hat Jesus Gemeinde gewollt? Freiburg 1982. S. 171-212

[59] Vgl. **LEHMANN, K.:** Gemeinde. Christlicher Glaube in moderner Gesellschaft. Teilband 29. Freiburg 1982. S. 5-65, hier S. 17

[60] Vgl. hierzu auch **HOFFMANN, P.:** Priestertum und Amt im neuen Testament, bes. Kap. III: Die Pluralität frühchristlicher Gemeindeformen und ihrer Dienste. **DERS:** Priesterkirche. Düsseldorf ²1989. S. 24-58; **BEILNER, W.:** Amt und Dienst - Umbruch als Chance. Aus dem Neuen Testament dazulernen. KRIEGER, W. u. SCHWARZ, A. (Hrsg.): Amt und Dienst. Würzburg 1996. S. 34-60

[61] **LEHMANN, K.:** Gemeinde. a.a.O. S. 17

stantin (287-337 n.Chr.). Gesellschaftliche und kirchliche Entwicklung fielen mit dem Aufstieg der "Untergrundkirche zur öffentlich-rechtlichen Staatskirche" immer mehr in eins. "Christ werden und damit Glied der christlichen Gemeinde Werden" stand nicht mehr im Zeichen der freien Berufung und Entscheidung, sondern wurde "ein Art unentrinnbares Schicksal".[62]

Daran ändert sich auch wenig bis zum Zusammenbruch der Monarchien am Ende des 19. Jahrhunderts, also über nahezu 16 Jahrhunderte hinweg. Die Welt war in dieser Zeit zwar aufgeteilt in eine "pyramidale Struktur", wobei Kaiser und Papst sich diese teilten und damit auch dem Anschein nach für eine klare Ordnung zwischen Welt und Kirche sorgten. Aber aus der Geschichte beider Institutionen ließen sich neben dem eklatanten "Investiturstreit" im 11. Jahrhundert[63] und dem in seinen Auswirkungen bis in unsere Gegenwart hineinreichenden "Augsburger Religionsfrieden" (25.9. 1555) unzählige Beispiele aufzählen, in denen diese angeblich klare Trennung von Gesellschaft und Kirche sehr unklar war. Der Grundsatz *'cuius regio, eius religio'* hatte schlußendlich zur Konsequenz, daß fortan sogar die Konfession eines Bürgers oder einer Bürgerin abhängig war bzw. bestimmt wurde durch den entsprechenden Wohnort. Die Folge waren "geschlossene (konfessionelle) Milieus", in denen sich der bzw. die Einzelne nur anpassen konnte oder mit allen Konsequenzen ausgeschlossen wurde. In den letzten vier Jahrhunderten war also nicht mehr nur die Zugehörigkeit zum christlichen Glauben, sondern sogar noch zu einer bestimmten Konfession des Christentums ein nahezu unentrinnbares Schicksal. Gemeinsam war aber allen Menschen, daß sie sich in klaren Ordnungen und Strukturen wiederfanden, die es nur in wenigen Fällen zu hinterfragen und bezweifeln galt.

Das Zeitalter der Aufklärung (ab der 2. Hälfte des 18. Jahrhunderts), dessen Auswirkungen erst in der Gegenwart so richtig abzuschätzen sind, erschütterte aber mehr und mehr die Fundamente dieser jahrhundertelangen Ordnung. In einer Übergangsphase läßt sich nach Karl GABRIEL noch eine "Dreisäulen-Ordnung" erkennen: die (Lebens-)Welten wurden demnach geprägt von dem "Milieu der Arbeiter", das mehr oder weniger geprägt war von dem Programm des Sozialismus und Kommunismus (verfaßt von Karl MARX und Friedrich ENGELS 1847/48 in London), vom dem "Milieu der Intellektuellen", die sich die Philosophie der Aufklärung, des Idealismus oder auch des Nihilismus zu eigen gemacht hatten und schließlich dem

---

[62] Vgl. **HILBERATH, B.J.:** Zur Wirklichkeit der Gemeinde. Referat bei der Klausurtagung des Caritasverbandes für die Diözese Mainz. August 1989. S. 11; ebenso: **ZULEHNER, P.M.:** Gemeinde. Neues Handbuch theologischer Grundbegriffe. Band 2. München 1984. S. 52-65, hier S. 59

[63] Vgl. **FRANZEN, A.:** Kleine Kirchengeschichte. Freiburg 1965. S. 179-186

"Milieu der Kirche(n)", das zwar in seiner Einflußkraft auf die Gesellschaft immer schwächer, aber nach innen hin eine offenkundig unerschütterliche Stabilität aufwies. Diese drückte sich zum Beispiel aus in einem – zahlen-mäßig – guten Gottesdienstbesuch und Sakramentenempfang, in relativ problemloser Annahme der kirchlichen Glaubensverkündigung, in einem vielfältigen und vielgestaltigen Vereins- und Verbändewesen und in der – bis in den Alltag hineinreichenden – Befolgung kirchlicher Normen und Gebote. Eine rein äußerliche Demontage dieser kirchlich-konfessionell ge-schlossenen Milieus begann im Grunde erst nach dem 2. Weltkrieg durch die vielen Flüchtlinge und Heimatvertriebenen, die ihre neue Wohnstätte nicht nach ihrer Konfessionszugehörigkeit aussuchen konnten.

Viel tiefgreifender und vielschichtiger aber waren die Ursachen, die letzt-lich zur Auflösung der bis dahin vertrauten Milieus – und damit zur immer deutlicheren Trennung zwischen Gesellschaft und Kirche–führten. Verein-facht gesagt: nach einer "kurzdauernden religiösen Renaissance unmittelbar nach dem 2. Weltkrieg" im Anschluß an die Wiederaufbau-Phase verschaff-te sich die "skeptische Generation" immer mehr Gehör und Ansehen. Als "Reaktion auf den Obskurantismus der Nazis" schien sich diese skeptische Generation an nichts mehr "wirklich halten zu können außer an den natur-wissenschaftlichen Fortschritt und an ein technokratisches Spezialistentum, mit dem man sich seinerzeit wesentlich naiver identifizierte als heute."[64] Es entwickelt(e) sich also mehr und mehr eine 'wissen-schaffende' Gesell-schaft, die ihre wissenschaftlichen Erkenntnisse auch 'technisierend' umsetz-t(e) und damit zugleich einen neuen Wertekodex produzierte, der mehr und mehr eine 'funktionalisierende' Gesellschaft zur Folge hatte. Diese hier nur skizzenartig gezeichneten Dimensionen der gesellschaftlichen Entwicklung, die wiederum nicht isoliert voneinander gesehen werden können, da sie sich gegenseitig durchdringen und begünstigen, sollen im folgenden ihrer Be-deutung wegen differenziert erörtert werden.

1.1.2 Die 'wissen-schaffende' Gesellschaft

Nicht das 'Wissen' an sich, sondern die Verbreitung und Vernetzung von Wissen ist eine Errungenschaft der Neuzeit, die mittels des Mediums Fern-sehen seit den 50er Jahren nahezu unüberschaubare Dimensionen an-genommen hat. Das Wissen um Fakten, neue Erkenntnisse der Wissenschaf-ten und das Offenbarwerden von Zusammenhängen haben auch den Nor-malbürger immer wieder und immer mehr neue Fragen aufgegeben.

---

[64]   Vgl. **HUTH, W.**: Glaube, Ideologie und Wahn. a.a.O. S. 77

Als beispielsweise im Jahre 1957 der russische Sputnik I das Zeitalter der Raumfahrt einleitete, durch den die kommunistische Politik erhoffte, sie würde dem Gottesglauben endgültig den Todesstoß versetzen[65], und in den Folgejahren der Wetteifer russischer und amerikanischer Weltraumforscher nicht nur zur ersten bemannten Mondlandung (21.7.1969) führte, warf dies auch bei vielen Christinnen und Christen fundamentale Anfragen an die bisherige 'geozentrische Theologie'[66] auf. Des Menschen 'Frage nach Gott' wird von der Allgemeinheit neu und radikaler gestellt als bisher. Und nicht immer konnten befriedigende Antworten gefunden werden, wenn es um die Themen Schöpfung, Erlösung, Leben nach dem Tod o.ä. ging. Dafür wird es aber immer mehr zum Allgemeinwissen, daß unsere Erde seit ungefähr vier Milliarden Jahren besteht und nur ein winziger Planet unter unzählig anderen Sternen und Sonnensystemen ist. Es wurde – besonders auch durch die 'Renaissance der Dinosaurier' bis in die Kinderstuben hinein – bewußt und zum Teil sehr dramatisch vermarktet, daß diese Erde schon verschiedenste Lebewesen hervorbrachte und wieder untergehen ließ – weshalb auch nicht auch irgendwann einmal den Spezies Mensch? Dieses 'spezifische Lebewesen' sei im Vergleich zu den Dinosauriern noch relativ jung, zumindest wenn man davon ausgeht, nicht schon den 'homo erectus' als Menschen zu bezeichnen, dessen Auftreten vor etwa 2 Millionen Jahren anzusetzen ist, sondern den 'homo sapiens', der zwar bereits vor mehr als 100.000 Jahren im Vorderen Orient in Erscheinung tritt, in Europa jedoch erst vor etwa 40.000 Jahren. Erst in den letzten vierzigtausend Jahren also veränderte sich die Kultur des Menschen schlagartig: "Er entwickelte eine neue Kultur, ein neues Denken. Nicht wenige Autoren sind der Meinung, daß der Mensch erst jetzt über eine begriffliche Sprache, über ein Bewußtsein und kognitive Möglichkeiten zur Bildung von Kultur verfüge."[67]

Parallel – oder vielleicht sogar in Anlehnung an ein zunehmend 'kosmisches Bewußtsein'[68] – entwickelt sich eine viel allgemeinere Religions- und Institutionskritik. Nicht nur, aber in besonderem Maße habe die Kirche in den letzten Jahrzehnten zunehmend ihre "Glaubwürdigkeit" verloren, weil sie die Kritik von Friedrich NIETZSCHE (1844-1900), die im Grunde erst

---

[65] ebd. S. 38

[66] Zum Widerstreit einer geozentrischen gegenüber einer kosmologischen Theologie vgl. **DREWERMANN, E.**: Giordano Bruno oder Der Spiegel des Unendlichen. München 1992; oder auch **FOX, M.**: Vision vom kosmischen Christus. Stuttgart 1991; **KNITTER, P.F.**: Ein Gott - viele Religionen. Gegen den Absolutheitsanspruch des Christentums. München 1988

[67] Vgl.: **STRAHM, Ch.**: Die kulturelle Evolution des Menschen. FREIBURGER UNIVERSITÄTSBLÄTTTER Heft 139 / März 1998. S. 91-109, hier S. 97

[68] Vgl. **WEIZSÄCKER, C.F.v.**: Bewußtseinswandel. München 1988, bes. S. 179-256 (Die unvollendete Religion)

nach einem Jahrhundert bei den 'Leuten' angekommen ist, weder durch ihre Ekklesio*logie* noch erst recht durch ihre Ekklesio*praxie* entkräftigen konnte.[69] Je mehr sich die Menschen von der institutionalisierten Religion abwenden und auf die Suche nach dem 'Selbst', um so mehr rücken auch die entsprechenden (und bis dahin vernachlässigten) Werte wie Selbständigkeit, Selbstentfaltung, kritisches politisches Interesse und Partizipation an demokratischen Entscheidungsprozessen in den Vordergrund. Gleichzeitig werden aber auch die Werte der Wiederaufbau-Generation attackiert, die sich wesentlich einer Wachstums- und Leistungsideologie verpflichtet wußte und für die dementsprechend Anpassung, Gehorsam, Pflichterfüllung usw. einen hohen Stellenwert hatte. Das Resultat dieser Generationskonflikte ist hinreichend bekannt: einer – über Jahrhunderte hinweg gepflegten – autoritären Erziehung folgte nun die extreme Gegenbewegung der antiautoritären Phase, das heißt, man sperrte sich von vornherein gegen jede Form von Autorität und propagierte statt dessen die Anarchie. Eine Konsequenz für Kirche und Gemeinden, die – mehr oder weniger berechtigt – als solche autoritären Institutionen angesehen werden, war, daß "innerhalb von 5 Jahren (1968-73) die Zahl der regelmäßig praktizierenden Katholiken um ein Drittel [abnahm], bei den 16-17jährigen sogar um die Hälfte."[70] Aus heutiger Perspektive kann man dem hinzufügen: "Auch wenn die Utopie einer ökonomischen, politischen und kulturellen Revolution nicht realisiert werden konnte und der Ruf 'Anarchie ist machbar, Herr Nachbar' auch mit dem Ende der Protestzüge verscholl, so wurden doch Grundspuren für jene Entwicklungen [zur Individualisierung unserer Lebensführung und Pluralisierung der gesellschaftlichen Wirklichkeit] gelegt, die heute unser modernes Lebens kennzeichnen."[71] Am deutlichsten sind diese Grundspuren abzulesen an den "Kindern der Blumenkinder": sie haben zwar die 'sexuelle Revolution' nicht weiterpropagiert, halten sogar sehr viel von der Ehe, die von 75% erstrebt wird, und Familie (85%), aber deshalb sehen sie die christlichen Wertvorstellungen keineswegs als die ihrigen an. Vielmehr haben sie die Abkehr ihrer Eltern von den christlichen Kirchen mit- bzw. weitervollzogen und sich noch stärker auf ihr Selbst konzentriert. Die Folge: sie sind "unpolitischer, unengagierter, leistungs-, karriere- und konsumorientierter, mit

---

[69] Vgl. **WERBICK, J.**: Vom Wagnis des Christseins. Wie glaubwürdig ist der Glaube? München 1995. S. 162

[70] **KEHL, M.**: Die Kirche. a.a.O. S. 176. KEHL belegt damit übrigens auch "Genau dasselbe Phänomen zeigte sich auch in den evangelischen Kirchen, womit die immer wieder aufgestellte These, das 2. Vatikanische Konzil sei an der Abnahme praktizierender Christen in der katholischen Kirche schuld, sich als reichlich simpel und kurzschlüssig erweist."

[71] **LECHNER, M.**: Katholische Junge Gemeinde - Kirche in der Lebenswelt von Kindern und Jugendlichen. MÜNCHENER THEOLOGISCHE ZEITSCHRIFT 2/1996. S. 155-161, hier S. 155f

dem politischen und ökonomischen System der Bundesrepublik einverstandener und insgesamt recht zufrieden."[72]

Immer deutlicher wurde – zumindest aus kirchlicher Perspektive – der "garstig breiten Graben" (G.E. LESSING) zwischen Gesellschaft und Kirche spürbar. Daseinsbereiche wie Wirtschaft, Politik, Recht, Wissenschaft, Bildung usw. tendieren dazu, "ihre eigenen Werte und Normen auszubilden, sich also relativ eigenständig, eigengesetzlich und 'eigensinnig', aber auch rücksichtslos zueinander zu verhalten."[73] Ein solcher "Trend zur Differenzierung", wie M.N. EBERTZ diese Entwicklung bezeichnet, läßt sich leicht veranschaulichen am Beispiel der Medizin: eine etablierte Berufsgruppe wie die Ärzte hat aufgrund ihrer wissenschaftlichen Schulung ein bestimmtes Handlungsmodell, nämlich die Schulmedizin, entwickelt. In einer immer komplexer werdenden Gesellschaft und durch die Erkenntniszunahme der Psychologie entwickeln sich jedoch immer mehr konkurrierende Handlungsmodelle wie die Psychoanalyse nach S. FREUD oder C.G. JUNG, die Gesprächstherapie nach C.R. ROGERS oder andere Konzepte der Psychotherapie[74]. Nicht nur der absolute Vorrang der Schulmediziner, sondern auch das 'Monopol' der – bis dahin unhinterfragten und allgemein anerkannten – Berufsgruppe der 'Seelsorger' (Priester) wurden mit der zunehmenden Eigenqualifizierung der 'neuen Experten' mehr und mehr in Frage gestellt.[75] Durch ihre (zum Großteil bessere) Qualifizierung lassen die 'neuen Expertinnen und Experten' der *Psycho-Therapie* die kirchlichen Seelsorger mehr und mehr zu 'Laien' (im profanen Sinn, d.h. zu Nichtfachleuten) in der Seelsorge werden. Die Folge ist eine zunehmende "Indifferenzierung", d.h. es kann gar nicht mehr so klar und deutlich unterschieden werden, welcher Experte und welche Expertin nun für welches Problem zuständig ist. Damit ist faktisch "das Individuum, jede bzw. jeder selbst, zur religiösen Zuständigkeitsstelle und zum Maßstab geworden."[76]

Aber nicht nur von der gesellschaftlichen Seite her, sondern auch innerkirchlich wurde in dieser 'wissen-schaffenden' Zeit einiges dazu getan, daß die Kirche als Institution mehr und mehr an Glaubwürdigkeit einbüßte. Die sicher gutgemeinte Intention, Christinnen und Christen durch Fortbildungen zu helfen, ihren Anteil am 'Grundamt der Kirche' wiederzugewinnen oder

---

[72]   vgl. **PÜTTMANN, A.**: Die Kinder der Blumenkinder. Neuere Befunde über das Wertebewußtsein der jungen Deutschen. COMMUNIO Nov./Dez. 1995. S. 481-498, hier S. 494

[73]   Vgl. **EBERTZ, M.N.**: Kirche im Gegenwind. Zum Umbruch der religiösen Landschaft. Freiburg 1997. S. 146

[74]   Vgl. **JENTSCH, W.**: Der Seelsorger. Moers 1982. S. 120-194

[75]   Vgl. **SIEFER, G.**: Amt und Profession. Anmerkungen zum (Ver)schwinden des Klerus. DIAKONIA Mai 1997/3. S. 179-185, hier S. 181f

[76]   **EBERTZ, M.N.**: Kirche im Gegenwind. a.a.O. S.146

sie zu befähigen, dieses auch wahrzunehmen, hatte nicht selten zur Folge, daß die Spannung zwischen der Ekklesio*logie*, wie sie im Anschluß an das II. Vatikanische Konzil gelehrt wurde (im Sinne der Volk-Gottes-Lehre) und der Ekklesio*praxie* (im Sinne der gelebten Kirchenpraxis) von zunehmend vielen immer deutlicher wahrgenommen wurde. Am deutlichsten trat diese Spannung hervor in der Frage "Amt und Frauen": nicht nur in der feministischen Theologie, auch im gesamten Feld der theologischen Forschung setzte sich mehr und mehr die *Ein*deutigkeit durch, daß die Gleichwertigkeit und Gleichstellung von Mann und Frau als ein urchristliches Prinzip anzusehen ist. Dagegen jedoch werden praktische Bestrebungen lehramtlich unterdrückt durch die Aussage, daß "die Kirche keinerlei Vollmacht habe, Frauen die Priesterweihe zu spenden und daß sich alle Gläubigen der Kirche endgültig an dieser Entscheidung zu halten haben."[77] Viele weitere Beispiele ließen sich hier dazulegen, die immer wieder bestätigen könnten, daß der Graben zwischen den Anliegen und Erfordernissen der konkreten Seelsorge in den Gemeinden und der 'Lehre des Amtes' (vorrangig von Seiten der römischen Kurie) immer größer wurde.

Kehren wir nun zurück zu der gesellschaftlichen Ebene, bei der die Kunst der Wissensvermittlung und damit des Wissens-Schaffens eine ungemeine Beschleunigung erfahren hat und immer mehr erfährt, so ist auch klar, daß diese 'wissen-schaffende' Entwicklung einhergeht mit der technischen Entwicklung. Beide Stränge sind so sehr ineinander verwoben, daß sie nur selten differenziert voneinander in Blick genommen werden. Dennoch scheint es mir wichtig, die Eigendynamik unseres technisierenden Weltverständnisses eigens zu analysieren.

1.1.3 Die 'technisierende' Gesellschaft

Zu keiner anderen Zeit in der Geschichte hat sich der Mensch der Technik und des wissenschaftlichen Forschens in solch einem atemberaubenden Tempo ermächtigt wie in den letzten Jahrzehnten. Ein wesentlicher Grund für diese Entwicklung ist die Kommunikation und Kooperation von vielen einzelnen Spezialisten: eine durch die Technik ermöglichte Kommunikation und durch Kooperation stets verbesserte Technik hat das Arbeiten des Menschen in Bezug auf Qualität und Effizienz auf ein vollkommen anderes

---

[77] **JOHANNES PAUL II:** Ordinatio sacerdotalis. Apostolisches Schreiben, herausgegeben von dem SEKRETARIAT DER DEUTSCHEN BISCHOFSKONFERENZ: Verlautbarungen des Apostolischen Stuhls Nr. 117 (1994); vgl. ebenso: **RATZINGER, J.:** Grenzen kirchlicher Vollmacht. Stellungnahme zum Dokument von Johannes Paul II. zur Frauenordination. COMMUNIO 4/1994. S. 337-345

Niveau gestellt als noch vor wenigen Jahrzehnten. Beispielsweise können medizinische Geräte und Medikamente helfen, früher 'todsichere' Krankheiten zu heilen; die Entwicklung hochsensibler Maschinen hat zum größten Teil eine enorme Arbeitserleichterung zur Folge; im Verkehrsbereich ermöglichen immer bessere, schnellere und bequemere Autos, Züge und Flugzeuge, immer größere Strecken in immer kürzeren Zeiten zurückzulegen; und im Bereich der Datenverarbeitung und Datenkommunikation erleben wir derzeit eine Revolution, die in kirchlichen Kreisen erst anfanghaft als solche wahrgenommen wird. Und nicht zuletzt ist durch den Informationsaustausch mittels der Medien und ihrer immer perfekteren Techniken und durch eine weltweite Vernetzung von Industrie und Wirtschaft auch ein 'globales Bewußtsein' gewachsen, das die katholische Weltkirche in all den Jahrhunderten zuvor nie hätte erreichen können.

Dieses globale Bewußtsein hat unter anderem auch Umweltorganisationen wie GREENPEACE, B.U.N.D. und ROBIN WOOD entstehen lassen, die ihre – eigentlich doch sehr genuin christliche – Aufgabe darin sehen, sich für die Bewahrung der Schöpfung einzusetzen. Menschenrechtsorganisationen wie AMNESTY INTERNATIONAL vermögen es mittels der Medien, Verletzungen der Menschenrechte in anderen Teilen dieser Erde offenkundig zu machen und entsprechende Proteste oder sogar Sanktionen zu initiieren. Für den einzelnen Menschen hat diese technisierende Entwicklung eine enorm gewachsene 'Mobilität' ermöglicht. Sie trägt unter anderem zu einer 'Horizonterweiterung' bei, indem Wirklichkeiten anderer Kulturen und Weltanschauungen nicht nur *fern(ge)sehen*, sondern gegebenenfalls auch konkret erlebt werden können. Bewußt oder auch unbewußt entsteht so auch immer mehr das Bewußtsein, Bürgerin oder Bürger der *Einen* Welt zu sein.

Diesbezüglich wirken sich die Vorteile dieser technisierenden Gesellschaft unübersehbar auch innerhalb der katholischen Kirche aus: sie ermöglichen es nicht nur dem Papst, Pastoralreisen in weit entlegene Gebiete in relativ kurzer Zeit durchzuführen, sondern auch den Bischöfen, zu relativ kurzen Besprechungen 'zwischendurch mal kurz' nach Rom zu kommen und so miteinander die Kommunikation zu pflegen. Auch vielen anderen Verantwortlichen in Gemeinden, Theologie und Lehramt dient die Technik, ihr Wissen zu vernetzen, Erfahrungen und Entwicklungen einander problemlos mitzuteilen und dadurch auch deutlich zu machen, daß zwar eine einheitliche oder auch 'zentralistische' Sozialgestalt von Kirche immer weniger zu verwirklichen ist, daß aber ein Lernen voneinander und ein partnerschaftliches Miteinander ein ganz neues Bewußtsein von "Weltkirche" hervorbringt.[78]

---

[78] Vgl. **BÜHLMANN, W.**: Weltkirche. Neue Dimensionen - Modell für das Jahr 2001. Graz-Wien-Köln 1984

Wenn man sich vor Augen hält, was sich alles und wie sich die (Lebens-)Welt der heutigen Menschen im Vergleich zu der (Lebens-)Welt vor wenigen Jahrzehnten verändert hat, dann ist es auch unübersehbar, daß die heutige Jugend beispielsweise in einem ganz anderen Kontext aufgewachsen ist und aufwächst als ihre Eltern-Generation. Ein unkomplizierter Umgang mit modernster Technik, das Begreifenlernen von Zusammenhängen und zugleich die Spezialisierung in einem bestimmten Teilbereich dieses nahezu schon globalen Arbeitsnetzes gehören heute ebenso zu den 'Grunderfahrungen' des heutigen Menschen wie das Wissen um die Brüchigkeit dessen. Mobilität besagt in diesem Zusammenhang nämlich auch, daß zwar ein sozialer Aufstieg heute aufgrund erworbener Kompetenzen (im Sinne von Fähigkeiten) viel leichter möglich ist, aber ebenso leicht auch mit einem sozialen Abstieg gerechnet werden muß. Die hohe Zahl der Arbeitslosen, gerade auch unter jungen Menschen, macht eine bittere Konsequenz dieser 'technisierten' Gesellschaft deutlich: wer es heute nicht (mehr) vermag, aufgrund von Aus- und Weiterbildung sich entsprechende Kompetenzen zu erwerben, um sich auf dem Arbeitsmarkt möglichst flexibel anbieten zu können, ist in großer Gefahr, in einen 'Teufelskreis relativer Armut' zu geraten: aufgrund der "ökonomischen Mangelsituation" können sich Sozialkontakte deutlich einengen, das eigene Selbstwertgefühl schwindet und als Folge wachsen Apathie oder Resignation. Schließlich kann das damit einhergehende Sinnlosigkeitsgefühl auch psychische und körperliche Krankheiten auslösen und unter Umständen auch ein Abgleiten in Alkohol- oder Drogenabhängigkeit bedingen.[79]

Bedingt wird diese Gefährdung des einzelnen Menschen unter anderem auch dadurch, daß er nicht mehr die Technik beherrscht, sondern vielfach von ihr beherrscht wird. Die meisten Hilfsmittel wie Maschinen, Computer usw. sind derart kompliziert geworden, daß der Mensch sich an diesen ausrichten, sie nur richtig handhaben muß, damit sie auch entsprechend funktionieren. Bewußt oder unbewußt wird eine solche Haltung auch übertragen auf den zwischenmenschlichen Umgang: ich kann, wenn ich mit meinem Mitmenschen nur richtig umgehe, sie *funktionstüchtig* machen, was besonders im Marketingbereich mit Hilfe psychologischer Erkenntnisse auf Fortbildungen vermittelt wird. Umgekehrt bedeutet dies aber auch: ich selbst muß funktionieren, um in dieser komplexen Situation der Gegenwart mir einen Stellen- und Selbstwert zu bewahren. Und übertragen auf personenorientierte Institutionen wie die Kirche(n) bedeutet dies, daß sie funktionalisiert werden auf bestimmte Teilbereiche der Gesellschaft. Es ist also

---

[79] **BOPP, K.:** 'Die Option für die ärmere Jugend' - Eine Weichenstellung für Selbstverständnis und pastorale Praxis der Kirche. MÜNCHENER THEOLOGISCHE ZEITSCHRIFT 2/1996. S. 145-154, hier S. 151

kaum verwunderlich, wenn die Kirche am meisten Ansehen genießt, wenn sie tatsächlich ihre Funktion im sozial-caritativen Bereich wahrnimmt, andererseits aber auch als *'Dienstleistungs-Unternehmen für Kulte und Riten'* beansprucht und hierin von ihr ebenfalls eine Funktionstüchtigkeit erwartet wird.

Das Resultat einer solchen 'technisierten Gesellschaft' ist dementsprechend höchst ambivalent, wie es H. DIEFENBACHER in seinem Artikel über die "Rund-um-die-Uhr-Gesellschaft" zum Ausdruck gebracht hat: "Viele genießen Güterwohlstand bei Zeitarmut, andere leiden unter Güterarmut bei unfreiwilligem Zeitwohlstand.. Die Entwicklung der Aktienmärkte, deren Kurse stets neue Rekordwerte erreichen, erreicht immer weniger Menschen... All die Fax-Geräte, Laptops mit Modems, Anrufbeantworter mit Fernabfrage oder Handys [fördern] nicht nur die Illusion der Allgegenwart, sondern bereiten auch den Nährboden für eine neue Qualität von Fremdbestimmung."[80] Die Verantwortung für sein eigenes Leben und seine eigene Lebensgestaltung, die der Mensch in den letzten Jahrzehnten sich – zum Teil sehr mühsam – von Gesellschaft und Kirche zurückgeholt hat, scheint er in anderer Hinsicht bewußt oder unbewußt wieder herzugeben.

Ursache dafür ist unter Umständen die zunehmend unbewältigbare Erfahrung von **"Kontingenz"**. Nach einer Definition von W.W. MÜLLER will dieser aus der scholastischen Philosophie übertragene Begriff aussagen, daß zahlreiche Bedingungen menschlichen Lebens, die zuvor als absolut und unvergänglich galten, im Prozeß der Moderne eine gewisse Relativierung erfahren haben. Für den Menschen der Gegenwart ist es eine ganz speziell zu bewältigende Aufgabe, damit fertig zu werden, daß es im Grunde viel mehr Möglichkeiten für ihn gäbe als er tatsächlich verwirklichen kann.[81] Jede Entscheidung birgt in sich also auch die Möglichkeit, sich von bestimmten Dingen zu ent-*scheiden*, selbst das Risiko einzugehen, sich falsch zu entscheiden. Sehr anschaulich hat dies U. BECK dargelegt in seinem Buch 'Risikogesellschaft'.[82]

Diese Last der Entscheidung wird für viele Menschen offenbar nur erträglich und tragbar, wenn es neben dem Teilbereich, in dem sie funktionieren müssen (wie z.B. der Arbeit) noch einen Bereich gibt, in dem sie –

---

[80] **DIEFENBACHER, H.:** Jederzeit, alles und sofort? Die Divergenz der Rund-um-die-Uhr-Gesellschaft. PUBLIK-FORUM Nr. 12 / 28. Juni 1996. S. 6-8

[81] Vgl. **MÜLLER, W.W.:** Gratia supponit naturam. Was trägt ein scholastisches Axiom zur Kontingenzbewältigung bei? ZEITSCHRIFT FÜR KATHOLISCHE THEOLOGIE 118 (3/1996). S. 361-370, hier S. 367

[82] Vgl. **BECK, U.:** Risikogesellschaft. Auf dem Weg in eine andere Moderne. Frankfurt a. M. 1986

zumindest dem Anschein nach – funktionslos sein können und dürfen. Gemeint ist damit die immer größer werdende Freizeit- und Erlebnisorientierung.

1.1.4 Die 'freizeit- und erlebnisorientierte' Gesellschaft

Die durch moderne Technik sich entwickelnde Arbeitsweise verschafft einem größeren Teil der Menschen in unserem Lebensraum zwar ein zunehmendes Kontingent an 'Frei-Zeit', verlangt von anderen jedoch auch eine viel (zeit-)intensivere Konzentration auf die ihnen beruflich gestellte Aufgabe. Gemeinsam ist dem Menschen der Gegenwart, daß er sich innerhalb und außerhalb seiner beruflichen Funktionalität einem unbewältigbar großen 'Markt der Möglichkeiten' gegenübergestellt sieht, der ihn zugleich in einen von der Gesellschaft – bewußt oder unbewußt gesteuerten – 'Zwang zur Selbstverwirklichung' ausliefert. Das hohe Maß an Wahlmöglichkeiten des einzelnen, was in der Soziologie unter den Stichworten 'Individualisierung und Pluralität' als relativ neues, will sagen allgemeingültiges Phänomen in der Geschichte diskutiert wird,[83] zwingt den Menschen mehr und mehr dazu, sein eigenes Leben eigenverantwortlich zu gestalten.[84] Diese Eigenverantwortung wird jedoch gleichzeitig wieder 'manipuliert' von der sogenannten 'Erlebnis-Industrie', die dem einzelnen suggeriert, was er zu einem 'wahren' Leben – zu einem *Leben in Fülle* – unbedingt braucht. Zugleich werden die Bedürfnisse nach gewinnbringend Produziertem auch bewußt stimuliert. So wird der Wert eines Produktes beispielsweise nicht mehr (allein) nach der Haltbarkeit, Zweckmäßigkeit und technischen Perfektion beurteilt, sondern immer mehr nach dem damit angepriesenen 'Erlebniswert'.[85]

Der einzelne Mensch wird also regelrecht überflutet von Informationen, aus denen er notgedrungen die für ihn relevanten Daten selektieren muß. Sofern er sich überhaupt noch der Mühe unterzieht, an 'ungefilterte' Informationen[86] heranzukommen, bleibt ihm letztendlich nichts anderes übrig, als

---

[83] Vgl. **BERGER, P.**: Der Zwang zur Häresie. Freiburg 1992

[84] Vgl. **NIENTIEDT, K.**: Nicht Schicksal, sondern Wahl. Gemeindeleben angesichts von Individualisierung und Pluralität. MATERIALDIENST DES RELIGIONSWISSENSCHAFTLICHEN INSTITUTS BENSHEIM 2/1994. S. 3-12; hier S. 4

[85] Vgl. **SCHULZE, G.**: Die Erlebnisgesellschaft. a.a.O. S. 13

[86] Interessant sind in diesem Zusammenhang auch die Anmerkungen von **WERBICK, J.**: Vom Wagnis des Christseins. a.a.O. S. 37-42 zum Thema 'Informations-, Entlarvungs- und Verdrängungsgesellschaft', in denen er darauf aufmerksam macht, daß selbst die Relevanz einer Informationen sich der Tendenz nach reduziert auf ihren Aufmerksamkeits-, Sensations- und damit Erlebniswert. Einen Grund für diesen 'Erfolg' sieht er darin, daß es den

aus diesen vielen Möglichkeiten seine eigene Lebensgestaltung zu "ba-steln"[87]. Diese Tendenz zur Individualität führt jedoch keineswegs in jedem Fall, wie man vordergründig vielleicht vermuten würde, zu einer Vereinze-lung oder gar Vereinsamung des einzelnen. Vielmehr ist zu beobachten: um so mehr "unser gesellschaftliches Leben individualisiert, anonymisiert und funktionalisiert wird, um so mehr gewinnen jedenfalls Orte an Bedeutung, an denen zwischenmenschliche Begegnungen und direkte, personale Kom-munikation stattfindet... [Dabei ist es] unübersehbar, daß sich junge Men-schen zunehmend in offeneren Formen zusammenfinden, also den verband-lichen Zusammenschlüssen die sogenannten Cliquen vorziehen. Diese sind für Jugendliche Orte des eigentlichen Lebens, an denen sie selbstbestimmt statt fremdbestimmt, kommunikativ statt funktional, emotional statt rational, partnerschaftlich statt hierarchisch miteinander umgehen können."[88] Was M. LECHNER hier in Bezug auf Jugendliche schreibt, hat G. SCHULZE auch näherhin untersucht in Bezug auf die gesamte bundesdeutsche Gesellschaft.

Ebenso wie Jugendliche schließen sich seiner Auffassung nach alle Be-völkerungsgruppen immer mehr zu "Organisationen der gemeinsamen Su-che nach gelingender Lebensbewältigung" zusammen. Er beschreibt in seiner "kultursoziologischen Zeitdiagnose" von den "neuen Milieus"[89], die sich von den bisherigen Milieus dadurch unterscheiden, daß sie nicht mehr sich unterscheiden lassen in die Milieus der Arbeiter, der Intellektuellen und der Kirchen, sondern nunmehr bestimmt werden durch das Zusammenwir-ken von Generations- und Bildungsmerkmalen. Die Grenzziehung dieser neuen Milieus unternimmt SCHULZE aufgrund einer für ihn offenkundigen "Soziologik", aus der er unterschiedliche "Alters-Bildungs-Gruppen" er-kennt. Für die Gegenwart beschreibt er demnach fünf divergierende Mi-lieus, die sich zum einen zwar sehr stark voneinander abheben, zum anderen aber auch dadurch überschneiden, daß der einzelne Mensch in seiner indivi-duellen Lebenswelt verschiedene Rollen wahrnimmt, in denen er mal dem einen, mal dem anderen Milieu sich zugehörig findet.

Menschen einfach "gut tut, sich moralischen Ansprüchen dadurch entziehen zu können, daß man moralischen Autoritäten und sonstigen Berühmtheiten nachweist, wie wenig auch sie - gerade sie - in ihrem Leben realisieren, wofür sie sich öffentlich stark machen." (S. 40)

[87] Vgl. **NIENTIEDT, K.**: Nicht Schicksal, sondern Wahl. a.a.O. S. 5

[88] **LECHNER, M.**: Katholische Junge Gemeinde. a.a.O. S. 156f

[89] Vgl. **SCHULZE, G.**: Die Erlebnisgesellschaft. a.a.O. S. 75ff

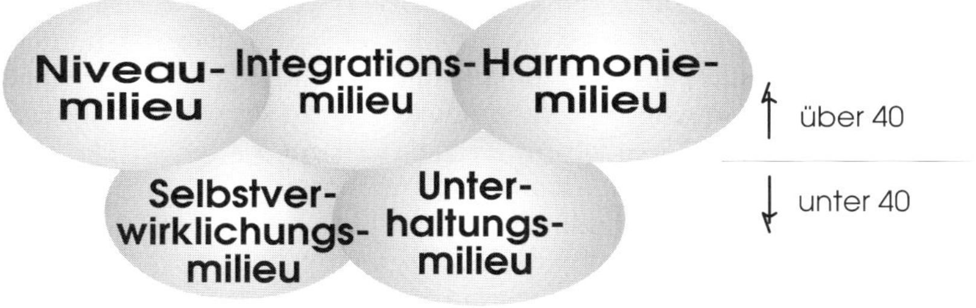

S. Ebertz S.123
Gerhamnn S.97

Niveau-milieu   Integrations-milieu   Harmonie-milieu   ↑ über 40

Selbstver-wirklichungs-milieu   Unter-haltungs-milieu   ↓ unter 40

Abbildung 3: Die neuen Milieus der Erlebnisgesellschaft

Quelle: SCHULZE, G.:
Die Erlebnisgesellschaft. Frankfurt 1992
Gestaltung: R. Vögele

Die oberen drei Milieus unterscheiden sich von den unteren zwei durch ihre Alterszugehörigkeit. SCHULZE setzt einen Grenzwert bei einem Alter von circa 40 Jahren: so weit hat sich seiner Auffassung nach der Beginn der "Stabilitätsphase" nach oben verschoben. War es in früheren Zeiten 'normal', daß junge Menschen mit ca. 25 - 30 Jahren einem geregelten Beruf nachgingen, heirateten und eine Familie gründeten, hat sich schon dadurch grundlegendes geändert, daß es heute immer weniger solche "Normalbiographien"[90] gibt und daß sich diese – wenn überhaupt – erst zu einem viel späteren Zeitpunkt stabilisieren. Insofern sind auch die oberen drei Milieus, zu denen jene 'älteren Generationen' (über 40 Jahre) zählen, unter dem Vorbehalt zu kategorisieren, daß die immensen Wahlmöglichkeiten wie auch die territoriale und soziale Mobilität einzelne Menschen unter Umständen in verschiedenen Lebensphasen – gewollt oder ungewollt – in unterschiedliche Milieus hineindrängt. Trotz dieser Einschränkungen kann die Darstellung dieser Milieus helfen, die unterschiedlichsten Gruppierungen innerhalb der Gesellschaft – und sicher auch innerhalb der Pfarrgemeinden – 'anschaulich' zu machen, ohne damit zugleich in Wertungen einzutreten.

Zu dem **Niveumilieu** zählt SCHULZE jene 'ältere' Menschen mit vergleichsweise sehr hohen Bildungstiteln. Sie findet man im klassischen Konzert, in Restaurants mit gehobener Atmosphäre, als kluge Köpfe hinter überregionalen Tageszeitungen wieder. Sie zählen sich gerne zu den Honorationen in Gesellschaft und Kirche und sind auch bereit, das Ihrige auf entsprechende Anfragen und Bitten beizutragen. Gegenüber diesen und auch am

---

[90] **NIENTIEDT, K.:** Nicht Schicksal, sondern Wahl. a.a.O. S. 5. NIENTIEDT unterscheidet die Kategorie 'Normalbiographie' von der 'Bastelbiographie', die "unter 'Wahl'-Bedingungen immer weniger vorhersehbar-statisch (sind). Der einzelne gesteht sich das Recht zu, vom bisherigen Verlauf seiner vorgezeichneten Biographie abweichende Wege einzuschlagen." Von daher versteht es sich, daß - gerade auch in Bezug auf Ehe und Partnerschaft - immer häufiger die Rede ist von sogenannter 'Lebens-Abschnitts-Gefährtenschaft'.

51

besten abgrenzbar sind dagegen jene Menschen, die er dem **Harmoniemilieu** zurechnet. Zu ihm zählt die ältere Generation mit unteren Bildungsabschlüssen. Die Angehörigen dieses Milieus findet man bei Volksfesten, vor dem Fernseher (bevorzugt Heimatfilme und Volksmusik) und als Leserinnen und Leser von Boulevardblättern. Ihnen ist ein besonderer Hang zur Harmonie eigen, weshalb sie es auch weitgehendst meiden, sich eigenverantwortlich in Gesellschaft und Kirche zu engagieren und erst recht nicht Konflikte zugunsten einer bestimmten Position oder Zielrichtung in Kauf zu nehmen. Gewissermaßen als 'Schnittmenge' dieser beiden Milieus erweist sich nach SCHULZE das **Integrationsmilieu**, das ebenfalls eher ältere Personen, allerdings mehr mit mittleren Bildungsabschlüssen umfaßt. Dieses Milieu hat seinen wichtigen sozialen Ort in Haus, Garten, Küche, Nachbarschafts- und Vereinskontakten. Es ist das Milieu der mittleren Angestellten, der "Normativität des Normalen, der kultivierten Trivialität". Die Angehörigen dieses Milieus sind jedoch viel mehr als die des Harmoniemilieus bereit, sich für das Vereins- oder Gemeindeleben verantwortlich einzusetzen, Menschen unterschiedlicher Art in eine Gemeinschaft gleichgerichteten Interesses zu *integrieren*. Gemeinsam mit dem Harmoniemilieu ist diesen Integrationsmilieu nach der Auffassung von nach M.N. EBERTZ, daß sie "die durchschnittlichen parochialen Gemeinden allem Anschein nach regieren" und daß an ihnen am deutlichsten eine gewisse "Reform- und Innovationsresistenz" erkennbar ist. "Im Harmonie- und im Integrationsmilieu herrschen nämlich Weltsichten vor, für die eine 'Perspektive der Gefahr' mit ausgeprägter 'Angst vor Unbekannten' bzw. das 'Streben nach Konformität' und Konventionalität mit ausgeprägtem 'Unbehagen angesichts des Außergewöhnlichen' charakteristisch sind."[91]

Während in der 'älteren' Generation das Integrationsmilieu also gewissermaßen eine integrierende Funktion zwischen dem Niveau- und dem Harmoniemilieu ausübt, fehlt in der 'jüngeren' Generation ein solcher verbindender oder auch 'brückenbauender' Faktor. Vielmehr sind sogar die Unterschiede zwischen den beiden Milieus schon wieder gravierend: im **Unterhaltungsmilieu** sammeln sich nach SCHULZE die Jüngeren, also die unter 40jährigen, mit eher niedrigeren Bildungsgraden. Es wird ein Lebensstil gepflegt, der von der leichten Unterhaltungsmusik bestimmt ist und sich etwa um das Auto, das Motorrad, den Fußballclub zentriert. "Man ist eher in Bräunungsstudios oder in der Gemeinde der Bildzeitungsleser/innen anzutreffen", das heißt, man partizipiert an den verschiedensten Unterhaltungsangeboten, ohne sich selbst für ein vielfältigeres Angebot einzusetzen. Ganz

---

[91] **EBERTZ, M.N.:** Religion ja - Kirche nein. Jeder seine eigene Sekte?. INSTITUT FÜR WISSENSCHAFTLICHE WEITERBILDUNG der Phil.-Theol. Hochschule Vallendar (Hrsg.): Akademie-Referate Heft 40 (1996). S. 27

anders dagegen das **Selbstverwirklichungsmilieu**, das sich gegen alle genannten Milieus am deutlichsten absetzt. Ein höherer Bildungsabschluß,
eine kritische und liberale Grundeinstellung charakterisieren diese ganz
andere Gruppe von jüngeren Menschen. Im Vordergrund steht das Selbst
des einzelnen: die eigene Biographie, die Sinngebung und deren Verwirklichung wird nicht dem Schicksal überlassen, sondern man nutzt die ver-
schiedenartigen Angebote zum Teil auch divergierender Weltanschauungen,
um seinen eigenen Ort und seine eigene Identität zu bestimmen. Dazu ist
man auch bereit, sich mit Gleichgesinnten zusammenzuschließen, sich hierbei verhältnismäßig stark zu engagieren und auch Konflikte in Kauf zu
nehmen, wenn man (noch) überzeugt ist, daß sich aus diesem Konflikt auch
eine fruchtbare Weiterentwicklung für sich selbst gewinnen läßt. In Bezug
auf die Politik und damit auf ein gesellschaftliches Engagement weisen die
Ergebnisse der 12. Shell-Studie[92] darauf hin, daß "die Jugendlichen mit
hohem Bildungsstand oder hohem politischen Informationsstand keine
signifikant höhere Bereitschaft auf[weisen], sich politisch zu engagieren
oder sich von politischen Aktionen positive Wirkungen zu versprechen. [...]
Auch in der qualitativen Studie zeigen gerade die Jugendlichen, die gut
Bescheid wissen und sehr reflektiert argumentieren, eine große Skepsis, ob
Engagement (noch) Effekte hat und diese Mühen sich auszahlen." Die Bereitschaft, sich in Politik, Vereinen oder Organisationen einzubringen, hängt
dieser Studie zufolge davon ab – und zwar unabhängig von dem jeweiligen
Bildungsniveau – ob versucht wird, die Jugendlichen durch die eigenen
Verhaltensnormen zu sozialisieren, was natürlich strikt abgelehnt wird, oder
ob mitbestimmt werden kann, was man tut, ob man die eigenen besonderen
Fähigkeiten einbringen kann und ein vereinbartes Ziel in angemessener Zeit
auch erreichbar ist. Die Spekulation, daß ein Teil der jüngeren Generation
aus dem Unterhaltungs- bzw. Selbstverwirklichungsmilieu automatisch in
das Integrationsmilieu der älteren Generation hineinwachse, weisen die
Autoren aufgrund der nachgewiesenen Poltikverdrossenheit und des geringen Vertrauens in die Zukunft eher zurück.[93]

Die Beschreibung dieser Milieus von G. SCHULZE legt nun die Versuchung nahe, diese Schablone auch über die eigene Pfarrgemeinde zu legen
und so gewissermaßen zu eruieren, welche Personengruppen im Gemeindeleben noch erscheinen, sei es aktiv oder auch nur – eben als Gottesdienst-
besucher/in oder als Bewerber/in für den Empfang einer Sakramentenspendung – in passiver Form. Die Problemlösung, das eigene Angebot, das sich
nach M.N. EBERTZ in überdurchschnittlich vielen Kirchengemeinden

---

[92] **JUGENDWERK DER DEUTSCHEN SHELL:** Jugend 1997. Opladen 1997
[93] **FISCHER, A. u. MÜNCHMEIER, R.:** Die gesellschaftlichen Krisen sind heute Teil des
Erwachsenwerdens. FRANKFURTER RUNDSCHAU vom 6. Juni 1997

hauptsächlich an Mitchristen aus dem Harmonie- und dem Integrationsmilieu richtet[94], zu erweitern durch spezifische Angebote für die anderen Milieus, erweist sich bei näherem Hinsehen als recht kurzschlüssig. Denn zum einen zeigen neuere soziologische Untersuchungen, daß die Kategorisierung von G. SCHULZE zwar eine gute Hilfe sein kann, sich der Vielfältigkeit und der Verschiedenheit heutiger Lebensgruppen und -einstellungen bewußt zu werden. Die Differenzierungen gehen jedoch wesentlich weiter als es fünf verschiedene Milieus zum Ausdruck bringen könnten. Diesen Untersuchungen zufolge sind auch diese Milieus an sich wieder zu unterteilen in sehr verschiedene und sich zum Teil auch widersprechende und gegeneinander streitende 'Untermilieus' (in der Abbildung 3 – S. 51 dargestellt durch die kleineren Kreise). Offenkundig wird dies, wenn man beispielsweise nur einmal den Vergleich wagt zwischen einem Jugendlichen, der sich zum Kreis der "Raver" zählt und gerne 'just for fun', ohne jegliche politischen Ambitionen, an einer der gigantischen Riesenparties teilnimmt, die seit 1994 hunderttausende junger Menschen nach Berlin (1998: 1,2 Mill.!) oder anderswohin anziehen, und einem Jugendlichen, der mit rechtsextremen Artgenossen ebenfalls auf die Straße geht, aber eben um "Ausländer zu krallen". Oberflächlich betrachtet würde man wohl beide zu dem Unterhaltungsmilieu zählen, was bei näheren Hinsehen sehr schnell differenziert werden muß. Ebenso zwingt auch die bereits erwähnte Mobilität in unserer Gesellschaft, die einzelnen Personen dieser Milieus differenzierter in den Blick zu nehmen: es ist keineswegs stringent, daß beispielsweise ein Bankdirektor auch in seiner Freizeit oder in seinem ehrenamtlichen Engagement als solcher in Erscheinung treten möchte. Oft genug sind es ja gerade die *Alternativen*, die in einem Engagement außerhalb des beruflichen Wirkens gesucht werden. So ist es heute keineswegs mehr ein 'Stilbruch', wenn ein Akademiker nach seinem Feierabend sich auch kleidungsmäßig als Fan seines Fußballvereins zu erkennen gibt, mit Leib und Seele an der 'Liturgie' eines Fußballspiels teilnimmt und sich vielleicht sogar bewußt dafür entscheidet, dieses Spektakel nicht aus der Ehrenloge, sondern mitten in der Fankurve mitzuerleben.

Die Darstellung dieser Milieus nach G. SCHULZE bergen in sich also sowohl Chancen als auch Gefahren: sie bieten die Chance, sich als Pfarrgemeinde einmal zu vergegenwärtigen, inwieweit man tatsächlich noch den Anspruch folgt, 'katholische' – also allumfassende – Kirche zu sein und Menschen nicht durch die eigene Ästhetik abstößt, die mit der innerkirchlichen Kultur bis hinein in das Liedgut, das Liedtempo, die Raum-, Fest-, Pfarrbrief- und die Schaukastengestaltung einfach nichts anfangen können.

---

[94]   Vgl. **EBERTZ, M.N.**: Kirche im Gegenwind. a.a.O. S. 132-139

Noch drastischer formuliert: die Milieus und ihre Differenzierungen können auch die Frage aufkommen lassen, ob katholische Pfarrgemeinden mit ihrer spezifischen Sprache überhaupt noch die Menschen der jeweiligen Milieus erreichen, die nicht schon die eigene Kultur prägen und zum Teil auch beherrschen. Auf der anderen Seite birgt diese Kategorisierung jedoch auch die Gefahr, im Übereifer die Angebotspalette der eigenen Gemeinde einfach zu erweitern, um möglichst viele Mitmenschen anzusprechen und nach Möglichkeit auch in das eigene Gemeindeleben zu integrieren. Meistenfalls wird man dadurch nicht nur dem Ansinnen des Einzelnen nach Partizipation an solchen Integrationsprozessen nicht gerecht, sondern überfordert auch die Ressourcen derjenigen Mitarbeiterinnen und Mitarbeiter, die sich (noch) für die Gemeinde oder Gemeinschaft engagieren.

Nicht zuletzt veranschaulichen diese dargestellten Milieus von G. SCHULZE aber auch, daß eine weitere Fokussierung der katholischen Kirche auf die Familien an der Wirklichkeit heutiger Sozialformen vorbeizugehen droht. Die Familie als Fundament für eine soziale Ordnung, wie sie in früherer Zeit noch üblich war, löst sich mehr und mehr auf: war die 'Großfamilie' vor wenigen Generationen noch die Urzelle der Gesellschaft, die zum Teil recht autark das gesellschaftliche und wirtschaftliche Leben von unten her gestaltete, verliert diese fundamentale Institution zunehmend an Bedeutung. Mittlerweile verlagerte sich die Konzentration auf die sogenannte 'Klein(st)familie', wobei – den Gesetzen der Mobilitätsgesellschaft folgend – wiederum von allen bestehenden ehelichen Gemeinschaften nur noch ca. 50% in ihrer ursprünglichen Verfaßtheit existieren.[95] Hinzu kommt, daß die Zahl derer, die sich überhaupt noch auf eine "eheliche Vertragsgemeinschaft" einlassen, in den letzten Jahren rapide abgenommen hat. Nur zum Vergleich: im Jahre 1988 standen 14,9 Mill. Ehepaaren 820.000 nichteheliche Gemeinschaften gegenüber[96]; auf jede 18. Ehe also kam eine nichteheliche Gemeinschaft. Im Jahre 1994 zählt das statistische Bundesamt nur noch 11,6 Mill. Ehepaare, dafür aber 1,3 Mill. nichteheliche Lebensgemeinschaften. Dies bedeutet, daß nun auf jede 9. Ehe eine nichteheliche Lebensgemeinschaft kommt. Wenn man zu alledem bedenkt, daß 50 - 60 % der heute geborenen Kinder nicht mehr in der Familie aufwachsen, in die sie hineingeboren werden, so ist es mehr als ratsam, sich über die mittel- bis längerfristigen Konsequenzen einer solchen Entwicklung Gedanken zu machen. Die bis zur Gegenwart sich zeigenden Konsequenzen legen jedoch schon die Vermutung nahe, daß man künftig immer weniger von der Fami-

---

[95] **GIESECKE, H.**: Die Zweitfamilie. Stuttgart 1987

[96] **BUNDESMINISTERIUM FÜR JUGEND, FAMILIE, FRAUEN UND GESUND-HEIT**: Nichteheliche Lebensgemeinschaften in der Bundesrepublik Deutschland. Band 170. Bonn 1989

lie als einer 'Einheit' ausgehen kann, was wiederum zurückzuführen ist auf zum Teil sehr unterschiedliche Entwicklungen.

1.2 Die Konsequenzen dieser Gesellschaftsentwicklung

1.2.1 Der Zwang zu Entscheidung und Risiko

Betrachtet man die Situation der Gegenwart beispielsweise aus der Perspektive eines Jugendlichen, so ist er viel mehr als seine Eltern dem Zwang zur individuellen Entscheidung ausgesetzt. Stabilisierende Faktoren wie Familie, (politische und kirchliche) Gemeinden, Parteien oder sonstige Institutionen geben immer weniger Halt und Orientierung.

Der junge Mensch früherer Generationen war noch sehr stark – oftmals auch *zu* stark – eingeflochten in ein System, das ihm zugleich gesellschaftliche, weltanschauliche und religiöse *Vor*gegebenheiten anbot – wenn nicht sogar aufdrängte. In den meisten Fällen wurde es aber keineswegs als Aufdrängen empfunden, weil man sich in einer "übergreifenden Ganzheit" wiederfand. "Diese Ganzheit war sinnstiftend, denn sie hatte religiösen Charakter: Die Autorität ihrer Repräsentanten, von Papst und Kaiser angefangen bis hinab zum väterlichen Oberhaupt der Familie, wurde direkt von Gott hergeleitet. Die religiöse Symbolik, die den Menschen damals umgab, die Rituale, die er im Tages-, Wochen- und Jahreszyklus selbstverständlich mitvollzog, weil sie einfach Teil seines Lebens waren, machten ihn immer wieder darauf aufmerksam, daß die Ganzheit transzendenten Charakter hatte und daß er mit seiner Erlösungssehnsucht letztlich auf eine jenseitige Wirklichkeit verwiesen war."[97] Hätten die Kirchen selbst nicht so viel "Schindluder getrieben mit dem Verweis auf das Jenseits", sondern hätten sie die Anfragen und Proteste eines F. NIETZSCHE oder eines K. MARX ernstgenommen, dann hätte sie unter Umständen viele Menschen davor bewahren können, vollkommen auf sich selbst zurückgeworfen zu werden und die Erfüllung aller Sehnsüchte und Hoffnungen nur noch im Diesseits, in der Kleinfamilie oder Partnerschaft suchen zu müssen. So aber haben die Kirchen zu einem Großteil selbst den Verlust ihrer eigenen Glaubwürdigkeit mitverschuldet und dadurch den Menschen zunehmend in eine Überforderung hineingedrängt, sei es seiner selbst oder seines Mitmenschen, den er

---

[97] **JELLOUSCHECK, H.:** Die Kunst als Paar zu leben. Zürich 1992. S. 136

durch zu hohe und durch fast ausschließlich diesseitig orientierte Erwartungen nahezu an die Stelle Gottes drängte.[98]

So ist man heute mit einer Grundeinstellung der Selektion und zugleich des Souveränitätswillens viel offener gegenüber alternativen Formen der (unter anderem auch religiösen) Sinnstiftungen, was aber, wie M.N. EBERTZ mit Nachdruck betont, "keineswegs einhergeht mit einer wachsenden Neigung zur Konversion in bzw. Bindung an nicht-großkirchliche christliche bzw. außerchristliche religiöse Gemeinschaften, Vorstellungen oder Praktiken... Auch die Teilnahme an außerchristlichen religiösen Praktiken [geschieht] häufig nur punktuell und hat – deutlich erkennbar an okkulten Praktiken von Jugendlichen – auch bloß einen transitorischen, 'episodenhaften' Charakter." Deshalb kommt er in Bezug auf die katholische Kirche und Gemeinden auch zu dem Resultat: "Wo Vertreter der Kirche heute reden und handeln, finden sie sich stets auf einem 'Marktplatz' unter zahlreichen, kaum mehr überschaubaren Alternativangeboten."[99]

Auf diesem Marktplatz finden sich aber auch zunehmend die Vertreterinnen und Vertreter der sogenannten "Postmoderne"[100]. Nach Ilse BULHOF versuchen die Postmodernisten, aus dem Scheitern der Moderne zu lernen, indem sie "die aufgeblasene Bedeutung des Subjektes, die Überschätzung menschlicher Möglichkeiten und die moderne Hybris" demystifizieren.[101] Sie lehren, der "Verfassung radikaler Pluralität"[102], wie sie sich dem Menschen heute zeigt, nicht mit Gleich-Gültigkeit zu begegnen. Die Forderung des Postmodernismus ist "nicht nur die Akzeptanz und Toleranz von Pluralität, sondern eine grundlegende Option für den Pluralismus. Er behauptet eine plurale Rationalität: die Vernunft ist ihm selbst plural geworden. Wahrheit, Menschlichkeit, Gerechtigkeit gibt es nur im Plural."[103] Nach Auffassung der Postmodernisten lassen sich die vielfältigen und vielschich-

---

[98]   ebd. S. 133-147; ebenso: **ZULEHNER, P.M. u. DENZ, H.:** Wie Europa lehrt und glaubt. Europäische Wertestudie. Düsseldorf 1993. S. 214f

[99]   **EBERTZ, M.N.:** Religion ja - Kirche nein. a.a.O. S. 16.21; vgl. auch **MODEHN, C.:** Neues auf dem Markt der Religion. Freischaffende Theologen erschließen sich neue Arbeitsfelder fernab der Kirche. PUBLIK-FORUM Nr. 8/26. April 1996. S. 30-31 oder auch **ALF, S.:** Christentum als Supermarkt. Neue Mega-Kirchen in den USA als Kirchenform der Zukunft? PUBLIK-FORUM Nr. 2/26. Januar 1996. S. 23; **HOISCHEN, O.:** Unternehmen Gottes. Die Second Baptist Church kann über mangelnden Zulauf nicht klagen. FRANKFURTER ALLGEMEINE ZEITUNG vom 8.3.1996 oder auch Anmerkung 28, S. 21

[100] Vgl. **KOSLOWSKI, P., SPAEMANN, R., LÖW, R. (Hrsg.):** Moderne oder Postmoderne. Zur Signatur des gegenwärtigen Zeitalters. Weinheim 1986

[101] Vgl. **BULHOF, I.:** Die postmoderne Herausforderung. a.a.O.

[102] Vgl. **WELSCH, W.:** Unsere postmoderne Moderne. Weinheim 1987. S. 9-43

[103] **KASPER, W.:** Die Kirche angesichts der Herausforderung der Postmoderne. STIMMEN DER ZEIT 10/1997. S. 651-664, hier S. 654

tigen Wirklichkeiten nicht auf eine gemeinsame, totale oder universale Grundlage zurückführen, sondern müssen vielmehr geschichtlich-kontextuell zueinander in Beziehung gebracht werden. Der postmoderne Mensch *weiß* demgemäß um die "**Alterität**' der verschiedenen Sinn- und Lebensentwürfe und -angebote, ist aber nicht darauf aus, das dem eigenen Sinn- und Lebensentwurf widersprechende zu unterwerfen oder zu destruieren, sondern es als eben Anderes anzuerkennen und ihm mit Ehrfurcht zu begegnen.[104] Diesem Denken folgend wird unter anderem auch in Bezug auf die Religion(en) heute zunehmend die Frage gestellt: "Was bringt mir Religion? Und: Durch welche lebe ich mein Leben intensiver oder nicht?"[105] Kennzeichen der Postmoderne ist es also, daß man grundsätzlich "die althergebrachten Absolutheiten und ihre Heilsversprechen in Zweifel zieht... Wer sich das Heil noch immer von einer dieser Absolutheiten verspricht – von der kommunistischen, der ökologischen oder der feministischen Revolution, der neuen Ganzheitsschau des New Age oder gar einer der traditionellen Religionen, von der Psychotherapie oder der Bewußtseinsverwandlung durch transzendentale Meditation –, den betrachtet man als leichtgläubignaiven Fanatiker, der um die Komplexität der Probleme eben nicht weiß und ungedeckten, unhaltbaren Heilsversprechen nachläuft."[106]

Man kann mit W. KASPER daraus nun schlußfolgern, daß das postmoderne Lebensgefühl, das sich in besonderem Maß als ein ästhetisches Weltverhältnis beschreiben läßt, die allgemeine Kommunizierbarkeit sinnlicher Wahrnehmung in Abrede stellt. "Es nimmt die Dinge in ihrer Vielfalt wahr, läßt sie auf sich wirken, bewertet sie nach ihrem subjektiven Erlebnisgehalt, entscheidet sich mehr oder weniger eklektisch für das, was einem selbst am ehesten zu entsprechen scheint, bedient sich à la carte, läßt die Widersprüche zwischen dem vielen stehen, da ihre Vermittlung auf ein widerspruchsfreies Ganzes hin ohnehin als aussichtslos erscheint. Wo die Dinge derart gleich-gültig nebeneinander stehenbleiben, ist die Gefahr groß, daß das Bekenntnis zur Pluralität und Toleranz zu Gleichgültigkeit und Desinteresse verkommt." Mit anderen Worten: die Verantwortlichen in Kirche und Gemeinden müssen darauf achten, daß sie nicht selbst in den Sog der Beliebigkeit geraten, sondern die Herausforderung annehmen, "den rechten Weg zu finden jenseits von Fundamentalismus und Relativismus, von Rigorismus und Ausverkauf, zu vermitteln zwischen Identität und dialogischer Offenheit."[107] Gleichzeitig dürfen sie dabei aber auch nicht übersehen, daß der "Zwang zur Entscheidung" mit gleichzeitiger Anerkennung und Respektie-

---

[104] Vgl. **HEINZE, J.**: Postmoderne Kirche. PASTORALBLATT 5/1996. S. 150-153

[105] **KOCHANEK, H.**: Kirche und Gemeinde in der Erlebnisgesellschaft. a.a.O. S. 14

[106] **WERBICK, J.**: Vom Wagnis des Christseins. a.a.O. S. 137

[107] **KASPER, W.**: Herausforderung der Postmoderne. a.a.O. (Anm. 103) S. 658

rung anderer Entscheidungsmöglichkeiten, wie es die postmoderne Bewegung postuliert, unweigerlich das Risiko falscher Entscheidungen mit einschließt und den Menschen so in eine schier ausweglose Offenheit hinein ent*läßt*.[108] Um so verständlicher wird demzufolge vielleicht der in der Gegenwart häufig eingeschlagene 'Weg des geringsten Widerstandes bzw. Aufwandes': statt einer – wie es die Philosophie der Postmoderne tatsächlich fordert – ideologischen Auseinandersetzung mit den alterierenden Lebensentwürfen und einer individuellen, zur Selbstverwirklichung beitragenden Ent-Scheidung läßt man sich möglichst viele und dazu noch möglichst anspruchslose und wenig voraussetzungsreiche Optionen offen. Pragmatisch gesehen heißt dies, daß man nach Möglichkeit nicht allzuviel an Hoffnung und Einsatz wagt, nicht alles auf *eine* Karte setzt, sondern eher zu partiellen Investments neigt, um dann auch leichter die Enttäuschung verschmerzen zu können, wenn sich herausstellen sollte, daß die eine oder andere Entscheidung ins Leere geht.[109] Es ist ein leichtes, einer solchen Einstellung mit einem verurteilenden Rigorismus zu begegnen; viel schwerer dagegen ist es, die "Andersheit des Anderen anzuerkennen" bzw. "ihn in seinem Anderssein wahrzunehmen", wie es E. LÉVINAS formulierte, und ihn in seiner gegebenenfalls existentiellen Not auch zu begleiten. Aber gerade hier liegt die Herausforderung für die Kirche und die Gemeinden in der postmodernen Gesellschaft.[110]

Markant an der gegenwärtigen Situation erscheint mir, daß diese Herausforderung von relativ wenigen in der Kirche und in den Gemeinden angenommen wird. Anstelle sich auf den unter Umständen auch unbequemen und schwierigen Dialog mit den andersdenkenden und andersgläubigen Mitmenschen einzulassen, verschanzt man sich im Kreis der Wohlgesonnenen, im Kreis derer, die 'auf der gleichen Wellenlänge liegen'. Dieses Verhalten ist natürlich und menschlich, soll aber nach den Worten Jesu in Lk 14,12-14 eben nicht die Norm für seine Jüngerinnen und Jünger sein. Denn wer nur die zum Gastmahl einlädt, die einem selber wieder einladen können, verändert nichts an der bestehenden Gesellschaftsordnung – und, so möchte ich hier ausdrücklich hinzufügen, auch nichts an einer notwendigen Veränderung der Kirche und der Gemeinden.

Einen Grund für die zu Beginn dieses Kapitels erwähnte Angst und Enge ist sicher aber auch darin zu sehen, daß wir nicht nur in Bezug auf be-

---

[108] Vgl. **BECK, U.**: Risikogesellschaft. a.a.O.

[109] **WERBICK, J.**: Vom Wagnis des Christseins. a.a.O. S. 222

[110] Vgl. **ARENS, E.**: Anerkennung der anderen. Eine theologische Grunddimension interkultureller Kommunikation. Freiburg ²1995. S. 7; ebenso: **SENFT, J.**: Anerkennung des anderen. Paradigma sozialethischer und religionspädagogischer Bildung. ORIENTIERUNG 61 (1997) S. 28-30

stimmte Begriffe wie Gemeinde[111], Gemeindeentwicklung[112] oder auch Gemeindeleitung[113] in einer nahezu "babylonischen Sprachverwirrung" leben (vgl. Gen 11,1-9), sondern erst recht und grundlegend auch in Bezug auf den sehr vielschichtigen Glauben. Glaube und Kirche sind für die meisten Menschen heute keine synonymen Begriffe mehr, es wird unterschieden zwischen Kirche und Reich Gottes und viele verwenden den Begriff GOTT und reden permanent aneinander vorbei, weil sie nicht geklärt haben, was sie darunter verstanden wissen wollen. Es scheint mir also notwendig, nach dieser gesellschaftlichen Analyse, die gezeigt hat, daß es heute sehr verschiedene Milieus, Gruppierungen und Cliquen gibt, die sich kaum noch einander verstehen, und vor der genaueren Untersuchung, wie das *System* Kirche gedenkt, mit dieser Situation umzugehen, zunächst erst noch das religiöse Umfeld in den Blick zunehmen, das für die Kirche und die Gemeinden das engere Terrain ihrer Verkündigung darstellt.

War die gesellschaftliche Analyse also der Versuch, zunächst einmal das *Handlungsfeld* für die Kirche und die Gemeinden abzustecken, so soll es im weiteren Verlauf darum gehen, mittels einer erweiterten Sichtweise auch das *religiöse Sprachfeld* differenzierter zu gebrauchen.

1.2.2   Eine neue, differenziertere Sicht von Religiosität

Schlägt man in einem Werk wie dem BROCKHAUS nach, wie man eigentlich Religion oder Religiosität umschreiben könnte, so erfährt man zugleich, daß weder etymologisch noch von der Definition her eine klare Aussage gemacht werden kann. "Der vielschichtige Bedeutungszusammenhang von Religion spiegelt sich in den zahlreichen [...] Definitionsversuchen wider... Allen gemeinsam ist, daß Religion als ein existenz- und situationsbezogenes (und entsprechend uneinheitliches und uneindeutiges Phänomen erscheint, [...] das in Lehre, Praxis und Gemeinschaftsformen die letzten (Sinn-)Fragen menschlicher Gesellschaft und Individuen aufgreift und zu beantworten sucht. Diese 'religiöse' Frage stellt sich in verschiedenen Kulturen und zu verschiedenen Zeiten in je anderer Form."[114] An gleicher Stelle wird einem dann noch dargelegt, daß sich der Begriff religionssoziologisch charakterisieren lasse als "Welterklärungs- und Lebensbewältigungssysteme", die ihre Gestalt gewinnen durch den Glauben religiöser

---

[111] Vgl. die Einleitung, 1.2.1 - Seite 22-27

[112] Vgl. die Einleitung, 1.2.2 - Seite 27-37

[113] Vgl. Teil II, 2.2.2 - Seite 222 -229

[114] **BROCKHAUS Enzyklopädie**. Band 18. Mannheim 1992. S. 267-268

Menschen (geprägt durch Lehre und Tradition), durch deren Verhalten (Kult und Ethik) und durch die religiöse Vergesellschaftung, womit die Gemeinschaft und deren Organisationsstruktur gemeint ist.

Ich möchte hier nicht die ganze Diskussion ausbreiten, inwieweit sich religiöse Glaubenssysteme von nichtreligiösen abgrenzen oder was es letztlich bedeutet, daß "sich in Anlehnung an R. OTTO *das Heilige* als grundlegende phänomenologische Kategorie" durchgesetzt hat. Denn letztlich ist *das Heil* genauso wenig universell definierbar; jeder Gegenstand, jede Geste, jede Handlung, aber auch jede Denkfigur kann aus subjektiver Betrachtung *heilig* oder *geheiligt* sein und sich dadurch vom Profanen absetzen.[115] Es ist also kaum verwunderlich, daß auch in diesem BROCKHAUS-Artikel dasselbe Resümee gezogen wird wie von Seiten der Postmoderne in Bezug auf die gesellschaftliche Verfassung, daß die gegenwärtige Situation gekennzeichnet sei von einem "religiösen Pluralismus" und daß dies zu einer "Relativierung des eigenen Standpunktes" ebenso geführt hat wie "zum Verzicht auf Verabsolutierung einer bestimmten Religion."

Dem Konzept der Postmoderne folgend wird Religiosität also immer weniger als Bindung an die eine oder andere (Welt-)Religion oder Konfession verstanden, sondern als Entscheidung für – zum Teil auch nur vorübergehende – Lebensentwürfe. Dabei haben sich auch die Entscheidungskriterien grundlegend gewandelt: "Nach dem im Westen vor Beginn der sechziger Jahre herrschenden Weltbild war das Leben durch äußere Faktoren determiniert... Sinn und Zweck des Lebens eines Menschen bestand darin, Verpflichtungen zu übernehmen und zu erfüllen und innerhalb der Gesellschaft einen gewissen Status zu erlangen... Nach den sechziger Jahren hat sich dies für einen ständig größer werdenden Teil der Bevölkerung ins Gegenteil verkehrt. Immer stärker setzt sich heute die Anschauung durch, daß der Sinn des menschlichen Lebens und seine Bewertung in den meisten Fällen auf der eigenen Erfahrung und auf dem Gefühl persönlicher Erfüllung beziehungsweise auf einem Mangel an einer solchen Erfüllung basiert."[116] Dementsprechend machen sich viele Menschen auf die Suche, auch außerhalb der Kirchen Erfahrungen über dieses – die neue Weltsicht bestimmende – 'Selbst' zu machen, das einem zugleich die Erfahrung des "Lebens in Fülle" bringen solle. Beansprucht wird also immer weniger eine totale oder universale Sinnstiftung, sondern eine Religiosität, die verbunden ist mit starker Emotion, Individualität und einer spirituellen Idee.[117] Nicht

---

[115] Vgl. **BOFF, L.:** Kleine Sakramentenlehre. Düsseldorf 1976

[116] **WILBER, K., ECKER, B. u. ANTHONY, D.:** Meister, Gurus, Menschenfänger. Über die Integrität spiritueller Wege. Frankfurt a.M. 1995. S. 14

[117] Vgl. **GRIEPENTROG, E.A.:** Wort und Wirklichkeit. 'Religion' - eine europäische Erfindung? CHRIST IN DER GEGENWART Nr. 32/1996. S. 232. Entsprechend diesem von

nur neue religiöse Bewegungen und sogenannte 'transpersonale Therapien', sondern auch unzählige Produzenten im Medienbereich folgten und folgen dieser Nachfrage mit einem explosionsartigen Angebot.

1.2.2.1 Religiosität in den Medien

Besonders beeindruckend hat dieses Phänomen der "Medienreligion" A. SCHILSON in seinem gleichnamigen Buch dargestellt.[118] Neben den bereits erwähnten 'Zeichen der Zeit' wie der wachsenden Beschleunigung und somit der Schnell-Lebigkeit[119] sowie auch der zunehmenden Kontingenz-Erfahrung des heutigen Menschen[120] unterstützt SCHILSON auch die These, daß die Moderne "sich als eine Zeit wachsender Differenzierung und Dissoziierung, also einer Zeit stetig zunehmender Komplexität, Auseinanderentwicklung, Spezifizierung und Trennung einzelner Wirklichkeitsbereiche [zeige], deren übergreifende Einheit daher kaum mehr deutlich werden kann, so daß der Mensch sich in seiner Identität bedroht empfindet." Es sei deshalb kaum verwunderlich, daß der Mensch sich auf die Suche macht "auf das wirklich Unbedingte, auf das, was in aller unbewältigten Kontingenz Halt verleiht und der Angst ums Dasein dauerhaft begegnen läßt." Überraschend an den Ausführungen von SCHILSON ist allerhöchstens, daß er nach all seinen Untersuchungen zu dem Resultat kommt: "Die Religion erwacht statt in den Kirchen mitten im Säkularen zu ungeahnt neuem Leben."[121]

Die Medien, seien es die öffentlich-rechtlichen oder die Privatsender, die Literatur- oder auch die Musikbranche, die Kinos und Theater wie auch ganze Teilbereiche unserer heutigen Erlebnisgesellschaft (Touristik, Freizeit, Werbung) haben diese *religiöse Sehnsucht* des heutigen Menschen weitgehend erkannt und entsprechend reagiert. Als wesentliche Bestandteile unserer heutigen 'Informationsgesellschaft' beschränken sie ihre Funktion nicht darauf, Informationen zugänglich zu machen, sondern viel mehr, mit ihren In*formationen* – vor allem wenn sie reduziert werden auf ihren Auf-

---

GRIEPENTROG kommentierten internationalen wissenschaftlichem Symposion zu den Themen Religion und Religionsverständnis ist die genannte Definition von Religion vorrangig in Europa und ganz besonders in Deutschland anzutreffen.

[118] Vgl. **SCHILSON, A.**: Medienreligion. Zur religiösen Signatur der Gegenwart. Tübingen - Basel 1997

[119] Vgl. Teil I, 1.1.3 - Seite 45ff

[120] Vgl. ebd. Seite 48f

[121] Vgl. **SCHILSON, A.**: Die Wiederkehr des Religiösen im Säkularen. Eine Gegenwartsanalyse und ihre Herausforderung für das Christentum.. ANZEIGER FÜR DIE SEELSORGE 7/1997. S. 342-347 und 8/1997. S. 390-394, hier S. 342

merksamkeits- und Sensationswert – Wirklichkeit zu gestalten. Medien entlarven und verdrängen, sie entthronen und inthronisieren und haben damit auch den Kirchen weitgehend die 'Sauerteig-Funktion' (vgl. Mt 13,33) aus der Hand genommen.[122] Die Werbung beispielsweise orientiert sich in der Gegenwart weniger an Nutzen und Funktionalität eines Produktes als viel mehr an dem "Erlebniswert", der durch den Kauf erzielt werden kann. Damit erreichen die Werbemanager, daß "Erlebnisansprüche ... von der Peripherie ins Zentrum der persönlichen Werte [wandern]; sie werden zum Maßstab über Wert und Unwert des Lebens schlechthin und definieren den Sinn des Lebens."[123] Dazu bedient sich die Werbung auch gerne biblischer oder sakraler Motive, die sie aber auf das von ihr gesetzte Ziel hin umdeutet: so gibt beispielsweise ein Riegel Mars dermaßen viel Kraft und Energie zurück, daß eine 'Flucht ins Kloster' im letzten Moment vermieden werden kann; eine Fahrt in einem Renault-Clio ('Made in Paradies') ist so verlockend, daß dafür das Leben im Paradies freiwillig aufgegeben wird und nicht zuletzt wird die Bitte um das tägliche Brot aus dem zentralen Gebet des Christentums verballhornt durch die Aussage: 'Unser tägliches Mon Cherie gib uns heute.'[124] Dadurch wird zumindest unterschwellig die Botschaft vermittelt, daß die angepriesenen Konsumgüter das *Heil* vermitteln können, welches die christlichen Institutionen immer nur versprochen haben bzw. nur versprechen, aber nicht einlösen können.

Aber nicht nur mittels der Werbung, auch durch Fernsehserien und Talk-Shows werden entsprechende Bedürfnisse des Menschen befriedigt: in den Serien oder auch mehrteiligen Sendungen werden einzelne Handlungen segmentiert und doch wieder zu einem Ganzen, zu einer kohärenten Abfolge zusammengefügt. Damit wird der Zuschauerschaft die Botschaft vermittelt, daß sich eben doch alles wieder "zu einem Runden und Ganzen, zu einer logischen Sequenz, zu einer letzten, alles miteinander verbindenden Einheit zusammen[fügt und]... daß menschliches Leben eben doch über sich hinausragt, also 'transzendiert' – daß es mehr bedeutet als die Zusammenfügung eines unendlichen Puzzles, welches niemals gelingt und woran der

---

[122] Vgl. **WERBICK, J.:** Vom Wagnis des Christseins. a.a.O. S. 37-42

[123] Vgl. **SCHULZE, G.:** Die Erlebnisgesellschaft. a.a.O. S. 59. Ein wenig anschaulicher hat es M.N. EBERTZ bei einem Vortrag zum Ausdruck gebracht: man kann nach den Maßstäben der Erlebnisindustrie nicht einfach eine Seife kaufen nach dem Maßstab, ob sie gut reinigt, billig oder auch hautverträglich ist, sondern man bekommt suggeriert, daß das "Erleben wilder Frische" maßgebend ist für den Kauf dieser oder jener Seife.

[124] Vgl. **FUCHS, O.:** Neue Religiosität - Glauben ohne Kirche? EVANGELISCHE AKADEMIE BADEN / KATHOLISCHE AKADEMIE FREIBURG (Hrsg.): Glauben ohne Kirche? Neue Religiosität als Herausforderung für die Kirchen. HERRENALBER FORUM Band 11. Freiburg - Karlsruhe 1996. S. 110-147, hier S. 123

Mensch letztlich zerbricht."[125] Diese neue Form der Religiosität wird noch deutlicher erkennbar an jenen "Gemeinden regelmäßiger Zuschauer", die bei Talk-Shows gewissermaßen eine "Kommunion des Dabeiseins" feiern und sich darin auch einig wissen, daß "in der Fernsehgemeinde alle allen für die Dauer ihres Auf-Sendung-Seins Verständnis entgegenzubringen vermögen." Was hier als besondere und auch neue Form der Religiosität geschieht, kann man mit A. KEPPLER wohl zurecht als eine "Sakralisierung der sozialen Interaktion" bezeichnen.[126] Etwas pointierter hat es A. SCHILSON zum Ausdruck gebracht, wenn er solche Talk-Shows als "Lebens-Beicht-Shows" bezeichnet und folgendermaßen kommentiert: "Indem gerade zerbrochene und mißratene Lebensgestalten und bittere Schicksale zur Würde der Fernsehaltäre gelangen, erfährt jeder, dem es zwar schlecht, aber nicht gerade so miserabel ergangen ist oder ergeht, noch weit mehr als nur die Rechtfertigung seines Daseins. Nun kann er sogar befreit und getröstet zu einem neuen Leben auf(er)stehen." Hier wird also Menschen selbst in letzter Verzweiflung und Ausweglosigkeit, in tragischem Geschick und schuldhaftem Versagen in gewisser Weise die Absolution erteilt in Form der Zusage, daß sie "trotz einer zerbrochenen und gescheiterten Existenz noch geachtet und akzeptiert werden".[127]

Entsprechendes könnte nun auch in aller Ausführlichkeit dargelegt werden in Bezug auf die mehr 'gelingenden' oder gar glücklichen Lebensbewältigungen, d.h. in Bezug auf die immer wieder gerne gesehenen Heimatfilme, in Bezug auf die Shows, die sich dem Glück zweier Liebenden annehmen, wenn es sein muß bis hin zur "Traumhochzeit", oder gar in Bezug selbst auf Krimis, die das "urtümlich religiöse Verlangen des Menschen" aufgreifen und befriedigen, daß es sich auch weiterhin lohnt, "auf endgültige Gerechtigkeit in der Welt zu hoffen, auf den Sturz des Bösen zu setzen und dem Guten seinen Lohn und sein Recht zu sichern."[128]

Nach Ansicht von Vertretern der katholischen Fernseharbeit beim ZDF verliert also die christlich-kirchliche Verkündigung in der Öffentlichkeit durch diese 'Konkurrenz' immer mehr an Relevanz; Bereiche, die in früheren Zeiten allein in die Kompetenz der beiden Großkirchen fielen, werden ihnen schon weitgehend abgenommen. Die durch die Krise der Moderne ausgelöste "starke Nachfrage nach Mystischem und Übernatürlichem" bzw. "die Befriedigung religiöser Bedürfnisse [wird immer weniger] bei den verfaßten Kirchen gesucht", sondern zunehmend außerhalb der etablierten

---

[125] Vgl. **SCHILSON, A.:** Die Wiederkehr des Religiösen im Säkularen. a.a.O. S. 390

[126] Vgl. **KEPPLER, A.:** Wirklicher als die Wirklichkeit? Das neue Realitätsprinzip der Fernsehunterhaltung. Frankfurt a.M. 1994. S. 41-48

[127] Vgl. **SCHILSON, A.:** Die Wiederkehr des Religiösen im Säkularen. a.a.O. S. 391

[128] ebd. S. 392

religiösen Systeme.[129] Die Kirche und Gemeinden könnten sich demzufolge dem Vorwurf der 'Wahrnehmungsblindheit' nicht entziehen, wenn sie eine konkurrierende Gefahr ausschließlich in den – bisher noch ausschließlich in Privatsendern – Übertragungen von Gottesdiensten sogenannter 'Mega-Churches', die an Aufmachung und Inszenierung großen Unterhaltungs-shows in keiner Weise nachstehen[130]. Vielmehr muß erkannt werden, daß auch neben den 'modernen Hausaltären' (Fernsehgeräten) in fast allen Wohnstuben, an denen im Durchschnitt täglich mehrere Stunden an Zeit 'geopfert' werden, unzählig viele andere 'Tempel' entstehen, in denen Religiosität erlebbar gemacht wird. Sehr intensiv setzt sich beispielsweise M. GRAFF mit der religiösen Dimension von Kinofilmen auseinander.[131] Dabei kommt er zu den Ergebnis, daß bei einer Vielzahl von Kinofilmen nicht nur der Eindruck ermittelt wird, man befinde sich in einem "Andachts-raum", sondern daß sie auch die Chancen bieten, mittels dieses Mediums sich Gedanken zu machen über das eigene Leben, die eigene Lebensgestal-tung und sich mit der ganz persönlichen Sinngebung und Weltanschauung auseinanderzusetzen. Aus diesem Grund hat er als Pfarrer von Alpirsbach (Diözese Rottenburg-Stuttgart) auch eigens einen größeren Raum angemie-tet und eingerichtet, in dem er "Kino-Exerzitien" anbietet. Exemplarisch soll an dem Kino- und Kommerzial-Hit "König der Löwen" verdeutlicht wer-den, daß Medien sich einerseits der religiösen Symbolik bedienen, sie aber auch *performativ*, d.h. verändernd umgestalten.

> Dieser Film beginnt mit einem Ritual, bei dem der Affe Rafiki den kleinen Löwen Simba salbt. Aus theologischer Perspektive erinnert dies sehr an die Salbung mit Chrisam bei der Taufe oder gar Prie-sterweihe, wobei auch im folgenden des Films Rafiki immer wieder als Priester, Schamane oder als Weiser dargestellt wird. Simba erlebt seine Kindheit als eine 'Einheit': die Harmonie in der Familie ist ge-währleistet durch klare Regeln und Gesetze, auf deren Einhaltung sowohl sein Vater Mufasa als auch sein direkter Stellvertreter Rafiki achtet. Erst der Kontakt mit den Schakalen zerstört bei Simba die Vi-sion von einer umfassend heilen Welt. Als ihm schließlich sein On-kel Ska (unberechtigt) vorwirft, am Tod seines Vaters schuld zu sein,

---

[129] **BIEGER, E. u. FISCHER, W. u. POENSGEN, H. (Hrsg.):** Die Kirche wickelt sich ab - Und die Gesellschaft lebt die produktive Kraft des Religiösen. Nur 18 Thesen zum Ver-hältnis Kirche, Religion und Kultur. Mainz 1995. Erhältlich über die KATHOLISCHE FERNSEHARBEIT BEIM ZDF. Postfach 2627, 55015 Mainz. These 6; vgl. auch **LEY-KAUF, L.:** Ist Fernsehen die bessere Religion? CHRIST IN DER GEGENWART 47/1996. S. 397-388

[130] Vgl. **ALF, S.:** Christentum als Supermarkt. a.a.O. S. 23

[131] Vgl. **GRAFF, M.:** Andachtsraum Kino. Von Höhlen und Krippen, Augen und Ohren, Gott und der Welt. LEBENDIGE KATECHESE 1/1996. S. 48-50; **DERS.:** Kino und Kirche, Film und Spiritualität. DIE ANREGUNG 5/1996. S. 202-203

macht er sich [gewissermaßen als 'verlorener Sohn'] auf den Weg der Suche zu sich selbst. Sehr verschiedene Weltanschauungen werden ihm angeboten, darunter auch die Philosophie, das Leben nur von seiner positiven Seite her zu sehen und zu gestalten, was in dem Lied "Hakuna Matata" zum Ausdruck gebracht wird. Aber die Erinnerung an seinen Vater, dargestellt durch ein mystisches Erlebnis der Erscheinung dessen [vgl. die Verklärung Jesu in Mt 17,3-5 oder auch die Bekehrung des Saulus in Apg 9,3-6], vergegenwärtigt ihm letztendlich, daß seine Berufung nicht die Flucht aus der Verantwortung, sondern gerade die Übernahme dieser ist [vgl. Jer 1,4-10]. "Ich bin in dir", läßt ihn die mystische Erscheinung seines Vaters Mufasa wissen, "und du hast den Auftrag, dein Land und die dir Anvertrauten zu retten." Simba erkennt das 'Göttliche in sich' [vgl. Joh 17,20-26] und 'erlöst' die Seinigen von der Macht der Schakale. Der Film endet mit der eindrucksvollen Szene, daß Simba die Rolle und Funktion seines Vaters einnimmt, indem er von Rafiki zum neuen "König der Löwen" gesalbt wird.

Es ist wohl leicht vorstellbar, daß man gerade als kirchlich sozialisierter Mensch in solch einem Film gewissermaßen von Szene zu Szene erinnert wird an Bilder aus der Heiligen Schrift. In Anlehnung an die christliche Deutung von Jesus als dem Erlöser wird auch hier die Geschichte eines *aus*erwählten, gottgleichen Wesens erzählt, das nicht daran festhielt, wie Gott zu sein, sondern sich entäußerte und den Menschen gleich wurde (vgl. Phil 2,6-7). Auch in Simba wird die Erlösung verwirklicht durch einen, der mit der 'menschlichen' Schwäche mitfühlen kann, der in Versuchung geführt wurde, dabei allerdings selbst gesündigt hat (vgl. Hebr 4,15), also noch mehr als Jesus einer ist 'wie du und ich'. Glaube, Religiosität, Spiritualität, so läßt sich dieses Beispiel vielleicht am besten auf den Punkt bringen, werden hier auf einer anderen Bewußtseinsstufe vorgestellt als es den meisten Menschen von Seiten der christlich-kirchlichen Verkündigung geläufig ist.

Ein anderes Beispiel ist der Welterfolg von J. CAMERON "Titanic", den J. SPRINGER als einen modernen Mythos über Untergang, Tod und Auferstehung bezeichnet[132]. In diesem Film wird nicht nur der Untergang eines gigantischen Schiffes zu Beginn des 20. Jahrhunderts (1912) erneut in Szene gesetzt, sondern in herausragender Weise noch einmal die Hybris des modernen Menschen demystifiziert, der die Behauptung wagte, etwas ge-

---

[132] Vgl. **SPRINGER, J.**: Mythos Titanic. Ein Kinofilm über Untergang, Tod und Auferstehung. CHRIST IN DER GEGENWART 15/98. S. 123-134. Er kommt dabei zu der Erkenntnis: "Die Bilder von Jerusalem, Emmaus, vom See Tiberias und ähnlichen Seen der Furcht und des Zitterns, wo ebenfalls Schiffe – der Jünger Jesu – unterzugehen drohen, sind Gegen-Bilder ein und derselben Erschütterung, in die uns der Film "Titanic" besonders nachdrücklich führt." (ebd.)

schaffen zu haben, was selbst Gott nicht versenken könne.[133] Indem die Zuschauerinnen und Zuschauer, die sich irgendwo in der breiten sozialen Schicht dieser Drei-Klassen-Gesellschaft wiederfinden können, hinein genommen werden in dieses visionäre Geschehen, daß die Liebe diese Klassenunterschiede zu überwinden mag und daß selbst der Tod dieses Band nicht zerreißen kann, wird ihnen auf diese Weise die Botschaft vermittelt, daß ihre Sehnsucht nach Geborgenheit und einem Sinn über das Diesseits hinaus zumindest in diesem Film eine Erfüllung findet. Dieser Weltklassiker bietet für eine 'moderne Verkündigung' des christlichen Glaubens mindestens ebenso viele Anhaltspunkte wie der Kultfilm "Ghost", der sich mit dem Leben nach dem Tod auseinandersetzt und die Botschaft vermittelt, daß es nach dem Tod, zumindest für die Guten, doch ein "helles Licht am Ende des Tunnels" gäbe. Auch wenn solche Filme für manche nicht mehr anbieten sollten wie ein Gesprächs*impuls*, belegen sie doch immer wieder, daß "nicht das vielfach prognostizierte 'Ende der Religion' eingetreten [ist], sondern eine vielfältige Transformation des Religiösen."[134] Man könnte auch sagen: die Religiosität der Gegenwart verändert sich daraufhin, daß der Mensch einen anderen Bezug zu dem gewinnt, den alle Welt bisher GOTT nennt. Er erkennt seinen veränderten Stellenwert innerhalb der Schöpfung und möchte dieses neu gefundene Selbstbewußtsein auch in Bezug auf seinen Glauben an eine höhere Macht anerkannt wissen.

Solche neuartigen Einsichten sind in der Gegenwart noch relativ selten. Man könnte eher den Eindruck gewinnen, daß von Seiten der Medien vielmehr die Ansicht propagiert und dementsprechend auch die Gesellschaft in*formiert* wird, daß die Kirche – allen voran die katholische – gewissermaßen aus der Gesellschaft 'exkommuniziert' werden müsse, weil sie die neue Religiosität und Spiritualität nicht (mehr) versteht oder gar destruieren möchte. Exemplarisch für vieles, was Medien in dieser Hinsicht der Öffentlichkeit vermitteln, mag der Inhalt eines Liedes der Gruppe PUR sein. Er beschreibt meiner Meinung nach die Einstellung vieler Zeitgenossen gegenüber der Kirche in pointierter, aber deshalb vielleicht auch treffender Weise:

> "Der Pfarrer riß den Jungen am Haar
> und die Ohrfeige saß, weil er unartig war;
> vor der ganzen Klasse – Tränen im Gesicht –
> das ist längst verzieh'n – der Junge war ich.
> Lehrformeln, als Gebete getarnt,
> vor den Spätfolgen der Onanie gewarnt.
> Wunderglaube gegen Phantasie,

---

[133] Vgl. dazu die Ausführungen zum Thema Postmoderne in Teil I, 1.2.1 - Seite 57f

[134] Vgl. **METTE, N.:** Kirchliche Erwachsenenbildung im Kontext radikalisierter Modernität. ERWACHSENENBILDUNG 1/1996. S. 11-14, hier S. 11

gehorsame Schäflein fall'n auf die Knie.
Sie thronen unfehlbar die alten Männer in Rom,
verbannen die Zweifler und auch das Kondom.
Die Lust ist des Teufels aus Angst vor Frau'n,
welcher Reichtum an Macht, Armut an Vertrau'n.
Das Buch der Bücher, auf Frieden beschränkt,
was zwischen den Zeilen steht, verdrängt;
habt euch von Lachen und Lieben und Leben entfernt –
ich hab' euch abgestreift und selbst gelernt:
die Musik einer Melodie, die mir Gänsehaut verpaßt,
in einer Idee, einem Bild, einem wahren Wort, einem Kuß, der
selbstlos macht,
liegt so viel Gott, es liegt in der Luft und es hat so viel Kraft...
Davon krieg' ich nie genug, jeden Atem Zug um Zug,
davon krieg ich nie genug, ich brauch mehr als genug und davon
krieg ich nie genug!
Die Angst vor der Sünde hat die Freude gelenkt,
die unbändige göttliche Lebenslust gesenkt,
christliche Mienen bringen Dunkel ins Licht,
küßt ihr nur den Boden, ich küß lieber dich.
In einer Umarmung, einer durchgefühlten Nacht, liegt so viel Gott,
mein Gott, das lieb ich, das hab' ich gewollt...
Davon krieg ich nie genug..."

Durch solche und ähnliche Parolen[135] wird von den Medien "Nietzsches Radikalkritik", die in ihrer unmittelbaren Wirkung begrenzt geblieben ist, allgemeingültig gemacht: Kirche und Gemeinden, so die auf das Wesentliche zusammengedrängte Meinung, wird nach wie vor 'beherrscht' von denen, "die sich in *dieser* Weltwirklichkeit selbst lebensuntüchtig gemacht haben oder lebensuntüchtig gemacht worden sind, die *diese* Weltwirklichkeit deshalb auch nicht als letzte Instanz anerkennen können, sondern einer 'höheren Instanz' verpflichtet sein wollen, sich von ihr die Lebensfreude der Starken hier und jetzt verbieten und die Lebenserfüllung im Jenseits verheißen lassen."[136] Es würde das Gesamtbild der Medienlandschaft jedoch verfälschen, würden in diesem Zusammenhang nicht auch Filme genannt wie der Kino-Hit SISTER ACT nach dem Buch von J. HOWARD, der in gewisser Hinsicht eine 'pontifikale', das heißt, eine zwischen diesem beiden Ex-

---

[135] Vgl. dazu die sehr ausführliche Untersuchung von **HURTH, E.**: Wenn Religion ein Hit wird. Anmerkungen zum Gottesbild in der Rock- und Popmusik der Gegenwart. COMMUNIO November / Dezember 1996. S. 553-560; **KÖGLER, I.**: Zwischen Erlebnis und Religion: die Klangwelt der Rockmusik. CHRIST IN DER GEGENWART Nr. 41/1996. S. 341-342

[136] So die zusammengefaßte Radikalkritik NIETZSCHEs von: **WERBICK, J.**: Vom Wagnis des Christseins. a.a.O. S. 161

trempositionen 'brückenbauende' Funktion ausübt: in ihm vermag es die 'Pseudo-Schwester' Marie Clarence, gespielt von Woopie GOLDBERG, innerhalb kürzester Zeit die festgefügten und erstarrten Traditionen eines Frauenklosters, also im Sinne NIETZSCHEs einer Ansammlung von "Lebensuntüchtigen", zu durchbrechen und dem Konvent zu neuem Ansehen und zu ungeahnter Lebendigkeit zu verhelfen. Ähnliches wie aus dem Film Sister Act, dessen Songs mittlerweile zum Standardrepertoire der meisten Jugendbands gehören, ließe sich auch aus so manchen Pfarrer- oder Nonnen-Serien eruieren, die ebenfalls auf die einen oder anderen Zuschauer eine höchst emotionale und transzendierende Wirkung haben können. Auch in ihnen erleben sie sich wieder in ihren Freuden und Hoffnungen, in ihrer Trauer und Angst und bekommen zugleich medial vermittelt, daß es – zumindest in der Illusion des Filmes – Vertreterinnen und Vertreter dieser kirchlichen Institutionen gibt, die ihre Heilsversprechungen nicht nur verkündigen, sondern auch in Wort und Tat erfahrbar werden lassen.

Würde man nun nach den Ursachen forschen, die für eine solche weitgehende Differenzierung des Glaubens und dessen Ausdrucksformen verantwortlich sind und die Gesellschaft und Kirche immer mehr zu entzweien drohen, dann würde man mit Sicherheit auf eine ganze Fülle an Gründen stoßen, die zugleich von sehr vielen in der Kirche und in der Gesellschaft ausgelöst worden sind und immer wieder ausgelöst werden. Der Versuch von Kardinal J. RATZINGER, aus seiner Perspektive die Verantwortung für die Krise des Glaubens allein in der Unzulänglichkeit der Befreiungstheologie, des Relativismus und in der bewußt-antirationalistischen Einstellung der New Age - Bewegung sowie im Pragmatismus des kirchlichen Alltags zu sehen, scheint mir die Komplexität der gegenwärtigen Situation zu verkennen. Sicher hat RATZINGER recht, wenn er schreibt: "Im Menschen lebt unauslöschlich die Sehnsucht nach dem Unendlichen. Keine der versuchten Antworten genügt; nur der Gott, der selbst endlich wurde, um unsere Endlichkeit aufzureißen und in die Weite unserer Unendlichkeit zu führen, entspricht der Frage unseres Seins."[137] Es fehlt diesem dogmatisch sicher unbestreitbaren Satz lediglich an der 'Erdung': denn "der Gott, der selbst endlich wurde" in Jesus Christus, wird von den Menschen in der gesamten Geschichte – und so auch heute – in seinen unterschiedlichsten Facetten wahrgenommen. Es gibt nicht *das* Bild von Jesus, dem Christus, genauso wenig wie es *das* Bild von Gott, dem Vater, gibt. Die Unterschiedlichkeiten und auch die Divergenzen von den Gottesvorstellungen innerhalb des christlichen und auch schon jüdischen Glaubens einmal wahrzunehmen,

---

[137] **RATZINGER, J.:** Zur Lage von Glaube und Theologie heute. Ein Einspruch gegen relativistische Tendenzen. COMMUNIO Juli/August 1996. S. 359-372, hier S. 370

scheint mir auch hier ein wichtiger Meilenstein zu sein zu einer wahrhaftig dialogischen Kirche und Gemeinde.

Damit soll an dieser Stelle nun keineswegs auf einer dogmatischen Ebene diskutiert werden, ob die katholische Kirche "als allumfassendes Sakrament des Heils" (Lumen gentium 1 und 48) überhaupt noch einen Anspruch erheben kann, daß es außerhalb ihrer eigenen Verfassung kein Heil gebe.[138] Eine solche Diskussion, die im Zusammenhang mit dem Thema Gemeindeentwicklung zwar keineswegs irrelevant ist, würde vermutlich jedoch den Inhalt und die Richtung dieser Arbeit verfehlen.[139] Vielmehr möchte ich den Versuch wagen, durch eine *experimentelle Systematisierung* unter Umständen ein wenig Klarheit in die gegenwärtige Sprachverwirrung in Bezug auf den Glauben und die Religiosität zu bekommen.

Es soll also – um den Stellenwert des Folgenden deutlich zu machen – innerhalb der Analyse der gesellschaftlichen Entwicklung in den letzten Jahrzehnten nun noch deutlicher der Fokus auf die Religiosität innerhalb dieser gegenwärtigen Gesellschaft gesetzt werden. Ziel dessen ist es, Religiosität nicht nur in die Viel*falt* der Religionen einzuordnen, sondern auch die Viel*schichtigkeit* religiöser Formen und Einstellungen wahrzunehmen.

1.2.2.2 Eine Entwicklungslogik von Religiosität

Ausgangspunkt für eine solche Systematisierung, die gegebenenfalls ebenso hilfreich sein kann wie die Charakterisierung der verschiedenen Milieus von

---

[138] Vgl. **FIGURA, M.**: Die Kirche als allumfassendes Sakrament des Heils. COMMUNIO Juli/August 1996. S. 342-358; ebenso: **SCHMIDT-LEUKEL, P.**: Worum geht es in der 'Theologie der Religionen'? COMMUNIO Juli/August 1996. S. 289-297; **KEHL, M.**: Die universale Vermittlung der Kirche und die sogenannte „Pluralistische Religionstheorie". ÖKUMENISCHE INFORMATIONEN 33/1996. S. 5-10

[139] Vgl. **MEUFFELS, O.**: Verbindlichkeit und Relativität dogmatischer Aussagen. MÜNCHENER THEOLOGISCHE ZEITSCHRIFT 3/1995. S. 315-327. MEUFFELS plädiert in diesem Artikel dafür, daß das interpretatorische Bemühen der Theologie in Bezug auf die Geschichtlichkeit dogmatischer Aussage "im Spannungsfeld von christologischem Ursprungszeugnis, geschichtlicher Entfaltung und situationsbedingter Relevanz" geschehen muß. Insofern also auch dem 'sensus fidelium' neben Lehramt und Theologie ein eigener Stellenwert eingeräumt wird, "bedeuten die Dogmen eine 'kommunitäre terminologische Sprachregelung', die einerseits verpflichtend ist, aber andererseits, da sie (unter dem Offenbarungsanspruch) auf kommunikative Weise formuliert werden muß, der steten dialogischen Interpretation bedarf, zumal alle drei Strukturmomente der geschichtlichen Veränderung unterworfen sind." (S. 324) Ebenso: **ARENS, E.**: Perspektiven und Problematik pluralistischer Christologie. MÜNCHENER THEOLOGISCHE ZEITSCHRIFT 3/1995. S. 329-343

G. SCHULZE[140], ist das Bekenntnis von PAULUS in 1 Kor 13,11: *"Als ich ein Kind war, redete ich wie ein Kind, dachte wie ein Kind und urteilte wie ein Kind. Als ich Mann wurde, legte ich ab, was Kind an mir war."* Damit macht Paulus noch einmal deutlich, daß all unser Erkennen nur "Stückwerk" ist (1 Kor 13,9), daß wir zu unterschiedlichen Phasen unseres Lebens auch unterschiedliche Vorstellungen von Gott haben (dürfen).

Damit ist nicht mehr, aber auch nicht weniger ausgesagt, als daß Glaube und Religiosität im Leben eines Menschen eine *natürliche Entwicklung* erfährt. Eine gewisse Brisanz erfährt diese Thematik anscheinend aber dann, wenn man sie nicht nur auf die Religiosität des einzelnen Menschen, sondern auf die Religiosität an sich und damit auch auf die Kirche als Institution bezieht. Zumindest hat wenige Jahre vor dem Zweiten Vatikanischen Konzil der Theologe und Pfarrer J. THOMÉ (1891-1980) mit den in seiner Schrift "Der mündige Christ"[141] vertretenen Thesen, daß auch die Kirche eine solche religiöse Entwicklung durchlaufe bzw. durchlaufen müsse, größte Schwierigkeiten mit der Kirchenleitung bekommen. In unserer Zeit hat sich mit dieser Thematik meines Wissens in besonderer Weise der amerikanische Wissenschaftler K. WILBER beschäftigt[142], der nach dem Aufkommen und Aufblühen der New Age Bewegung sich immer stärker und intensiver damit beschäftigte, wie in eine solch diffus und zum Teil auch sich widersprechende Religiosität eine gewisse Ordnung gebracht werden könne. Der Beiname "Systematiker des New Age", der ihm von J. SUDBRACK verliehen wurde[143], ist insofern wiederum relativ zu verstehen, da WILBER, abgesehen von seiner Abkehr von New Age, in seinen Büchern selbst eine unübersehbare Entwicklung durchläuft.[144] Eine neuere

---

[140] Vgl. Abbildung 3: Die neuen Milieus der Erlebnisgesellschaft. S. 51

[141] **THOMÉ, J.:** Der mündige Christ. Katholische Kirche auf dem Weg der Reifung. Frankfurt 1949 und ²1968. Entnommen aus: **METTE, N.:** Mündiger Christ in mündiger Gemeinde. Zur Erinnerung an J. Thomé. BÄRENZ, R. (Hrsg.): Theologie, die hört und sieht. Würzburg 1998. S. 138-147

[142] Vgl. **WILBER, K.:** Das holographische Weltbild. Bern-München-Wien ²1986; **DERS.:** Halbzeit der Evolution. Bern-München-Wien 1987; **DERS.:** Das Spektrum des Bewußtseins. Bern-München-Wien 1987; **DERS.:** Wege zum Selbst. München 1987; **DERS.:** Der glaubende Mensch. München 1988; **DERS:** Die drei Augen der Erkenntnis. Auf dem Weg zu einem neuen Weltbild, München 1988; **WILBER, K., ENGLER, J. u. BROWN, D. (Hrsg.):** Psychologie der Befreiung. Bern-München-Wien 1988; **WILBER, K., ECKER, B. u. ANTHONY, D.:** Meister, Gurus, Menschenfänger. a.a.O.; **WILBER, K.:** Mut und Gnade. Scherz-Verlag ⁶1994

[143] Vgl. **SUDBRACK, J.:** Neue Religiosität. Herausforderung für die Christen. Mainz 1987. S. 30; **DERS.:** Die vergessene Mystik und die Herausforderung des Christentums durch New Age. Würzburg 1988. S. 52

[144] Vgl. die ersten Werke von WILBER mit **DERS.:** Naturwissenschaft und Religion. Die Versöhnung eines Gegensatzes. Frankfurt a.M.. 1998

Untersuchung seiner Werke aus theologischer Perspektive warnt deshalb davor, sein Denken vorschnell zu übernehmen, ermutigt aber auch, seine Stärken nicht zu übersehen, die darin liegen, die Vielfalt der Wirklichkeit auch im Bereich des Religiösen wiederentdeckt und rehabilitiert zu ha-ben.[145] Diese Viel*falt* soll in diesem Zusammenhang vielmehr als eine Viel-*schichtigkeit* vorgestellt und verstanden werden.

Nach Ansicht von K. WILBER entwickelt sich auch unser Glaube aus ei-ner ganz *ein*fachen Form heraus: im frühstkindlichen Stadium – er spricht hier von einer archaischen Stufe – ist alles noch *ineins*.[146] Das Kleinstkind unterscheidet nicht zwischen Subjekt und Objekt; es nimmt sich und seine "Umwelt" noch völlig unbewußt als "das Ganze des Seins", ungetrennt – paradiesisch "wie vor langer Zeit im Garten Eden" – wahr.[147] Für diese Phase könnte man die Vorstellung von Gott auch umschreiben mit den Worten: **"Alles ist Gott"**. Aus der Sicht des Babys sind, wie es M. L. LEIST einmal formulierte, die Eltern die ersten Götter ihrer Kinder: Mutter und Vater, Geschwister und andere Menschen werden als 'allmächtige', 'fürsorgende' und 'beschützende' Personen an-erkannt. In dieser ersten Phase werden demzufolge entscheidende Weichen gestellt, ob der erwachsen werdende Mensch später auf diese *Grund*erfahrungen in seinem eigenen Leben zurückgreifen kann oder auch nicht. Zum überwiegenden Teil basiert das Reden von einem treuen, fürsorgenden, verzeihenden und allmächtigen Gott auf Erfahrungen, die das Kind in dieser Phase seiner Entwicklung erlebt und erfahren hat.

Wenn es das heranwachsende Kind allmählich begreift, daß die Men-schen, die es umgibt, nicht 'allmächtig' sind, so kann es, wenn es in einem entsprechend religiösen Umfeld aufwächst, auf einer nächsten Stufe der Entwicklung zumindest noch Gott zuschreiben: **"Gott macht alles!"**. Es ist von immenser Bedeutung, daß Kindern auf dieser Entwicklungsstufe auch zugestanden wird, an einen Gott zu glauben, der *alles kann*: als Christkind oder Osterhase die eigenen Wünsche erfüllen, die Sterne am Himmelszelt festhalten, den Regen, die Sonne, den Winter anzuweisen und überhaupt dafür zu sorgen, daß alles blüht und gedeiht und die Menschen genügend zu essen haben. Viele erwachsene Menschen sehnen sich in späteren Jahren an

---

[145] Vgl. **GÖTZ, G.**: Heilssuche im New Age. Theologische Annäherung an K. Wilber und H.M. Enomiya-Lasalle. Unveröffentlichte Dissertation. Pontificia Universitas Gregoriana Roma 1992. S. 113. (Dem Verfasser als Manuskript vorliegend.)

[146] Vgl. **WILBER, K.**: Halbzeit der Evolution. a.a.O. S. 37-54

[147] Vgl. dazu auch **SCHWEITZER, F.**: Lebensgeschichte und Religion. Religiöse Entwick-lung und Erziehung im Kindes- und Jugendalter. München 1987. S. 203-205; **ESSER, W.G.**: Gott reift in uns. Lebensphasen und religiöse Entwicklung. München 1991. S. 29-46; **SCHARER, M.**: Begegnungen Raum geben. Kommunikatives Lernen als Dienst in Gemeinde, Schule und Erwachsenenbildung. Mainz 1995. S. 112-117

jene 'naive' bzw. *mythische Stufe* ihres 'Kinderglaubens' zurück, weshalb sie ihren eigenen Kindern auch gerne diese 'Märchen' weitererzählen bzw. den Mythos des christlichen Glaubens – beispielsweise gerade an Weihnachten – nicht vorenthalten wollen, auch wenn sie selbst nicht mehr daran glauben können.

Vermag nun das Kind (überwiegend im Grundschulalter) nicht nur die anderen Personen, sondern auch noch die Natur von Gott zu differenzieren, dann wird es als ein ganz natürlicher Vorgang eine *magische* Religiosität entwickeln.[148] Der Glaube an "höhere Mächte" nimmt seinen Lauf, wenn auch noch in der Form, daß das Kind glaubt – ähnlich wie der Voodoo-Zauber oder andere Naturreligionen –, es könne durch bloßes Denken oder Wünschen diese Mächte, also Gott, auf magische Weise beeinflussen.[149] In dieser Phase wächst die Überzeugung, daß Gott zwar nicht alles macht, daß ihm aber dennoch die Möglichkeit bleibt, Naturkräfte außer Kraft zu setzen: **"Gott wirkt Wunder"** ist eine gerade selbstverständliche Glaubensüberzeugung in dieser Phase der Entwicklung.[150] Insofern sind auch die kindlichen Bitten um Sonne, Nahrung, Glück, Frieden usw. als natürlicher Ausdruck dieser Glaubensstufe zu verstehen und keineswegs abzuwerten. So ist es für ein Kind beispielsweise auch völlig 'normal', Gott darum zu bitten, daß alle Mensch satt werden, ohne auch nur im Ansatz daran zu denken, daß Gott für die Erfüllung dieser Bitte auch der Solidarität und Hilfe der Menschen bedarf. Für die weitere Glaubensentwicklung des Kindes wäre es fatal, würde man hier nicht sehr behutsam damit umgehen: zum einen die entwicklungsbedingte Sprache als solche anerkennen, in gleichem Maße jedoch auch darauf aufmerksam machen, daß sich hinter dem gegenwärtigen Horizont noch andere Glaubenswahrheiten bergen. Nach W. HUTH ist es jedoch auch möglich, daß Menschen gerade auf dieser 'magischen' oder auch 'mythischen' Stufe des Glaubens stehen bleiben und in einer Art von "religiösem Wahn" sich weigern, die Vielfältigkeit und Vielschichtigkeit der Wirklichkeit anzunehmen. Anstelle dessen flüchten sie sich in eine eigene Welt, schotten sich gegenüber der gesamten Wirklichkeit ab oder versuchen, aufgrund von eigenen – unter Umständen auch auf der Grundlage von privaten 'Offenbarungen' – das Weltgeschehen zu deuten.[151] Viele Sekten und religiöse Bewegungen lassen sich nach diesem Deutungsversuch

---

[148] Vgl. **WILBER, K.:** Halbzeit der Evolution. a.a.O. S. 57-106

[149] Vgl. **ESSER, W.G.:** Gott reift in uns. a.a.O. S. 63-81

[150] Vgl. **SCHWEITZER, F.:** Lebensgeschichte und Religion. a.a.O. S. 205-207

[151] **HUTH, W.:** Glaube, Ideologie und Wahn. a.a.O. S. 303-335, bes. S. 308

unschwer in die Kategorie "Menschenfänger" einordnen.[152] Problematisch wird es also, wenn ein Mensch auf dieser 'kindlichen Stufe des Glaubens' zurückbleibt. Es wäre ihm unmöglich, eine eigene Ich-Identität zu entwikkeln, er würde sich flüchten in Ideologien, in Fanatismus oder auch Narzismus, bliebe unfähig, einen dialogisch-kommunikativen Glauben zu leben.[153]

Während das Kindesalter wesentlich davon geprägt ist, Gott im natürlichen Sinn als *allmächtig* zu sehen, setzen mit zunehmendem Alter und vorrangig in der Jugendzeit aber auch die Zweifel an diesem Glaubensverständnis ein. Mit dem Abnehmen der Abhängigkeit von ihren Eltern und dem Bewußtwerden, ein "solaren Ego" zu sein, wie WILBER diese Phase umschreibt[154], erkennt der 'adoleszente' Mensch in der Orientierungsphase auch zunehmend die Bedeutung von Geschichte und seine eigene gestalterische Rolle darin. Vorherrschend wird die Vernunft, das Bezweifeln von allem und jedem. Und nicht selten stellt sich gerade auf dieser *rationalen* Stufe des Glaubens die Frage: **"Wer ist Gott?"** Es stellen sich die Fragen, ob der Mensch sich den, der GOTT genannt wird, nicht selbst erdacht und erschaffen hat. Im – für die weitere Glaubensentwicklung – günstigen Fall beginnt von nun an die Suche nach den Antworten auf die großen Fragen des Lebens, nach dem Woher und Wohin des Menschen. Überwiegend Vertreterinnen und Vertreter des Selbstverwirklichungs-Milieus machen sich auf dieser schwierigen und 'schiefen'[155] Stufe der religiösen Entwicklung auf den Weg, um innerhalb der eigenen Religion und Konfession, aber gegebenenfalls auch von anderen religiösen Anbietern wie den anderen Weltreligionen oder Naturreligionen, pseudoreligiösen oder gar okkulten Weltanschauungen in Erfahrung zu bringen, auf welche Weise das Sein des Menschen bewältigbar sei. Was (junge) Menschen in dieser Phase der religiösen Entwicklung am nötigsten brauchen, sind Mitmenschen, die sich *mit ihnen* auf den Weg der Suche machen, ohne vorschnelle Antworten, ohne ein dogmatisch enges Glaubenskorsett, das nach der Methode der alten Katechismen nicht nur die Antworten, sondern sogar schon die Fragen vorgibt.

---

[152] Vgl. dazu: **VAUGHAN, F.**: Eine Frage des Gleichgewichts - Gesundes und Pathologisches in den neuen religiösen Bewegungen. In: **WILBER, K., ECKER, B. u. ANTHONY, D.**: Meister, Gurus, Menschenfänger. a.a.O. S. 63-81

[153] Vgl. **HUTH, W.**: Glaube, Ideologie und Wahn. a.a.O. S. 226-288, bes. S. 253

[154] Vgl. **WILBER, K.**: Halbzeit der Evolution. a.a.O. S. 211-279

[155] Der Begriff einer 'schiefen' Stufe will an dieser Stelle besagen, daß hier auch am leichtesten ein Abgleiten und Abrutschen auf die zurückliegenden Stufen möglich ist. Es bedarf der Mühen und Anstrengungen, aber auch gelingender Erfahrungen und treuer Wegbegleiterinnen und Wegbegleiter, um hier voranzukommen.

Jede weitere Glaubensentwicklung wird davon abhängen, wie der Mensch gerade in dieser Zeit Mitmenschen erlebt und erfährt, die ihm die kindlichen Glaubenserfahrungen nicht in Abrede stellen, sondern die (früh-)kindlichen Erfahrungen der Zuneigung, Geborgenheit, des Vertrauens und der Versöhnung auf andere Ebenen der Religiosität zu *transzendieren* vermögen. Je mehr der Mensch nämlich in die sogenannte Stabilitätsphase eintritt, eine dauerhafte Partnerschaft eingeht, Verantwortung übernimmt für Kinder und in Beruf und Lebenswelt sich selbst einbringen kann, um so weniger ist er unter Umständen auch bereit, sich weiterhin als *Kind Gottes* verstehen zu müssen in dem Sinn, daß er als solches stets die Gebote Gottes und die Normen seiner Kirche unreflektiert befolgen muß. Vielmehr neigt der Mensch immer mehr dazu, sich selbst auf einer anderen Stufe des Selbstseins zu erkennen. Mit einem Schlagwort könnte man diese Stufe so umschreiben: **Der Mensch als "Partner Gottes"**. Das Bewußtsein, verantwortlich für den gelingenden Fortgang der Schöpfung Gottes zu sein, erhebt den Menschen auf eine andere Stufe der Religiosität als in seinem Kindesalter. In den Worten von K. WILBER: "Obgleich wir vielleicht tatsächlich kleinen Kindern ähnlich werden müssen, um in das 'himmlische Königreich eintreten zu können', besteht ein erheblicher Unterschied zwischen einem spirituell entwickelten Erwachsenen, der die Stufe der Ich-Bewußtheit erreicht und dann gelernt hat, diese zu transzendieren, und einem Kind, das diese Stufe erst noch erreichen muß."[156] Diese oft mißverstandene "transpersonale Phase"[157] beinhaltet aber nicht, daß der Mensch sein Ego an die Stelle Gottes setzen und damit jede Differenz zwischen Immanenz und Transzendenz zugunsten der Diesseitigkeit verwischt. Vielmehr bedeutet es, daß der Mensch Gott *gleich* wird in dem Sinn, wie es in Gen 1,27 bereits angedeutet ist: **Der Mensch als "Ebenbild Gottes"**. Indem Gott nach diesem Glaubensverständnis dem Menschen die Verantwortung für diese Welt übergibt, wird er von Gott selbst zum Partner erwählt, so daß also der Mensch mit Gott und Gott mit dem Menschen etwas 'anfangen' kann.[158]

---

[156] **WILBER, K., ECKER, B. u. ANTHONY, D.:** Meister, Gurus, Menschenfänger. a.a.O. S. 86; vgl. ebd. S. 169: Der Prä/Trans-Irrtum.

[157] Vgl. **WERBICK, J.:** Vom Wagnis des Christseins. a.a.O. S. 48, wobei vermutet werden kann, daß WERBICK hier K. Wilber zu Unrecht als Vertreter jener 'neuen Mystik' betrachtet, die mit 'Instant-Mitteln' dem Kunden ein universales Einswerden und kosmische Verschmelzung und damit ein Leben voll Harmonie und Zufriedenheit anpreisen; vgl. dazu: **WAHL, H.:** Sakramentenpastoral in der spätmodernen Gesellschaft. Praktisch-theologische und pastoralpsychologische Aspekte einer herausfordernden Situation. MÜNCHENER THEOLOGISCHE ZEITSCHRIFT 2/1996. S. 131-143, hier S. 138; **SAUER, H.:** Abschied von der säkularisierten Welt? Fundamentaltheologische Überlegungen. THEOLOGISCH PRAKTISCHE QUARTALSCHRIFT 4/1995. S. 339-349, hier S. 345

[158] Vgl. **ESSER, W.G.:** Gott reift in uns. a.a.O. S. 201-289, bes. S. 282

Wenn, um dies noch einmal biblisch zu artikulieren, Paulus in seiner Gruß-
formel an die Epheser (3,17) wünscht: "Durch den Glauben wohne Christus
in euren Herzen!", dann ist "damit aber weder eine magische Verschmelzung noch ein Verlust der eigenen Identität beschworen, sondern die Tatsache ausgedrückt, daß wir gerade dann unsere Identität gewinnen, wenn das
geliebte Wesen (Gott, Jesus Christus, die Liebe) in unserem Herzen
'an-west'."[159]

Auf dieser Stufe der Religiosität, die weitgehend auch mit dem Begriff
Mystik beschrieben wird, erschließen sich einem so provozierende Sätze
wie: **"Gott ist in mir und ich bin in ihm"** (Joh 14,10). Wenn man eine
solche Aussage nicht exklusiv auf Jesus selbst bezieht, sondern in Anlehnung an Joh 14,20 (*"Ich bin in meinem Vater, ihr seid in mir, und ich bin in
euch."*) überträgt auf den eigenen Glauben, wenn man also sein eigenes
Gottesbild mehr auf einer "transpersonalen Ebene" sieht, wie WILBER
diese Stufe des Glaubens nennt, dann muß dies nicht unbedingt eine Abkehr
von dem personalen Verständnis von Gott sein, wie es das Christentum
lehrt, sondern kann Ausdruck dafür sein, daß man seine Beziehung zu Gott
anders definiert. Einen Versuch, diese 'andere Beziehung' zu umschreiben,
hat L. BOFF unternommen, wenn er in seiner Meditation über das Weih-
nachtsfest schreibt: "Das Menschseinwollen Gottes begründet das Gott-
seinwollen des Menschen. Der vergöttlichte Mensch wird immer menschlicher. Der vermenschlichte Gott wird für uns immer göttlicher... Es hat sich
das vollendet, worauf alles zustrebte: der Mensch wurde vergöttlicht, und
Gott hat sich inkarniert."[160] Wenn nun – wie geschehen – ein Pfarrer in
seiner Weihnachtspredigt einen Satz aus dieser Meditation BOFFs heraus-
greift und unter das Thema stellt: "Gott wurde Mensch, damit der Mensch
Gott würde"[161], dann kann er höchstwahrscheinlich nicht davon ausgehen,
daß alle Zuhörerinnen und Zuhörer problemlos seine Botschaft verstehen.
Relativ viele – wenn nicht sogar die meisten – Christgläubigen haben ein
Gottesbild vermittelt und gelehrt bekommen, das die Kindschaft des Menschen und damit die absolute Abhängigkeit von Gottes Willen betont (hat).
In solchen Texten wie dem von L. BOFF wird jedoch zweifelsohne eine
andere Sprache gesprochen: in ihnen kommt zum Ausdruck, daß der
Mensch eben nicht (mehr oder nur) das ohnmächtige, schutzbedürftige
Wesen ist, das sich unter dem Mantel Marias bergen darf bis alle Stürme
vorübergegangen sind. Vielmehr wird hier die Sprache einer Spiritualität
gesprochen, die "anti-konventionell, anti-kollektiv und anti-dogmatisch

---

[159] Vgl. **HUTH, W.**: Wie kann ein moderner Mensch religiös glauben? STIMMEN DER
ZEIT 11/1996. S. 723-734, hier S. 733

[160] **BOFF, L.**: Mensch geworden. Das Evangelium von Weihnachten. Freiburg 1986. S. 38.48

[161] ebd. S. 53

[ist], weil sie die Neuerfahrung des Numinosen ist." Weil aber eine solche Mystik immer etwas Revolutionäres an sich hat, wird sie von der institutionalisierten Kirche und von vielen ihrer Anhängerschaft als störend, wenn nicht sogar als häretisch empfunden.[162]

Es gibt nicht wenige Theologinnen und Theologen, die – wie der eingangs erwähnte J. THOMÉ – der Ansicht sind, die gesamte Kirche und alle Gemeindeglieder müßten sich in die Richtung einer solchen *mystischen* – und damit auch politischen – Spiritualität zu bewegen. Hierzu wird auch des öfteren der Satz von K. RAHNER ins Feld geführt: "Der Christ der Zukunft wird ein Mystiker sein oder er wird nicht mehr sein."[163] Nach Ansicht von K. FISCHER bedarf dieser Satz, will er nicht weiterhin "als prophetisches Orakel" mißdeutet werden, jedoch der Ergänzung. In einer ersten Version, die auf einen Aufsatz von RAHNER mit dem unscheinbaren Titel "Frömmigkeit früher und heute" zurückgeht, betonte dieser noch: "Der *Fromme* von morgen wird ein 'Mystiker' sein, einer der etwas 'erfahren' hat, oder er wird nicht mehr sein..."[164] Diese 'Erfahrungen des Glaubens' – so wollte es dieses Kapitel über eine Entwicklungslogik von Religiosität aufzeigen – sind zu verschiedenen Phasen unserer menschlichen Entwicklung aber auch sehr unterschiedlich. Und ich behaupte darüber hinaus, daß in besonderer Weise der Mensch im Zeitalter der Wissenschaft und der Technik eine ganz andere Verkündigung der Frohen Botschaft nötig hat als in vergangenen Jahrhunderten. Seelsorge, Verkündigung und Katechese müssen – so auch K. FISCHER – eine Wende erfahren: "Sie müssen Mystagogie, d.h. Hinführung und Einweihung in die eigentliche – und je eigene – geistliche 'Erfahrung' jedes Christen sein. Nur wer solche 'Erfahrungen' mache, sagt Rahner, könne heute und morgen ein wirklicher Christ sein."[165]

Dabei muß aber auch berücksichtigt werden, daß die religiöse Verfassung eines Menschen nicht nur bedingt ist durch sein jeweiliges Alter, sondern auch ein Resultat von sehr komplexen Erfahrungen und Erlebnissen. Eine Kirche, die mindestens bis zum Zweiten Vatikanischen Konzil den Gläubi-

---

[162] Vgl. **JÄGER, W.:** Mystik - Weltflucht oder Weltverantwortung? Eine theologische Aufarbeitung der *philosophia perennis.* CONCILIUM 4/August 1993. S. 332-339, hier S. 338; aus der Fülle an Literatur zum Thema Mystik sei lediglich genannt: **FOX, M.:** Vision vom kosmischen Christus. Aufbruch ins dritte Jahrtausend. Stuttgart 1991. S. 59-113

[163] Vgl. **RAHNER, K.:** Bemerkungen zur Gotteslehre in der katholischen Dogmatik. SCHRIFTEN ZUR THEOLOGIE Band VIII. Einsiedeln - Köln - Zürich 1967. S. 167-186; **DERS.:** Gotteserfahrung heute. SCHRIFTEN ZUR THEOLOGIE Band IX. Einsiedeln - Köln - Zürich 1970. S. 161-176

[164] **RAHNER, K.:** Frömmigkeit früher und heute. SCHRIFTEN ZUR THEOLOGIE Band VII. Einsiedeln - Köln - Zürich 1966. S. 19-24. Hier zitiert nach: **FISCHER, K.:** Über die Zukunft des Glaubens. ANZEIGER FÜR DIE SEELSORGE 5/1998. S. 228-235

[165] **FISCHER, K.:** Über die Zukunft des Glaubens. a.a.O. S. 231

gen ein sehr patriarchales Gottesbild vermittelt hat, der die Eigen- und Mitverantwortung der 'Laien' fremd war und die es keineswegs vermochte, auch in Bezug auf die göttliche Offenbarung von einem komplexen Heilsgeschehen zu sprechen, wird vermutlich – wenn sie dies überhaupt will – noch Generationen benötigen, um die Folgen und Lasten ihrer eigenen Verkündigung abzutragen. Dazu jedoch braucht es aber nicht nur viele Männer und Frauen, die um die dargelegte Viel*schichtigkeit* religiösen Erlebens wissen und bereit sind, Menschen in ihrer jeweils sehr unterschiedlichen Lebens- und Glaubensstufe so anzunehmen, wie sie nun einmal (geworden) sind. Dazu bedarf es auch einer Kirche, die solchen reifen und mündigen Christinnen und Christen einen Raum der Freiheit bietet, durch den die erlangte Eigenständigkeit im Glauben als Bereicherung für die Lebendigkeit und Vielfalt des spirituellen Lebens der Christenheit anerkannt wird. Die Kirche selbst muß also "als Raum solcher Freiheit erfahren werden", in dem sie sich selbst als eine "reifende Gemeinschaft" versteht, "in der auch die vorangegangenen Stufen der Frömmigkeit und Kirchlichkeit ihren Platz haben."[166]

J. THOMÉ hat sehr leidvoll erfahren müssen, daß solche Gedanken nicht an allen Stellen gerne gehört und befolgt werden. In der bereits erwähnten Schrift "Der mündige Christ" notiert er selbst: "Die selbständigen, mündigen Einzelnen sind für die Kirche und ihre Führung eine nicht leicht zu bewältigende Aufgabe. Nicht immer sind ja die organisatorisch Führenden auch diejenigen, die im Reifungsprozeß am weitesten vorangeschritten sind. [...] Es ist dann menschlich zu verständlich, daß es für die Führenden schwer zu ertragen ist, wenn Einzelne zum mündigen Selbststand gekommen sind und ihre gewachsenen Urteile haben, die durch kein äußeres Diktat umzustoßen sind."[167] Falls es den Verantwortlichen in der Kirche – und THOMÉ denkt seiner Zeit entsprechend hier vorrangig an den Klerus – nicht gelingen sollte, auch die weiterentwickelten Stufen der Religiosität in das Gesamt der Kirche zu integrieren, werden es "gerade die Mutigen und Aufgeschlossensten sein, die auf diese Weise aus der Kirche hinausgehen, diejenigen, die für die fernere Entwicklung der Kirche am fruchtbarsten hätten werden können. Bleiben werden diejenigen, die aus Veranlagung oder infolge ihrer Entmutigung abseits des strömenden Lebens stehen, die Kleinen, die Naiven, die 'pagani' ... es wird ein Rest der Kleinen, der Unbedeutenden sein."[168]

---

[166] Vgl.: **METTE, N.**: Mündiger Christ in mündiger Gemeinde. (Anmerkung 141) S. 143
[167] ebd. S. 145
[168] ebd. S. 144

Es ist nicht auszuschließen, daß J. THOMÉ mit seinen Gedanken seiner Zeit einfach 'voraus' war, daß die Kirche selbst und vor allen Dingen auch ihre Glieder zu der damaligen Zeit noch gar nicht so reif waren, diese verstehen zu können und auch zu wollen. Die Entwicklung jedoch, die er bereits 1949 in seiner Schrift angekündigt hat, daß sich mit der Auflösung der traditionellen Milieus und mit der zunehmenden Pluralisierung der Gesellschaft keine Kirchlichkeit mehr durchhalten lasse, die mehr oder weniger durch das Milieu bedingt ist, und daß deshalb Glaube und Kirchenzugehörigkeit vielmehr zur Sache der eigenen Entscheidung werde, hat ihm bislang Recht gegeben. Deshalb wage ich es hier auch, sein Postulat nach einem 'mündigen Christen' aufzugreifen und in Anlehnung an K. WILBER die Behauptung auszustellen, daß die Zeit (wenn auch nicht dadurch schon automatisch die Kirche) reif geworden ist, diese hier skizzierte Viel*schichtigkeit* des Glaubens zu verstehen. Zumindest werden es diejenigen leichter nachvollziehen können, die auch bereit sind, "in den Brunnen der eigenen Seele zu steigen", um im Umgang mit der eigenen Lebens- und Glaubensgeschichte die notwendige Sensibilität für den Umgang mit den Lebens- und Glaubensgeschichten anderer zu erhalten.[169]

Daraus resultiert nun aber auch, daß es gerade nicht die Aufgabe von Christinnen und Christen in der heutigen Zeit ist, die einzelnen genannten Glaubensstufen zu *überwinden*, um dadurch zu immer höheren Bewußtseinsstufen zu gelangen, wie es manche pseudo-religiös-psychologischen Gemeinschaften anbieten, sondern gerade die einzelnen Glaubensformen zu *integrieren*. Eine gute geistliche Wegbegleitung zeichnet es aus, die eine Botschaft vom Reich Gottes in verschiedenen Sprachen verkündigen zu können, weil die eigenen Anteile eines sich entwickelnden Glaubens nicht verdrängt wurden, sondern bewußt geblieben sind und weil man über den eigenen Standort hinaus um die Vielschichtigkeit und Komplexität der Glaubenserfahrungen weiß. Damit soll jedoch nicht in Abrede gestellt werden, daß Verantwortliche von Gemeinden – speziell auch Pfarrer von territorial verfaßten Pfarrgemeinden – einer ganz speziellen geistlichen Gemeinschaft angehören dürfen; es verlangt von ihnen aber, diese ihre geistliche Beheimatung nicht allen anderen aufdrängen zu dürfen und sowohl ihre Verkündigung als auch das gesamte Gemeindeleben ausschließlich nach dieser ihrer eigenen Richtung zu gestalten. Eine solche 'Monokultur' wird einer vielfältigen und vielschichtigen Gesellschaft, wie sie im folgenden noch einmal zusammengefaßt werden soll, nicht mehr gerecht.

---

[169] **SCHARER, M.:** Begegnungen Raum geben. a.a.O.. S. 98-136, hier S. 99

1.2.3 "Carpe diem" – Nütze den Tag...
Das gegenwärtige Lebensgefühl

Bevor ich im weiteren Verlauf der Arbeit näherhin auf das gesellschaftliche 'Subsystem katholische Kirche' eingehe, ist es an dieser Stelle angebracht, noch einmal den Blick auf das 'Gesamtsystem', auf die gegenwärtige Verfassung der Gesellschaft im Lebensraum der Bundesrepublik Deutschland zu richten. Aus soziologischer Perspektive ist deutlich erkennbar, daß sich die gesellschaftliche Situation in den vergangenen Jahrzehnten, also seit Beendigung des zweiten Weltkrieges, erst recht aber seit Mitte der 60er Jahre *radikal* verändert hat: Determinanten wie Wissenschaft und Technik haben innere Werte der Gesellschaft wie Ethik und Religiosität *bis auf die Wurzeln* bloßgelegt. Der Mensch der Gegenwart verliert immer mehr seine sozialen Stützen: die (Groß-)Familie als generationsübergreifender Stabilitätsfaktor, die überschaubare territoriale Gemeinde, die zumeist in entsprechend überschaubare Milieus gegliedert war, die Kirche mit ihren klar konturierten Konfessionen, und dadurch auch Vorgaben für die eigene Biographiegestaltung. Anstelle dessen findet sich der heutige Mensch auf einem riesigen Marktplatz wieder, auf dem ihm von einer unzähligen Masse von Anbietern Möglichkeiten für seine individuelle Lebensgestaltung angepriesen werden.

Es ist wohl mehr als verständlich, daß sehr viele Menschen in solch einer Situation die Orientierung verlieren. Sie suchen Halt und Geborgenheit, aber immer weniger in den herkömmlichen Institutionen wie Staat, Kirche, Politik oder Gewerkschaft, sondern in neuen Milieus, die ihrer Ästhetik entsprechen. In immer kleiner werdenden Gruppen, Kreisen bzw. Cliquen oder auch nur zeitweiligen Erlebnisgemeinschaften suchen sie die Bestätigung ihres eigenen gegenwärtigen Lebensmodells. Aus der Vorsicht heraus, in unabsehbarer Zeit einen anderen Wirkungskreis zu finden, der noch mehr Lebensqualität zu bieten scheint, werden die Menschen der Gegenwart immer zurückhaltender, sich einer Gemeinschaft auf Dauer und ganz und gar zu verschreiben. Der kategorische Imperativ unserer Zeit lautet: "Erlebe dein Leben"[170] – *"Carpe diem* – Nutze den Tag – und zwar gleich und sofort!"

Protegiert wird eine solche Lebenseinstellung von einer Marktwirtschaft, die sich dem Leitwort verpflichtet hat, jederzeit alles und sofort anbieten zu können. Erdbeeren im Winter, Arbeit am Sonntag, Geldabheben um Mitternacht sind nur einige wenige Faktoren einer "Rund-um-die-Uhr-Gesell-

---

[170] **SCHULZE, G.:** Die Erlebnisgesellschaft. a.a.O. S. 55ff

schaft", die der sozialen und ökologischen Inflation entgegengeht.[171] Der Mensch verliert dadurch zunehmend seine *Natürlichkeit* – seinen Bezug zur Natur, zur Zeit und nicht zuletzt auch zum Werden und Vergehen, zu seiner eigenen Vergänglichkeit.

Und dennoch zeigt sich auch deutlich, daß der gesellschaftliche Umbruch sich keineswegs als Fortsetzung der Säkularisierung in eine religionslose Zukunft hinein entwickelt (hat), wie H. COX im Jahre 1965 in seinem vielbeachteten Buch "Stadt ohne Gott" noch propagierte.[172] Vielmehr stößt der Mensch der Gegenwart immer wieder an die Grenzen seines Fortschritts- und Machbarkeitsglaubens: Er entdeckt, daß die radikale Ablehnung von Autoritäten, seien es die "Götter der Politik" oder auch "der Gott der Bibel, der all die Furchtbarkeiten nicht verhindert hatte, denen unsere Welt so lange ausgeliefert war", und die Flucht zu den "diesseitigen Götzen mit ihren Scheinwerten, dem Götzen des Geldes, der Macht, des Sex, der ewigen Jugendlichkeit und eines schier unaufhaltsamen Fortschritts" nicht *die* Lösung aller Probleme bringt.[173] Er erkennt die absurde Situation unserer Zeit, die sich darin äußert, daß wir zwar Satelliten an genau vorausberechnete Punkte des fernen Weltraums senden können, während unsere Welt so unberechenbar geworden ist; daß wir zwar den Kern des Atoms erforschen, während mehr und mehr Menschen unfähig werden, sich dem eigenen Wesenskern oder dem Innern ihrer Mitmenschen zu nähern; daß wir einen Ghandi und einen Albert Schweitzer verehren, während überall auf der Welt religiöse oder politische Glaubenskriege auflodern.[174] Soziale, religiöse und ethische Fragen werden heute auf einem völlig anderen Hintergrund gestellt als noch vor wenigen Jahrzehnten. Eine Untersuchung des Instituts für Demoskopie in Allensbach im Jahre 1997 hat ergeben, daß diesbezüglich gravierende Veränderungen zu den vorhergehenden Umfrage im Jahre 1992 registriert werden konnten: Die Devise 'let's have fun', das bloße Spaßhaben, schwächt sich ab und Deutsche votieren verstärkt dafür, wieder eine bessere Gesellschaft zu schaffen, sich einer Aufgabe zu verschreiben, sich sozial zu engagieren, sich für eine Überzeugung einzusetzen und zu tun, was das eigene Gewissen sagt.

Was hier nun als Charakterisierung *des* Menschen in der Gegenwart dargestellt wurde, bedarf sogleich der Relativierung: es gibt nicht *den* Menschen. Unsere Gegenwart ist vermutlich wie keine andere Zeit vor ihr ge-

---

[171] Vgl. **DIEFENBACHER, H.:** Jederzeit, alles und sofort? a.a.O.

[172] Vgl. **SAUER, H.:** Abschied von der säkularisierten Welt? Fundamentaltheologische Überlegungen. THEOLOGISCH PRAKTISCHE QUARTALSCHRIFT 4/1995. S. 339-349

[173] Vgl. **HUTH, W.:** Glaube, Ideologie und Wahn. a.a.O. S. 77f

[174] ebd. S. 27

prägt von einer kolossalen Ungleichzeitigkeit: es gibt Menschen, die von ihrem technischen Knowhow her bereits futuristisch denken und andere, die sich strikt weigern, sich der modernen Apparate zu bedienen. Es gibt in allen Bereichen der Arbeitswelt Mitarbeiterinnen und Mitarbeiter, die lediglich auf Anweisung agieren (wollen) und mit der Komplexität der Wirtschaft und der Unternehmensleitung nichts zu tun haben wollen. Und es gibt andererseits Mitarbeiterinnen und Mitarbeiter, die bereit sind, Veränderungsprozesse mit viel Engagement und Kreativität mitzugestalten.

So gibt es auch – um einen Brückenschlag zur Thematik dieser Arbeit zu versuchen – im religiösen Bereich Menschen, die aufgeschlossen sind, sich für eine Gemeinde oder Gemeinschaft zu engagieren, ihr Wissen und Können, ihre Zeit und Kraft in Weiterentwicklungen zu investieren, und es gibt solche, die nichts anderes von ihrer Kirche, Gemeinde oder Gemeinschaft erwarten als einen 'kuscheligen' Raum, der das eigene religiöse Empfinden legitimiert. Und zwischen den jeweiligen Extremen, die für bestimmte Bereiche nun genannt wurden, gibt es sehr viele Differenzierungen. In Anlehnung an G. SCHULZE und seine Milieus der Gegenwart hat K. GABRIEL den Versuch gewagt, in Bezug auf das Gesamtbild der katholischen Kirche in Deutschland (und sicher auch in anderen Ländern) vier verschiedene "Sektoren" zu benennen, die in gewisser Weise verdeutlichen, daß sich die gesellschaftliche Situation auch innerhalb der katholischen Kirche widerspiegelt.[175]

Dabei beschreibt GABRIEL zunächst den **fundamentalistischen Sektor,** den es nicht nur, aber in besonderem Maße innerhalb religiöser Organisationen gibt. Innerhalb der katholischen Kirche sind Vertreterinnen und Vertreter des fundamentalistischen Sektors, wie er hier gemeint ist, am meisten verunsichert durch die im II. Vatikanum grundgelegte neue Verfassung der Kirche. Die vermeintlich so aufgefaßte Destruktion der hierarchischen Verfassung, das immer lauter werdende Postulat nach eigenverantwortlichem Christsein – neben der oder über die Einhaltung der Gesetze und Normen der Kirche hinaus –- bewirken mehr Angst vor der zuteil gewordenen Freiheit als Bereitschaft, diese auch zu gestalten. Lieber ist ihnen die Devise: Alles soll so bleiben, wie es ist bzw. wieder so werden, wie es einmal war.

---

[175] Vgl. **GABRIEL, K.:** Christentum zwischen Tradition und Postmoderne. a.a.O. S. 177-192. Ergänzend dazu könnte man die Darlegungen von **M. KEHL:** Die Kirche. a.a.O. S. 24ff heranziehen, in denen er drei prägnante 'Typen' oder 'Modelle' von geistlichen Kirchenerfahrungen beschreibt: a) die ganzheitliche Identifikation mit der "symbolisch personifizierten Kirche" als "Braut" und Gattin Jesu Christi", bei der es nicht darauf ankommt, wie wir unser Christsein leben, sondern daß wir uns zur Kirche bekennen; b) die Integration in eine "petrifizierte Kirche" durch Gehorsam gegenüber der (Amts-)Autorität des "Heiligen Vaters" und c) die Erfahrung einer "kommunizierenden Kirche", die als Weggemeinschaft unterwegs ist zum Reich Gottes (Vatikanum II).

Trauer und Sehnsucht nach der verlorenen Einheitlichkeit des katholischen Glaubens aktiviert deren Forderung, das katholische Wertsystem nach außen hin abzudichten oder – im Gegenzug dazu – die Welt in dieses zu integrieren.[176] Dazu wird die Welt im Denkmodell eines polarisierenden Dualismus betrachtet, in der es auf der einen Seite diejenigen gibt, die gerettet werden, weil sie entsprechende Gesetze und Riten befolgen, auf der anderen Seite aber diejenigen, die verloren gehen, falls sie sich nicht zur rechten Zeit noch retten lassen.[177] Um dies zu erreichen, greifen die Anhängerinnen und Anhänger des Fundamentalismus nicht selten auch zu ziemlich unflätigen Methoden, die zum Teil schon militante Formen annehmen, wie W. BÜHLMANN zu berichten weiß.[178] Auch lassen sie eine aufrichtig dialogische Begegnung nur selten zu, zumal wenn es sich "erstrangig um ein psychologisches und erst in zweiter Linie um ein inhaltliches, z.B. theologisches Phänomen handelt."[179]

Des weiteren nennt GABRIEL den **alternativ-basiskirchlichen Sektor,** der dem fundamentalistischen gemeinsam hat, daß man versucht, an einer gemeinschafts- und identitätsstiftenden Tradition festzuhalten. In der alternativ-basiskirchlichen Bewegung versucht man dies durch eine Lebensform, die vornehmlich am Rande und in den Nischen der Sozialstruktur zur Entfaltung kommt. Die eigene Gemeinschaft und das eigene (altruistische) Engagement steht völlig im Mittelpunkt, wobei sehr stark unterschieden wird zwischen denen *draußen,* für die man sich einsetzt, und denen *drinnen,* die einem erst Heimat, Kraft und Vertrauen schenken. Dieser Sektor scheint jenen Sekten artverwandt zu sein, die sich als 'Erlösungsgemeinschaft' zur Aufgabe machen, möglichst viele durch Integration zu retten. Eine differenziertere Auseinandersetzung mit diesem Sektor würde jedoch sicherlich ergeben, daß man sehr genau unterscheiden muß, welches die Motive für diese altruistischen Missionsbemühungen sind. Denn letztendlich kann man diesem Sektor die ganze Bandbreite von pfingstlich-charismatischen Gruppen bis hin zu befreiungstheologisch geprägten Basisgemeinden in Lateinamerika zuordnen. Gemeinsam ist jedoch allen eine weitgehende Geschlossenheit und Verbundenheit der Mitglieder untereinander. Man stellt sich den

---

[176] Vgl. **KEHL, M.**: Die Kirche. a.a.O. S. 191-199

[177] Vgl. **KOCH, K.**: Fundamentalismus. Eine elementare Gefahr für die Zukunft? STIMMEN DER ZEIT 8/1995. S. 521-532; ebenso: **ZULEHNER, P.M.**: Fundamentalismus in der katholischen Kirche. MATERIALDIENST DES KONFESSIONSKUNDLICHEN INSTITUTS BENSHEIM 5/1995. S. 90-94

[178] **BÜHLMANN, W.**: Vom unflätigen Umgang in der Kirche. Die Re-Aktionen der Fundamentalisten. ANZEIGER FÜR DIE SEELSORGE 12/1994. S. 585-590

[179] Vgl. **BEINERT, W.**: Wie begegnet man Fundamentalismus und Fundamentalisten? ANZEIGER FÜR DIE SEELSORGE 7/1996. S. 336-341

Problemen und Nöten der Gegenwart, indem man eine "Kontrastgesellschaft" (vor-)lebt, die in sich schon die Lösungen für die ganze Menschheit exemplarisch praktiziert.[180] Ein dritter und zugleich wohl der größte Sektor in der gegenwärtigen Situation der Kirche bildet nach GABRIEL der **diffus-religiöse Katholizismus**, der eine ausgesprochen individualistische Prägung besitzt: man wählt aus den verfügbaren Deutungen aus, was zur eigenen Lebensgestaltung nötig ist.[181] Das stabilste Element in diesem Sektor sind die Rituale an den Lebenswenden, die allerdings zunächst mehr als Familienrituale gedeutet werden. Taufe, Erstkommunion, Hochzeit und Tod sind noch die führenden Rituale, bei denen man den Segen und Beistand der Kirche(n) einfordert, bei der Firmung zeigen sich jedoch schon abnehmende Tendenzen. Man kann diese Entwicklung durchaus negativ bewerten, vor allem, wenn man sich weigert, Kirche als ein *Dienstleistungsunternehmen* zu sehen. Dabei sollte man jedoch nicht verkennen, daß diese 'Kunden' noch mit einem Interesse kommen, selbst wenn auch dieses "diffus" und daher schwer artikulierbar ist.[182] Anstelle einer Abwertung dieses Sektors sollte vielmehr die Einstellung stehen, daß es heute tatsächlich nicht leicht ist, einen eigenen Standort in Bezug auf den Glauben an Gott einzunehmen. Dies gilt sowohl für diejenigen, sie sich eventuell selbst diesem diffusen Sektor zuordnen als auch für die Vertreterinnen und Vertreter der Kirche(n), die unter Umständen nur deshalb von einem "diffusen Katholizismus" sprechen, weil sie mit den Glaubensformen und -überzeugungen ihrer Mitmenschen nicht zurecht kommen.

Nicht zuletzt erkennt K. GABRIEL auch einen **pluriformen Katholizismus**, dessen Bezeichnung darin gründet, daß die gesellschaftliche Pluriformität wahrgenommen wird, daß man aber auch versucht, sich diesen Gegebenheiten der Gegenwart zu stellen, auch wenn dadurch die eigene Identität prozessuale Formen annimmt. In Anlehnung an K. WILBER[183] könnte man die Vertreterinnen und Vertreter dieses pluriformen Sektors auch als diejenigen Gläubigen verstehen, die sich der verschiedenen Stufen der religiösen Entwicklung bewußt sind und in einem dialogischen Prozeß versuchen, das

---

[180] Vgl. dazu auch die sehr kritische Auseinandersetzung mit der Fokolar-Bewegung, Communione e Liberazione, Neokatechumenat u.a. **URQUHART, G.:** Im Namen des Papstes. Die verschwiegenen Truppen des Vatikans. München 1995

[181] Vgl. **WALDENFELS, H.:** Faszination der Religionen. LEBENDIGE KATECHESE 2/1995. S. 71-73

[182] Vgl. die positive Einschätzung der Nachfrage von Riten und Ritualen bei **BAUDLER, G.:** Riten und Rituale. Religionspädagogisch-pastorale Überlegungen. LEBENDIGE KATECHESE 2/1995. S. 77-81

[183] Vgl. Kapitel I.1.2.2.2 - Seite 70ff

– ihrer Ansicht nach – Eigentliche des christlichen Glaubens und der katholischen Lehre zu wahren, auch wenn dabei manche Strukturelemente und Sozialformen verloren gehen. Sie besitzen also die Fähigkeit der Differenzierung und Relativierung und betrachten Viel*fältigkeit* und Viel*schichtigkeit* als eine Chance für den individuell lebendigen Glauben.

Ergänzt werden muß diese Sektoren-Beschreibung nach M. KEHL – besonderes für die bundesdeutsche Situation – durch jene, die "formal" der katholischen Kirche angehören, das heißt also jene, die "durch einen Arbeitsvertrag an die Kirche gebunden und von ihr beruflich abhängig sind. Dieser Bereich hat quantitativ wie qualitativ durch die Auflösung der katholischen Milieus stark an Bedeutung gewonnen."[184] Dieser Sektor verstärkt das öffentliche Bild der Kirche als eines "großen, hochorganisierten Dienstleistungsbetriebes, den sich die Gesellschaft für ihre religiösen, ethischen oder weltanschaulichen Bedürfnisse hält". Bei genauerem Hinsehen entdeckt man aber auch, daß diese haupt- oder nebenberuflichen Mitarbeiterinnen und Mitarbeiter der katholischen Kirche in allen der genannten Sektoren, von dem fundamentalistischen bis hin zum pluriformen, und auf allen Stufen der religiösen Entwicklung wiederzufinden sind.[185]

Es ist also *nolens volens* offenkundig, daß die Situation in der gegenwärtigen Gesellschaft sich unweigerlich auch in dem System der katholischen Kirche in Deutschland widerspiegelt: auch hier vollzieht sich immer mehr die Konzentration auf immer kleinere Gruppen und Gemeinschaften, die sich von ihrer gemeinsamen Lebens- und Glaubenseinstellung miteinander kommunizieren, sich einander 'legitimieren'. Auch wenn es für manche sehr schmerzlich und im Zusammenhang mit dem Gedanken von der *einen, heiligen und katholischen Kirche* nur schwer nachvollziehbar ist, muß man immer mehr davon ausgehen, daß es diese *eine* katholische Kirche nicht mehr gibt – zumindest nicht in der Hinsicht, daß es eine einheitliche Form des Glaubens gibt, Rituale, die alle in der gleichen Weise nachvollziehen können und wollen, und Überzeugungen, die von allen in gleichem Maße mitgetragen werden. Die Einheit der Kirche zeigt sich allenfalls in ihrer Vielfalt und Vielschichtigkeit. Schon von daher wird vielleicht verständlich, daß die ganze Diskussion um die "Seelsorgeeinheiten"[186] ein hohes Konfliktpotential in sich birgt, vor allem, wenn von ganz verschiedenen Ebenen ausgegangen wird: geht es den einen der Diskussionsteilnehmer und -teil-

---

[184] Vgl. **KEHL, M.:** Wohin geht die Kirche? a.a.O. S. 46
[185] Vgl. **BIEGER, E. u. FISCHER, W. u. POENSGEN, H. (Hrsg.):** Die Kirche wickelt sich ab. a.a.O. These 3
[186] Vgl. Anmerkung 19 - Seite 18

nehmerinnen um die *pastorale* Dimension, denken andere fast ausschließlich in *personellen* bzw. *jurisdiktionelle* Kategorien.[187]

Werden solche innerkirchlichen Konflikte nicht verstanden, wird beispielsweise der katholischen Kirche der Vorwurf gemacht, sie drohe "in diesen Jahren wahrnehmungsblind zu werden für die eigentliche Herausforderung dieser Zeit"[188]. Es fehle ihr für einen unumgehbaren Transformationsprozeß an genügend kompetenten Gesprächspartnerinnen und Gesprächspartnern und demzufolge manövriere sie sich "im Bewußtsein vor allem ihrer hauptamtlichen Mitarbeiter immer mehr aus der heutigen Kultur heraus. Sie ist nicht fähig, die neue Aufgeschlossenheit für die religiöse Dimension aufzugreifen und produktiv zu nutzen. Insgesamt hat sich Kirche in der nachkonziliaren Epoche auf sich selbst zurückgezogen und den Anspruch aufgegeben, das Christentum in die Gesellschaft zu inkulturieren. Damit verliert sie ihre Zukunft."[189] Aber solche Kritiken, so muß auch zugegeben werden, treffen immer nur partiell zu, jedoch nie – wie in Teil II noch gezeigt wird – die gesamte Wirklichkeit der Kirche. Diese ist nämlich, ebenso wie die der Gesellschaft, von einer nahezu unübersehbaren Komplexität geprägt ist.

Dennoch dürfen berechtigte Warnungen nicht außer Acht gelassen werden: beispielsweise, daß die Kirche als Ganze und jede einzelne Gemeinden sich in eine Sackgasse hineinmanövrieren, wenn sie sich darauf beschränken, lediglich noch einen bestimmten Sektor ansprechen zu wollen – wie zum Beispiel die Angehörigen des Harmonie- und des Integrations-Milieus.[190] Wäre dies ausschließlich der Fall, liefe man – das kann vorwegnehmend schon gesagt werden – in große Gefahr, gerade jenen Gruppen und Gruppierungen die Entwicklung zu überlassen, die sich soziologisch als äußerst "reform- und innovationsresistent" erweisen. Und dies würde dann unweigerlich dazu führen, daß Kirche und Gemeinden tatsächlich, wie M.N. EBERTZ es prognostiziert, immer mehr zu vergreisten und damit auch zu gesellschaftsirrelevanten Gottesdienstgemeinden verkümmern.[191] Dem kann

---

[187] Vgl. beispielsweise **BISCHÖFLICHES GENERALVIKARIAT MÜNSTER:** Seelsorgeeinheiten. Erschienen in der Reihe DIÖZESANFORUM MÜNSTER Heft 13. Münster 1998 mit **SCHWEIZERISCHES PASTORALSOZIOLOGISCHES INSTITUT (SPI) (Hrsg.):** Pastoraler Orientierungsrahmen Luzern. Grundlagentext. Luzern - St. Gallen 1998

[188] Vgl. **SCHILSON, A.:** Die Wiederkehr des Religiösen im Säkularen. a.a.O. S. 342

[189] **BIEGER, E. u. FISCHER, W. u. POENSGEN, H. (Hrsg.):** Die Kirche wickelt sich ab. a.a.O. These 10

[190] Vgl. dazu Teil I, 1.1.4 - Abbildung 3: Die neuen Milieus der Erlebnisgesellschaft. S. 51 sowie die diesbezüglichen Ausführungen. Diesen Vorwurf erhebt u.a. **EBERTZ, M.:** Kirche im Gegenwind. a.a.O. S. 129-139

[191] **EBERTZ, M.N.:** Religion ja - Kirche nein. a.a.O. S. 26-27

aber auch entgegengehalten werden, daß der Umbruch in der Gesellschaft ebenso auch innerhalb der katholischen Kirche festzustellen ist. Eine Umfrage im Bistum Trier hat beispielsweise ergeben, daß in Pfarrgemeinderäten bei einem Vergleich vom derzeitigen Selbstverständnis und zukünftigen Notwendigkeiten viel Gespür und Einsicht für den pastoralen Umbruch in den Gemeinden vorhanden ist und auch die Bereitschaft, sich dem notwendigen Wandel zu stellen. Diesbezüglich soll künftig nicht mehr die Organisation von Aktivitäten der Pfarrei im Vordergrund der Pfarrgemeinderatsarbeit stehen, sondern die Beschäftigung mit konkret anstehenden Veränderungen in der Seelsorge, die Aufmerksamkeit für Belange und Konflikte in der Gemeinde und die Verantwortung für eine partizipatorische Entscheidungsfindung.[192]

Solche Veränderungen im Selbstverständnis von Pfarrgemeinderäten – sicher nicht nur im Bistum Trier – lassen auch die Hoffnung zu, daß gerade in diesem Gremium zunehmend eine 'diagnostische Kompetenz' wächst, die es vermag, den eigenen Deutehorizont zu erweitern und sich auf andere Glaubensüberzeugungen und Weltanschauungen einzulassen. W. HUTH bezeichnet eine solche Kompetenz als "Ambiguitätstoleranz" und meint damit "eine höchst differenzierte Leistung des Ichs, die darin besteht, sich der Spannweite und der letztlichen Unberechenbarkeit der Wirklichkeit zu stellen. [...] In letzter Konsequenz bedeutet das nichts weniger als zu begreifen, daß zum Erkennen bestimmter Aspekte der Wirklichkeit mehr gehört als nur ein scharfer Verstand, weil offenbar die Art, wie wir die Welt deuten und mit ihr umgehen, aber auch die Art unseres Glaubens in hohem Maße von unserer Reife abhängt."[193] Es geht also bei der speziellen Aufgabe der Verantwortlichen in den Gemeinden nicht nur darum, die Menschen, die diese Gesellschaft heute prägen und von ihr geprägt werden, *soziologisch* zu analysieren, sondern auch aus einer gewissen Distanz heraus sie auf ihren unterschiedlichen *religiösen Stufen* wahrzunehmen. Sie zur Sprache zu bringen und sich mit solch pluralen und pluriformen Glaubens- und Weltanschauungen auseinanderzusetzen kann zu einer größeren Reife des eigenen (christlichen) Glaubens führen. Ein solcher Dialog kann auch "das religiöse Leben von einem magischen Weltverständnis und von noch vorhandenen abergläubischen Elementen [läutern] und mehr und mehr eine ausdrücklichere, personal vollzogene Glaubensentscheidung [fordern], sodaß nicht

---

[192] Vgl. **BORMANN, J.:** Ergebnisse der Pfarrgemeinderatsbefragung. TRIERER FORUM. April 1996. S. 4-8; ebenso: **BISCHÖFLICHES ORDINARIAT MAINZ:** Damit Gemeinde lebt. a.a.O. S. 82-86

[193] Vgl. **HUTH, W.:** Wie kann ein moderner Mensch religiös glauben? a.a.O. S. 725

wenige zu einer lebendigeren Gotteserfahrung kommen (vgl. Gaudium et spes 7)."[194]

Aus einer solchen Perspektive heraus können Verantwortliche von Gemeinden auch zu der Erkenntnis kommen, daß die Moderne im Nachhinein gesehen eher "religionsproduktiv" war als "religionsdestruktiv"[195]. Wenn man sich nicht allein blenden läßt von den negativen Begleiterscheinungen der gegenwärtigen Situation in unserer Gesellschaft wie dem Wunsch nach einer "Instant-Mystik", nach einer "im Schnellverfahren vermittelten Religiosität", wie es H.-J. HÖHN ausgedrückt hat,[196] und dem wohl mehrheitlichen Ansinnen, Kirche lediglich noch als "Dienstleistungsorganisation" zu sehen, die den eigenen Wünschen nach einer schönen Zeremonie aufgrund eines "Tauschverhältnisses" (Kirchensteuer für Dienstleitung) nachzukommen hat,[197] dann kann man in der Vielfalt und Vielschichtigkeit unserer gegenwärtigen Situation unter Umständen auch erkennen, daß der Mensch trotz allem "unheilbar religiös" ist und nach wie vor – zumindest zum überwiegenden Teil – das Bedürfnis hat, mit Kirche wieder in Kontakt zu kommen.[198] Und selbst dann, wenn dies nicht der Fall sein sollte, lehrt uns Jesus selbst, daß nicht jeder, der nicht in seinem Namen auftritt (oder auch im Namen seiner Kirche), deshalb schon ein Gegner sein und daran gehindert werden muß (vgl. Mk 9,38-41). Eine solche Einstellung, daß "Gottes Geschichte mit den Menschen unserer Zeit nicht auf seine Geschichte mit uns Christen begrenzt" ist,[199] verschafft auch Gelassenheit, das heute Notwendi-

---

194 Vgl. auch **LIPPERT, P.**: Drei große Herausforderungen für den Glauben und die Spiritualität des katholischen Christen heute und morgen. THEOLOGIE DER GEGENWART 39 (1996). S. 200-208; ebenso: **FECHTNER, K. u.a. (Hrsg.)**: Religion wahrnehmen. Festschrift für Karl Daiber. Marburg 1996

195 Vgl. **GABRIEL, K.**: Christentum zwischen Tradition und Postmoderne. a.a.O. S. 90; ebenso: **NIENTIEDT, K.**: Rückkehr der Religion? HERDER KORRESPONDENZ 1/1996. S. 1-3

196 Vgl. **HÖHN, H.-J.**: GegenMythen. Religionsproduktive Tendenzen der Gegenwart. Freiburg 1994. S. 122

197 Vgl. **EBERTZ, M.**: Kirche im Gegenwind. a.a.O. S. 83-97

198 Vgl. **EBERTZ, M.N.**: Sind unsere Gemeinden noch reformierbar? a.a.O. S. 10-12. Zu dem Begriff "unheilbar religiös" vgl. auch **HUTH, W.**: Glaube, Ideologie und Wahn. a.a.O. S. 40-46: hier versucht HUTH nachzuweisen, daß der Mensch nicht unheilbar religiös ist im Sinne einer unstillbaren Sehnsucht nach einer Glaubensgemeinschaft ist, sondern vielmehr "unheilbar gläubig". Der Mensch wird bei aller Wandelbarkeit des Glaubens auch in unserer "nachreligiösen Zeit" immer wieder zurückgeworfen auf die letzten Fragen seiner Existenz (Woher komme ich? Weshalb bin ich? Wohin gehe ich?), die er heute - im positiven Sinn - synkretistisch für sich selbst beantworten muß. Vgl. ebenso: **LAY, R.**: Nachkirchliches Christentum. Der lebende Jesus und die sterbende Kirche. Düsseldorf 1995

199 Vgl. **EMEIS, D.**: Zwischen Ausverkauf und Rigorismus. Zur Krise der Sakramentenpastoral. Freiburg 1991. S. 37

ge und auch Mögliche zu tun, um den Menschen bei ihrer Suche nach Sinn zu helfen, ohne in allzu große Hysterie und Bedrängnis zu geraten.[200]

Dies ist hier deshalb ausdrücklich erwähnt, weil Kirche und Gemeinde – bisher zwar nur im geringfügigem Maße, aber auf Zukunft hin vielleicht verstärkter – auch in dem Bereich, in dem sie noch weitgehend eine Monopolstellung innehat, 'Konkurrenz' von freischaffenden Gestalterinnen und Gestaltern, die oftmals unter der Chiffre **"Ritendesign"** in Erscheinung treten. Gerade für Menschen, denen die kirchlichen Rituale "hohl und leer geworden sind" oder die aus einem bestimmten Grund von Vertreterinnen und Vertretern der Kirche enttäuscht worden sind, möchten Ritendesigner und Ritendesignerinnen, meist (ehemalige) Theologinnen und Theologen, Psychologinnen und Psychologen oder auch Sozialpädagoginnen und -pädagogen, eine Verbindung herstellen zwischen der Tradition, dem Ritus und den eigenen, alltäglichen Erfahrungen.[201] Nach Auskunft von K. BEHNER, dem Leiter des 1994 gegründeten Hamburger "Interim Instituts für Ritus, Fest und Feier", sehen diese ihre Aufgabe vor allem darin, "von den Situationen der Menschen auszugehen, ohne ihnen eine vorgegebene und damit der Situation äußerliche Botschaft aufzuerlegen, sondern Raum zu schaffen, daß die Menschen in diesen Situationen ihre eigene 'Botschaften', ihre eigenen Antworten neu entdecken und finden können." Gerade hierin sieht BEHNER, nun über sich selbst sprechend, den Hauptgrund, weshalb er selbst aus der (katholischen) Kirche ausgetreten ist und sich damit von verfaßter Christlichkeit und Religiosität verabschiedet hat: um Abschied zu nehmen von jeder Selbstverständlichkeit religiösen Redens, von vorgegebenen Antworten und sich stattdessen zum Bereich der Fragen hinzuwenden, die jeder möglichen Antwort immer voraus liegt, um Raum zu schaffen, freie Räume zu schaffen, in denen neue Antworten sich ergeben können.[202]

---

[200] **KREPPOLD, G.:** Der (die) Seelsorger(in) als Anwalt von Sinn. LEBENDIGE SEELSORGE 4-5/1995. S. 250-253; ebenso: **BÜHLMANN, W.:** Wider die Resignation. Interview über die Situation nach dem II. Vatikanum. ANZEIGER FÜR DIE SEELSORGE 8/1995. S. 409-412; **KOCHANEK, H.:** Kirche und Gemeinde in der Erlebnisgesellschaft. a.a.O. S. 47-49

[201] Vgl. **FRIESEN, A.v.:** Wohltuende Macht der Gewohnheit. Rituale geben dem Leben Verbindlichkeit und Dramaturgie. STUTTGARTER ZEITUNG vom 17./18.02.1996; **GAFGA, H.:** Feste im Angebot. Freie Theologen veranstalten Hochzeiten und Beerdigungen. DAS SONNTAGSBLATT Nr. 32. 8. August 1997. S. 19; **NESEMANN, U.:** In Gottes Namen – ohne die Kirche. Hochzeit bei freischaffenden Theologen. LÜNEBURGER NACHRICHTEN vom 04. 05.1997; **SCHMOLL, H.:** An den Wendepunkten des Lebens. Ein Markt für nichtkirchliche Anbieter. FRANKFURTER ALLGEMEINE ZEITUNG vom 21.06.1997; **BÜRGSTEIN, K.M.:** Der Geist der Feier. KIELER NACHRICHTEN vom 19.07.1997

[202] Aus einem Vortrag von **K. BEHNER**, den dieser am 22.11.1996 an der Thomas Morus Akademie in Bensberg gehalten hat (Manuskript liegt dem Verfaser vor).

Es ist naheliegend, daß (auch) die katholische Kirche durch diese neue Berufsgruppe der Ritendesigner und Ritendesignerinnen mehr und mehr herausgefordert wird, die 'Qualität' ihrer Sakramentenspendung zu überdenken, auch wenn diese nachweislich noch nicht derart etabliert sind, daß sie von ihrer Professionalität auch leben könnten. Nach wie vor scheinen die Menschen ihre 'religiöse Legitimation' lieber von jenen Institutionen zu holen, die sich offiziell oder auch nicht offiziell anerkannt unter dieser Rubrik anbieten. Die Kirche und Gemeinden in der gegenwärtigen Situation der Gesellschaft stehen demzufolge vor großen Herausforderungen. Im Unterschied zu vergangenen Zeiten genügt es nicht mehr allein, den Gott unseres Glaubens zu verkündigen und die Welt zu evangelisieren, sondern es muß – dem vorangehend und dies durchgreifend – ebenso intensiv wahrgenommen werden, wie dieser Gott sich in der heutigen Zeit 'ent-äußert' und von Menschen in einer anderen Sensibilität wahrgenommen wird. Aus den vielen und auch "neuen Gesichtern Gottes" sind jene herauszukristallisieren, die auch dem Gesicht Gottes gemäß den Schriften und der Tradition entsprechen.[203] Diese Aufgabe kann jedoch nicht mehr von einigen wenigen wie den Priestern oder auch den hauptberuflich engagierten Mitarbeiterinnen und Mitarbeitern bewältigt werden; es bedarf vieler und auch unterschiedlicher Mitchristinnen und Mitchristen, die hier – aufgrund ihrer jeweiligen 'Feldkompetenz' in dieser vielfältigen und vielschichtigen Gesellschaft – ihre Verantwortung als Glieder des Leibes Christi bzw. des Volkes Gottes wahrnehmen wollen und auch übernehmen dürfen.

Wie aber verhält es sich mit diesem Postulat innerhalb des *Systems Kirche*? Werden hier nicht von soziologischer Perspektive aus pastorale Notwendigkeiten aufgezeigt, die sich mit der offiziellen Verfassung der Kirche gar nicht in Einklang bringen lassen? Oder anders gefragt: was will und kann die katholische Kirche – weltweit und dann speziell noch einmal in unserem Lebensraum – an strukturellen Veränderungen zulassen? Daß ein Veränderungsprozeß auch innerhalb der Kirche und der Gemeinden ansteht, im wahrsten Sinn des Wortes vielleicht sogar *not-wendig* ist, wurde mit den bisherigen Analysen schon weitgehend begründet. Im Sinne des Organisationsentwicklung ist aber nicht nur die Frage zu stellen, was sich innerhalb einer Institution wie er Kirche verändern *soll*, sondern sich auch verändern *kann*. Diesem Anliegen soll im weiteren Verlauf zunächst eine dogmatische Untersuchung dienen, ehe auf dem umrissenen Feld des Möglichen pastoraltheologische und praxisorientierte Perspektiven aufgezeigt werden.

---

[203] Vgl. dazu: **JÖRNS, H.-P.:** Die neuen Gesichter Gottes. München 1997

2 DIE KATHOLISCHE KIRCHE
IM WANDEL DER ZEIT

Grundlegend für die Dogmatik der Gegenwart sind die Texte des Zweiten Vatikanischen Konzils. Beim Studium derer sollte aber nicht vergessen werden, daß dieses Konzil in den Jahren 1962 bis 1965 stattgefunden hat, also wenige Jahre *bevor* der gesellschaftliche Umbruch (nicht nur in Deutschland) erst richtig in Gang kam. Es braucht also nicht zu wundern, wenn der Umgang mit den Konzilstexten von sehr unterschiedlicher Art ist. Während eine Minderheit mit P. WESS die Ansicht vertritt, es wäre an der Zeit, entsprechend den Gegebenheiten der Gegenwart ein neues Konzil einzuberufen, das sich mit den neu aufgekommenen Grundsatzfragen beschäftigt und sich – wie das erste Apostelkonzil – um einmütige Lösungen bemüht,[204] sind bei vielen verantwortlichen Laien in den Gemeinden die eigentlichen Anliegen des Zweiten Vatikanischen Konzils oftmals noch gar nicht angekommen. Meinem Empfinden nach sind es vorrangig die jüngeren Mitarbeiterinnen und Mitarbeiter in der Kirche, die sich nur schwer vorstellen können, wie die Situation vor diesem Konzil gewesen war. Es ruft immer wieder Erstaunen und zum Teil auch Unverständnis hervor, wenn ältere Mitchristinnen und Mitchristen aus ihrer Kinder- und Jugendzeit zu erzählen beginnen, wenn beiläufig erwähnt wird, daß eine historisch-wissenschaftliche Beschäftigung mit der Heiligen Schrift in der katholischen Kirche erst seit den Jahren 1893 bzw. 1943 offiziell erlaubt ist[205] oder wenn gar noch dargelegt wird, daß die Konzilstexte in keiner Weise so *ein*deutig sind wie sie immer wieder interpretiert werden.

Wenn man also das *System Kirche* verstehen will, so muß man auch hier noch einmal an dessen geschichtlicher Entwicklung ansetzen, um zumindest Verständnis dafür zu wecken, was das Konzil in seiner Zeit alles vermochte und worin es einfach an seine Grenzen gelangte. *Systemisch* gesehen wäre es jedenfalls unzulässig, allein auf der Grundlage der soziologischen Erkenntnisse nun von der katholischen Kirche ein neues Selbstverständnis abzuverlangen, das letztendlich vielleicht sogar ihrem eigenem Wesen widerspräche. Bevor wir uns nun also näherhin damit befassen, welche Chancen oder auch Grenzen das Zweite Vatikanische Konzil in Bezug auf die Thematik Gemeindeentwicklung in sich birgt, soll zunächst einmal die grundsätzliche Linie und Wegweisung ins Blickfeld genommen werden.

---

[204] Vgl. **WESS, P.:** Ein neues Apostelkonzil? Überlegungen zur gegenwärtigen Situation der Kirche. ANZEIGER FÜR DIE SEELSORGE 11/1995. S. 539-542

[205] Vgl. dazu die Enzyklika: "Providentissimus Deus" von LEO XIII. aus dem Jahre 1893 sowie die Enzyklika "Divino afflante spiritu" von PIUS XII. aus dem Jahre 1943, zusammengefaßt in: **FRANZEN, A. u. BÄUMER, R.:** Papstgeschichte. Freiburg 1974. S. 405f

2.1 Das Zweite Vatikanische Konzil: Ausgangslage und Ziel

Die geschichtliche Bedeutung des Zweiten Vatikanischen Konzils wird vermutlich erst klar, wenn man dieses Konzil in einen größeren Rahmen einordnet. Denn schon im 15. Jahrhundert begann es, daß eine mehr hier-archologisch-juridisch geprägte Kirche einer mehr dialogisch verfaßten immer mehr den Platz streitig machte, die im 1. Vatikanischen Konzil zu ihrem Höhepunkt fand.[206] Dieses "unvollendete Konzil", das in den Jahren 1869/70 stattfand, ging so prägnant in die Kirchengeschichte ein, weil es zum einen das Jurisdiktionsprimat des Papstes verkündete, also seine "volle und oberste Gewalt der Rechtsbefugnisse über die ganze Kirche – und dies nicht nur in Sachen des Glaubens und der Sitten, sondern auch in dem, was zur Ordnung und Regierung der gesamten über den Erdkreis verbreiteten Kirche gehört."[207] Dem Papst wurde also das Recht eines Monarchen zuge-standen, allein entscheiden zu können, was für die weltweite Kirche gut und richtig ist. Zum anderen verkündete dieses Konzil aber auch noch die Lehre von der Unfehlbarkeit des Papstes, die sich allerdings nur und aus-schließlich auf Glaubens- und Sittenfragen beschränkt. Wenn also der Papst 'ex cathedra', durch eine eigene Zeremonie, ein Dogma, d.h. eine auf den Glauben oder die Sitten bezogene kirchliche Lehre, verkündet, so haben es die Gläubigen anzunehmen.[208]

Die Beschlüsse dieses Konzils sind aus seiner Zeit heraus durchaus ver-ständlich und verstehbar: durch den fortschreitenden Zusammenbruch des Feudalsystems war die Kirche gezwungen, sich eine neue Struktur zu ge-ben. Die sogenannte "Bürokratisierung", für die man sich entschied, war in der Mitte des letzten Jahrhunderts nicht nur eine sehr moderne, sondern galt auch als eine am schwersten zu zertrümmernde Strukturform. In der Folge-zeit bemühte man sich, diese neue Kirchenordnung zu 'sakralisieren', ihr also eine theologische Legitimation zu verleihen. Allerdings waren be-kanntlich nicht alle Bischöfe mit dieser neuen Struktur einverstanden und zufrieden. Immer wieder sorgte sie in den darauffolgenden Jahrzehnten für Unmut und Konflikte innerhalb der Kirche. Sehr extrem interpretierten nicht wenige Kritiker in diese Beschlüsse des I. Vatikanums hinein, daß künftig alle Konzilien überflüssig seien; denn warum soll man tagen und beraten,

---

[206] Vgl. **BEINERT, W.**: Die Beziehungen zwischen kirchlichem Lehramt, wissenschaftlicher Theologie und dem Glaubenssinn der Gläubigen. ANZEIGER FÜR DIE SEELSORGE 1/1992. S. 3ff

[207] Vgl. **FRANZEN, A.**: Kleine Kirchengeschichte. Freiburg 1965. S. 344f

[208] Zur Diskussion und Interpretation dieser Entscheidungen vgl. auch **RAHNER, K.**: Grund-kurs des Glaubens. Freiburg 1976. S. 366ff

wenn der Papst eh das letzte und entscheidende Wort hat und somit alles wieder zunichte machen kann.[209]

Dementsprechend skeptisch schaute man dem Plan von JOHANNES XXIII. entgegen, gegen alle Warnungen der Kurie ein Konzil einzuberufen. Was in erster Linie Papst JOHANNES XXIII., aber auch andere Bischöfe und Theologen, die sich von ihm inspirieren ließen, von diesem Konzil erwarteten, verdeutlicht ein Zitat von K. RAHNER, der an diesem Konzil zwar nur in beratender Funktion, deshalb aber nicht weniger prägnant teilgenommen hat. In seinem beeindruckenden, aber auch heftig umstrittenen Festvortrag auf dem Österreichischen Katholikentag vom 1. Juni 1962 machte er unmißverständlich klar, wie er die "Zeichen der Zeit" deutete[210]:

> "Wir leben in einer Zeit, wo es einfach notwendig ist, im Mut zum Neuen und Unerprobten bis zur äußersten Grenze zu gehen, bis dorthin, wo für eine christliche Lehre und ein christliches Gewissen eindeutig und undiskutabel eine Möglichkeit, noch weiter zu gehen, einfach nicht mehr sichtbar ist." (S. 85) Eine Voraussetzung dafür, daß ein solcher Weg gegangen werden kann, bei dem der Geist in der Kirche nicht ausgelöscht werde, ist "die Überzeugung oben und unten in der Kirche, daß es in der Kirche nicht nur Regungen gibt und geben darf, die von der amtlichen höheren Instanz veranlaßt sein müssen, um legitim zu sein. Das Amt in der Kirche darf sich nicht wundern oder darüber unwillig sein, wenn sich ein Leben des Geistes regt, bevor es in den Ministerien der Kirche geplant ist. Und die Gläubigen dürfen nicht meinen, sie hätten bestimmt nichts zu tun, bevor von oben ein Befehl heruntergereicht wird. Es gibt Taten, die Gott will, vom Gewissen des Einzelnen verlangt, auch bevor das Startzeichen vom Amt gegeben ist, und zwar in Richtungen, die nicht schon amtlich positiv gebilligt und festgelegt sind." (S. 88f)

Schon vor dem Konzil kämpfte RAHNER mit vielen anderen Theologen darum, die unversöhnliche Haltung gegenüber der Moderne aufzugeben und sich vielmehr dem Dialog mit der 'Welt' mutig zu stellen. Damit stellte sich RAHNER und viele andere Theologen gegen die offizielle Lehre der Kirche, die schon seit GREGOR XVI. (1831-46), in besonderem Maße aber seit PIUS X. (1903-1914) durch den Erlaß des "Antimodernisteneides" (1910) die Wurzeln der Häresie zu bekämpfen suchte. Durch diesen Eid, den sämtliche mit Seelsorge und Lehrtätigkeit betrauten Priester bis zum

---

[209] Eine ganz andere, interessante Interpretation des I. Vatikanums findet sich in: **SCHÜTTE, H.**: Das Dienstamt der Einheit der Kirche. Kardinal Ratzingers Erwägungen zur vollen Kirchengemeinschaft. KATHOLISCHE NACHRICHTENAGENTUR - ÖKUMENISCHE INFORMATIONEN 26/1996. S. 14-20

[210] Vgl. **RAHNER, K.**: Löscht den Geist nicht aus. Festvortrag auf dem österr. Katholikentag vom 1. Juni 1962. SCHRIFTEN ZUR THEOLOGIE Band VII. Einsiedeln 1966. S. 77-90

Jahre 1967 zu leisten hatten, wurde ihnen untersagt, sich auf den philoso-phischen Agnostizismus (I. KANT, F. NIETZSCHE u.a.), den religiös-psy-chologischen Methoden (unter dem Einfluß von F. SCHLEIER-MACHER) und den Evolutionismus (hervorgebracht durch Ch. DARWIN) einzulas-sen.[211] Dies läßt auch die Schlußfolgerung zu, daß in der Zeit der 'wissen-schaffenden Gesellschaft' Generationen von Theologen, die später in der Seelsorge und im Lehramt tätig waren, *in der Regel* nicht vertraut gemacht wurden mit den Gedanken der Religionskritiker wie ihre nichttheologischen Kommilitonen. Um so erstaunlicher war nun die Forderung, daß man sich *gemeinsam* auf den Weg machen solle, um den Anforderungen der Gegen-wart gerecht zu werden – eine Forderung, die durch das Konzil wesentlich erfüllt wurde, wie RAHNER in seiner Einleitung zum Kleinen Konzilskom-pendium beschreibt[212]:

> "Das Konzil war ein pastorales Konzil. So war es von Johannes
> XXIII. von vornherein verstanden worden und so hat sich dieses
> Konzil auch selbst verstanden. Es wollte ein Konzil der Sorge der
> Kirche um die Menschen selbst sein... Johannes XXIII. hatte aus-
> drücklich in Erinnerung gerufen, daß das Wesen des kirchlichen
> Lehramtes selbst pastoral ist – und darauf macht die pastorale Kon-
> stitution Gaudium et spes auch ausdrücklich aufmerksam..." (S. 26)

Und an anderer Stelle schreibt RAHNER:

> "Dieses Konzil ist ein Konzil am Anfang einer neuen Zeit... Die
> Zeit der Vereinheitlichung der Welt, der Industrialisierung, der Ver-
> städterung, einer rationalen Verwissenschaftlichung des menschli-
> chen Lebens, ... einer Zeit, in der jedes Volk für jedes andere eine
> Verantwortung trägt.... Dieser Zukunft, die jetzt schon begonnen hat,
> sucht die Kirche unbefangen und ehrlich sich zu stellen, letztlich
> nicht, um in dieser radikal neuen Situation sich selbst besser be-
> haupten zu können, sondern um sich zu fragen, wie sie darin ihren
> Heilsauftrag an die Menschen und ihren Dienst am Menschen besser
> erfüllen könne." (S. 28)

Damit wurde das Konzil von seinem Initiator, Papst JOHANNES XXIII., vor eine große Aufgabe gestellt: es sollte nicht, wie in früheren Konzilien meist geschehen, der neuen Zeit mit den bekannten anathemas (=Ausschlie-ßungen) begegnen, sondern eben mit pastoralen Weisungen.[213]

In seiner bemerkenswerten Eröffnungsrede am 11. Oktober 1962 goß er die Anliegen, die er mit einem pastoralen Konzil verband, in eine Form, die

---

[211] Vgl. **FRANZEN, A.**: Kleine Kirchengeschichte. a.a.O. S. 353-354; **LORZ, J.**: Geschichte der Kirche. Teil 2. Münster 1964. S. 369-374

[212] Vgl. **RAHNER, K. u. VORGRIMMLER, H.**: Kleines Konzilskompendium. a.a.O.; vgl. außerdem: **JEDIN, H.**: Kleine Konzilsgeschichte. Freiburg 1978. S. 127ff

[213] Vgl. **BÜHLMANN, W.**: Wider die Resignation. a.a.O. S. 409-412

das ganze Konzil prägen sollte[214]. Ob er sich der weitreichenden Folgen seines aggiornamento gänzlich bewußt war, wird wohl nie ganz zu klären sein.[215] Denn erst das Konzil selbst entwickelte eine unerwartete Eigendynamik, die nach F.-X. KAUFMANN auf einer kirchenpolitischen wie auch sozialen Erfahrung der Konzilsväter selbst beruhte: "Es war die Erfahrung der Gemeinschaft statt derjenigen der hierokratischen Herrschaft", aus der dann auch "die Perspektive einer Ekklesiologie der Communio" entsprang. Es widerspreche auch keineswegs der Überzeugung vom Beistand des Heiligen Geistes, der die Einheit der Kirche will, wenn man dem hinzufügt, daß vor allem auch "durch die Vernetzung unendlich vieler kleiner Zirkel, durch die Verbindung einer informellen und einer formellen Struktur ... aus soziologischer Sicht dieses Konzil zu einem Ergebnis gekommen [ist], dessen gleichzeitige Komplexität und Kohärenz beeindruckt."[216] Durch diese Vernetzungen und Verbindungen hat das Konzil selbst ein Vorbild gegeben, wie einerseits die Komplexität innerkirchlicher und gesellschaftlicher Verfassung wahrgenommen und andererseits "Optionserweiterungen"[217] bewirkt werden können.

2.1.1 Die Ekklesiologie des II. Vatikanischen Konzils: Die 'Option' für das Volk Gottes

Eine dieser 'Optionserweiterungen' war die Neuaufnahme der Bezeichnung "Volk Gottes" für die Kirche. Neben vielen anderen Bildern für den Mysteriencharakter der Kirche im Konzilstext Lumen gentium 6[218] entwik-

---

[214] Vgl. Einleitung, 1.2 - Seite 35

[215] Vgl. **ZIEGER, B.:** Wie kam es zum Konzil? Eine fällige Erinnerung an Papst PIUS XII. und seine Enzyklika "Mystici Corporis". ANZEIGER FÜR DIE SEELSORGE 7/1994. S. 315-318

[216] Vgl. **KAUFMANN, F.-X.:** Katholizismus und Moderne. Am Beispiel des Zweiten Vatikanischen Konzils. ERWACHSENENBILDUNG 1/1996. S. 2-6, hier S. 5f

[217] Zu dem Begriff "Optionserweiterung" vgl.: **LENZ, G. u. OSTERHOLD, G. u. ELLEBRACHT, H.:** Erstarrte Beziehungen - heilendes Chaos. Freiburg 1995. S. 36-68. Die Autoren weisen in diesem Kapitel darauf hin, daß es in einer *systemischen Beratung* vornehmliche Aufgabe der Berater/innen ist, einen "kreativen Prozeß" in Gang zu bringen und zu begleiten. Dessen Ergebnis kann dann eine Vielzahl von Optionen für eine Veränderung sein, die sehr wahrscheinlich nicht zustande gekommen wäre, wenn der Zwang zur Erhaltung der bisherigen Strukturen neue Ideen und Innovationen von vornherein verunmöglicht hätte. Vgl. dazu auch **OSTERHOLD, G.:** Veränderungsmanagement. a.a.O. S. 84-95

[218] Hier finden sich Bilder wie der Schafstall, die Pflanzung und der Acker Gottes, der Ölbaum, Weingarten oder auch Weinstock mit den Rebzweigen, das Bauwerk, die Familie

kelt sich dieser Begriff neben der bisherigen Bezeichnung der Kirche als "Leib Christi" wie zu einem zweiten Brennpunkt einer Ellipse. Ein Grund für diese Neuakzentuierung war nach Ansicht von H.J. VERWEYEN "eine fehlgeleitete Interpretation des paulinischen Begriffs vom 'Leib Christi', [der] über Jahrhunderte hinweg die Theologie belastet [hat]." Deshalb habe "die in den letzten Jahrzehnten zu beobachtende Verdrängung des früher dominierenden Leib-Christi-Begriffs [...] dazu beigetragen, den Begriff 'Volk Gottes' unangemessen in den Vordergrund zu rücken und ihn in einer Weise seinem ursprünglichen theologischen Umfeld zu entziehen, daß er nun seinerseits nicht immer kritisch genug verwendet wird."[219] So zeigt die weitere Entwicklung, daß es keineswegs die Absicht der (immer noch) juridisch-hierarchisch verfaßten Kirche war, durch diese Option für die Bezeichnung "Volk Gottes" einer *Demokratisierung* der Kirche Vorschub zu leisten.[220] Man war sich bewußt, daß das Bild vom Leib Christi – vor allem dann, wenn der Akzent auf dem Verhältnis von Haupt und Gliedern gelegt wird – zur Betonung der Unterschiede im Leib verwendet werden könnte und dies mit der nicht intendierten Sinnspitze, daß es eben wichtigere und weniger wichtige Glieder am Leibe Christi gäbe.[221] Gegen eine solche Fehlinterpretation des Bildes von Leib Christi wird nun jedoch ausdrücklich betont, daß der Heilige Geist den *ganzen* Leib in gleicher Weise belebt:

> "Wie aber alle Glieder des menschlichen Leibes, obschon sie viele sind, dennoch den einen Leib ausmachen, so auch die Gläubigen in Christus (vgl. 1 Kor 12,12). Auch bei der Auferbauung des Leibes Christi waltet die Verschiedenheit der Glieder und der Aufgaben. Der eine Geist ist es, der seine vielfältigen Gaben gemäß seinem Reichtum und den Erfordernissen der Dienste zum Nutzen der Kirche austeilt." ... "Derselbe Geist eint durch sich und durch seine Kraft wie durch die innere Verbindung der Glieder den Leib; er bringt die Liebe der Gläubigen untereinander hervor und treibt sie an." ... "Damit wir aber in ihm (sc. Jesus Christus) unablässig erneuert werden (vgl. Eph 4,23), gab er uns seinen Geist, der als der eine und gleiche im Haupt und in den Gliedern wohnt und den ganzen Leib so lebendig macht, eint und bewegt..." (Lumen gentium 7)

Gottes, das Zelt Gottes unter den Menschen, der heilige Tempel und die heilige Stadt, das neue Jerusalem, die Braut oder Mutter usw.

[219] **VERWEYEN, H.J.**: Gottes letztes Wort. a.a.O. S. 515-545, hier S. 515; vgl. auch **WERBICK, J.**: Kirche. a.a.O. S. 277-305, bes. S. 297f. Dabei ist auch zu beachten, daß diese Abgrenzung nicht selten dadurch geschieht, daß man einfach nicht sagt, was entsprechend der wegweisenden Enzyklika MYSTICI CORPORIS vielleicht gesagt werden sollte

[220] Vgl. **LÜLSDORFF, R.**: Volk Gottes und Leib Christi. Ein Zwiespalt in der Ekklesiologie des Zweiten Vatikanischen Konzils? PASTORALBLATT 4/1997. S. 99-107

[221] **HILBERATH, B.J.**: Zur Wirklichkeit der Gemeinde. Referat bei der Klausurtagung des Caritasverbandes für die Diözese Mainz. August 1989. S. 13

Entsprechend diesen Aussagen wird Kirche also nicht (mehr) als ein 'starr-hierarchisches System' verstanden, gewissermaßen als eine 'Verlängerung der Inkarnation', sondern als Werkzeug des Heiligen Geistes, der diesen Leib lebendig macht, eint und bewegt. Damit ist zumindest implizit zum Ausdruck gebracht, daß auch das Bild vom Leib Christi nicht gegen, sondern geradezu für Veränderungen auch innerhalb der Kirche spricht: der Geist Gottes selbst motiviert durch 'Inspirationen' zu Innovationen. Der Geist selbst, so könnte man hier den Gedankengang fortführen, eint die Kirche in ihren vielfältigen und erforderlichen Diensten.

Gegen eine ausschließlich *pneumatologisch* verstandene Interpretation des Begriffes Leib Christi spricht nun aber wiederum, daß Christus selbst das Haupt dieses Leibes ist und bleibt (vgl. Eph 4,11-16). Die in dem gleichen Kapitel (Lumen gentium 7) zitierte Enzyklika Mystici Corporis bringt so noch einmal den anderen 'Brennpunkt' im Verständnis des Bildes vom Leib Christi zum Ausdruck:

> "Durch die Größe seiner Macht herrscht er über Himmlisches und Irdisches, und durch seine alles überragende Vollkommenheit und Wirksamkeit erfüllt er den ganzen Leib mit dem Reichtum seiner Herrlichkeit (vgl. Eph 1,18-23). ... Er selbst verfügt in seinem Leib, der Kirche, die Dienstgaben immerfort, vermöge deren wir durch seine Kraft uns gegenseitig Dienste leisten zum Heil, so daß wir, die Wahrheit in Liebe vollbringend, in allem auf ihn hin wachsen, der unser Haupt ist (vgl. Eph 4,11-16)."

Und in Artikel 8 von Lumen gentium wird dann noch einmal ausdrücklich betont, daß Christus selbst seine Kirche "hier auf Erden als sichtbares Gefüge verfaßt" hat, daß "die mit hierarchischen Organen ausgestattete Gesellschaft und der geheimnisvolle Leib Christi, die sichtbare Versammlung und die geistliche Gemeinschaft, die irdische Kirche und die mit himmlischen Gaben beschenkte Kirche nicht als zwei verschiedenen Größen zu betrachten [sind], sondern eine einzige komplexe Wirklichkeit [bilden], die aus menschlichem und göttlichem Element zusammenwächst."

Erst auf der Grundlage dieser Ausführungen über den "Leib Christi" wird dann im zweiten Kapitel von Lumen gentium (Artikel 9 - 17) eine Ekklesiologie vom "Volk Gottes" in einer noch nie dagewesenen Weise entfaltet:

> "Zu aller Zeit und in jedem Volk ruht Gottes Wohlgefallen auf jedem der ihn fürchtet und gerecht handelt. Gott hat es aber gefallen, die Menschen nicht einzeln, unabhängig von jeder wechselseitigen Verbindung, zu heiligen und zu retten, sondern sie zu einem Volk zu machen, das ihn in Wahrheit anerkennen und ihm in Heiligkeit dienen soll." (Lumen gentium 9)

Und nach einer Hinführung, daß Gott nun die an Christus Glaubenden "als seine Kirche zusammengerufen und gestiftet hat, damit sie allen und jedem das sichtbare Sakrament dieser heilbringenden Einheit sei", wird in Artikel 10 die Eigenart dieses Volkes Gottes entfaltet und dabei – das erste Mal in einem kirchenamtlichen Dokument – **das Priestertum aller Getauften** erläutert:

> "Durch die Wiedergeburt und die Salbung mit dem Heiligen Geist werden die Getauften zu einem geistigen Bau und einem heiligen Priestertum geweiht, damit sie in allen Werken eines christlichen Menschen geistige Opfer darbringen und die Machttaten dessen verkündigen, der sie aus der Finsternis in sein wunderbares Licht gerufen hat." (Lumen gentium 10)

Weil aber alle Getauften Priester sind, nehmen sie teil am priesterlichen Amt Christi, das sich in den Sakramenten vollzieht (Lumen gentium 11), sowie auch an seinem prophetischen Amt, was dann zu der nicht unbedeutenden Aussage führt, daß "die Gesamtheit der Gläubigen, welche die Salbung von dem Heiligen Geist haben, ... im Glauben nicht irren" kann. (Lumen gentium 12) Demnach räumt das Konzil nach der Interpretation von O.H. PESCH "das gegenseitige Angewiesensein, ja gegebenenfalls auch den Antagonismus zwischen Gläubigen und Lehramt ... als ekklesiologische Grundtatsache" ein. Das bedeutet demnach zumindest: "Es kann keine gültige lehramtliche Verkündigung geben, die sich um das Glaubensbewußtsein der Gläubigen nicht kümmert."[222]

Dennoch ist es wesentlich für den Begriff "Volk Gottes", daß er theologisch einen anderen Sinngehalt hat als umgangssprachlich: zum Volk Gottes gehört der und die einzelne nicht aufgrund einer vererbten Staats- oder Stammeszugehörigkeit, sondern aufgrund der Berufung durch Gott, begründet in Taufe und Firmung, und aufgrund der eigenen Entscheidung, diesen Ruf anzunehmen (Lumen gentium 11). Das Ja zum Wort Gottes verwirklicht der Christ und die Christin, indem er und sie Verantwortung übernimmt im und für das Volk Gottes (Lumen gentium 13), und bereit ist, die "Passion Gottes in dieser Welt, seine Leidenschaft für diese Welt" mitzutragen und mitzu-er-tragen[223]. Als ein solcher – zum λαος (*laos* = Volk) ϑεου (*theou* = Gottes) gehörender – "Laie"[224] soll und kann er entsprechend

---

[222] Vgl. **PESCH, O.H.**: Das Zweite Vatikanum. a.a.O. S. 185

[223] Vgl. **WERBICK, J.**: Kirche. a.a.O. S. 86

[224] Vgl. dazu: **KEHL, M.**: Die Kirche. a.a.O. S. 117-125, bes. S. 120: Von dieser Etymologie her begründet sich, daß <u>alle</u> Glieder des Volkes Gottes, vom kleinsten Gläubigen bis hin zum Papst, <u>Laien</u> sind! Den Begriff des Laien differenzieren zu wollen von dem des Klerikers, ist ein an sich sinnloses Unternehmen. Wenn, dann könnte man innerhalb der Kirche lediglich unterscheiden zwischen "geweihten" und "nicht-geweihten Laien". Das wäre aber genauso unsinnig wie die Aufgliederung des Begriffes 'Bürger' in Beamte und Nicht-Beamte. Noch schärfer formuliert es **ZULEHNER, P.M.**: Das geistliche Amt des Volkes Gottes. Ein futurologische Skizze. HOFFMANN, P. (Hrsg.): Priesterkirche. Düsseldorf

seinen Fähigkeiten und Begabungen (Charismen) zum Aufbau und zur Verwirklichung des Reiches Gottes in dieser und für diese Welt beitragen (Lumen gentium 12). Volk-Gottes-Sein realisiert sich also nicht in Abstimmungen, Wahlrecht oder – wie in unserer deutschen Situation – in der Zugehörigkeit zu einer Steuergemeinschaft, sondern "im gemeinsamen Suchen nach Gottes Weg mit der Glaubensgemeinschaft unter seinem Wort und im Blick auf die Herausforderungen der Zeit."[225]

Das besondere an diesem Volk Gottes ist nach der Lehre des Konzils nun aber, daß es in ihm verschiedene "Zugehörigkeitsgrade" gibt (Lumen gentium 14-17). M. KEHL spricht diesbezüglich von dem bildhaften "Modell der konzentrischen Kreise". Danach gehört auch der 'anonyme Glaubende' des äußersten Kreises (Lumen gentium 16) ebenso zum Volk Gottes wie der Gläubige, der in der "vollen Gemeinschaft" der Kirche steht – vielleicht sogar mehr, falls jener, der "im Schoße der Kirche zwar 'dem Leibe' nach, aber nicht 'dem Herzen' nach verbleibt" (Lumen gentium 14). Die Zugehörigkeit zu diesem Volk Gottes ist also *relativ* verstanden: es kommt hierbei auf die 'Beziehung' an, die der einzelne Gläubige zu seiner Kirche, zum Wirken des Heiligen Geistes und zu Jesus Christus selbst sucht und lebt.

In Artikel 16 schließlich wird angedeutet, was im weiteren Konzilstext Unitatis redintegratio (besonders die Artikel 13-24) vertieft wird: daß das Volk Gottes selbst *relativ* ist, das heißt, daß es sowohl Menschen gibt, die zwar das Evangelium noch nicht empfangen haben, aber dennoch auf das Gottesvolk auf verschiedene Weise hingeordnet sind, als auch andere Völker, die vom Heilswillen Gottes nicht ausgeschlossen sind:

> "In erster Linie jenes Volk, dem der Bund und die Verheißung gegeben worden sind und aus dem Christus dem Fleische nach geboren ist [...], aber auch die, welche den Schöpfer anerkennen, unter ihnen besonders die Muslime, die sich zum Glauben Abrahams bekennen und mit uns den einen Gott anbeten, den barmherzigen, der die Menschen am jüngsten Tag richten wird."

Der französische Dominikanertheologe C. DUQUOC interpretiert demnach die Volk-Gottes-Metapher inhaltlich mit dem Bild vom "zerbrochenen Spiegel": Die Kirche "spiegelt nur fragmentarisch wider, wofür sie Zeugnis

---

1989. S. 201: "Die herkömmlich verstandenen Begriffe Klerus und Laien sind heute als mißverständlich entlarvt. Sie verhalten sich zueinander so wie Äpfel und Obst, wobei ja niemand bezweifeln wird, daß die Äpfel zum Obst zählen, also der Klerus zum Volk. Die oberste Würde des Klerikers ist es daher - was ja schon Augustinus formuliert -, daß er Bruder unter Schwestern und Brüdern ist. Was gibt es denn auch für eine höhere Berufung als die geistliche Berufung zum Volk Gottes?"; vgl. auch die maßgebende Vorarbeit für das Verständnis des Laien in der Kirche von: **CONGAR, Y.**: Der Laie. Entwurf einer Theologie des Laientums. Stuttgart 1957

[225] Vgl. **EMEIS, D.**: Wenn die Kirche von dem Menschen lernt. a.a.O. S. 11

abzulegen hat: Jesus Christus."[226] Dies bedeutet, daß sie wie andere Kirchen und religiöse Gemeinschaften nur ein fragmentarisches Spiegelbild dieser Kirche Jesu Christi sein kann. Das Konzil selbst legt eine solche Interpretation nahe, wenn es auf die Aussage verzichtet, das Volk Gottes *ist* die katholische Kirche und sich stattdessen für die offenere Definition entschied: 'das Volk Gottes *subsistiert* in der katholischen Kirche' (Lumen gentium 8).[227] Auch nach der Meinung von M. KEHL hat sich die katholische Kirche dadurch selbst relativiert: "Wenn es ein und derselbe Heilige Geist ist, der in den Kirchen, aber auch in den vielen Religionen, Weltanschauungen und humanen Gesellschaftsformen am Werk ist, wenn Gott sich in diesem Geist nur ein Volk sammelt und Christus sich nur ein Leib zugestaltet, dann kann es auch auf der Ebene der sichtbaren, sakramentalen Vermittlung des Heils nicht ein bloßes, gleich-gültiges Nebeneinander unendlich vieler Heilswege geben, die sich erst bei der eschatologischen Vollendung der Welt zur erfahrbaren Einheit einer Heilsgemeinschaft zusammenfinden. Dann spricht auch vieles dafür, daß es auch innergeschichtlich bereits ein bestimmtes Zueinander und Miteinander der verschiedenen Heilswege gibt, was für die heilsvermittelnde Kraft des jeweiligen Weges keineswegs unbedeutend ist... Darum kann sie sich [sc. die Kirche] niemals so als 'Zielursache' verstehen, daß sie die verschiedenen Glaubenswege der Menschen institutionell an sich ziehen und integralistisch in sich einverleiben dürfte. Im Gegenteil: Die der *ecclesia semper reformanda* gemäße Weise, das zielursächliche Wirken Jesu Christi zu vergegenwärtigen, besteht gerade in der demütigen Offenheit gegenüber der Fülle an Heilswegen innerhalb wie außerhalb des ausdrücklich christlichen Glaubens. Je mehr sie sich von ihnen beschenken und bereichern läßt, je mehr sie in ihrer Verschiedenheit und geschichtlich gewordenen Eigenständigkeit achtet und als Heilsgaben Gottes anerkennt, um so treuer erfüllt sie ihre Bestimmung als universales *Sakrament* dieses Heils."[228]

Entsprechend dieser Konzilsaussagen und Interpretationen wollte das Zweite Vatikanische Konzil also die einseitige Option einer – im negativen

---

[226] **DUQUOC, C.**: Jesus Christus, Mittelpunkt des Europas von morgen. Zitiert nach: **WERBICK, J.**: Kirche. a.a.O. S. 301. Daß DUQUOC hier das Verhältnis der katholischen Kirche zu den anderen Kirchen anspricht, ist aus dem weiteren Verlauf des Zitats deutlich zu entnehmen: "Die Ökumene ist aus dem Willen, diesen Bruch zu überwinden, zustande gekommen." [Denn...] keine Kirche kann darauf pochen, daß sie der Ersatz Christi in der Welt ist." (S. 105f)

[227] Wobei eine eigene Interpretationsmöglichkeit darin besteht, zu befragen, warum daß dabei selbst das 'römisch' weggelassen wurde. Vgl. dazu: **KEHL, M.**: Die Kirche. a.a.O. S. 413

[228] **KEHL, M.**: Die Kirche - das 'universale Sakrament des Heils'. KATHOLISCHE NACHRICHTENAGENTUR - ÖKUMENISCHE INFORMATIONEN 22-23 vom 21. Mai 1996. S. 5-11, hier S. 9f

Sinn verstandenen – pyramidal-hierarchisch verfaßten Kirche überwinden durch die Erweiterung des Volk-Gottes-Motivs. Die Konzilsväter wollten die Kirche als eine dynamische Institution verstanden wissen, inspiriert und motiviert durch den Heiligen Geist. Es ging ihnen um den Leib Christ als einem lebendigen Organismus, in dem alle Getauften und Gefirmten *gemeinsam* die Verantwortung tragen für den Heilsauftrag der ganzen Kirche – und dieser erstreckt sich auf die ganze Welt. Insofern kann man auch resümieren, daß die beiden Bilder vom Leib Christi und vom Volk Gottes, die sich immer mehr als *die* Beschreibungen für die Kirche herauskristallisiert haben, einander nicht widersprechen. Vielmehr haben sie ihre Gemeinsamkeit darin, daß die Kirche sich nach der Lehre des Zweiten Vatikanischen Konzils nicht mehr *zentralistisch*, sondern organisch und dynamisch verstanden wissen wollte. Sie wollte sich – zumindest theoretisch – also wieder in einer positiven Spannung, einer 'Bipolarität' sehen, die es in der Kirche seit ihrer Entstehungszeit schon gegeben hat: der Spannung zwischen einem *petrinischen Sammlungs-* und einem *paulinischen Sendungsbewußtsein*. Nicht die petrinische Kirche allein macht die ganze Kirche aus, auch wenn ihre Rolle und Funktion sehr bedeutsam ist: wie Petrus nämlich hat sie in diesem Schema die Aufgabe, immer wieder zum Dialog, zur Neubesinnung und auch Neustrukturierung wie auch zur Konfliktklärung einzuladen (vgl. Apg 1,15-26; 2,14-36; 6,1-7; 11,1-8 und besonders auch 15,1-35: das Apostelkonzil). Ebenso konstitutiv ist auch die paulinische Kirche, die sich auf den Weg macht zu den Menschen, zu anderen Kulturen und die auch neue Formen der Gemeindebildung wagt (vgl. Apg 13,1-28,31, besonders auch 17,16-34: Paulus auf dem Areopag). Aber so wie auch Petrus immer wieder auf Missionsreisen war und doch zur Kristallisationsfigur der frühen Kirche wurde, so hat auch Paulus seine von ihm gegründeten Gemeinden immer wieder zur Einheit gerufen.[229]

---

[229] Nennenswert an dieser Stelle ist es meines Erachtens, daß nach diesem Grundmotiv auch der zentrale Platz der Christenheit, der Petersplatz in Rom, ellipsenförmig gestaltet ist. Die Kirche kennt auch nach kunsthistorischer Deutung nicht nur *einen* Zentralpunkt, sondern (mindestens) zwei Brennpunkte, um die sich das Volk Gottes schart. Insofern sind auch Petrus *und* Paulus immer gemeinsam dargestellt, in gewisser Weise als Synonyme für die Sammlung und die Sendung der Kirche.

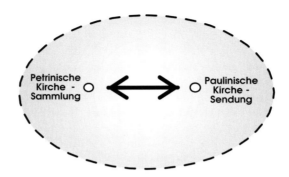

Abbildung 4: Das Selbstverständnis der Kirche nach dem Zweiten Vatikanischen Konzil

Gestaltung: R. Vögele

Das Volk Gottes auf dem Weg durch die Zeit ist also ebenso wie der Leib Christi nur organisch und lebensfähig, wenn in ihm beide Dimensionen gelebt und bewahrt werden: die Sammlung *und* die Sendung. Und für beide Bilder gilt auch in gleicher Weise, daß nur einer Herr und Haupt (des Leibes) ist bzw. daß nur einem die zentrale Leitung (des Volkes) zukommt: nämlich Jesus, dem Christus, der durch seinen Heiligen Geist die Kirche lenkt und führt.

Aus einem solchen *Grund*verständnis heraus haben sich die Konzilsväter dann aufgemacht, sich nicht nur Gedanken zu machen über das, *woraus* die Kirche lebt, sondern auch über das, *woraufhin* sich diese Ek-sistenz bezieht.

2.1.2 Die 'Option' für den Heils- und Weltauftrag des Volkes Gottes

Es ist sicher nicht zu weit gegriffen, wenn behauptet wird, daß die vorrangige Betonung der 'Sendung' durch das Zweite Vatikanische Konzil ihre Ursache in der vorkonziliaren Überbetonung der 'Sammlung' hatte. Die allgemein bekannte Auffassung, Kirche sei dann lebendig, wenn die Gläubigen sich an die kirchlichen Gebote halten, die Sakramente empfangen und regelmäßig die Heilige Messe besuchen (wobei noch mit Akribie geklärt wurde, an welchen Teilen der Messe unbedingten teilgenommen werden mußte, um die Sonntagspflicht erfüllt zu haben), verlangte nach dem erweiterten Selbstverständnis der Kirche auch hier nach Optionserweiterungen.

Anschaulich wird diese, wenn man sich mit der Textänderung des bekanntes Kirchenliedes "Ein Haus voll Glorie schauet..." befaßt. In dem ursprünglichen Text von J. MOHR aus dem Jahre 1876 hieß es noch:

> "Gar herrlich ist's bekränzet mit starker Türme Wehr, und oben hoch erglänzet des Kreuzes Zeichen hehr... Wohl tobet um die Mauern der Sturm in wilder Wut, das Haus wird's überdauern, auf festem Grund es ruht... Viel Tausend schon vergossen mit heil'ger Lust ihr Blut; die Reih'n stehn fest geschlossen in hohem Glaubensmut... Auf! Eilen liebentzündet auch wir zum heil'gen Streit! Der Herr, der's Haus gegründet, uns ew'gen Sieg verleiht!..."[230]

In dem, in Anlehnung an die Lehre des II. Vatikanums, geänderten Text von H.W. MARX aus dem Jahre 1972 heißt es dann:

> "Die Kirche ist erbauet auf Jesus Christ allein. Wenn sie auf ihn nur schauet, wird sie im Frieden sein... Seht Gottes Zelt auf Erden! Verborgen ist er da; in menschlichen Gebärden bleibt er den Menschen nah... Sein wandernd Volk will leiten der Herr in dieser Zeit; er hält am Ziel der Zeiten dort ihm sein Haus bereit..."[231]

Die Kirche versteht sich nach diesem Text und nach dem Verständnis des Konzils fortan weniger als eine stolze Burg, die uneinnehmbar ist, sondern als wanderndes bzw. "pilgerndes Volk Gottes" (Lumen gentium 6, 8 u.v.a.), das auf dem Weg durch die Zeit den Heilsauftrag Jesu Christi in dieser Welt fortzuführen hat. Wie Jesus Christus erfüllt die Kirche diesen Auftrag aber nur durch "die engste Verbundenheit mit der ganzen Menschheitsfamilie". Wegweisend – im wahrsten Sinn des Wortes – für viele andere Postulate in den Konzilstexten ist der in der Pastoralkonstitution Gaudium et spes in Kapitel 1 vorangestellte Satz:

> "Freude und Hoffnung, Trauer und Angst der Menschen von heute, besonders der Armen und Bedrängten aller Art, sind auch Freude und Hoffnung, Trauer und Angst der Jünger Christi. Und es gibt nichts wahrhaft Menschliches, das nicht in ihren Herzen seinen Widerhall fände. Ist doch ihre eigene Gemeinschaft aus Menschen gebildet, die, in Christus geeint, vom Heiligen Geist auf ihrer Pilgerschaft zum Reich des Vaters geleitet werden und eine Heilsbotschaft empfangen haben, die allen auszurichten ist. Darum erfährt diese Gemeinschaft sich mit der Menschheit und ihrer Geschichte wirklich engstens verbunden."

Diese Verbundenheit mit der Welt wird auch dadurch zum Ausdruck gebracht, daß das Konzil sich "ohne Zaudern nicht mehr bloß an die Kinder der Kirche und an alle, die Christi Namen anrufen, sondern an alle Menschen schlechthin [wendet] in der Absicht, allen darzulegen, wie es Gegenwart und Wirken der Kirche in der Welt von heute versteht" (Gaudium

---

[230] **MAGNIFIKAT**. Gebet- und Gesangbuch für die Erzdiözese Freiburg. Freiburg 1968. Nr. 448

[231] **GOTTESLOB**. Katholisches Gebet- und Gesangbuch. Freiburg 1975. Nr. 639

et spes 2). Diese Darlegung der eigenen Grundsätze und Überzeugungen soll in einem Dialog geschehen, bei dem es "um die Rettung der menschlichen Person" und "um den rechten Aufbau der menschlichen Gesellschaft" gehen soll. Die Kirche könnte in diesen Dialog nicht eintreten, wenn sie bestimmt wäre durch einen irdischen Machtwillen; vielmehr muß sie unter der Führung des Geistes "das Werk Christi selbst weiterzuführen, der in die Welt kam, um der Wahrheit Zeugnis zu geben, zu retten und nicht zu richten, zu dienen, nicht sich bedienen zu lassen" (Gaudium et spes 3). Es überrascht aus heutiger Perspektive, mit welcher Offenheit und Klarheit in dieser Pastoralkonstitution die Situation des Menschen analysiert und Lösungsmöglichkeiten (Optionen) angeboten werden mit dem Ziel, darüber miteinander im Austausch zu bleiben:

> "Zur Steigerung dieses Austausches bedarf die Kirche vor allem in unserer Zeit mit ihrem schnellen Wandel der Verhältnisse und der Vielfalt ihrer Denkweisen der besonderen Hilfe der in der Welt Stehenden, die eine wirkliche Kenntnis der verschiedenen Institutionen und Fachgebiete haben und die Mentalität, die in diesen am Werk ist, wirklich verstehen, gleichgültig ob es sich um Gläubige oder Ungläubige handelt. Es ist jedoch Aufgabe des ganzen Gottesvolkes, vor allem auch der Seelsorger und Theologen, unter dem Beistand des Heiligen Geistes auf die verschiedenen Sprachen unserer Zeit zu hören, sie zu unterscheiden, zu deuten und im Licht des Gotteswortes zu beurteilen, damit die geoffenbarte Wahrheit immer tiefer erfaßt, besser verstanden und passender verkündet werden kann." (Gaudium et spes 44)

Auch diese Aussage wieder bildhaft dargestellt bedeutet, daß die Kirche sich nach dem Zweiten Vatikanischen Konzil nicht losgelöst von der Welt, sondern sich mitten in sie hineingestellt sieht:

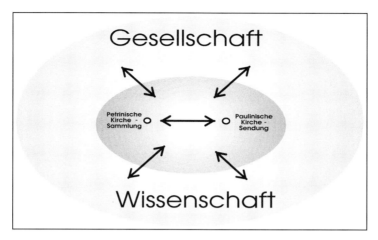

**Abbildung 5: Kirche in der Welt von heute
nach dem Zweiten Vatikanischen Konzil**

Gestaltung: R. Vögele

Kirchesein vollzieht sich nicht isoliert, sondern gerade im Austausch mit der Welt, das heißt mit den gesellschaftlichen Gegebenheiten und mit den Erkenntnissen der Wissenschaften. Wenn man sich diesbezüglich noch einmal vor Augen hält, was die neuere soziologische Forschung über die verschiedenen Milieus der Gegenwart oder auch über die verschiedenen Glaubensstufen und ihre je eigene Sprache aussagt, dann ist es sicher nicht übertrieben, wenn man diese "Konstitution über die Kirche in der Welt von heute", die am 7. Dezember 1965 mit überwältigender Mehrheit beschlossen (2309 Ja- gegen 75 Nein-Stimmen) und feierlich verkündet wurde, als *das prophetische Kernstück* des ganzen Konzils bezeichnet. Grund dessen ist sicherlich, daß diese Konstitution "mehr als jedes andere Konzilsdokument ... ihren Ursprung im Konzil selbst [hat]." Und sie charakterisiert damit auch wesentlich die Atmosphäre, in der dieses Konzil stattfand: man war auf der einen Seite überrascht, in welchem Ausmaß die Welt am Konzil Anteil nahm, und dies ganz gewiß nicht nur aus Neugier. Vielmehr wurde in echter Erwartung der Konzilsablauf verfolgt, was zweifellos die Antwort von selbst sonst uninteressierten Kreisen war auf die Vorleistung des Vertrauens durch JOHANNES XXIII. Und die Bischöfe – zumindest die Mehrheit davon – ließen sich von dieser 'Welt' sensibilisieren für deren eigene Fragen und Probleme. Dieser Text bezeugt zum einen den Mut der Bischöfe, "in der komplexen Situation des heutigen Menschen und seiner Welt konkrete Weisungen zu geben, die als Weisungen zunächst die Glieder der Kirche betreffen, als Hinweise, Empfehlungen und Einladungen aber an alle Menschen gerichtet sind."[232] Zum anderen gehört "der engagierte Glaubensappell an die Christinnen und Christen, die 'Zeichen der Zeit' angstfrei wahrzunehmen und im Licht des Evangeliums perspektivenreich zu deuten, [...] zweifellos zu den besonderen Zumutungen des Zweiten Vatikanischen Konzils, und zwar in der Glaubensüberzeugung, daß sich in den Zeichen der Zeit das Wirken des Heiligen Geistes selbst vernehmbar macht."[233]

Nicht zuletzt bezeugt die Pastoralkonstitution aber auch, daß man willens war, einen unausgereiften und unvollkommenen Text zu verabschieden. "Ein *ausgereifter* Text wäre unvermeidlich von jener platonischen Klarheit, prinzipiellen Strenge und ewigen Gültigkeit, die bei einer solchen Thematik dem Menschen letzlich nichts sagen. Man darf (demgegenüber) ohne weiteres sagen, daß die Kirche mit diesem Dokument höchstamtlich den Dialog mit denen, die ihr institutionell nicht angehören, aufgenommen hat im echten Sinn eines Dialogs: in der Umreißung einer gemeinsamen Basis, in der Bereitschaft zum Hören und gegenseitigen Lernen, in dem (mehr oder weniger deutlichen) Eingeständnis eigener Unkenntnis und Fehler."[234]

Dieser Eindeutigkeit der Pastoralkonstitution muß nun aber der Vollständigkeit halber gegenübergestellt werden, daß es auch andere Sichtweisen innerhalb der Konzilstexte gibt. Wenn man sich beispielsweise die Mühe macht, die einzelnen Texte des Konzils zu studieren, in denen vom Sendungsauftrag die Rede ist, wie zum Beispiel im Dekret über die Missionstätigkeit der Kirche (Ad Gentes 5) oder im Text über das Laienapostolat (Apostolicam Actuositatem 6), so ist auffällig, daß sich auch in diesen Texten beide 'Kirchen-Bilder' wiederfinden: eine dialogbereite Kirche, die sich auf den Weg zu den Menschen macht und deren "Evangelisation, das heißt die Verkündigung der Botschaft Christi durch das Zeugnis des Lebens und das Wort, ... eine eigentümliche Prägung und besondere Wirksamkeit von da her [bekommt], daß sie in den gewöhnlichen Verhältnissen der Welt erfüllt wird" (Lumen gentium 35; ebenso Apostolicam Actuositatem 6). Andererseits wird in den Konzilstexten aber auch weiterhin das Bild einer Kirche vermittelt, die allein durch die Verkündigung des Wortes Gottes und durch die Feier der Sakramente jene Gnadenfülle anzubieten hat, die ihr durch die Gabe des Heiligen Geistes zur treuen Wahrung und Vermittlung anvertraut wurde und die deshalb darauf bedacht ist, daß allen Menschen und Völkern "der freie und sichere Weg zur vollen Teilhabe am Christusgeheimnis eröffnet wird" (Ad Gentes 5). Die Kirche wird dementsprechend verstanden als "Schafstall", als "Acker Gottes", "Bauwerk" oder auch als

---

[232] **RAHNER, K. u. VORGRIMMLER, H.:** Kleines Konzilskompendium. a.a.O. S. 424
[233] **KOCH, K.:** Grußwort. BÄRENZ, R. Theologie, die hört und sieht. a.a.O. S. 7
[234] **RAHNER, K. u. VORGRIMMLER, H.:** Kleines Konzilskompendium. a.a.O. S. 424f

"das Jerusalem droben" (vgl. Lumen gentium 6), zu dem die Menschen geführt werden müssen.

In Anlehnung an diese beiden Verständnisse von Heils- und Weltdienst der Kirche, wobei der Heilsdienst allein den geweihten Priestern (und im Anschluß an das Konzil auch den Diakonen) vorenthalten bleibt durch die Spendung der Sakramente, hat das LUMKO MISSIOLOGICAL INSTITUT (Institut der südafrikanischen katholischen Bischofskonferenz) meines Erachtens mit Erfolg versucht, die Spannung zwischen diesen beiden Auffassungen ins Bild zu bringen:

Abbildung 6: Die frühere Kirche   **Abbildung 7: Das Volk Gottes auf dem Weg**

Quelle: MISSIO (Hrsg.): Bibel-Teilen. Werkheft für Gruppen. Aachen 1986 [235]

Man ist oft geneigt zu behaupten, das alte Bild der Kirche, in der die Gläubigen ihren Glauben bezeugen durch das demütige Empfangen der Sakramente (Abbildung 6: Die frühere Kirche) sei überwunden. Aber nicht nur in den Konzilstexten, sondern mehr noch in den Herzen vieler Glieder dieser Kirche lebt es nach wie vor weiter. Das neue Selbstverständnis der Kirche, als Volk Gottes *gemeinsam* auf dem Weg durch die Zeit zu sein (Abbildung 7) und damit auch gemeinsam die Verantwortung zu tragen für die Weitergabe des Glaubens, die Feier der Liturgie *und* das gelebte Zeugnis in der Diakonie, ist jedoch selbst noch im Werden. Das Konzil selbst trägt durch seine Unterscheidung von Heils- und Weltdienst dazu bei: sind für die Sammlung der Gläubigen vorrangig die geweihten Priester zuständig und verantwortlich, kommt es den 'Laien' aufgrund ihrer "Weltcharakters" zu, "wie ein Sauerteig zur Heiligung der Welt gewissermaßen von innen her beizutragen und vor allem durch das Zeugnis ihres Lebens, im Glanz von

---

[235] Titel der Originalausgabe: **HIRMER, O. u. BRODERICK, F.R.:** Gospel sharing. Delemville / Südafrika 1985

Glaube, Hoffnung und Liebe Christus den anderen kund zu machen" (vgl. Lumen gentium 31).

Diese Unterscheidung mag in der Theologie zur Zeit des Konzils noch möglich gewesen sein; in der Folgezeit aber wurde – nicht nur mit der Ausgestaltung der "neuen Ämter der Laien"[236] – deutlich, daß "das genaue Verhältnis von Klerikern und Laien ... trotz des Zweiten Vatikanums und trotz der Fortschritte im neuen kirchlichen Recht weder theoretisch noch praktisch befriedigend gelöst [ist]." Aus systematischer Perspektive kommt W. KASPER zu dem Resultat: "Jeder Christ ist ein aktives, verantwortliches Glied der Kirche. Alle sind Geistliche. Kirche, das sind wir alle. Alle getauften Christinnen und Christen nehmen deshalb an der Heilssendung der Kirche teil, Sakrament, das heißt Zeichen und Werkzeug des Heils der Welt zu sein. Die Aufgabe der Laien betrifft darum beides: Sie sollen am Aufbau der Kirche wie an deren Sendung in der Welt mitwirken, wobei beides unlösbar miteinander verknüpft und ineinander verschränkt ist.[237]

Das Konzil als Ganzes vermochte es also noch nicht – trotz der unglaublichen Offenheit, die sich in der Pastoralkonstitution Gaudium et spes wiederfindet – in der Öffnung der Kirche zur Welt hin so weit zu gehen, daß es auch bereit gewesen wäre, die Kompetenzen im Sinne der Verantwortung und Zuständigkeit neu zu regeln. Vielmehr legt sich die Vermutung nahe, die Weihbischof H. KRÄTZEL so formulierte: "Die katholische Kirche hat auf dem Weg, den ihr das Konzil gewiesen hat, Angst bekommen, zaudert und scheint eher – zumindest was die letztverantwortlichen Instanzen angeht – den Weg zurück in eine größere Sicherheit zu suchen... Der Dialog mit der Welt hat die schützenden Mauern einer in sich geschlossenen Kirche

---

[236] Vgl. **KEHL, M.**: Die Kirche. a.a.O. S. 437-443. "Gerade bei solchen Berufsgruppen", schreibt KEHL in Bezug auf Pastoral- und Gemeindereferenten und -referentinnen, "wird deutlich, wie wenig der traditionelle Unterschied zwischen den 'Ständen' der Kleriker und der Laien im Konkreten noch durchzuhalten ist. Denn als nicht-geweihte Christen gehören sie an sich zu den 'Laien'; aber durch ihre konkrete, innergemeindliche Tätigkeit, die aufgrund des großen Priestermangels viele Aufgaben umfaßt, die früher von Priestern wahrgenommen wurden (bis hin zur Rolle von 'Bezugspersonen' in priesterlosen Gemeinden), werden sie faktisch Amtsträger in der Kirche; jedenfalls trifft auf viele von ihnen die Umschreibung des Laien in Lumen gentium 31 ('Weltcharakter') entschieden weniger zu als das in LG 33 und 35 über die Mitarbeit im kirchlichen Amt Gesagte." (S. 441f). Die Unhaltbarkeit dieser Zweiteilung von Weltdienst als Sache des Laien und Gottesdienst als Sache des Klerikers weist auch **J. NIEWIADOMSKI** in Bezug auf das prophetische Amt aller Gläubigen nach. Menschen, Christen, Priester... a.a.O. S. 161f. Vgl. auch **DEMEL, S.**: 'Priesterlose Gemeindeleitung? Zur Interpretation von c. 517 § 2 CIC/1983. MÜNCHENER THEOLOGISCHE ZEITSCHRIFT 1/1996. S. 65-76, hier S. 66

[237] **KASPER, W.**: Berufung und Sendung des Laien in der Kirche und Welt. Geschichtliche und systematische Perspektiven. STIMMEN DER ZEIT 112/1987. S. 579-593, hier S. 579.581

aufgebrochen. Die Kirche selbst sieht sich jetzt in einer permanenten Auseinandersetzung mit der Welt. Das alles wiegt schwerer, als man anfangs glaubte."[238]

Das heißt wiederum: man wünschte sich zwar die 'Emanzipation' der Gläubigen und hat die 'Laien' auch zur Mitarbeit und Mitverantwortung in der Kirche ermutigt. Es wird ihnen zugestanden, daß sie "entsprechend dem Wissen, der Zuständigkeit und hervorragenden Stellung, die sie einnehmen, ... die Möglichkeit, bisweilen auch die Pflicht haben, ihre Meinung in dem, was das Wohl der Kirche angeht, zu erklären" (Lumen gentium 37; Can. 212 CIC/1983). Aber Verantwortungs- und Entscheidungskompetenzen werden ihnen nicht übertragen.

Damit wird nun auch ganz pragmatisch bestätigt, daß das Zweite Vatikanische Konzil kein vollendetes Werk ist, kein Konzil, das mit fertigen Lösungen aufwarten wollte, sondern vielmehr mit 'Wegweisungen' für die Zukunft. Konzilsaussagen heute zu dogmatisieren, um dadurch auch weiterhin die Entscheidungskompetenz allein den ordinierten Priestern vorzubehalten, widerspricht diesem Anliegen fundamental. Wenn schon die Konzilsväter vermerkten, daß

> "die Laien ... sich daran gewöhnen [mögen], aufs engste mit ihren Priestern vereint in der Pfarrei zu arbeiten; die eigenen Probleme und die Welt, sowie Fragen, die das Heil der Menschen angehen, in die Gemeinschaft der Kirche einzubringen, um sie dann in gemeinsamer Beratung zu prüfen und zu lösen" (Apostolican Actuositatem 10),

dann ist dies zweifelsohne als deutlicher Hinweis daraufhin zu verstehen, daß das Konzil ein *partnerschaftliches* Verhältnis zwischen Priestern und 'Laien' initiieren wollte. Konsequenterweise hätten die Konzilsväter anregen müssen, daß auch dialogische Strukturen geschaffen werden, in denen und durch die diese gemeinsame Verantwortung wirksam werden kann.[239]

Auch wenn dies nicht geschehen ist bzw. weiterentwickelt wurde, kann man den Konzilsvätern nicht den Vorwurf machen, sie hätten überhaupt nicht konzeptionell bzw. strukturell gearbeitet. Vielmehr haben sie ein Beispiel gegeben, wie eine theologische Idee, nämlich die des Volkes Gottes, sich auch strukturell umsetzen ließe.

---

[238] **KRÄTZEL, H.:** Was ist aus der Kirche geworden? ANZEIGER FÜR DIE SEELSORGE 9/1994. S. 409-417, hier S. 412

[239] Vgl. **SAUER, R.:** Die Hinführung zur Verantwortung angesichts des schwindenden Gemeinsinns. Ein Plädoyer für eine Partizipation an Entscheidungsprozessen und Gemeindeleitungen. PASTORALBLATT 1/1996. S. 3-12

2.1.3 Eine neue Identität des Bischofsamtes und der Ortskirchen

Bei allen Ungeklärtheiten und unausgereiften Reformen kann eine Veränderung doch sehr eindeutig benannt werden: die durch das Konzil veränderte Identität des Bischofs als Leiter einer Ortskirche und damit jeder Pfarrgemeinde. Galt in der Patristik noch das Prinzip: "Wo der Bischof ist, ist die Kirche" (Ignatius von Antiochien)[240], hatte sich diese klare Differenzierung zwischen Bischofs- und Priesteramt bis zum II. Vatikanum dahingehend verändert, daß das Weiheamt vom Priestertum und seiner Vollmacht zur Sakramentenspendung her entfaltet wurde. Die Amtspriester waren damit bis zum II. Vatikanum hin im Besitz des einen und ungeteilten Amtes. Die Bischofsweihe fügte dem in der Priesterweihe bereits übertragenen "Amt der Heiligung" (also der sogenannten Sakramentsverwaltung) lediglich die Jurisdiktionsvollmacht hinzu. Das Bischofsamt war also in gewisser Weise die "höchste Stufe des Priestertums" in einer Diözese. In Anbetracht der Beschlüsse des I. Vatikanums war diese Jurisdiktionsvollmacht aber auch nur eine abgeleitete, delegierte Vollmacht des Papstes.

Ob es letztendlich politische oder doch theologische Gründe waren, die zu einer Neuorientierung bei den Konzilsvätern führten, bleibt wohl unergründbar.[241] Jedenfalls war es ein erklärtes Ziel, das wiederentdeckte Leitbild der Kirche als "Communio"[242] auch über das Konzil hinaus durch eine

---

[240] Vgl. **KEHL, M.:** Die Kirche. a.a.O. S. 317, Anmerkung 73: "Keiner tue ohne den Bischof etwas, was die Kirche angeht. Nur jene Eucharistiefeier gelte als die gesetzmäßige, die unter dem Bischof vollzogen wird oder durch den von ihm Beauftragten. Wo immer der Bischof sich zeigt, sei auch das Volk, so wie da, wo Jesus Christus ist, auch die katholische Kirche ist. Ohne den Bischof darf man nicht taufen noch das Liebesmahl feiern; aber was immer er für gut findet, das ist auch Gott wohlgefällig, auf daß alles, was geschieht, sicher sei und gesetzmäßig." (IgnSm 8,1 und 2)

[241] Vgl. **WALF, K.:** Eine Chance für synodale Strukturen und Rechte? Eine kirchenrechtliche Untersuchung über die (mangelhafte) synodale Verfassung der katholischen Kirche. ORIENTIERUNG 59/1995. S. 29-33. WALF weist in diesem Artikel nach, daß die Bestimmungen des CIC/1983 (bes. Can. 337 § 2) weit hinter dem theologischen Anliegen des Konzils zurückbleiben. Mit **PESCH, O.H.:** Das Zweite Vatikanum. a.a.O. S. 101, 117f., 144ff kann man dies darauf zurückführen, daß die Vertreter der Kurie, allen voran Kardinal A. OTTAVIANI, die eigene Macht durch solche synodalen Strukturen nicht geschmälert wissen wollten, wogegen sich ausgerechnet der als eher konservativ eingeschätzte Kardinal FRINGS aus München bei dem Konzil heftigst zur Wehr setzte: Dementsprechend wurden die synodalen Strukturen gerade auch in der nachkonziliaren Phase zu gut wie nicht verwirklicht (S. 367). Ob es sich hierbei tatsächlich um ein theologisch-strukturelles oder nicht viel mehr um ein psychologisches Problem handelt, sei anderen zur Klärung überlassen.

[242] Vgl. Teil I, 2.1.6 - Seite 124; ebenso: **KEHL, M.:** Die Kirche. a.a.O. S. 370. Zur gesamten Geschichte und Diskussion des Begriffes 'communio' vgl. ebd. S. 320 - 384

dialogische Struktur innerhalb der Kirche zu verwirklichen. Dies versprach man sich durch einen Doppelschritt: zum einen wurde beschlossen, daß "durch die Bischofsweihe die Fülle des Weihesakraments übertragen wird" (Lumen gentium 21) und zum anderen, daß die Ausübung dieser Vollmacht nur kollegial, das heißt nur in Verbindung mit dem Bischof von Rom und den anderen Bischöfen ausgeübt werden kann (Lumen gentium 22). Die Zielrichtung scheint aus heutiger Reflexion klar: man wollte das Papstverständnis des I. Vatikanums im hegelianischen Sinn 'aufheben': "Es wird (1) von seinem isolierenden und glorifizierenden Zügen befreit, bleibt dabei aber (2) in seinem authentisch definierten Sinn als letztverbindliches Leitungs- und Lehramt der Kirche erhalten; darüberhinaus wird es (3) auf eine neue Verstehensstufe emporgehoben: insofern nämlich der Primat des Papstes wesensgemäß nicht mehr ohne die Communio-Struktur der Kirche auf all ihren Ebenen verstanden und vollzogen werden kann."[243]

Aus organisatorischer Sicht ist die Lösung, das Bischofskollegium als eine dialogische und kommunikative Strukturebene innerhalb der Kirche zu institutionalisieren, einsichtig. Problematisch wird dies nur, wenn die zentrale Aussage in Lumen gentium 23 unterschiedlich interpretiert wird:

> "Die kollegiale Einheit tritt auch in den wechselseitigen Beziehungen der einzelnen Bischöfe zu den Teilkirchen wie zur Gesamtkirche in Erscheinung. Der Bischof von Rom ist als Nachfolger Petri das immerwährende, sichtbare Prinzip und Fundament für die Einheit der Vielheit von Bischöfen und Gläubigen. Die Einzelbischöfe hinwiederum sind sichtbares Prinzip und Fundament der Einheit in ihren Teilkirchen, die nach dem Bild der Gesamtkirche gestaltet sind. **In ihnen und aus ihnen** besteht die eine und einzige katholische Kirche." (Hervorhebung durch den Verfasser)

Durch das "in ihnen und aus ihnen" wollten die Konzilsväter zum Ausdruck bringen, daß es keine Universalkirche vor und außerhalb der Teilkirchen gibt, gewissermaßen als "Dachverband" aller Diözesen, oder daß eine Diözese nur eine "Abteilung in einer weltweiten Superdiözese" wäre.[244] Vielmehr ist jede Diözese für sich eine Verwirklichung der einen Kirche:

> Die "Kirche Christi ist wahrhaft in allen rechtmäßigen Ortsgemeinschaften (sc. Diözesen) der Gläubigen anwesend, die in der Verbundenheit mir ihrem Hirten im Neuen Testament auch selbst Kirchen heißen. Sie sind nämlich je an ihrem Ort, im Heiligen Geist und mit Zuversicht (vgl. 1 Thess 1,5), das von Gott gerufene neue Volk." (Lumen gentium 26)

---

[243] Vgl. **KEHL, M.:** Die Kirche. a.a.O. S. 376f; **PESCH, O.H.:** Das Zweite Vatikanische Konzil. a.a.O. S. 248-263

[244] Vgl. **KEHL, M.:** Wohin geht die Kirche? a.a.O. S. 81f

Interessanterweise hat sich die katholische Kirche damit eine Struktur gegeben, die große Ähnlichkeit hat mit einem "integrierenden Ansatz", der in
der Organisationsentwicklung Ende der 80er Jahre mit dem Begriff der
"Fraktalen Fabrik" ausgearbeitet wurde.[245] Gemeint ist damit ein Unternehmen, das sich in verschiedene "Fraktale" gliedert, also gewissermaßen in
verschiedene 'Abteilungen', die für sich jedoch selbständig agieren. Gemeinsam ist diesen zum einen die "Selbstähnlichkeit", das heißt die gemeinsame Organisations- und Kommunikationsstruktur, wie auch das gemeinsame Ziel. Eine solche fraktale Fabrik kann so aus sehr unterschiedlichen Unternehmen bestehen, die jeweils eigene Produkte herstellen und
auch vermarkten. Relativ einfach läßt sich solch eine fraktale Fabrik erklären am Beispiel der Automobilherstellung: nach Ansicht von H.J. WAR-
NECKE zählt das Saturn-Projekt von General Motors "zu den ehrgeizigsten
Projekten für eine zukunftsweisende Produktionsstätte der jüngeren Vergangenheit. Die Konzeption basiert auf hohem Automatisierungsgrad, weit-
gehender Vernetzung der rechengesteuerten Fertigungseinrichtungen und
einer Konzentration der gesamten Wertschöpfungskette (Gießerei bis Ver-
sand) auf einen Standort." Ziel dieses Projektes ist es nun, die einzelnen
Arbeitsabläufe nicht zentral – im Sinne von pyramidal, also 'von oben nach
unten' – zu steuern und zu kontrollieren, sondern die Verantwortung für die
einzelnen Produktionen und Abwicklungen in die Zuständigkeit der jeweiligen Gruppe zu geben, die operativ, strategisch und taktisch den jeweiligen
Ablauf organisiert und optimiert.[246] Entscheidend hierfür ist natürlich ein
hoher Bedarf an Kommunikation, an gruppenübergreifender Interaktion und
an einer Unternehmensleitung, die ihre zur Verfügung stehenden "Human-
ressourcen" durch eine optimale Mitarbeiterführung zu nutzen weiß.[247]

Würde man nun den Versuch wagen, diesen integrierenden Ansatz eines
'produkt-orientierten' Unternehmens auf ein 'Non-Profit-Unternehmen' wie
die katholische Kirche zu übertragen, so würde sich eine 'fraktale Kirche'
von einer weltweit hierarchisch verfaßten Kirche also in dem Sinn unterscheiden, daß die jeweiligen Ortskirchen (Fraktale) zwar selbstähnlich sind
und sich einem gemeinsamen Leitziel verpflichtet wissen (nämlich der Verkündigung der Botschaft Jesu Christi in Wort und Tat), daß sie dies andererseits aber auch kontextuell verwirklichen können, das heißt orientiert an
den sozialen und kulturellen Gegebenheiten in der eigenen Lebenswelt. Auf
diese Weise wäre die *eine* Kirche *in den vielen Kirchen* gegebenenfalls
dynamischer und anpassungsfähiger an die gesellschaftlichen Entwicklun-

---

[245] Vgl. **WARNECKE, H.-J.**: Die Fraktale Fabrik. a.a.O. S. 142-144
[246] ebd. S. 199-208
[247] ebd. S. 208-223

gen und Veränderungsprozesse. In diesem Sinn könnten auch die besagten Stellen von Lumen gentium derart interpretiert werden, in denen die Konzilsväter – unter Umständen aufgrund ihrer Erfahrungen bei dem Konzil selbst – sowohl die Pluralität als auch die Komplexität dieser Weltkirche gewahrt wissen wollten durch eine *Dezentralisierung*, die aber nicht in Partikularismus ausarten, sondern nur unter der Voraussetzung wechselseitiger Beziehungen verwirklicht werden sollte. Die Verantwortung für diese Beziehungs-'Kultur', für den 'Dienst an der Kommunikation' und für den Informationsfluß kann bzw. soll nach dem Willen der Konzilsväter von dem Bischof von Rom, der "als Nachfolger Petri das immerwährende, sichtbare Prinzip und Fundament für die Einheit der Vielheit von Bischöfen und Gläubigen" ist, wahrgenommen werden. Das Petrusamt wäre dementsprechend kein Hindernis dafür, daß die Bischöfe als letztverantwortliche Leiter ihrer Diözesen ihr Amt ebenso "kollegial" wie auch "kontextuell" ausüben könnten in einer zweifachen Dimension: (1) als "Glieder des Bischofskollegiums", dessen Leiter wiederum der Bischof von Rom ist (Christus Dominus 4-10) und (2) als "eigentliche, ordentliche und unmittelbare Hirten" ihrer Diözese (Christus Dominus 11-21). Der Dienst des Bischofs – sei es einer Ortskirche wie auch der Universalkirche – ist demgemäß ein "Dienst am Dialog" – innerhalb der eigenen Ortskirche und innerhalb der Universalkirche.[248] Dabei ist Dialog aber nicht einfachhin als Einladung zum Gespräch zu verstehen, sondern er zielt "auf das gemeinsame Finden und Anerkennen der Wahrheit. Ein Dialog ist also entschieden zielgerichtet und auf einen herzustellenden Konsens bezogen." Deshalb muß er in einem offenen Stil des Umgangs miteinander geführt werden, "der angstfrei ist und allen Beteiligten die Chance bietet, als Subjekt in einer Gemeinschaft zu Wort zu kommen und sich in ihr einzubringen."[249]

Die Ähnlichkeit einer Konzeption aus der modernen Organisationsentwicklung zu den Vorhaben der Väter des Zweiten Vatikanischen Konzils mag überraschen. Allerdings sei hier noch einmal betont, daß es sich hierbei lediglich um *eine mögliche* Interpretation der Konzilstexte handelt und daß andererseits, wie mehrfach noch gezeigt wird, Anspruch und Wirklichkeit nicht unbedingt deckungsgleich sind. Allerdings – das läßt sich hier schluß-

---

[248] Vgl. **RATZINGER, J.**: Das neue Volk Gottes. Düsseldorf 1969. S. 210. RATZINGER macht darauf aufmerksam, daß Kollegialität "ihre volle pastorale Fruchtbarkeit erst entfalten kann, wenn sie rückbezogen erscheint auf die Grundgegebenheit derer, die vom Erstgeborenen des Vaters her einander zu Brüdern geworden sind", also auf alle Christen.

[249] Vgl. **LEHMANN, K.**: Eine Lebensfrage für die Kirche. Dialog als Form der Wahrheitsfindung. HERDER KORRESPONDENZ 1/1995. S. 29-35. hier: 32f; vgl. auch **WANKE, J.**: Chancen und Grenzen des Dialogs in der Kirche. ANZEIGER FÜR DIE SEELSORGE 2/1994. S. 43- 49

folgern – wäre eine solche Funktion des Bischofsamtes ist nicht nur aus der Sicht der Organisationsentwicklung einsichtig und logisch. Sie birgt zwar die Gefahr in sich, daß aus Bischöfen (nur noch) Politiker oder Verwaltungsleiter würden, aber dies haben die Bischöfe auch berücksichtigt, wenn sich selbst die Worte des AUGUSTINUS auferlegten: "Wo mich erschreckt, was ich *für euch* bin, das tröstet mich, was ich *mit euch* bin. Für euch bin ich Bischof, mit euch bin ich Christ. Jenes bezeichnet das Amt, dieses die Gnade, jenes die Gefahr, dieses das Heil." (Lumen gentium 32)[250] Und Papst PAUL VI. hat in seinem Rundschreiben "Ecclesiam suam" während des Konzils diesen unverzichtbaren 'Dienst an der Kommunikation' für sein eigenes Amt folgendermaßen zum Ausdruck gebracht:

> "Die Kirche muß zu einem Dialog mit der Welt kommen, in der sie nun einmal lebt. Die Kirche macht sich selbst zum Wort, zur Botschaft, zum Dialog. Dieser Gesichtspunkt ist einer der wichtigsten im heutigen Leben der Kirche... Wir können nicht anders vorgehen als in der Überzeugung, daß der Dialog Unser apostolisches Amt kennzeichnen muß..."[251]

So klar und eindeutig sich sowohl der (damalige) Bischof von Rom als auch die Bischöfe der Ortskirchen als 'Diener des Dialogs' verstanden wissen wollten, so unklar wird diese Funktion aber auch wieder, wenn man in einem Schreiben der Kongregation für die Glaubenslehre aus dem Jahre 1992 eingehend studiert, in dem der bereits erwähnte zentrale Satz aus Lumen gentium 23: "In ihnen und aus ihnen besteht die eine und einzige katholische Kirche" ganz anders interpretiert wird.[252] Darin ist nämlich davon die Rede, daß die einzelnen Diözesen nur ein 'Teil der Kirche' sind, aber nicht 'die Kirche an sich'. Begründet wird dies damit, daß "sie (sc.: die Universalkirche) die Teilkirchen gleichsam als Töchter [gebiert]; sie bringt sich in ihnen zum Ausdruck, ist Mutter und nicht Produkt der Teilkirchen." Dieser Gedankengang gipfelt dann in dem Satz:

> "Da sie (sc.: die Teilkirchen) in und aus der Universalkirche geboren werden, haben sie ihre Kirchlichkeit in ihr und aus ihr. Daher ist die Formel des 2. Vatikanischen Konzils: 'die Kirche in und aus den

---

[250] Eindrucksvoll ist diese Frage diskutiert bei: **PESCH, O.H.:** Das Zweite Vatikanische Konzil. a.a.O. S. 266-269

[251] **PAUL VI.:** Rundschreiben "Ecclesiam suam" vom 6. August 1964, zitiert aus dem AMTSBLATT FÜR DIE ERZDIÖZESE FREIBURG vom 24. September 1964. S. 525-543, hier S. 537

[252] Vgl. **SEKRETARIAT DER DEUTSCHEN BISCHOFSKONFERENZ (Hrsg.):** Schreiben der Kongregation für die Glaubenslehre an die Bischöfe der katholischen Kirche über einige Aspekte der Kirche als Communio. Erschienen in der Reihe VERLAUTBARUNGEN DES APOSTOLISCHEN STUHLS Nr. 107 (1992)

Kirchen' untrennbar verbunden mit dieser anderen: 'die Kirchen in und aus der Kirche' (Nr. 9)."

Ganz offenkundig wird hier durch eine – auf den ersten Blick vielleicht nebensächliche – Ergänzung das kommunial-partnerschaftliche Prinzip des Konzils zurückgenommen: zum einen durch die Mutter-Tochter-Verhältnisbestimmung, zum anderen aber auch dadurch, daß der theologische und geschichtliche Vorrang der Jerusalemer Urgemeinde ganz im Sinn der mittelalterlichen Ekklesiologie wieder auf die Rolle Roms innerhalb der 'Communio Ecclesiarum' übertragen wird. Bei solchen Interpretationen von Lumen gentium 23 drängt sich unweigerlich der Verdacht auf, daß nicht nur eine Vor-Macht-Stellung der Kurie entgegen der Lehre des Konzils im Nachhinein wieder theologisch legitimiert werden will, sondern daß hier auch "die päpstliche Jurisdiktionsekklesiologie des Mittelalters fröhlich Urstände [feiert]."[253] Nimmt man hier noch andere 'Äußerungen' und Fakten der römischen Kurie hinzu wie zum Beispiel das Vorgehen bei Bischofsernennungen[254], bei dem Konflikt um die wiederverheiratet Geschiedenen[255] oder die Aussage zur Ordination von Frauen[256], so kann einem schon Angst und Bange werden. Verstärkt wird dies auch dadurch, daß in der Apostolischen Konstitution "Universi Dominici Gregis" vom 22. Februar 1996 der Modus für die Papstwahl dahingehend geändert wurde, daß "ein zukünftiger Papst zu seiner Wahl de facto nur mehr eine absolute Mehrheit braucht. Damit wird beiläufig und ohne daß eine Begründung im Text selber für diese Änderung gegeben wird, [nicht nur] eine achthundert Jahre alte Tradition abgebrochen..., [sondern auch] ein in der Kirche immer wieder mühsam erkämpftes Prinzip, nämlich das Prinzip der Synodalität, aufs Spiel gesetzt, wenn nicht sogar aufgegeben."[257] Denn nunmehr sind im Grunde nicht mehr 'einmütige Entscheidungsfindungen', für die sich Papst PAUL VI. noch sehr stark engagierte, von Nöten, sondern es kann durch eine Verzögerungstaktik auch ein Kandidat gewählt werden, ohne daß Anliegen und Position einer doch gewichtigen Minderheit berücksichtigt werden müssen.

---

[253] **KEHL, M.:** Wohin geht die Kirche? a.a.O. S. 89-98, hier S. 93

[254] Vgl. **BISER, E.:** Wie lange noch Nacht?. Christsein zwischen Krise und Aufbruch. STIMMEN DER ZEIT 4/1996. S. 235-242

[255] Vgl. **BÖCKENFÖRDE, W.:** Zur Autoritätsnot in der römisch-katholischen Kirche. ANZEIGER FÜR DIE SEELSORGE 3/1995. S. 122-123

[256] Vgl. **JOHANNES PAUL II:** Ordinatio sacerdotalis. Apostolisches Schreiben über die nur Männern vorbehaltene Priesterweihe. Erschienen in der Reihe VERLAUTBARUNGEN DES APOSTOLISCHEN STUHLS Nr. 117 (1994); ebenso: **RATZINGER, J.:** Grenzen kirchlicher Vollmacht. Stellungnahme zum Dokument von Johannes Paul II. zur Frauenordination. COMMUNIO 4/1994. S. 337-345

[257] **KLEIN, N.:** Papstwahl: geänderte Spielregeln. ORIENTIERUNG 60(1996). S. 97-98

Zusammenfassend gesehen steckt die katholische Kirche immer noch in dem Dilemma "zwischen der Anpassung an neue soziale und kulturelle Bedingungen und dem konservativen Festhalten an den alten Gebräuchen, zwischen der Verobjektivierung des Glaubens in Lehre und Ritual und der existentiellen Suche nach der persönlichen Bedeutung des Glaubens sowie zwischen der Zentralisierung des kirchlichen Lebens und der Freiheitsvollzüge der Kirche am Ort."[258] Dennoch bleibt das Zweite Vatikanische Konzil die Grundlage für jede (Weiter-)Entwicklung, dessen Ergebnis B.J. HILBERATH so zusammengefaßt hat:

> "Während das traditionelle Kirchenmodell von oben nach unten ausgerichtet war, ergibt sich vom II. Vatikanischen Konzil her ein Aufbau der Kirche (nicht von unten nach oben, sondern) von innen nach außen: Herzmitte der Kirche ist die Gemeinschaft des dreieinigen Gottes. Von hierher lebt die Communio der Kirche, in der Zuordnungen, Unter- oder Überordnungen nur möglich sind innerhalb der gemeinsamen Sendung und Berufung aller. Kirche ist keine von oben her geleitete Diözese oder Weltpfarrei mehr, sondern wiederum – wie in den ersten Jahrhunderten – eine Communio von Ortskirchen, in denen jeweils die ganze Kirche verwirklicht wird. Auch die Ortskirche ist als Verbund von Gemeinschaften zu sehen..."[259]

Jede Ortskirche, jedes Bistum in der Welt ist also im wahrsten Sinn des Wortes Kirche Jesu Christi. Die Gemeinschaft der Gläubigen in jeder Diözese ist das an ihrem Ort berufene Volk Gottes, das von Jesus Christus her den Auftrag erhält, in der Bewegung von Sammlung und Sendung die frohe Botschaft in Wort und Tat zu verkünden.

Damit sind nun zumindest annähernd die grundsätzlichen Linien und Wegweisungen des Zweiten Vatikanischen Konzils benannt und wir können von da her wieder zurückkehren zu unser Kernfrage, welche Chancen und Grenzen sich daraus für eine Gemeindeentwicklung in unserem bundesdeutschen Kontext ergeben. Damit einher geht natürlich auch die Frage, ob sich diese Definition der Ortskirche und ihrer Beziehung zur Weltkirche im Sinne des Konzils auch übertragen läßt auf das Verhältnis von Ortskirche und Gemeinde.

---

[258] Vgl. **BAUM, G.**: Über die Pilgerschaft der christlichen Kirche. CONCILIUM 3/1997. S. 395-400

[259] **HILBERATH, B.J.**: Zur Wirklichkeit der Gemeinde. a.a.O. S. 14

2.1.4 Die Bedeutung der Pfarrgemeinde in den Konzilstexten

Die Konzentration der Bischöfe richtete sich auf die Ortskirchen – und das sind nicht die Pfarrgemeinden, sondern die Diözesen. Daraus könnte man nun die Schlußfolgerung ziehen, daß nach dem Zweiten Vatikanischen Konzil die Kirche nicht mehr territorial, sondern *personal* verfaßt sei: die Gesamtkirche sammelt sich um den Papst und das Bischofskollegium, die Ortskirche um den Bischof und die Pfarrgemeinde um den Pfarrer.[260] Nach einem solchen personalen Verständnis von Kirche wäre es demnach vollkommen *rechtens*, wenn beispielsweise in französischen Diözesen wie Besançon oder Lille die bisherigen Pfarreistrukturen aufgelöst und durch "neue Gemeinden" oder "neue Pfarreien" ersetzt werden[261] oder auch einfach eine neue Diözese gegründet wird, weil man irgendwo einen Bischof 'zuviel' hat.

Dieses Verständnis wird auch dadurch gestützt, daß es nur wenige Textstellen in den Konzilsdokumenten gibt, die explizit von "Einzelgemeinden" (Sacrosanctum Concilium 42), "Pfarreien" (Apostolicam Actuositatem 10; Orientalium Ecclesiarum 4; Christus Dominus 30, 32), "Pfarrgemeinschaften" (Ad Gentes 37), "Ortsgemeinden" (Lumen gentium 28, Presbyterorum ordinis 6) oder auch "Ortsgemeinschaften" (Lumen gentium 26; Sacrosanctum Concilium 42) sprechen. In ihnen werden "Pfarrei und Gemeinde ... nicht mehr nur als rechtlich umschriebene Einrichtung zur Versorgung der Gläubigen erfaßt, sondern als lebendige theologische Wirklichkeiten, als vom Geist Gottes geprägte Gemeinschaften in der Kirche."[262] So heißt es beispielsweise in der Konstitution über die heilige Liturgie:

> "Da der Bischof nicht immer und nicht überall in eigener Person den Vorsitz über das gesamte Volk seiner Kirche führen kann, so muß er diese notwendig in Einzelgemeinden aufgliedern. Unter ihnen ragen die Pfarreien hervor, die räumlich verfaßt sind unter einem

---

[260] Diese Interpretation stammt von **HEINZ, H.**: Die Seelsorge neu gestalten. Grenzen und Chancen einer kooperativen Pastoral. ERZBISCHÖFLICHES ORDINARIAT FREIBURG: Referate und Predigten der Tage der Pastoralen Dienste in der Erzdiözese Freiburg 1997. Freiburg November 1997. S. 39-54, hier S. 45

[261] Vgl. **SCHNEIDER, J.-P.**: Neue Gemeinden in der Diözese Lille. BEGEGNEN UND HELFEN. Zeitschrift für caritative Helfergruppen. Heft 4 /1996; **NIENTIEDT, K.**: Frankreich: Neue Seelsorgestrukturen. HERDER-KORRESPONDENZ 4/1997. S. 175-176; **DECKERS, D.**: Im Erzbistum Besançon müssen die Priester bald nicht mehr als bloße Sakramentenspender von Dorf zu Dorf reisen. FRANKFURTER ALLGEMEINE ZEITUNG vom 21.08.1997. In der Diözese Besançon wurden nach einem mehrjährigen Beratungs- und Planungsprozeß die insgesamt 771 Pfarreien in 66 "Pastoraleinheiten" umstrukturiert, deren Leitung jeweils einem Pfarrer übertragen ist.

[262] **WIEH, H.**: Konzil und Gemeinde. Eine systematisch-theologische Untersuchung zum Gemeindeverständnis des Zweiten Vatikanischen Konzils in pastoraler Absicht. Erschienen in FRANKFURTER THEOLOGISCHE STUDIEN 25. Frankfurt 1978. S. 208

Seelsorger, der den Bischof vertritt. Denn sie stellen auf eine gewisse Weise die über den ganzen Erdkreis hin verbreitete sichtbare Kirche dar." (Sacrosanctum Concilium 42)

An anderer Stelle nennt das Konzil die Pfarreien "gleichsam die Zellen des Bistums" (Apostolicam Actuositatem 10), in denen die Kirche anwesend ist und

> "die in der Verbundenheit mit ihrem Hirten im Neuen Testament selbst Kirche heißen. [...] In ihnen werden durch die Verkündigung der Frohbotschaft Christi die Gläubigen versammelt, in ihnen wird das Mysterium des Herrenmahls begangen... In diesen Gemeinden, auch wenn sie oft klein und arm sind oder in der Diaspora leben, ist Christus gegenwärtig, durch dessen Kraft die eine, heilige, katholische und apostolische Kirche geeint wird." (Lumen gentium 26)

Mitte und Höhepunkt des ganzen Lebens der christlichen Gemeinde soll die Feier des eucharistischen Opfers sein (Christus Dominus 30), wodurch sie genährt werden, am Apostolat der Hirten (Apostolicam Actuositatem 10) und am missionarischen Auftrag der Kirche (Ad Gentes 37) mitzuwirken. Das heißt, daß nach dem Verständnis des Zweiten Vatikanischen Konzils die Gemeinde *sowohl* personal *als auch* sakramental verfaßt ist: sie ist personal gebunden an den Bischof und sakramental an die Feier der Eucharistie sowie an die anderen sakramentalen Entfaltungen, in denen sich Kirche und Gemeinde als "Zeichen und Werkzeug" Gottes für die Welt äußert (Lumen gentium 1). Daraus eruiert H. WIEH die folgende Definition von Gemeinde:

> "Die Gemeinde ist als 'Kirche Gottes' der Ort, wo unter der Leitung des Presbyters und in enger Verbundenheit mit dem Bischof die Gemeinschaft der an Jesus Christus Glaubenden in Verkündigung, Bruderschaft und besonders in der eucharistischen Versammlung und den übrigen liturgischen Vollzügen ereignishaft und missionarisch gelebt wird."[263]

Das Konzil selbst, so kann an dieser Stelle konstatiert werden, ist mit dem Thema Pfarrgemeinde noch ziemlich unbefangen umgegangen, was für die damalige Zeit auch recht verständlich ist: Gemeinde konstituiert sich durch den Priester, der im Namen des Bischofs die Gemeinschaft der Gläubigen versammelt und durch die Feier der Eucharistie auferbaut (Presbyterorum ordinis 6). Der zunehmende Mangel an Priestern – zumindest in unserem Lebensraum – hat in den vergangenen Jahrzehnten die Frage verstärkt, ob an den Zulassungsbedingungen wie Zölibat, Mannsein und akademischer Ausbildung unverbrüchlich festgehalten werden muß mit der Konsequenz, dadurch in weiten Teilen der Weltkirche der sakramentalen Grundstruktur

---

[263] ebd. S. 211

118

großen Schaden zuzufügen.[264] Vielfach wird die Frage nach der Zukunft der Kirche und der Gemeinden – vor allen Dingen auch von Seiten der Gemeindeglieder – auf Veränderungen in diese Richtung zugespitzt.

Allerdings ist mit dieser Zuspitzung tatsächlich auch nur die 'Spitze des Eisberges' benannt. Das 'Darunterliegende' und Entscheidendere für die Thematik Gemeindeentwicklung ist viel mehr die eventuelle Problematik, wie das Verhältnis von Gliedern der Gemeinde zu ihrem Pfarrer und von den Priestern und Pfarrern zu ihrem Bischof gelebt und strukturiert wird. Und hierzu hat das Konzil zweifelsohne Wegweiser aufgestellt, die in sehr verschiedene Richtungen gedeutet werden können.

2.1.5 Das "Priestertum des Dienstes" und seine Verortung

Gerade für viele Priester bzw. Pfarrer wurde es nach dem Konzil zu einer regelrecht existentiellen Frage, wie künftig das "besondere (Weihe-)Priestertum" in der gesamt-theologischen Konzeption des Konzils verortet sein sollte. Bis zum Konzil war dies noch relativ klar: Gott beruft die Kirche als sein Volk und verleiht ihr Leben, indem er Männer zu Priestern beruft, die durch die Weihe bevollmächtigt werden, die Eucharistie zu feiern und die Sakramente zu spenden. Diese eindimensionale Sicht der sakramentalen Struktur der Kirche sollte aber nach dem Willen der Konzilsväter entscheidend korrigiert werden, eben durch die Betonung der Berufung *aller Gläubigen* zur Erfüllung des Heilsauftrages der Kirche in der und für diese Welt. Dementsprechend spricht das Konzil auch an sehr vielen Stellen von dem "gemeinsamen Priestertum aller Glaubenden".[265] Die ungeklärten Fragen waren nun, wie Priester zum einen gegenüber der Gemeinde ihre Rolle definieren konnten und zum anderen gegenüber ihrem Bischof.

Die gefundene Lösung auf die erste Frage, was dann noch das Besondere am Amtspriestertum sei, lautete, daß sich das gemeinsame Priestertum der Gläubigen und das Priestertum des Dienstes[266] zwar dem Wesen nach und nicht bloß dem Grade nach unterscheiden (Lumen gentium 10). Diese Aus-

---

[264] Vgl. **SCHUSTER, N. u. WICHMANN, M. (Hrsg.):** Die Platzhalter. Erfahrungen von Gemeindeleiterinnen und Gemeindeleitern. Mainz 1997. S. 233-237; **FUCHS, O.:** Ämter für eine Zukunft der Kirche. a.a.O. S. 83-93 und viele anderen!

[265] So in Sacrosanctum Concilium 14 und 48, Lumen gentium 9, 10, 26 und 34, Apostolicam actuositatem 3, Presbyterorum ordinis 2, Ad gentes 15

[266] Daß das Konzil eine neue Rolle und Funktion des Priesters an-gedacht hat, kommt auch dadurch zum Ausdruck, daß es konsequent auf die bis dahin noch gängige Bezeichnung des 'besonderen Priestertums' verzichtet und dafür von dem 'Priestertum des Dienstes' oder dem 'hierarchischen Priestertum' spricht.

sage war jedoch nicht so *ein*deutig wie vielleicht beabsichtigt. Die immer noch sich in vollem Gange befindende Diskussion zeigt, daß man diese Aussage sehr unterschiedlich interpretieren kann.[267] Eine daraus ersichtliche Diskrepanz erklärt sich damit, daß auf der einen Seite versucht wird, zumindest Anteile des vorkonziliaren Priesterbildes in die Neuzeit zu retten, indem ein besonderer Akzent gelegt wird auf das "nicht bloß": der geweihte Priester wird demnach von Gott 'ganz und gar' in Dienst genommen. Er 'opfert' sein Leben dem Dienst an Gott und dem Dienst Gottes an den Menschen. Er steht gewissermaßen zwischen Gott und Mensch und vermittelt durch sein "Amt der Heiligung" (Sakramentenspendung) die Gnadengaben Gottes. Als ein solcher von Gott in Dienst Genommener unterscheidet er sich auch graduell von den anderen Christinnen und Christen, das heißt, er steht Gott näher als ein Nichtgeweihter und ihm kommt aufgrund seiner Weihe eine ganz andere 'Kompetenz' zu. In der im Jahre 1908 von PIUS X. promulgierten Enzyklika "Haerent animo" hieß es dementsprechend noch, daß der Unterschied zwischen Priestern und Laien so groß sei wie der zwischen Himmel und Erde.[268] Es ist also nicht verwunderlich, wenn man analoge Aussagen auch in den Konzilstexten wiederfinden kann:

> "Die Priester werden aus der Reihe der Menschen genommen und
> für die Anliegen der Menschen bestellt, um Gaben und Opfer für die

---

[267] Vgl. **ZOLLITSCH, R.**: Amt und Funktion des Priesters. Eine Untersuchung zum Ursprung und zur Gestalt des Presbyters in den ersten zwei Jahrhunderten. Freiburg 1974; **SCHILLEBEECKX, E.**: Das kirchliche Amt. Düsseldorf 1981 - Dazu auch **KASPER, W.**: Das kirchliche Amt in der Diskussion. Zur Auseinandersetzung mit E. Schillebeeckx. THEOLOGISCHE QUARTALSCHRIFT TÜBINGEN 163 (1983. S. 46-63; **WESS, P.**: Ihr alle seid Geschwister. Mainz 1983; **HOFFMANN, P. (Hrsg.)**: Priesterkirche. Düsseldorf ²1989; **DASSMANN, E.**: Entstehung und theologische Begründung der kirchlichen Ämter in der alten Kirche. COMMUNIO 4/1993. S. 349-361; **SCHUNK, R.**: Amtspriestertum und allgemeines Priestertum. FORUM KATHOLISCHE THEOLOGIE 3/1994. S. 177-196; **HILLENBRAND, K.**: Zum Priesterbild der Gegenwart. ANZEIGER FÜR DIE SEELSORGE 9/1994. S. 392-400; **WALTER, P.**: Gemeindeleitung und Eucharistiefeier. Zur theologischen Ortsbestimmung des Amtes. FRALING, B. u.a. (Hrsg.): Kirche und Theologie im kulturellen Dialog. Freiburg 1994. S. 54ff; **DERS.**: Vorsteher der Eucharistie und Gemeindeleitung. Theologische und praktische Überlegungen. LEBENDIGE SEELSORGE 4-5/1995. S. 193-198; **EISENBACH, F.**: Der eine Auftrag und die verschiedenen Dienste. Kirche als Lebensraum aus einer "communialen Perspektive". INFO BERLIN 42-4/1994. S. 20-26; **NIEWIADOMSKI, J.**: Menschen, Christen, Priester... Dogmatische Überlegungen zur Amtstheologie auf dem Hintergrund der Diskussion über "kooperative Seelsorgemodelle". THEOLOGISCH-PRAKTISCHE QUARTALSCHRIFT 2/1995. S. 159-169; **LEHMANN, K.**: Priesterlicher Dienst und Gemeindeleitung. MAINZER PERSPEKTIVEN. Wort des Bischofs 1. Mainz 1995. S. 69; **VENETZ, H.J.**: Vielfältige Formen von Gemeindeleitung im Neuen Testament. LEBENDIGE SEELSORGE 4-5/1995. S. 188-193 u.v.a.

[268] zitiert nach: **MENKE, K.-H.**: Das eine Amt und die Vielfalt der Berufungen. PASTORALBLATT 4/1996. S. 99-109, hier S. 106

Sünden darzubringen..." (Presbyterorum ordinis 3). ... "Die Christgläubigen aber sollen sich bewußt sein, daß sie ihren Priestern gegenüber in Schuld stehen. Darum mögen sie diesen in als ihren Hirten und Vätern in Kindesliebe verbunden sein." (Presbyterorum ordinis 9). "Das Weihesakrament macht die Priester Christus dem Priester gleichförmig. Denn sie sind Diener des Hauptes zur vollkomme-
nen Auferbauung seines ganzen Leibes, der Kirche, und Mitarbeiter
des Bischofsstandes." (Presbyterorum ordinis 12). "Während sich so
die Priester mit dem Tun des Priesters Christus verbinden, bringen
sie sich täglich Gott ganz dar, und genährt mit dem Leib Christi, erhalten sie wahrhaft Anteil an der Liebe dessen, der sich seinen Gläubigen zur Speise gibt." (Presbyterorum ordinis 13) "Durch die Jung-
fräulichkeit und die Ehelosigkeit um des Himmelreiches willen (vgl.
Mt 19,12) werden die Priester in neuer und vorzüglicher Weise Christus geweiht..." (Presbyterorum ordinis 16)

Nach diesem Verständnis wird der Priester mit der Weihe von Gott in seinem ganzen Sein in Anspruch genommen. Er läßt sich also in einen besonderen Dienst innerhalb des Volkes Gottes hinein nehmen, das sein ganzes
'Wesen' prägen soll und ihn dementsprechend von den nicht-ordinierten
Gläubigen unterscheidet.

Die Konzilstexte lassen auf der anderen Seite aber auch eine andere Nu-
ancierung des priesterlichen Dienstes zu. Immer wieder wird auch zum
Ausdruck gebracht, daß das amtliche Priestertum dem gemeinsamen Priestertum aller Gläubigen dienend zugeordnet ist:

"Das Ziel also, auf das Dienst und Leben der Priester ausgerichtet
sind, ist die Verherrlichung Gottes des Vaters in Christus. Diese
Verherrlichung besteht darin, daß die Menschen die in Christus voll-
endete Tat Gottes bewußt, frei und dankbar annehmen und in ihrem
Leben kundtun." (Presbyterorum ordinis 2) "Sie [sc.: die Priester]
könnten nicht Christi Diener sein, wenn sie nicht Zeugen und Aus-
spender eines anderen als des irdischen Lebens wären; sie vermöch-
ten aber auch nicht den Menschen dienen, wenn diese und ihre Le-
bensverhältnisse ihnen fremd blieben. Ihr Dienst verlangt in ganz besonderer Weise, daß sie sich dieser Welt nicht gleichförmig machen;
er erfordert aber zugleich, daß sie in dieser Welt mitten unter den
Menschen leben..." (Presbyterorum ordinis 3) "Wenngleich die Priester des Neuen Bundes aufgrund des Weihesakramentes das so über-
aus hohe und notwendige Amt des Vaters und Lehrers im Volk und
für das Volk ausüben, so sind sie doch mit allen Christgläubigen
Jünger des Herrn, die dank der Berufung durch Gott seines Reiches
teilhaftig geworden sind. Mit allen nämlich, die wiedergeboren sind
im Quell der Taufe, sind die Priester Brüder unter Brüdern, da sie ja
Glieder ein und desselben Leibes Christ sind, dessen Auferbauung
allen anvertraut ist." (Presbyterorum ordinis 9)

Dem Priester kommt dementsprechend die Aufgabe (Funktion) zu, als "Bruder unter Brüdern und Schwestern" mit Achtung und Zutrauen der Gemeinde auch eine Eigenständigkeit zuzumuten bzw. diese gegebenenfalls zu initiieren[269]. Er soll helfen, daß die vielen Charismen zur Auferbauung des Leibes Christi in dieser Welt dienen und die Glieder der Gemeinde(n) so ihren Heils- und Weltauftrag erfüllen. Man kann die Interpretation dieser Seite gewissermaßen auf die Kurzformel bringen, daß das "Amt" des Priesters ein "Dienst an den Diensten" ist.[270]

Dem Priester kommt also nach diesen Aussagen des Zweiten Vatikanischen Konzils eine zweifache Funktion zu: auf der einen Seite soll er der Gemeinde *gegenüber* stehen, indem er Christus als Herrn und Haupt der Kirche repräsentiert und dementsprechend das Recht und die Pflicht hat, das Tun der Gemeinde gegebenfalls zu korrigieren; auf der anderen Seite soll er aber auch *mit* der Gemeinde auf dem Weg sein, mitten unter ihnen leben, um dadurch auch besser zu erkennen, was der Auferbauung des Leibes Christi dient und was nicht. Dies war für viele Priester, die bis zum Konzil hin eine relative Eigenständigkeit in ihrer Rolle und Funktion gegenüber der Gemeinde hatten, eine respektable Zumutung.[271]

Hinzu kam nun aber auch noch, daß sie ihren Status und ihr Recht als letztverantwortliche Leiter der Gemeinde zugunsten einer Kollegialität und Communio mit dem Presbyterat der Ortskirche und damit mit dem Bischof aufgeben sollten. Denn nach der Lehre des II. Vatikanums ist nun nicht mehr der Priester, sondern der Bischof "mit der Fülle des Weihesakramentes" ausgezeichnet (Lumen gentium 26).

> Die Priester hängen also "in der Ausübung ihrer Gewalt von den Bischöfen ab", von denen sie "zur Verkündigung der Frohbotschaft, zum Hirtendienst an den Gläubigen und zur Feier des Gottesdienstes geweiht" werden; sie "machen den Bischof, mit dem sie in vertrauensvoller und großzügiger Gesinnung verbunden sind, (in den einzelnen örtlichen Gemeinden der Gläubigen) gewissermaßen gegenwärtig; sie übernehmen zu ihrem Teil seine Amtsaufgaben und seine Sorge und stellen sich täglich in ihren Dienst. Unter der Autorität des

---

[269] Vgl. **FISCHER, J.:** Von der Chance, Bruder unter Brüdern und Schwestern zu werden. HOFFMANN, P. (Hrsg.): Priesterkirche. Düsseldorf 1989. S. 307-316, bes. 315f

[270] Vgl. dazu **LEDERHILGER; S.:** Kooperative Seelsorge und die Frage nach dem Amt. THEOLOGISCH-PRAKTISCHE QUARTALSCHRIFT 2/1994. S. 123ff. "Schon F. KLOSTERMANN machte zurecht darauf aufmerksam, daß einerseits auch das durch die Ordination verliehene Amt theologisch nur als Dienst zu verstehen ist und andererseits die gemeinten pastoralen Ämter eben solche sind, die man nicht allein aufgrund von Taufe und Firmung ausüben darf, sondern nur aufgrund der Beauftragung durchführen kann, und die daher auch immer als Kirchen-Amt zu verstehen sind." (S. 131)

[271] Vgl. **HÄRING, B.:** Heute Priester sein. Eine kritische Ermutigung. Freiburg 1995. S. 73-84

Bischofs heiligen und leiten sie den ihnen zugewiesenen Anteil der Herde des Herrn, machen die Gesamtkirche an ihrem Ort sichtbar und leisten einen wirksamen Beitrag zur Erbauung des gesamten Leibes Christi (vgl. Eph 4,12). [...] Um dieser Teilhabe an Priestertum und Sendung willen sollen die Priester den Bischof wahrhaft als ihren Vater anerkennen und ihm ehrfürchtig gehorchen. Der Bischof hinwiederum soll seine priesterlichen Mitarbeiter als Söhne und Freunde ansehen, gleichwie Christus seine Jünger nicht mehr Knechte, sondern Freunde nennt (vgl. Joh 15,15)" (Lumen gentium 28)

Den Priestern und Pfarrern wurde also innerhalb kürzester Zeit zugetraut – oder besser: zugemutet – ihr "tridentinisches Priestersein" und das heißt auch ihre 'besondere' bzw. 'ausgesonderte Rolle' innerhalb der Gemeinde und Kirche aufzugeben und kommunial-kooperativ mit den Gläubigen ihrer Gemeinde, den Mitbrüdern im priesterlichen Dienst und nicht zuletzt mit ihrem Bischof neue Wege der Pastoral zu beschreiten. Daß dies eine Krise des Priesterstandes hervorrufen mußte, ist wohl mehr als verständlich.

Vielleicht waren sich die Konzilsväter der Tragweite dieser Veränderungen auch bewußt, welch "neuen Wein sie in alte Schläuche füllen wollten", denn sie taten sich bekanntlich ungemein schwer mit dem Dekret über Dienst und Leben der Priester.[272] So wurde noch im Oktober 1964 der bereits 17. Entwurf mehrheitlich abgelehnt, weil er – wie Kardinal Julius DÖPFNER im Namen des westdeutschen Episkopats vortrug – "nicht wirklich in der Geschichte von heute angesiedelt, sondern ... eine zeitlose Theologie und Spiritualität" widerspiegle.[273] In Anlehnung an Gaudium et spes sollte aber auch dieses Dekret auf die Zeichen der Zeit eingehen und zu den Priestern von heute mit dem Blick auf die Zukunft sprechen. Ob dies tatsächlich gelungen ist oder ob es nur ermunternde Perspektivezeichnungen waren, die aber – weil ohne strukturelle Konsequenzen – relativ konturlos und infolgedessen auch konsequenzenlos blieben, kann grenzenlos diskutiert werden. Tatsache ist jedoch, daß manche Priester auch nach dem Konzil – teils sogar bis zur Gegenwart – ihr mehr 'tridentinisches Verständnis' des Priesterseins leben konnten, daß sie keineswegs gezwungen waren, Glieder der Gemeinde zu einer Auferbauung des Leibes Christi – also zu einer Gemeindeentwicklung – zu ermutigen und daß dies, wenn auch offiziell bekannt, keinerlei Konsequenzen nach sich zog. Gemeindeentwicklung oder Gemeindeaufbau im Sinne des Zweiten Vatikanischen Konzils – zu-

---

[272] Vgl. **RAHNER, K. u. VORGRIMMLER, H.:** Kleines Konzilskompendium. a.a.O. S. 553

[273] zitiert nach: **HÄRING, B.:** Heute Priester sein. a.a.O. S. 97

mindest nach der pastoralen Konstitution Gaudium et spes – war also auch nach den Konzil abhängig vom Willen und von der Fähigkeit des Pfarrers.

2.1.6 Die Weiterentwicklung nach dem II. Vatikanum: Von der Volk-Gottes-Lehre zur Communio-Ekklesiologie

Die bisherigen Darlegungen über die Aussagen und Optionen des Zweiten Vatikanischen Konzils lassen den Schluß zu, daß hier tatsächlich keine *ein*-deutigen und somit auch klaren Aussagen gemacht worden sind, wohin sich der Weg der Kirche nun konkret erstrecken soll. Vielmehr scheint es offenkundig, "daß in den Debatten und Texten des II. Vatikanums zwei ekklesiologische Grundkonzepte miteinander ringen... Das eine Grundkonzept ist dabei die *christomonistische* Ekklesiologie, die bestimmt ist von dem Gedanken der vertikalen Vollmachtsübertragung und so das Amt als Wirkursache der Gemeinde sieht. Aufgrund einer Überbetonung des inkarnatorischen Modells kommt es so praktisch zu einer Dogmatisierung des Klerikalismus. Das andere Grundkonzept ist das einer *pneumatologischen* Ekklesiologie: in ihr ist der Heilige Geist das Lebensprinzip der Kirche und der 'Besitz des Heiligen Geistes' wird nach Lumen gentium 14 zu den Bedingungen der Kirchengliedschaft, welche aber leider nicht in den neuen CIC/1983 aufgenommen wurden."[274] Insofern klären auch die Konzilstexte aus sich heraus nicht jene Fragen, die zu Beginn dieser Arbeit als Grundlage für eine gemeinsame Weg- und Zielbestimmung angesehen wurden: was ist Kirche und Gemeinde? Was sind deren Ziele? Wer hat bei diesem Zielfindungs- und Entscheidungsprozeß welche Befugnisse und Kompetenzen?

Man kann nun mit B.J. HILBERATH den Versuch unternehmen, in dem Begriff Communio *den* Leitbegriff der erneuerten Ekklesiologie des Konzils zu sehen, der zwar den Aufbruch des II. Vatikanums als Konzil des Übergangs deutlich markiert hat, aber nicht in allen Konsequenzen umgesetzt wurde oder auch nicht umgesetzt werden konnte. Deshalb sei dringend notwendig, nicht allein aufgrund der Texte, sondern vielmehr aufgrund einer "Konzilshermeneutik"[275] die berechtigten Elemente einer christomoni-

---

[274] **POTTMEYER, H.J.:** Der eine Geist als Prinzip der Einheit der Kirche in Vielfalt. Auswege aus einer christomonistischen Ekklesiologie. PASTORALTHEOLOGISCHE INFORMATIONEN 18/1985. S. 253-284 - zitiert nach: **HILBERATH, B.J.:** 'Participatio actuosa'. Zum ekklesiologischen Kontext eines pastoralliturgischen Programms in HILBERATH, B.J. u. BECKER, H. u. WILLERS, U. (Hrsg.): Gottesdienst - Kirche - Gesellschaft. Interdisziplinäre und ökumenische Standortbestimmung nach 25 Jahren Liturgiereform. St. Ottilien 1993. S. 319-338, hier S. 325

[275] ebd. S. 328

stischen und damit vorkonziliar erscheinenden Ekklesiologie derart in eine Communio-Ekklesiologie zu integrieren, daß dadurch beide Ansätze sich nicht gegenseitig ausschließen, sondern sich vielmehr einander durchdringen. Demzufolge kommt er in einer Untersuchung bezüglich der Liturgie zu dem Ergebnis, am trefflichsten von einer *christologisch-pneumatologischen* Ekklesiologie auszugehen: Grundlegend für eine theologische (!) Verfassung der Kirche nach dem Prinzip der Communio müßte demnach sein, daß Christus durch seinen Geist die Gemeinschaft der Kirche auferbaut, die in der Feier der Eucharistie konstituiert wird. "Der Geist eint die Kirche in Gemeinschaft und Dienst, sie ist eine Gemeinschaft des Glaubens, der Hoffnung und der Liebe, welche den Menschen die Heilsfrucht mitteilt (*communicare*), eine Gemeinschaft des Lebens, der Liebe und der Wahrheit, welche als Werkzeug der Erlösung dient."[276] Diesen Grundgedanken der *communio* hat er an anderer Stelle auf die einprägsame Formel gebracht: "Der dreieinige Gott schenkt uns seine Gemeinschaft, das ist Teil*gabe*; dadurch werden wir zu einer Gemeinschaft, das ist Teil*habe*; diese realisiert sich als Gemeinschaft, in der alle auf ihre Weise an der Sendung teil-*nehmen*."[277] Bedeutsam ist dabei die Reihenfolge, die keinesfalls vertauscht werden darf: Gott gibt jedem Menschen unterschiedslos Anteil an seiner Gemeinschaft und dementsprechend können daran auch alle unterschiedslos teilhaben. Damit ist, auch nach Ansicht von W. KASPER, der Kerngedanke der Communio nicht die Gemeinschaft, sondern die "participatio/Teilhabe, näherhin Teilhabe an den von Gott geschenkten Gütern des Heils: Teilhabe am Heiligen Geist, am neuen Leben, an der Liebe, am Evangelium, vor allem aber in der Eucharistie."[278]

Aus dieser 'kommunialen' Verfassung der Kirche müssen sich dann (sekundär, aber unverzichtbar) die konkreten Strukturen der Kirche ableiten lassen. Denn die Strukturen als das äußere Erscheinungsbild der Communio müssen auch ihr inneres Anliegen transparent machen, wenn man nicht dem Vorwurf zuarbeiten will, es werde lediglich eine "Spiritualisierung des Communio-Gedankens" betrieben, wie es K. NIENTIEDT trefflich beschrieben hat: "Jede Art von Vergleich zwischen der Gemeinschaft der Glaubenden und säkularen Gemeinschaftsformen wird als unrechtmäßig abgelehnt. Auf diese Weise soll der Übernahme z.B. von Verfahren der Ent-

---

[276] Vgl. **HILBERATH, B.J.:** Communio hierarchica — Historischer Kompromiß oder hölzernes Eisen? THEOLOGISCHE QUARTALSCHRIFT 3/1997. S. 202-219, hier S. 209

[277] **HILBERATH, B.J.:** Kirche als communio. Beschwörungsformel oder Projektbeschreibung? THEOLOGISCHE QUARTALSCHRIFT TÜBINGEN 1/1994. S. 45-65. hier: S. 52

[278] **KASPER, W.:** Kirche als Communio. Überlegungen zur ekklesiologischen Leitidee des II. Vatikanischen Konzils. in: Theologie und Kirche. Mainz 1987. S. 272-289

scheidungsfindung aus dem säkularen Bereich ein Riegel vorgeschoben werden." Damit kann aber auch "jedes zentralistische Vorgehen noch unter dem Begriff der Communio gefaßt werden." Auf der anderen Seite sind aber auch "romantisierende Tendenzen" erkennbar: "Christliche Gemeinden und Gemeinschaften sollen 'Realutopien' eines auf andere anziehend und ansteckend wirkenden Lebens im Geiste Jesu werden. Beide Male handelt es sich um ein strukturell ähnliches Vorgehen: Es ist eine Überhöhung des Communio-Gedankens, die schließlich zu seiner weitgehenden Wirkungslosigkeit führt. Das Ziel wird so spirituell-fern bzw. romantisch-hoch gesteckt, daß es unter normalen menschlichen Umständen nicht mehr erreicht werden kann bzw. nicht mehr erreicht werden braucht."[279]

Entgegen solchen spiritualisierenden Tendenzen gilt es nun festzuhalten, daß es innerhalb dieser Communio der Kirche Ämter gibt, die unter sich eine gewisse Rangordnung haben: Bischöfe, Priester, Diakone; dazu der Papst im Verhältnis zum Kollegium der Bischöfe. Das Konzil spricht diesbezüglich an mehreren Stellen von einer **communio hierarchica**, die es aber – mit einer einzigen Ausnahme in Presbyterorum ordinis 15 – allein bezogen haben möchte auf die Gliederung der ordinierten Dienste. Die Konzilsväter sprachen sich demnach dagegen aus, Kirche als eine Art 'Zwei-Klassen-Gesellschaft' von Klerikern und Laien zu verstehen. Vielmehr sollte – wie an anderer Stelle schon eingehend erörtert[280] – dadurch noch einmal deutlich gemacht werden, daß es zwar keinen wesensmäßigen Unterschied gibt in Bezug auf die Teil*habe* an der Communio, wohl aber in Bezug auf die Teil*nahme* an dieser: daß sich das Priestertum des Dienstes gerade in diesem Bereich dem Wesen nach unterscheidet von dem gemeinsamen Priestertum aller Gläubigen (Lumen gentium 10). Mit anderen Worten: es ist *die wesentliche* Aufgabe des ordinierten Dienstes, die hierarchische Verfassung der gesamten Kirche immer wieder ins Bewußtsein zu rufen.

Spätestens an dieser Stelle wird aber auch deutlich, daß der Begriff Hierarchie einer notwendigen Klärung bedarf, wenn man im kirchlichen Sprachgebrauch nicht mehr und mehr auf ihn verzichten will[281]. Denn im Zusammenhang mit der Diskussion um die *communio hierarchica* besagt er zweierlei: zum einen wird er (meistenfalls) benutzt als ein Strukturbegriff, d.h. innerhalb des kirchlichen Amtes gibt es eine hierarchisch geordnete

---

[279] Vgl. **NIENTIEDT, K.:** Überforderte Gemeinschaft. HERDER KORRESPONDENZ 45/1991. S. 293. Zitiert nach: **RÖMELT, J.:** Gemeinschaftliche Entscheidungsfindung in der Gemeinde. THEOLOGIE DER GEGENWART 2/1995. S. 110-126

[280] Vgl. Teil I, 2.1.5 - Seite 119

[281] Vgl. **KEHL, M.:** Die Problematik des Begriffes 'Hierarchie'. DERS.: Die Kirche. a.a.O. S. 115-117

Gliederung. Hier ist also der Begriff verwendet, um eine funktionale Unterscheidung dieser drei Ämter zu betonen. Dieses hierarchisch verfaßte Amt hat entsprechend seines Wirkungskreises (Weltkirche, Diözese, Pfarrgemeinde, Bereich Diakonie) nun aber auch die Aufgabe, alle Christinnen und Christen auf die hierarchische Verfassung der gesamten Kirche hinzuweisen, wobei nun mit Hierarchie keine Über- oder Unterordnung gemeint ist, sondern gerade die eigentliche und theologische Bedeutung des Begriffs: das Wort Hierarchie, aus dem griechischen Adjektiv ιερος (*hieros* = heilig) und dem Substantiv αρχη (*arche* = Ursprung, Herrschaft) zusammengesetzt, heißt übersetzt *"heiliger Ursprung"* oder auch *"heilige Herrschaft"*. Demgemäß beinhaltet der Begriff Hierarchie im theologischen Sinn, daß die Gesamtheit der Gläubigen und somit auch jeder und jede einzelne sich immer wieder ausrichten muß an diesem heiligen Ursprung, an Jesus Christus: Er gibt in seinem Geist der Kirche und jedem einzelnen Glied Anteil an seiner Sendung. Alle Christinnen und Christen sind in gleicher Weise dazu berufen, Sorge dafür zu tragen, daß seine heilige Herrschaft (vgl. Mk 2,10; 9,35; 10,43-45) sich immer mehr ausbreite. Wenn also – wie beispielsweise in Presbyterorum ordinis 15 – in Bezug auf die gesamte Kirche die Rede ist von einer *communio hierarchica*, so ist damit nicht gemeint, daß die Gemeinschaft der Gläubigen sich allein durch die Anteil*gabe* seitens des ordinierten Dienstes konstituiert,[282] sondern daß sie ihren Auftrag unmittelbar von Gott bzw. Christus im Heiligen Geist erhält. Er allein ist der ιερος αρχη, der heilige Ursprung und der Herr bzw. das Haupt seiner Kirche. Dementsprechend läßt sich der Begriff der *communio hierarchica* vielleicht auch so unterscheiden: Die Kirche als Ganze *ist* Hierarchie, weil und insofern sie sich an diesem heiligen Ursprung erinnert und sich immer wieder an ihm auszurichtet.[283] Sie *hat* aber auch eine Hierarchie in dem Sinn, weil und insofern es in ihr eine funktionale und gestufte Verantwortung dafür gibt, daß die Kirche als Ganze diesem heiligen Ursprung treu bleibt.

Ein solches Verständnis von Hierarchie könnte erreichen, "die Unableitbarkeit des amtlichen Auftrages von der (Beauftragung durch die) Glaubensgemeinschaft sicherzustellen bzw. eine falsch verstandene Demokratisierung bzw. Volk-Gottes-Theologie abzuwehren."[284] Diese Gefahr sahen spätestens zwanzig Jahre nach Beendigung des Konzils die Mitglieder der außerordentlichen Bischofssynode, die 1985 anläßlich dieses Jubiläums in

---

[282] Vgl. dazu noch einmal Abbildung 6: Die frühere Kirche. S. 107

[283] Vgl. **SEIBEL, W.**: Ist Demokratie der Kirche wesensfremd? STIMMEN DER ZEIT 11/1995. S. 721-722; vgl. auch **FREITAG, J.**: Hierarchie. Systematisch-theologisch. LEXIKON FÜR THEOLOGIE UND KIRCHE. Band 5. Freiburg ³1996. S. 86-87

[284] **HILBERATH, B.J.**: 'Participatio actuosa'. a.a.O. S. 335

Rom zusammengerufen worden waren. Ihrer Ansicht nach sei der Begriff 'Volk Gottes' weniger geeignet als der Begriff 'Communio', "die tiefere Wirklichkeit der Kirche zu begreifen und von daher soziologisches oder politisches Verständnis der Natur der Kirche zu vermeiden."[285] Das heißt: im Nachhinein wurde es den Bischöfen anscheinend erst so richtig bewußt, daß sie mit dem Begriff vom Volk Gottes eine gefährliche Richtung eingeschlagen hatten, die erst den Ruf nach einer Demokratisierung der Kirche laut werden ließ. Gegen solche Tendenzen soll nun der Schwerpunkt verlagert werden, ohne dadurch jedoch das Eigentliche und Wesentliche aufgeben zu müssen. Allerdings wurden durch diese Verlagerung auch Hoffnungen gebremst, die sich eine *echte Partizipation* an Entscheidungsfindungen aller Glieder des Gottesvolkes und damit eine Befreiung der 'Laien' aus der Rolle der bloß gehüteten Herde erwarteten.[286]

Entsprechend der Lehre des Zweiten Vatikanischen Konzils und ihrer späteren Auslegung haben die nicht-ordinierten Christinnen und Christen nach wie vor weitgehend nur Beratungsfunktionen gegenüber den ordinierten Priestern; sie sind aufgerufen, die *Sendung* der Kirche in die Welt hinein zu verkünden, erhalten dazu aber ihre Anweisungen (streng hierarchologisch) von den geweihten Amtsträgern, die ihrerseits die Verantwortung tragen für die *Sammlung* der Gläubigen. Diese klare Struktur gerät aber nicht allein deshalb ins Wanken, weil "die Glaubenden nicht mehr Worte des Papstes oder der Bischöfe, Äußerungen von Theologinnen oder Theologen und Pfarrern allein deshalb annehmen, weil es Worte des Lehramtes sind."[287] Der viel stärkere Teil dieses 'Erdrutsches' rührt daher, daß das Lehramt der katholischen Kirche ihre theologisch hervorragend ausgearbeitete *communio* nicht in gleichem Maße praktiziert mit entsprechend "kommunikativen Strukturen" auf allen Ebenen der Kirche.[288] Einen Grund für diese unzureichende Verwirklichung der *communio* und damit für den Unmut vieler in der Kirche sieht B.J. HILBERATH in einem Mißverständnis sowohl der Ekklesiologie wie auch der modernen Demokratie: "Auch in der modernen Demokratie, etwa in unserer bundesrepublikanischen Gesellschaft, kann nicht über alles abgestimmt werden, ja die Demokratie lebt davon, daß bestimmte Grundrechte und Menschenrechte prinzipiell nicht in

---

285 Vgl. **KASPER, W.**: Zukunft aus der Kraft des Konzils. Die außerordentliche Bischofssynode '85. Freiburg 1986. S. 12

286 Vgl. **PESCH, O.H.**: Das Zweite Vatikanische Konzil. a.a.O. S. 190-192

287 **EMEIS, D.**: Die Glaubenden lassen sich nicht mehr alles sagen. Von der Notwendigkeit "kommunikativen Handelns" in der Gegenwart. LEBENDIGE SEELSORGE 1/1995. S. 41-43

288 Vgl. ebenso: **VAN DER VEN, J.A.**: Kommunikative Identität der Ortskirche. CONCILIUM 5/1994. S. 394-402

Frage gestellt werden. [...] Wenn es gelänge, Demokratie nicht nur als politisches Mittel, sondern als Lebensform zu verstehen, könnten gewiß manche Berührungsängste abgebaut werden. Kirche könnte sogar dann in den Versuchen demokratischer Lebensform Elemente entdecken, die zu ihrem Ureigensten gehören. Das bedeutet freilich auch, sich ernsthaft die Frage zu stellen, ob die in modernen Demokratien mehr oder weniger selbstverständliche Gewaltenteilung in der Communio der Glaubenden nicht stärker berücksichtigt werden müßte."[289]

Damit habe ich nun von der dogmatischen Perspektive aus dargelegt, welche Chancen, aber auch Grenzen einem solchen Unternehmen wie Gemeindeentwicklung gesetzt sind. Sicher sind damit noch nicht alle Aspekte erschöpfend dargestellt. Aber es scheint mir an dieser Stelle zu genügen, die grundsätzliche Wegweisung (als Volk Gottes gemeinsam den Welt- und Heilsauftrag der Kirche verwirklichen) und die strukturellen Veränderungen sowie ihre Ergänzungsbedürftigkeit (Bischofsamt, Pfarrgemeinde - Priesteramt) benannt zu haben. Von der *systemischen* Betrachtung her ist damit das *'weltweite' System katholische Kirche* in den Blick gekommen. Dabei ist auch deutlich geworden, daß jede einzelne Ortskirche die Möglichkeit hat, einzelne und spezifische Akzente zu setzen. Und so haben auch die Gemeinschaft der Bischöfe und die Gemeinsame Synode in der Bundesrepublik Deutschland versucht, immer wieder den Erfordernissen der Zeit entsprechend diese Wegweisungen in praktikable Formen zu gießen. Eine Untersuchung dieser Entwicklung soll den Abschluß dieses ersten analytischen Teils bilden.

---

[289] **HILBERATH, B.J.:** Treue in lebendigem Wandel. a.a.O. (Anm. 25) S. 36f

2.2   Die Rezeption des II. Vatikanums in Deutschland

Es scheint für die bundesdeutsche Situation bezeichnend zu sein, daß die deutschen Bischöfe im Gegensatz zu ihren österreichischen oder auch niederländischen Kollegen (dort begannen bereits 1965 bzw. 1966 die Vorbereitungen zu Landessynoden) äußerst langsam und vorsichtig waren, die Beschlüsse des Zweiten Vatikanischen Konzils auf ihre spezielle Situation hin zu adaptieren. Sie nahmen dafür in Kauf, daß "in Deutschland zuerst eine Zeit der Stagnation und sogar der Hilflosigkeit eintrat". Erst der Katholikentag in Essen im September 1968, "auf dem man geradezu einen Aufruhr der Gläubigen gegen die zögernde Kirchenpolitik der Hierarchie (in Rom *und* in Deutschland) erlebt hatte" und der ein Stoß war, "der das deutsche Kirchengebäude erzittern ließ und jenen, die immer noch an eine obrigkeitlich gelenkte Entwicklung dachten, die Augen öffnete", war der wichtigste Anstoß für einen Gedanken an eine – von vielen als Rettungsanker in der Not und Ratlosigkeit gesehene – Synode.[290] Ob es einen Zusammenhang gibt zwischen den bald schon (ab Januar 1969) auf Hochtouren laufenden Vorbereitungen zur Durchführung einer "Gemeinsamen Synode der Bistümer in der Bundesrepublik Deutschland" sowie parallel dazu zu einer "Gemeinsamen Synode" in der DDR und der Erarbeitung eines bischöflichen Schreibens über den priesterlichen Dienst, das im Jahre 1970 veröffentlicht wurde, kann wohl nicht mehr eruiert werden. Aber in Anbetracht der Angst, einen offenen und öffentlichen Dialog mit den Laien über die Fragen, die sie bedrängen, führen zu müssen, wäre eine solche 'Vor-Gehens-Weise' naheliegend.

2.2.1   Das priesterliche Amt und die Gemeinde im Schreiben der Deutschen Bischöfe von 1970

Wenn man sich noch einmal vor Augen hält, welche Ungeklärtheiten das Konzil gerade auch in Bezug auf den priesterlichen Dienst hinterlassen hat, war es aber auch geradezu notwendig, eindeutige(re) Perspektiven zu vermitteln. So wollten die Deutschen Bischöfe ihr Schreiben als eine "biblisch-dogmatische Handreichung" verstanden wissen. Ziel dieses Schreibens war es, noch einmal deutlicher das "Wesen des Priestertums aus einer kultisch-sacerdotalen Verengung" zu befreien und "in die ursprüngliche Weite seiner

---

[290] Vgl. **PLATE, M.**: Das Deutsche Konzil. Freiburg 1975. S. 45-66, bes. S. 48

umfassenden Bedeutung" hinauszuführen.[291] Deshalb sei "bei der Vielfalt der Aufgaben, die auf den einzelnen Priester eindringen, eine Auswahl notwendig, für die der Maßstab nur aus der rechten Kenntnis dessen gewonnen werden kann, was zum wesentlichen Inhalt des kirchlichen Dienstamtes gehört. Gerade wenn es darum geht, Teilaufgaben seines Dienstes auch auf nichtpriesterliche Mitarbeiter zu übertragen, muß man wissen, welche *Funktionen* dem sakramental geweihten Priester zugehören und in jedem Fall in seinem Tätigkeitsbereich bleiben." (Art. 42) Dazu gehören wesentlich die Repäsentation Jesu Christi in der Verkündigung durch Wort und Sakrament und als ein Teil dessen wiederum der hirtenamtliche Dienst der Gemeindeleitung. Interessant ist in diesem Zusammenhang, daß die Bischöfe hier ausdrücklich von einer "*geistlichen* Gemeindeleitung" sprechen, um damit zum Ausdruck zu bringen, daß "Leitung der Gemeinde nicht nur nach Art der Leitung innerweltlicher Gemeinden und Gemeinschaftsbildungen verstanden wird." (Art. 45) Die Bischöfe präzisieren diese Aussage dahingehend, daß diese hirtenamtliche Tätigkeit in hervorragender Weise ausgeübt wird "in der prophetischen Verkündigung des Gotteswortes und im sacerdotal-priesterlichen Vollzug des sakramentalen Gottesdienstes. Alle anderen Weisen der Ausübung des Hirtenamtes sind Ausstrahlungen dieser beiden Dienste und führen zu ihnen hin." (ebd.)

Die Rede von der *geistlichen* Gemeindeleitung läßt die Vermutung zu, daß schon damals – vielleicht auch im Wahrnehmen eines erstarkenden Laientums – über eine 'differenzierte Gemeindeleitung' nachgedacht, wenn auch noch nicht strukturell entfaltet wurde. Das gewählte Bild des Propheten läßt auch die Interpretation zu, daß das Amt des Priesters nicht in erster Linie darin besteht, die *organisatorische* Gemeindeleitung auszuüben, sondern in Kooperation mit anderen Funktionsträgerinnen und -trägern vorrangig das "Amt des Propheten" auszufüllen, in dem er als "Anwalt Gottes" dessen Rechte bei den Menschen geltend macht, aber auch fürbittend für sie bei Gott eintritt. Ein Beispiel möge dies veranschaulichen: Die Rolle und Funktion des Propheten Elija (vgl. 1 Kön 17ff.) bestand nicht darin, das Volk Jahwes zu *leiten* im Sinne der Organisation und Jurisdiktion – das war die Funktion des Königs Ahab –, sondern in Gottes Auftrag das Volk wieder auf den rechten Weg zurück zu *führen* (vgl. Art. 12). Insofern könnten die Verfasser dieser Handreichung daran gedacht haben, daß sich auf Zukunft hin das Wesen und die Funktion des hierarchischen Priestertums darauf konzentriert, achtsam dafür zu sein, daß der Dienst der Seelsorge in den

---

[291] **SEKRETARIAT DER DEUTSCHEN BISCHOFSKONFERENZ:** Schreiben der Bischöfe des deutschsprachigen Raumes über das priesterliche Amt. Eine biblisch-dogmatische Handreichung. Erschienen in der Reihe DIE DEUTSCHEN BISCHÖFE. Nr. 03. Bonn 1970. S. 55

Gemeinden "ordnungsgemäß, vollständig und in Treue zum Evangelium ausgeübt wird." Das heißt, er leistet nicht *allein* den pastoralen Dienst, aber er wacht darüber, daß alles, was in der Pfarrei geschieht, authentisch mit dem Evangelium und im Geist der Kirche geschieht.[292] Eine solches Verständnis des amtspriesterlichen Dienstes findet sich zum Beispiel in Art. 42 des Schreibens wieder:

> "Das Handeln 'in persona Christi' bedeutet, daß der Priester durch die Ausübung seines Amtes... die Gemeinde daran erinnert, daß sie nur in der Begegnung und Verbindung mit Jesus Christus so vor Gott stehen kann, wie es der Heilsordnung entspricht."

Im Schlußwort wird dann noch einmal anschaulich zusammengefaßt, was das Wesen des priesterlichen Dienstes ausmacht:

> "Unser Zeugnis für Jesus Christus entfaltet nur dort seine Kraft, wo es aus einer tiefen Verbundenheit mit dem Herrn kommt. Paulus konnte einst den Korinthern schreiben: 'Werdet meine Nachahmer, wie auch ich Christi Nachahmer bin' (1 Kor 11,1). In dieser Mahnung wird deutlich, daß das ganze Leben des Apostels transparent ist, so daß der Herr selbst durch ihn sichtbar wird. Das Beispiel des Apostels ist verbindlich auch für unseren apostolischen Dienst. Diese Transparenz, die einen Wesenszug der priesterlichen Existenz darstellt, fordert ein hohes Maß an Selbstlosigkeit. Je mehr wir von uns loslassen und Jesus Christus in uns Raum gewähren, um so mehr wird er durch uns hindurch für seine Gemeinde sichtbar. Wir haben nicht uns zu verkünden, sondern ihn, weil die Menschen nicht von dem leben können, was wir ihnen aus unserem Eigenen zu bieten haben, sondern nur von Jesus Christus, der allein der Weg, die Wahrheit und das Leben ist (vgl. Joh 14,6)." (Art. 53)

Die beiden letzten genannten Zitate legen die Schlußfolgerung nahe, daß es den deutschen Bischöfen vorrangig um die *Communio hierarchica* in dem Sinne ging, daß die Gemeinde bzw. die Gläubigen durch das transparente Wirken der Priester immer mehr zu ihrer ursprünglichen Unmittelbarkeit gegenüber Gott geführt werden. Etwas zugespitzt formuliert: der Priester hat (zum Beispiel als Pfarrer) nicht die Gemeinde zu *leiten*, indem alles von ihm ausgeht und bei ihm wieder zusammenläuft, sondern er hat die

---

[292] Diese Formulierung geht zurück auf das Dokument "Manuel du Mokambi wa paroisse", das im Jahre 1985 von den zairischen Bischöfen herausgegeben wurde und eine bereits 10jährige Praxis beschreibt - zitiert nach: **BERTSCH, L.**: Laien als Gemeindeleiter. Ein afrikanisches Modell. Freiburg 1990. S. 128. Bereits in ihrer 7. Vollversammlung 1967 hatte sich die Bischofskonferenz von Zaire entschlossen, neue Laiendienstämter - darunter auch den Dienst der Gemeindeleitung durch Laien - zu schaffen. Ob dies bereits Einfluß genommen hat auf die hier behandelte Handreichung der deutschen Bischöfe, kann wohl nicht mehr geklärt werden. Vgl. dazu auch das Praxisbeispiel "Die Kirche Gottes, die in Kinshasa lebt" in Teil II, 2.2.3 - Seite 236-246.

Aufgabe, die Glieder der Gemeinde zu dem zu *führen*, der allein Ursprung und Haupt der Kirche und damit jeder Gemeinde ist, zu Jesus Christus.

2.2.2 Gemeinde und Gemeindeleitung gemäß der Gemeinsamen Synode in Würzburg

Daß mit diesem Schreiben der Deutschen Bischöfe aber noch nicht alles zum Thema 'Gemeindeleitung' gesagt war, machten die Synodalen (neben 58 Bischöfen, 88 Priestern, 30 Ordensleuten nun auch 141 'Laien') recht bald kund. Denn letztendlich ging es ihnen darum, die neu gewonnen Einsichten aus der "Volk-Gottes-Lehre" des Konzils, die Betonung des gemeinsamen Priestertums aller Getauften auch strukturell umzusetzen bzw. zu bestärken.

Wie O.H. PESCH in Bezug auf das Zweite Vatikanische Konzil, so weist auch M. PLATE in Bezug auf diese Synode eindrucksvoll nach, daß auch bei dieser Synode große Spannungen gab zwischen "Fraktionen, die keine 'Fraktionen' waren". Um eine gemeinsame Wegrichtung zu finden und Einigkeit zu erzielen, mußten auf allen Seiten Enttäuschungen hingenommen werden und jeder mußte auf Wünsche verzichten. Da aber, wie leicht zu belegen ist, *jeder* verzichtet hat, "ist die Synode zu einem Beweis geworden, daß die Kirche unter den Polarisierungen nicht zerbrechen muß. Und das ist gewiß eine tröstliche Erfahrung."[293]

Trotz dieser Spannungen läßt sich eine Tendenz dieser umfangreichen Synodenbeschlüsse so zusammenfassen: die Synodalen wollten in aller Entschiedenheit und Offenheit den Weg in die Zukunft wagen und dazu die Glieder der Kirche und Gemeinden ermutigen, mitzuwirken an der "Zukunft eines lebendigen und weltverändernden Glaubens und christlichen Lebens in den Gemeinden".[294] Der vielzitierte Satz aus dem Beschluß "Dienste und Ämter" gibt gewissermaßen die Überschrift an, unter der alle weiteren Beschlüsse stehen:

> "Aus einer Gemeinde, die sich pastoral versorgen läßt, muß eine Gemeinde werden, die ihr Leben im gemeinsamen Dienst aller und in unübertragbarer Eigenverantwortung jedes einzelnen gestaltet. Sie selbst muß mitsorgen, junge Menschen für das Priestertum und für alle Formen des pastoralen Dienstes zu gewinnen." (1.3.2)

Interessant ist meines Erachtens, daß der erste Satz dieses Zitats in der Folgezeit viele Male aufgeführt wurde und als Leitmotiv für eine kooperati-

---

[293] **PLATE, M.:** Das Deutsche Konzil. a.a.O. S. 62
[294] Vgl. **GEMEINSAME SYNODE** a.a.O. S. 64

ve Pastoral gilt. Dabei wird allerdings der zweite Satz in diesem Abschnitt fast nie erwähnt, der aber durchaus auch falsch verstanden werden könnte: daß nämlich die Zukunft der Gemeinden davon abhinge, ob auch weiterhin genügend (hauptberufliches) Personal zur Verfügung steht, das die 'Versorgung' der Gemeinden gewährleistet. Dieser möglichen Interpretation steht allerdings eine andere Aussage diametral entgegen, in der meines Erachtens eindeutig der Geist des Konzils zum Ausdruck kommt:

> "Der Dienst für Gott und den Menschen verlangt von der Kirche, stets auf die 'Zeichen der Zeit' zu achten, damit sie ihre Botschaft auf die Fragen der Menschen verkündigen kann und damit die konkreten Formen ihres Lebens und Dienstes den Anforderungen der jeweiligen Zeit entsprechen. Dieser Dienst ist der Kirche als ganzer aufgetragen. Sie ist als ganze das priesterliche Volk Gottes (vgl. 1 Petr 2,9; Offb 20,6), das berufen ist, durch die Verkündigung des Evangeliums, durch die Feier der Sakramente und durch den Dienst an den Menschen die Macht und die Liebe Gottes in Jesus Christus zu bezeugen. Sie ist als ganze gleichsam das Sakrament, das heißt Zeichen und Werkzeug für die innigste Vereinigung mit Gott wie für die Einheit der ganzen Menschheit' (Lumen gentium 1)." (2.2.1)

Eindeutig spricht sich die Synode für die Option des Zweiten Vatikanischen Konzils aus, daß die Kirche als ganze das priesterliche Volk Gottes ist, das berufen ist, durch Verkündigung, Diakonie und Liturgie die Macht Gottes zu bezeugen.

Der vorrangige Ort, an dem die Kirche diesen ihren Dienst erfüllt und erfüllen kann, ist nach Ansicht der Synodalen immer noch die territorial oder personal definierte Gemeinde:

> "Die Gemeinde ist an einem bestimmten Ort oder innerhalb eines bestimmten Personenkreises die durch Wort und Sakrament begründete, durch den Dienst des Amtes geeinte und geleitete, zur Verherrlichung Gottes und zum Dienst an den Menschen berufene Gemeinschaft derer, die in Einheit mit der Gesamtkirche an Jesus Christus glauben und das durch ihn geschenkte Heil bezeugen. Durch die eine Taufe (vgl. 1 Kor 12,13) und durch die gemeinsame Teilhabe an dem einen Tisch des Herrn (vgl. 1 Kor 10,16) ist sie ein Leib in Jesus Christus." (Dienste und Ämter 2.3.2)

Im Unterschied zum Konzil, das sich – wie an anderer Stelle bereits dargelegt[295] – nur peripher mit dem Thema Gemeinde auseinandergesetzt hat, legen die deutschen Synodalen nun den pastoralen Schwerpunkt in die territorial oder personal verfaßten Gemeinden hinein. Damit tragen sie sicher auch der Struktur bundesdeutscher Diözesen Rechnung, die eben territorial

---

[295] Vgl. Teil I, 2.1.4 - Seite 117-119

nicht so verfaßt sind wie beispielsweise viele italienische Bistümer. Dem Einwand, daß der Synode hier ein Fehler unterlaufen sei, da hier die Ortskirche völlig außer Acht gelassen werde und "direkt von der Gemeindeebene auf die undifferenzierte Ebene der Weltkirche bzw. der Christenheit, direkt vom Pfarrer zum Papst" gesprungen worden sei[296], kann man nur zustimmen, wenn man unberücksichtigt läßt, daß die Synodalen im vorherigen Kapitel über die "Sendung der Kirche" ausdrücklich die einzelnen Pfarrgemeinden in die Diözese einordnen:

> "Ortskirche im eigentlichen Sinn ist jede von einem Bischof geleitete Diözese. Aber auch die einzelnen Pfarrgemeinden machen durch den im Geist gegenwärtigen Herrn, in Verbindung mit dem Bischof, die Kirche am jeweiligen Ort sichtbar (vgl. Lumen gentium 28; Sacrosanctum Concilium 42)." (Dienste und Ämter 2.2.2)

Und dementsprechend geht auch die Synode davon aus, daß Volk-Gottes-Sein für die einzelne Pfarrgemeinde ebenso wie für die Kirche bedeutet, die Grunddienste der Verkündigung, der Liturgie und der Diakonie zu verwirklichen. Dazu müssen gemeinsam Wege gesucht werden, wie der pastorale Dienst für die Menschen verwirklicht und erfahrbar gemacht werden kann (Dienste und Ämter 1.3.3). Für die einzelnen Christinnen und Christen ist die Gemeinde (und nicht die Diözese) "normalerweise der unmittelbare Lebensraum, der ihm im Heiligen Geist das Wirken Christi erfahren läßt. Darauf ist er in einer zunehmend säkularisierten Gesellschaft dringend angewiesen, um in seinem Glauben bestehen zu können." (Dienste und Ämter 2.2.2).

Allerdings war die Synode in Deutschland diesbezüglich schon mit einem Problem konfrontiert, das sich zehn Jahre zuvor, also zu Konzilszeiten, noch nicht in dieser Dramatik abgezeichnet hat: dem zunehmenden Priestermangel. Dieser könne "keinesfalls allein durch höhere Arbeitsanforderungen an die Priester und durch bloßes Zusammenlegen von Pfarreien behoben werden" (Dienste und Ämter 5.3.1), sondern es muß "vordringlich in den Gemeinden, Dekanaten, Regionen und Diözesen ein Pastoralkonzept entwickelt werden, das den vielfältigen Anforderungen entspricht... Eine solche pastorale Planung setzt die Bereitschaft zum Umdenken und zur Umstellung voraus. Es dürfen nicht nur Aufträge verteilt werden, sondern es muß auch Verantwortung übertragen werden." Damit hat die Würzburger Synode schon präziser ins Auge gefaßt (oder fassen können), was beim Zweiten Vatikanischen Konzil noch sehr unklar geblieben war: daß das Delegationsprinzip des hierarchischen Priestertums dann an seine Grenzen stoßen

---

[296] Die These äußerte **J. FREITAG** bei der Dekanekonferenz der Erzdiözese Freiburg im Frühjahr 1994

wird, wenn mit den delegierten Aufgaben nicht auch die notwendige Entscheidungskompetenz übertragen wird. So sahen die Synodalen auch die Chance, daß "die gegenwärtige und zukünftige Notsituation auch zu Horizonterweiterung, Befreiung von unnötigem Ballast, Anpacken neuer Aufgaben, Wachsen tieferer Gemeinschaft unter Priestern und zwischen Priestern und Laien sowie zur Aktivierung vielfältiger Laienkräfte führen" kann. Dazu ist es aber notwendig –und deshalb will man dazu ermutigen – den Willen zur Zusammenarbeit zu haben und sich Zeit für Arbeitskonferenzen, Dienstbesprechungen und Aussprachen zu nehmen (Dienste und Ämter 5.3.2).

Damit war man aber zu einem Kernpunkt der gesamten Problematik vorgedrungen: wenn künftig viele Verantwortung tragen (und damit Aufgaben in der Gemeindeleitung übernehmen), stellt sich die Frage um so drängender, *welche* Zuständigkeits- und Entscheidungskompetenzen übertragen werden können. In Bezug auf die – inzwischen schon zahlreichen – hauptberuflichen pastoralen Mitarbeiterinnen und Mitarbeiter erklärte man:

> "Sofern ... Pfarreien nicht mehr mit einem eigenen Pfarrer besetzt werden können, ist es erforderlich, daß am jeweiligen Ort ein nicht hauptamtlich in der Gemeindeseelsorge tätiger Priester (u.U. ein Geistlicher im Ruhestand), ein Diakon oder ein Laie im pastoralen Dienst als 'Bezugsperson' eingesetzt wird." (Dienste und Ämter 5.3.3)[297]

Wesentlich schwieriger gestaltete sich die Diskussion, in welcher Weise auch die Pfarrgemeinderäte, die es mittlerweile in fast allen Pfarrgemeinden schon gab, an dieser Gemeindeleitung beteiligt sind bzw. sein können. Die Untersuchung von N. SCHUSTER hat gezeigt, daß die Synode sich darauf einigte, "den Pfarrgemeinderat als ein Organ mit doppelter Struktur" zu sehen, das heißt als ein beschließendes und beratendes Organ, "wobei sie (sc.: die Synode) davon ausgeht, daß eine beschließende Mitwirkung (an der Gemeindeleitung) nur für jene Bereiche in Frage kommt, die nicht das Amt des Pfarrers, sondern das Feld der freien Laieninitiative im Sinne des Laiendekrets des II. Vatikanums betreffen."[298] Damit hatte man über den Weg der Trennung von Heils- und Weltdienst versucht, eine klare(re) Aufgabenumschreibung für die – sowohl ordinierten als auch nicht-ordinierten – Mitglieder der Pfarrgemeinderäte festzulegen.[299] Offenkundig hat diese Tren-

---

[297] Der Begriff Gemeindeleiter oder Gemeindeleiterin wird zwar vermieden, jedoch durch die Hinweise auf 2.5.3; 3.3.1 und 4.1.3 impliziert.

[298] Vgl. **SCHUSTER, N.:** Gemeindeleitung und Pfarrgemeinderat. Erfahrungsberichte, Theologie und Arbeitshilfen. München 1994. S. 168-203, hier S. 199

[299] Vgl. Anmerkung 236 - Seite 108. Ebenso kommentiert auch **P. NEUNER**: Der Laie und das Gottesvolk. Frankfurt 1988: "Gleichsam durch die Hintertür wurde in der Rezeption

nung zu keiner Klärung oder gar Lösung geführt, denn die Deutschen Bischöfe schreiben ein Jahrzehnt später: "Die Betonung des Weltdienstes der Laien darf nicht als eine Relativierung des Ranges der Mitarbeit beim Aufbau der Kirche verstanden werden."[300] Damit haben sie die – nach SCHUSTER – scharfe Trennung zwischen Heils- und Weltdienst, zwischen Sammlung und Sendung, zumindest wieder relativiert in dem Sinne, daß es sich dabei zwar um zwei 'Brennpunkte' der Pastoral handelt, die aber aufeinander verwiesen sind und sich gegenseitig durchdringen müssen.[301] Allerdings war es in der Folge der Würzburger Synode wiederum den einzelnen Bistümern überlassen, ihre jeweiligen Satzungen nach diesen Vorgaben zu erstellen, was zu sehr unterschiedlichen Funktionsbestimmungen der Pfarrgemeinderäte bzw. auch der anderen diözesanen Gremien führte. Meistenfalls blieben sie – so kann es hier zusammengefaßt werden – nicht viel mehr als *Beratungs*gremien für Pfarrer, Dekan bzw. Bischof, selten wurden sie als explizite *Entscheidungs*gremien verstanden. Das Postulat der Synodalen, nicht nur Aufträge zu erteilen, sondern auch Verantwortung zu übertragen, wurde meistenfalls nicht erfüllt.

Die 'normative Kraft des Faktischen' jedoch interessiert sich oftmals nicht für noch so gute Ideen und Gedankengänge. Oftmals sind es gerade nicht die Ideen und Inspirationen von Konzils-, Synoden- oder auch Bischofstexten, die ein Umdenken und auch strukturelle Veränderungen in den Gemeinden bewirken, sondern die faktische Not des zunehmenden Pfarrermangels – und mitunter auch des allmählich spürbaren Mangels an hauptberuflichen pastoralen Mitarbeiterinnen und Mitarbeitern. Ein etwas trivialer, aber wohl treffender Vergleich mag dies verdeutlichen: die allerwenigsten Ehepaare werden es als notwendig ansehen, an einer Schwangerschaftsgymnastik teilzunehmen, wenn noch keine Schwangerschaft in Aussicht ist. Ist es aber so weit, werden sie bereitwillig dieses Angebot zur Vorbereitung auf den 'Ernstfall' annehmen. In gleichem Maße sind auch viele Pfarrgemeinden erst dann bereit, sich über die Zukunft der Gemeinde, über die Seelsorge in veränderten Strukturen und über das Themenfeld Gemeindeleitung Gedanken zu machen, wenn absehbar ist, daß auch sie von einer sich verändernden personellen Situation betroffen sind. Und ebenso beschäftigen

---

des II. Vatikanums die Trennung zwischen Klerus und Laien durch eine überscharfe Scheidung zwischen Kirche und Welt wieder eingeführt, derzufolge der Weltdienst den Laien, der Heilsdienst in der Kirche dagegen dem Klerus zukomme. Damit wurden die Laien dann auf den außerkirchlichen Bereich festgelegt." (S. 129f)

[300] **DIE DEUTSCHEN BISCHÖFE:** Der Laie in Kirche und Welt. Stellungnahme der Deutschen Bischöfe zur Bischofssynode 1987. HERDER KORRESPONDENZ 41/1987. S. 323-333, hier S. 325

[301] Vgl. dazu Abbildung 4: Das Selbstverständnis der Kirche nach dem Zweiten Vatikanischen Konzil. S. 102

sich auch die Diözesanleitungen erst dann richtig mit der Thematik Gemeindeentwicklung und Gemeindeleitung, wenn sich – zumindest statistisch – die Situation auf eine prekäre Dramatik zuspitzt. Eine solche hat sich in jüngerer Vergangenheit nun eingestellt.

2.2.3 Gemeindeentwicklung und Gemeindeleitung als bleibende Herausforderung bis zur Gegenwart

Die Optionserweiterung des Zweiten Vatikanischen Konzils, daß *alle* Gläubigen gemeinsam das Volk Gottes bilden und jeder einzelne berufen ist, zur Verkündigung der Reich-Gottes-Botschaft beizutragen, und die Bestärkung dieser Option durch die Würzburger Synode hatte nicht gerade den 'Erfolg', daß alle Pfarrgemeinden sich dieses Anliegen zu eigen gemacht und sich intensiv mit einer Erneuerung der Pastoral und Gemeindeleitung beschäftigt haben. Es gab und gibt zwar immer wieder Gemeinden, die diesbezüglich respektable Ergebnisse erreichen konnten, aber diese hatten nicht unbedingt auch zur Folge, daß ein grundsätzliches Umdenken in Bezug auf Strukturen und Zuständigkeitsumschreibungen eingesetzt hätte. Erst die prekäre Situation, daß nun auch immer mehr Pastoral- und Gemeindereferentinnen und -referenten sowie hauptberufliche Diakone 'ersatzweise' amtliche Funktionen bis hin zur De-facto-Gemeindeleitung übernehmen müssen, scheint dies zu bewirken. Mit dem Bewußtwerden, daß wir als bundesdeutsche Kirche nicht nur personell, sondern auch finanziell sehr unklaren Zeiten entgegen gehen[302], wächst das Interesse an den Fragen, wie es dann mit der 'Seelsorge' in den Gemeinden weitergehen kann. Nicht nur Pfarrer und hauptberufliche pastorale Mitarbeiterinnen und Mitarbeiter, sondern zunehmend auch den Verantwortlichen aus den Pfarrgemeinden erkennen immer mehr, daß "der mühsame Weg aus der Versorgungskirche" offenkundig unumgänglich ist. [303]

In diese immer unklarer werdende Situation hinein haben sich die Deutschen Bischöfe in einem erneuten Schreiben über den priesterlichen

---

[302] Vgl. **RUH, U.**: Prekäre Perspektiven. Priester und Priesternachwuchs in Europa. HERDER KORRESPONDENZ 5/1996. S. 251-254. Diese Darstellung in Bezug auf den amtspriesterlichen Dienst ist zu ergänzen durch die Tatsache, daß sowohl die Berufsgruppe der Gemeindereferenten und Gemeindereferentinnen wie auch der hauptberuflichen Diakone eher stagniert als wächst, während die Berufsgruppe der Pastoralreferenten und Pastoralreferentinnen zwar zunimmt, aber aus finanziellen Gründen nicht mehr in dem Umfang in den Dienst übernommen wird, wie dies nötig wäre, um den Personalstand zu halten.

[303] Vgl. **ZULEHNER, P.M.**: Der mühsame Weg aus der Versorgungskirche. STIMMEN DER ZEIT 1/1984. S. 3-14

Dienst[304] an ihre Mitbrüder gewandt, was die einen als Ermutigung in einer schwierigen Zeit und als wohltuenden neuen Ton der Brüderlichkeit empfanden[305], andere hingegen als der Ausdruck eines "verunglückten Dialogs", weil dem Priester und Pfarrer immer noch nicht die schwere Last der 'allumfassenden Letztverantwortung' abgenommen werde.[306] Auffallend im Zusammenhang mit dieser Arbeit ist, daß die Deutschen Bischöfe nun noch einmal ausführlicher die 'christologische Funktion' des (amts-)priesterlichen Dienstes behandeln. Sie erklären, daß es beim priesterlichen Dienst nicht darum gehe, etwas *herzustellen*, sondern etwas *darzustellen*, nämlich das Tun Gottes:

> "In der Neuzeit steht menschliches Handeln fast exklusiv unter dem Vorzeichen solch herstellender Praxis. Genau dies kann aber nicht die Weise sein, wie sich Seelsorge versteht und realisiert. Das, worauf es hier ankommt, können wir nicht bewerkstelligen oder machen... Priesterliches Handeln kann nur darstellendes Handeln sein. Das heißt: wir sind in unserer Tätigkeit Zeichen für das, was wir nicht erwirken, sondern was uns von Christus her vorgegeben ist und ständig vorgegeben wird. Indem wir das Tun Gottes verleiblichen und darstellen, machen wir es unter den Menschen zeichenhaft gegenwärtig und lassen es zur Auswirkung kommen, auf daß die in ihm angelegte Fülle die Welt erreichen kann." (S. 12)

Dieses "darstellend Vergegenwärtigen" darf aber dem weiteren Duktus des Schreibens folgend nicht mißverstanden werden als 'eindimensionales Handeln', beispielsweise in der Feier der Eucharistie oder bei der Spendung der Sakramente. Vielmehr bedeutet es, "für den Herrn transparent zu wer-

---

[304] **SEKRETARIAT DER DEUTSCHEN BISCHOFSKONFERENZ:** Schreiben der deutschen Bischöfe über den priesterlichen Dienst. Erschienen in der Reihe: DIE DEUTSCHEN BISCHÖFE Nr. 49 vom 24. September 1992

[305] Vgl. **HÄRING, B.:** Heute Priester sein. a.a.O. S. 99-102

[306] **APFELBACHER, K.E.:** Gutgemeinte Appelle - verunglückter Dialog. Bemerkungen zum "Schreiben der deutschen Bischöfe über den priesterlichen Dienst" vom 24.9.1992. LEBENDIGE SEELSORGE 5/1994. S. 244-248. APFELBACHER geht in diesem Artikel sogar so weit, die "Idee von der letzten Verantwortung als eine unbiblische, geistwidrige und anmaßende Überziehung der Verantwortung eines Priesters für seine Gemeinde" anzusehen. Sie eigne sich "bestenfalls zur ideologischen Verbrämung unreifer grenzenloser Allmachtsphantasien, sowohl in egozentrisch zwanghafter Zuspitzung ('ich muß alles in Griff haben!') als vor allem auch in altruistischer Verkleidung ('ich weiß und will das Beste für die anderen!')." Infolgedessen sieht er in der Bekundung der Letztverantwortung eher ein psychologisches als ein theologisches Problem, das dann seine Zuspitzung erfährt, wenn Gläubige, "um sich von der eigenen Verantwortung zu entlasten, dem Priester bzw. Pfarrer unbegrenzte Fähigkeiten zutrauen und ihm gern für alles die letzte Verantwortung zuschieben möchten, und wenn Priester womöglich dieses üble Spiel in einem konkreten Einzelfall nicht gleich durchschauen und sich durch soviel 'Zutrauen' auch noch geschmeichelt fühlen."

den" auf dreifache Weise: 1.) indem die Priester selbst die ersten Hörer der Botschaft Gottes sind und das, was sie den Menschen zu bringen haben, zunächst einmal im eigenen Leben darstellen; 2.) indem sie sich – in allem Einsatz – selbst zurücknehmen und die Menschen nicht an sich, sondern an den Herrn binden, wenn sie also gewissermaßen als "Freund des Bräutigams" dabeistehen (vgl. Joh 3,29) und dem die 'Hochzeit' überlassen, dem die Ehre gebührt, nämlich Jesus Christus selbst und schließlich 3.) durch das Hören und Erspüren des Wirkens Christi inmitten unter den Menschen. (S. 13f) In Fortführung dieses dritten Kriteriums der Transparenz wird den Priestern ein weiterer Gesichtspunkt genannt, der für sie Entlastung bedeuten kann: wahrzunehmen, daß die Gemeinde das "Subjekt der Seelsorge" ist.

> "Nicht wir Priester allein sind beteiligt am Aufbau der Kirche Christi, sondern alle Gläubigen. Jeder wirkt mit in der Verkündigung, der Diakonie und der Liturgie, sodaß im Zusammenwirken aller jene communio entsteht, die inmitten der Welt zu einem Zeichen des Heils wird... Das gesamte Volk Gottes ist Träger des kirchlichen Handelns. Auch wenn uns Priestern ein besonderer geistlicher Dienst übertragen ist, so dürfen wir uns doch als Christen unter Christen fühlen und eingebunden wissen in das Leben der Gemeinde, von der wir sowohl in unserer priesterlichen Tätigkeit wie auch als Menschen und Christen mitgetragen werden." (S. 13)

Schließlich wird in dem Schreiben entfaltet, daß der Hirtendienst des Priesters in erster Linie bedeutet, Jesus Christus als "den guten Hirten" (Joh 10,1-30) transparent zu machen, der die Seinen nicht gängelte oder für unmündig hielt, sondern ihnen vielmehr vorangeht und, wenn es sein muß, auch sein Leben für sie hingibt. Der geistliche Dienst des (Amts-)Priestertums kann sich also nicht darauf beschränken, die Sakramente zu *spenden*, sondern es gilt in gleicher Weise, Sakrament, Mittel und Werkzeug Gottes, zu *sein*, besonders "durch die Hinwendung zu den Schwachen, Armen und Rechtlosen" (S. 21)

Diese Stellen erwecken durchaus den Eindruck, daß – zumindest von Seiten der Deutschen Bischöfe – ein Umdenken in Gang gekommen ist, der irgendwann auch einmal zur Klärung dessen führen wird, was man näherhin unter einer *geistlichen* Gemeindeleitung verstehen kann. Auffallend ist meines Erachtens daran, daß die Rolle des hierarchischen Priestertums immer stärker eine sogenannte *johanneische Prägung* erfährt: die bisherige Konzentration auf die christologische Dimension (bis hin zur Stellvertretung) wird ergänzt oder sogar korrigiert durch jene, die – wie Johannes der Täufer (vgl. Joh 1,23-27.29-34) – auf Jesus Christus 'lediglich' verweist und die Unmittelbarkeit der Christusbegegnung für die Gläubigen zum Ziel hat. Selbstverständlich kann und darf gerade auch diese Dimension nun nicht verstanden werden als das 'neue Proprium' des ordinierten Priesters; vielmehr hat durch sein transparentes Wirken der Gemeinde diese Wirkweise einer "johanneischen Pastoral" immer wieder ins Bewußtsein zu rufen.

Daß die Kirche sich aber noch mitten in diesem Prozeß befindet, wird auch daran deutlich, daß die deutschen Bischöfe in ihrer Frühjahreskonferenz 1994 dem Thema Gemeindeleitung eigens einen Studientag widmeten. Daraufhin wurde das Referat von Bischof W. KASPER als "Arbeitshilfe" veröffentlicht[307], das den pastoralen und personellen Konzepten der einzelnen Diözesen als maßgebende Leitlinie dienen sollte.

Im zweiten Kapitel dieser Arbeitshilfe ("Theologische Grundlegung des Leitungsdienstes") legt KASPER eine komprimierte Zusammenfassung dessen vor, was man als die Grundoption des Konzils bezeichnen könnte:

> "Die fundamentale Gleicheit aller Christen umgreift auch das besondere Priestertum des kirchlichen Amtes. Denn das kirchliche Amt setzt das gemeinsame Priestertum voraus und ist ihm dienend zugeordnet." (S. 7). Sein Wesen und seine Stellung "in der Kirche ergibt sich letztlich aus dem Wesen der Kirche selbst. Denn die Kirche und ihre Gemeinden entstehen, leben und wirken nicht aus sich selbst heraus; ihr Ursprung, ihre Lebens- und Kraftquelle sowie ihr bleibendes Maß ist Jesus Christus. Er ist der Herr und das Haupt seiner Kirche..." (S. 8).

In der bereits dargelegten Differenzierung der *communio hierarchica*[308] verweist KASPER also auf jenen heiligen Ursprung und heilige Herrschaft, auf Jesus Christus, aus dem und auf den hin Gemeinde lebt. Das besondere Priestertum[309] hat in Zuordnung zum gemeinsamen Priestertum aller Gläubigen in der Weise zu dienen, daß es diese Dimension des Glaubens immer wieder bewußt und transparent macht. Daraus folgert KASPER nun, daß keine Gemeinde ihren Priester aus sich selbst heraus bestellen kann. "Priester und Hirte kann nur sein, wer von Jesus Christus gesandt ist und in seinem Namen sprechen und handeln kann." (ebd.) Diese Sendung des Amtes in die Kirche und in die Gemeinden hinein (und nicht aus ihrer Mitte heraus), die zeichenhaft das 'Voraus' Jesu Christi, das 'extra nos' des Heils zum Ausdruck bringe, wird durch Handauflegung und Epiklese, also durch die sakramentale Weihe vermittelt.

> Durch seinen "geistlichen Dienst", der nicht primär durch Organisation und Administration geschieht, sondern "vielmehr durch den dreifachen Dienst der Verkündigung (*martyria*), der Feier der

---

[307] **SEKRETARIAT DER DEUTSCHEN BISCHOFSKONFERENZ:** Der Leitungsdienst in der Gemeinde. a.a.0.

[308] Vgl. die Ausführungen auf Seite 126ff

[309] Interessant ist, daß dieser beim Konzil aufgehobene Begriff (vgl. Anmerkung 266 – Seite 130) nun wieder mit Selbstverständlichkeit verwendet wird.

Sakramente (*leiturgia*) und den brüderlichen Dienst (*diakonia*) [soll der Priester] nicht durch sein Tun, sondern vor allem durch sein ganzes Sein Zeuge Jesu Christi und damit Identifikationsgestalt seiner Gemeinde sein. An ihm und durch ihn soll immer wieder neu der Blick frei werden für das, worauf es vom Evangelium her in der konkreten Situation ankommt. Inspirierend, motivierend, integrierend soll der die Reich-Gottes-Vision wachhalten und konkret vermitteln." (S. 9)

An dieser Stelle, wenn KASPER also von der "Identifikationsgestalt" spricht und daß "an ihm und durch ihn" der Blick frei werden solle für diesen heiligen Ursprung *(ιερος αρχη)*, könnte man ihm – zugegebenermaßen spitzfindig – unterstellen, er habe die 'bipolare' Struktur der Communio verlassen und den Dienst des hierarchischen Priestertums wieder *zwischen* die Gemeinde und ihrem heiligen Ursprung und Haupt, Jesus Christus, gestellt. Kennerinnen und Kenner seines theologischen Denkens wissen zwar, daß diese Unterstellung absurd ist, aber es darf auch nicht übersehen werden, daß weitere Ausführungen Grundlagen für Interpretationen sein können, die sich genau in diesem dem Konzil gegenläufige Richtung bewegen. So ist auch die Konsequenz, die KASPER daraus zieht, nicht unumstritten, daß nämlich der priesterliche "Dienst an der Einheit", der seinen Höhepunkt in der Feier der Eucharistie findet, und die Gemeindeleitung "untrennbar miteinander verbunden" seien.[310] Er spricht zwar an dieser Stelle ausdrücklich von einer "im theologischen Sinn verstandenen Gemeindeleitung", aber er unterläßt es auch, diese zu konkretisieren. Damit umgeht auch er wieder ein Grundproblem des gegenwärtigen theologischen Disputs: daß man immer in abstrakten Begriffen von der 'Theologie des Amtes' und dem unaufgebbaren 'Voraus' und 'extra nos' des amtspriesterlichen Dienstes spricht, aber nicht an Konkretionen festmacht, wo die Präsenz des ordinierten Dienstes – abgesehen von dem Vorsitz der Eucharistiefeier und der Spendung der Sakramente wie Versöhnung und Krankensalbung – unverzichtbar ist. Vielleicht aus diesem Grund wurde von Seiten der Priester selbst die nicht näher erläuterten Postulate, man könne den Priester "nicht zu einem 'Kultfunktionär' degenerieren lassen und die konkreten Leitungsaufgaben Laien überlassen oder ihn ebensowenig als bloßen Spiritual der

---

[310] Der beste Beleg hierfür sind die in seiner eigenen Diözese erstellten und von ihm erlassenen Leitlinien - vgl.: **BISCHÖFLICHES ORDINARIAT ROTTENBURG-STUTTGART (Hrsg)**: Gemeindeleitung im Umbruch. Entwicklung einer differenzierten und kooperativen Leitung. Rottenburg 1997 und ebenso: **KASPER, W.**: Ein für alle Mal Ordnung der Kirche. Bischof Kasper rügt Interpretationen von "Gemeindeleitung im Umbruch". SONNTAGSBLATT. Wochenzeitschrift für die Diözese Rottenburg-Stuttgart 41/1997. S. 6

Gemeinde verstehen, der sich aus den konkreten Alltagssorgen der Gemeinde heraushalten könnte" (S. 10), nicht verstanden. Denn zum einen sei es offenkundig, daß die Kirchenleitung den Priester direkt hineintreibe in die Rolle des "Kultfunktionärs", wenn man 'unter Beibehaltung seiner bisherigen Aufgaben' eine Gemeinde nach der anderen übertragen bekomme.[311] Zum anderen konnte man von einigen Priestern sehr deutlich vernehmen, daß sie sich die Rolle des Spirituals sehr gut für sich vorstellen können, da dies nicht besage, daß man als solcher nichts mehr von den Alltagssorgen der Menschen mitbekomme.[312]

Diese Überfrachtung der Pfarrer-Rolle durchzieht dann auch wie ein roter Faden die Kapitel III und IV des Referates von W. KASPER, in denen er von der "Mitwirkung der Laien an Aufgaben der Gemeindeleitung" und von "Modellen kooperativer Gemeindeleitung in Situationen des Priestermangels" spricht. Dabei kann man – im Bild gesprochen – den Eindruck bekommen, daß der Nagel, an dem alles hängt – nämlich der Pfarrer – und der nun auszureißen droht, nur noch einmal fester in die Wand geschlagen wird, um an ihm letztendlich doch wieder alles aufzuhängen.

Die massive Kritik an den Thesen von Bischof W. KASPER, vorzüglich an seinen Ausführungen in Teil III und IV, hat dazu geführt, daß die Deutsche Bischofskonferenz sogleich beschloß, daß unter Federführung der Kommission IV (Geistliche Berufe und Kirchliche Dienste) die Arbeit an einer Erklärung zum Leitungsdienst in der Gemeinde fortgesetzt wurde. Nach mehreren Entwürfen und Änderungen wurde in der Herbstkonferenz 1995 die Erklärung "Der pastorale Dienst in der Pfarrgemeinde" verabschiedet.[313] Man merkt diesem Schreiben an, daß es nicht nur eine Überarbeitung der Arbeitshilfe von W. KASPER ist, sondern daß hier ursprünglich von einem ganz neuen Ansatz ausgegangen wurde, der sich dann allerdings

---

[311] Was im übrigen auch gegen das Kirchenrecht geht; dort heißt es nämlich im Kanon 526 § 1: "Der Pfarrer soll nur für eine Pfarrei die pfarrliche Sorge haben;..." Der Notfall-Zusatz dieses Kanons: "...wegen Priestermangels oder anderer Umstände aber kann die Sorge für mehrere benachbarte Pfarreien demselben Pfarrer anvertraut werden", wird aber gleich wieder eingeschränkt in Kanon 529 § 1: "Um die Hirtenaufgabe sorgfältig wahrzunehmen, hat der Pfarrer darum bemüht zu sein, die seiner Sorge anvertrauten Gläubigen zu kennen..."

[312] Vgl.: **HOMEYER, J.:** Der Priestermangel und die Hoffnung, auf eine neue Art Kirche zu sein. DIAKONIA 3/1992. S. 176-178; **HOMMERICH, K.:** Pfarrer an drei Gemeinden. PASTORALBLATT 10/1996. S. 313-315; **HÄRING, B.:** Heute Priester sein. a.a.O. S. 105-118 und viele andere.

[313] **SEKRETARIAT DER DEUTSCHEN BISCHOFSKONFERENZ:** Der pastorale Dienst in der Pfarrgemeinde. a.a.O.

durch vielerlei Diskussionen wieder relativierte.[314] Bei einer genaueren synoptischen Betrachtung fallen jedoch auch prägnante Formulierungen auf, die den obengenannten Eindruck bestätigen, daß tatsächlich ein Umdenken stattfindet:

> In der Erklärung der deutschen Bischöfe ist oft die Rede von der "Eigenständigkeit" der ehren-, neben- und hauptamtlichen (immer in dieser Reihenfolge!) Dienste der Laien (Vorwort 3; I.4.1; 4.2; II.2.1; 2.3; III.5.4; IV.4). Die Betonung dieser eigenen, nicht 'nach oben hin' delegierbaren Verantwortung aller Gläubigen und vor allem derer, deren Begabung "durch eine Wahl oder eine Beauftragung bestätigt wurde", wird nun sehr deutlich hervorgehoben.
>
> Unterstrichen wird dies durch die mehrfach genannte Prämisse, daß "die Kirche als ganze bzw. die Gemeinde am jeweiligen Ort selbst das Subjekt der Pastoral" ist (I.1.2; II.1.6; III.1;).
>
> Anstelle der Aufzählung verschiedener Modelle von Gemeinde-leitung, die den Eindruck vermitteln, es handele sich weiterhin um eine Gewährleistung von 'Versorgung', wenn auch mit Hilfe von eh-renamtlichen und neben- oder hauptberuflichen Mitarbeitern und Mitarbeiterinnen, werden nun konkrete "Formen der Mitwirkung am Leitungsdienst" beschrieben, die zwar nach wie vor zum Leitungs-dienst der Gemeinde zählen, aber deshalb keineswegs vom Pfarrer wahrgenommen werden müssen (III.3.2ff). Dazu zählen: Liturgische, caritative, pädagogische, katechetische und missionarische Dienste, die Gemeindearbeit (das heißt die Aufgabe der Begleitung und Ein-bindung einer Vielzahl unterschiedlicher Gruppen, Verbände, Haus-kreise usw. in die Gesamtgemeinde), die Öffentlichkeitsarbeit und Vertretung nach außen (z.B. bei kommunalen Gremien, bei Festen und Veranstaltungen und in den Medien) sowie die Pfarrverwaltung, deren Leitung der Pfarrer weitgehend dem/der stellvertretenden Vor-sitzenden des Stiftungsrates überlassen kann.

---

[314] In Fachkreisen ist bekannt, daß der tatsächlich entwickelte Neuansatz, nämlich von den Auf-Gaben der Gemeinde in ihrem Heilsdienst für die Welt auszugehen und von da her ei-ne "Amtstheologie" zu entwickeln, aufgrund weitreichender Kompromisse immer mehr in den Hintergrund rückte. Von dem gemeindeorientierten Ansatz, der in dem internen, dem Verfasser vorliegenden Entwurf vom 21.9.1994 noch durchscheint, ist in der endgültigen Fassung nur wenig geblieben. Diesbezüglich äußerte sich auch der Schriftleiter dieses Pa-piers, Weihbischof Dr. F. EISENBACH, bei einer Tagung in Bensberg: Es ist klar, "daß es innerhalb der Bischofskonferenz gerade zu den hier behandelten Fragen (sc.: der Gemein-deleitung) sehr unterschiedliche Positionen gibt, und daß es sich als zunehmend schwierig erweist, einen Konsens zu finden. Ein Beispiel dafür ist dieses Dokument über den pasto-ralen Dienst in der Pfarrgemeinde, der ein Kompromißtext geworden ist, weil ein wirklich weiterführender Konsens im Augenblick nicht formulierbar gewesen ist." Zitiert nach: **ISENBERG, W.:** Zusammenkunft. Beruf in der Kirche – Grenzen, Chancen, Perspekti-ven. BENSBERGER PROTOKOLLE 96. Bensberg 1998. S. 119

Viel stärker räumen die Deutschen Bischöfe nun den pastoralen Räten eine größere Verantwortung ein als in den bisherigen Schreiben. Es ist – gerade auch in Bezug auf den Pfarrgemeinderat – deutlicher die Rede von der gemeinsamen Verantwortung in der Leitung der Gemeinde(n), auch wenn der Begriff Leitung selbst dabei gemieden wird (vgl. III.1; 3.1.4; 3.2; 4.1).

Vermittelte das Referat von KASPER noch den Eindruck, als wäre es das vorrangige Ziel, kooperative Pastoral "pfarreiübergreifend" zu verstehen, das heißt die Leitung mehrerer Gemeinden trotz zunehmenden Priestermangels auf irgendwelche (entlastenden) Weisen dennoch unlösbar an die Ordination zu binden (Stichwort: "Großraum-Pastoral"), erklären die Deutschen Bischöfe nun, daß es das Ziel sein muß, "sowohl die Eigenständigkeit der einzelnen Pfarreien und Pfarrbezirke zu wahren als auch ihre Zusammenarbeit untereinander zu fördern" (III.4.1).

Ein Gelingen dieses Prozesses basiert nach den Deutschen Bischöfen auf einer doppelten Voraussetzung: zum einen von Seiten der Gemeinden her, "daß von den geweihten Amtsträgern nicht länger eine 'Allzuständigkeit' oder gar eine 'Alleinzuständigkeit' erwartet wird" und zum anderen von Seiten des Pfarrers her, "daß er Vollmachten und Zuständigkeiten zu delegieren bereit ist und Mitarbeiterinnen und Mitarbeiter entsprechend ihrer Fähigkeiten und Möglichkeiten bewußt in verantwortliche Aufgaben einbezieht." (IV.1)

Auch damit wird noch einmal betont: eine Weiterentwicklung des Leitungsdienstes in der Gemeinde ist nicht primär und ausschließlich Sache und Aufgabe des Pfarrers und der hauptamtlichen pastoralen Mitarbeiterinnen und Mitarbeiter, sondern eine grundlegende Aufgabe aller Gläubigen. Diese Vermutung wird bekräftigt, indem im letzten Kapitel der Erklärung (IV.4) eine "umfassende Erneuerung der Kirche" als Perspektive für die Neuordnung der pastoralen Dienste angesehen wird. Man kann dies dahingehend interpretieren, daß nun die ganze Kirche (und nicht nur wie bei KASPER die Gemeinden und der priesterliche Leitungsdienst) in diesen Prozeß eingebunden wird, also gewissermaßen *systemisch* in den Blick kommt. Diesen Eindruck bestätigt K. LEHMANN, wenn er in seiner Einleitung zu diesem Schreiben betont: "Nachdem längere Zeit überdiözesane Rahmenbedingungen formuliert waren, war es sicher an der Zeit, einmal von den Gemeinden und den Diözesen her neue Modelle sich entwickeln zu lassen." (S. 3)

Sicher ist mit dieser Erklärung nicht das 'Non-plus-ultra' erreicht, was die Deutschen Bischöfe auch keineswegs beanspruchen (vgl. IV.4). Aber es berechtigt meines Erachtens zu der Annahme, daß auch für die Gesamtheit der deutschen Bischöfe nun der *pastorale Dienst* im Vordergrund steht und daß von da aus gefragt werden kann und soll, wer in der Gemeinde welchen

Dienst eigenverantwortlich übernehmen kann. Vielleicht hätte es sich aus einer solchen Entwicklung heraus ergeben, daß die Bischöfe – in Anlehnung an ihre Schreiben über den priesterlichen Dienst aus dem Jahre 1970 und 1992 – zu gegebener Zeit tatsächlich eine Erklärung verfaßt hätten 'zur (unverzichtbaren) Mitarbeit der Priester am Dienst der Laien'[315], in der "das nicht nur praktisch, sondern auch dogmatisch durchaus noch in mancher Hinsicht ungeklärte Verständnis von Amt und Nichtamtsträgern in der einen Gemeinschaft der Christgläubigen" geklärt worden wäre.[316] Aber – wie an anderer Stelle schon verdeutlicht[317] – verläuft der weltkirchliche Kurs derzeit in eine andere Richtung, aus der für das Themengebiet Gemeindeentwicklung wenig Hilfe zu erwarten ist. Wenn man sich diesem 'Instruktionskurs'[318] nicht gänzlich ausliefern will, bleibt also letztendlich die Frage, was das *System katholische Kirche in Deutschland* und noch spezifischer: was ein *System katholische Pfarrgemeinde* verändern kann und muß, damit es auch auf Zukunft hin gesellschaftsrelevant bleibt.

Ein entscheidendes Moment wird dabei die Klärung der Fragen in Bezug auf Gemeindeentwicklung und Gemeindeleitung sein, die nach den bisherigen Erklärungen keineswegs beantwortet sind. Noch immer wird der Begriff Gemeindeleitung nicht differenziert genug in den Blick genommen, sondern auf eine nebulöse Art und Weise theologisiert; ebenso ist immer noch weitgehend unklar, in welche Richtung sich eine Gemeinde entwickeln soll und kann und welche Kriterien es von amtlicher Seite aus gibt, um berechtigterweise überhaupt von Gemeinde sprechen zu können.

Am Ende dieses Kapitels über den Wandel der katholischen Kirche stehen vermutlich mehr Fragen als Antworten. Dies erklärt sich aber auch daraus, daß es nach wie vor keine *ein*deutige Theologie gibt. Die Kirche – und als Konkretionen derer wohl auch die Gemeinden – stecken mitten in einem Veränderungsprozeß, dessen Ausgang noch unklar ist. Auf der einen Seite ist es sehr einfach zu sagen: "Die Kirche lebt und erneuert sich (auch) in unserer Zeit (und zum Teil war dies schon in früheren Jahrhunderten der Kirchengeschichte der Fall) wesentlich 'von unten' durch phantasievolle,

---

[315] So ein Vorschlag von **ZAUNER, W.:** Leben mit einem wandelbaren Priesterbild. DIAKONIA Heft 3 / Mai 1998. S. 145-152, hier S. 151. Dies wäre eine andere Dimension als die in der 'römischen Instruktion' eingeschlagene. Vgl. dazu: **SEKRETARIAT DER DEUTSCHEN BISCHOFSKONFERENZ:** Instruktionen zu einigen Fragen über die Mitarbeit der Laien am Dienst der Priester. VERLAUTBARUNGEN DES APOSTOLISCHEN STUHLS 129. Bonn 1997

[316] **BEINERT, W.:** Einige Fragen zum Kirchenbild einer römischen Instruktion. ANZEIGER FÜR DIE SEELSORGE 2/1998. S. 67-72

[317] Vgl. die Ausführungen zu den Anmerkungen 253 - 258 – Seite 115f

[318] Vgl. dazu auch **NIENTIEDT, K.:** Diözesansynoden: Instruktion will Stärkung der Bischöfe. HERDER KORRESPONDENZ 9/1997. S. 442-444

engagierte, von der Freude ihrer eigenen Glaubenserfahrung und dem Geist Gottes erfüllten Christen, die zusätzlich zum überkommenen Gesicht der Kirche neue Begegnungs- und Lebensformen suchen."[319] Auf der anderen Seite stehen aber solche optimistische Aussagen konkrete dogmatische Barrieren im Wege, die oftmals die Kreativität und den Integrationsprozeß in das *System Kirche* behindern – wenn nicht gar verunmöglichen. Aus diesem Dilemma einen Ausweg zu finden, scheint für nicht wenige Mitarbeiterinnen und Mitarbeiter in der Kirche nahezu aussichtslos, weshalb sie sich auch lieber in ihre 'Nischen' zurückziehen und sich weigern, sich der Komplexität und damit der Kompliziertheit eines solchen Systems auszuliefern. Entgegen einem solchen Verhalten soll hier – trotz alledem – der Versuch gewagt werden, aufgrund (religions-)soziologischer Erkenntnisse, theologischer Grundsätze, aber auch aufgrund biblischer Visionen und praktischer Erfahrungen eine Bresche in die scheinbare Mauer zu schlagen und damit eine oder gar mehrere Möglichkeiten zu benennen, wie und wohin sich Kirche und Gemeinden entwickeln könnten.

---

[319] **NIPKOW, K.E.:** Intergenerationalität in der Gemeinde. DIAKONIA 6/1996. S. 380-386

3 KIRCHE UND GEMEINDE IN DER WELT VON HEUTE –
Zusammenfassung und Ausblick

Ehe ich aber auf diesen pragmatischen Teil II eingehe, gilt es meines Erachtens an dieser Stelle noch einmal innezuhalten und sich in gebotener
Kürze noch einmal zu vergewissern, welche Optionen die bisherigen Analysen nahelegen.

In Kapitel 1 versuchte ich nachzuzeichnen, welche Entwicklung unsere
bundesdeutsche Gesellschaft in den vergangenen Jahrzehnten durchlaufen
hat. Das Ergebnis war, daß aus einer wohlgeordneten Verfassung, bestehend
aus drei relativ 'geschlossenen Milieus' (Arbeiter, Intellektuelle und Kirche),
sich ein äußerst diffuses und sich immer weiter verzweigendes und differen-
zierendes Gebilde entwickelt(e), das dem einzelnen Menschen kaum noch
Halt und Orientierung gibt. Auf dem "Markt der unbegrenzten Möglichkeiten" wird er aber zugleich gezwungen, selbst einen Lebensentwurf zu gestalten und eine Perspektive für eine eigene Weltanschauung zu finden, sei
es auch nur für eine begrenzte, vorrübergehende Zeit.

Die Legitimation für ihren jeweiligen Lebensentwurf sucht sich die über-
wiegende Mehrheit der bundesdeutschen Bevölkerung immer weniger in
den großen Institutionen der Gesellschaft, sondern in immer kleiner werdenden Gruppen, Kreisen und Cliquen. Selbst im religiösen Bereich hat
dieser Differenzierungsprozeß dazu geführt, daß Christinnen und Christen
sich zunehmend keine Orientierung mehr von den großen Kirchen versprechen.[320] Vielfach geben sie sich zufrieden mit den religiösen Sinnangeboten
der Medien oder der Erlebnisindustrie, die dann – wie in der Art eines Mo-
saiks – zu einem Bild der je eigenen Lebenskonzeption zusammenfügt werden. Falls der Mensch sich also nicht ausdrücklich zum Atheismus oder
Agnostizismus bekennt[321], bedient er sich jener Angebote, die ihm von
seiner religiösen Verfassung her naheliegen und die ihm unmittelbar via
Fernsehen oder Kino vermittelt werden. Dies hat oftmals auch zur Folge,
daß er keine Sehnsucht (mehr) verspürt nach einer Gemeinschaft, in der er
diese seine Religiosität auch mit anderen leben und feiern kann.

Nur an ganz bestimmten "Knotenpunkten" seines Lebens drängt es die
Mehrheit der Gläubigen immer noch danach, die Kontinuität des Alltags zu
unterbrechen und durch ein besonderes Fest Zeichen zu setzen. Von welcher
Qualität dieses Zeichen ist, mag sehr unterschiedlich beurteilt werden; auffallend ist jedoch, daß der Bezug zur Transzendenz, zur Unverfügbarkeit

---

[320] Vgl. **HÖSLINGER, N.**: Zum Verhältnis heutiger Menschen zu Gemeinde und Großkirche. DIAKONIA 1/1996. S. 40-41

[321] Vgl. dazu: **DESCHNER, K.-H. (Hrsg.)**: Warum ich Christ / Atheist / Agnostiker bin.
Köln 1977; **RUSSEL, B.**: Warum ich kein Christ bin. Hamburg 1971

des Menschen, immer noch einen sehr hohen Stellenwert einnimmt. Von daher erklärt es sich auch, daß die Großkirchen nach wie vor sehr gefragt sind, wenn es um die "Feier von Kontenpunkten des Lebens" wie Taufe, Erstkommunion, Hochzeit oder Beerdigung geht und immer noch 'markt-führend' sind neben den vielen christlichen, esoterischen, pseudoreligiösen oder auch psychologischen oder naturverbundenen Sinnanbietern. Insofern erweist es sich 'marktstrategisch' als äußerst vorteilhaft, daß auch in der katholischen Kirche ein Differenzierungsprozeß Einzug gehalten hat, der – ebenso wie in der gesamten Gesellschaft – die Viel*fältigkeit* und die Viel-*schichtigkeit* katholischen Glaubens offenkundig werden läßt. Denn in der Kirche der Gegenwart sind nicht nur verschiedene, sondern auch sehr unter-schiedliche Generationen versammelt, die völlig andersartige Entwicklun-gen miterlebt haben. Vorrangig, aber nicht ausschließlich die jüngere Gene-ration stellt – für die Kirche immer noch in völlig ungewohnter Weise – die Vertrauensfrage an die Institution Kirche und bringt dadurch die "Entmystifizierung, Entmythologisierung und Entmagisierung hierarchi-scher Ämter und kirchlicher Amtsträger" zum Ausdruck.[322] Damit wird aber auch generationsübergreifend mehr und mehr konstatiert, daß es nicht nur *den einen* – sprich katholischen – Weg zum Heil-sein gibt, sondern sehr viele und auch sehr unterschiedliche.[323] Es wird viel deutlicher erkannt, daß die unterschiedlichsten Gruppierungen und Gemeinschaften innerhalb der Kirche *jeweils nur eine* gewisse Form von Religiosität anbieten (können). Eine Fokolar-Bewegung beispielsweise spricht andere Menschen an als die Bewegung des Kirchen-Volks-Begehrens; die Schönstadt-Jugend ist nur *ein* Sektor in dem breiten Angebot kirchlicher Jugendverbände; der italieni-schen Bewegung Communione e Liberazione, die auch in unseren deut-schen Bistümern vertreten ist, liegt eine vollkommen andere Spiritualität zugrunde als der Katholischen Jungen Gemeinde; und schließlich gibt es selbst innerhalb der Pfadfinderschaft eine nicht zu übersehende Divergenz. Bedrohlich wird diese Vielfältigkeit lediglich, wenn einzelne Gruppierun-gen und Bewegungen mit einem fundamentalistischen Absolutheits-Anspruch auftreten und die Andersheit der anderen nicht respektieren wol-len.[324]

---

[322] **ZSIFKOVITS, V.:** Mehr Chancen durch mehr Mitbestimmung. Zur Strukturreform der Kirche. STIMMEN DER ZEIT 1/1996. S. 43-54, hier S. 45

[323] Vgl. **KOCHANEK, H.:** Kirche und Gemeinde in der Erlebnisgesellschaft. a.a.O. S.15

[324] Vgl. **NIENTIEDT, K.:** Grenzen der Vielfalt. Geistliche Bewegungen in der Kritik. HER-DER-KORRESPONDENZ 3/1996. S. 133-138; ebenso: **HEINZ, H.:** Typische (Fehl-)Ent-wicklungen Neuer Geistlicher Bewegungen. ANZEIGER FÜR DIE SEELSORGE 8/1996. S. 387-390

Die katholische Kirche, so mag es nun den Anschein haben, steht offenbar wieder vor einem Neuanfang: viele gesellschaftliche und religiöse Phänomene der Gegenwart erinnern an jene Zeit, in der das Christentum sich in der Gesellschaft etablieren mußte, in der es – wie zum Beispiel Stephanus in seiner Rede vor den Hohenpriestern (Apg 7,1-53) oder Paulus in seiner **Areopag-Rede** (Apg 17,22-31) – den eigenen Glauben rechtfertigen und durchaus auch synkretistisch mit anderen Kultformen eine eigene Identität suchen mußte.[325] Wir stehen also tatsächlich, wie es K. RAHNER in Bezug auf das Zweite Vatikanische Konzil geschrieben hat, am Anfang einer neuen Zeit, in der es nach Ansicht nicht weniger Theologen immer notwendiger wird, eine "Apostelgeschichte des 20. Jahrhunderts" zu leben und zu schreiben (und dies auch in dieser Reihenfolge), die "jener des ersten Jahrhunderts wohl am meisten ähneln würde ... bezüglich der Spannungen in der Kirche."[326]

Man könnte an dieser Stelle nun resümieren, daß es gerade für die katholische Kirche und ihre Gemeinden und Gemeinschaften spricht, daß sie so viel*fältige* und viel*schichtige* Glaubensformen zu integrieren vermögen. Allerdings ist dieser Integrationsprozeß auch eines der schwierigsten Unternehmungen in der Pastoral der Gegenwart, der meines Erachtens zu selten gelingt. Natürlich kann man mit L. KARRER in den Chor derer einstimmen, die – im Wahrnehmen dessen, "was schon wächst und sich in der Zukunft als rettend erweisen könnte" – sich ermutigt fühlen zu einem "praktischen Christenmut", für den es in der Kirche genügend Freiräume zu finden gibt wie sonst kaum irgendwo. Und man kann dementsprechend auch beweisen, daß "die Physiognomie einer ehemals durch und durch klerikal bestimmten Kirche sich grundlegend gewandelt [hat]."[327] Man kann sich auch damit

---

[325] Vgl. **BOFF, L.**: Plädoyer für den Synkretismus: Aufbruch zur Katholizität des Katholizismus. **DERS.**: Kirche: Charisma und Macht. a.a.O. S. 169-194

[326] **BÜHLMANN, W.**: Weltkirche. a.a.O. S. 12; **WESS, P.**: Ein neues Apostelkonzil? a.a.O.

[327] Vgl. **KARRER, L.**: Und sie bewegt sich doch... Kirche-sein in einer veränderten Welt. DIAKONIA 1/1996. S. 1-6. KARRER begründet seinen Optimismus aufgrund seiner Erfahrungen beispielsweise "in den großen Herausforderungsfeldern unserer Gesellschaft, wenn es um Gerechtigkeit, Frieden und Bewahrung der Schöpfung geht: sind es doch (auch) unzählige Christinnen und Christen, die mit vielen Menschen guten Willens zusammengefunden haben und sich ins Spiel bringen. Ein verändertes Verhältnis zur Autorität, zur politischen Mitverantwortung, zur Sexualität usw. wird von vielen Christinnen und Christen mitgetragen; das Bewußtsein von Gleichberechtigung und Selbstbestimmung wird vor allem von den Frauen thematisiert. Zu erinnern ist auch an die kirchlichen Hilfswerke (wobei manche Orden und Kongregationen durchaus auch Hilfswerke genannt werden dürfen) und an soziale Projekte, die meist keine laute Presse haben. Aber auch im eher innerkirchlichen Raum ist an die Synoden, an die Einrichtung von Räten, an die Vielfalt der in wenigen Jahrzehnten gewachsenen pastoralen Dienste, an die aktive Mitbeteiligung so vieler Frauen und Männer in den Gemeinden, in der Erwachsenenbildung und Bibelar-

trösten lassen, daß es vielfältige Erfahrungen in Pfarrgemeinden gibt, in denen ein neues "Miteinander von Laien und Priestern, Frauen und Männern, Jungen und Alten" die Glaubwürdigkeit der Gemeinden beweisen und bezeugen. Ein sehr anschauliches und zugleich sehr spannendes Beispiel dafür bietet das Buch von Pfarrer B. HONSEL "Der rote Punkt", in dem er den Entwicklungsprozeß 'seiner' Gemeinde St. Ludwig in Ibbenbüren (Diözese Münster) zwischen den Jahren 1967 und 1982 beschreibt.[328] Aber diese Phänomene sind lediglich Fragmente eines Systems, das mehr und mehr seinen 'Einheitspunkt' verliert. Die Feier der Eucharistie, die theologisch gesehen immer noch "Quelle und Höhepunkt des ganzen christlichen Lebens und aller Evangelisation [ist], aus der die Kirche lebt und immerfort wächst" (Lumen gentium 11, 26; Presbyterorum ordinis 5), vermag für immer weniger Christinnen und Christen *der* Kristallisationspunkt oder *das* Element der Sammlung einer Gemeinde zu sein.

Entsprechend dem Kontext, in dem Kirche heute lebt und der sich in den letzten Jahrzehnten *grund*legend geändert hat, müssen Kirche und Gemeinden – wenn sie dem theologischen Grundsatz *'gratia supponit naturam' (Die Gnade setzt die Natur voraus)* treu bleiben will – sich erneut und vielleicht noch radikaler als je zuvor der Frage nach der 'Natur des Menschen' bzw. 'des Menschen Frage nach Gott' stellen und bei der Beantwortung dieser hilfreich sein.[329] Dies kann aber nicht mehr allein dadurch geleistet werden, daß man Glaube allein 'von oben her' mittels göttlicher Offenbarung definiert, sondern vielmehr 'von unten her' durch eine – im wahrsten Sinne des Wortes – Be-*gut*-achtung des Glaubens, wie er von Menschen in ihrer Zeit und aufgrund ihrer je eigenen Entwicklung gelebt wird.[330] Anders formuliert: "Der Glaube ist nicht ein gehorsam zu akzeptierendes Lehrgebäude. Wie Wasser, wenn es zu Eis gefriert, an der Wärme erst wieder aufgetaut werden muß, damit es erneut genießbar wird, so sind die Lehrsätze der kirchlichen Tradition in Sprache verdichtete Hoffnungen und Erfahrungen unserer geistlichen Väter und Mütter, die (durch menschliche Wärme) in die heutige Zeit zu übersetzen sind, damit sie uns wieder zu dem werden, was sie sein wollen: Erinnerung an das, was das Leben trägt und schützt."[331]

---

beit, in den vielen mühsamen Versuchen einer zeitgemäßen Katechese usw. zu denken." (S. 3); ebenso: **SCHARER, M.:** Begegnungen Raum geben. a.a.O. S. 22

[328] Vgl. **HONSEL, B.:** Der rote Punkt. Eine Gemeinde unterwegs. Düsseldorf 1983

[329] Vgl. **MÜLLER, W.W.:** Gratia supponit naturam. a.aO.

[330] Vgl. **HUTH, W.:** Glaube, Ideologie und Wahn. a.a.O. S. 35

[331] **ARBEITSKREIS CHRISTLICHER KIRCHEN IN DER SCHWEIZ:** Den Glauben weitergeben in heutiger Zeit. SCHWEIZERISCHE KIRCHENZEITUNG 3/1998. S. 34-38, hier S. 38

Wenn man sich also innerkirchlich mit einer Neustrukturierung und Neu-
organisation beschäftigt, wie es derzeit vielfach geschieht, dann ist es *dem
vorausgehend* zunächst einmal wichtig und entscheidend, mit den Menschen guten Willens in einen Dialog zu treten, was christlichen Glauben
heute ausmacht und definiert. Und dies heißt letztlich auch, die Menschen
"auf den Grund des ihres eigenen Lebens" zu führen, auch wenn bei diesem
Zugrundegehen vieles *zugrunde gehen* kann.[332] Diese Pastoral, also die
situative Verbindung des Evangeliums mit dem Leben und dem Kontext
von Menschen an einem bestimmten Ort, ist die eigentliche Herausforderung an die Kirche und die Gemeinden in der heutigen Zeit.[333]

Es geht also, um dies noch einmal in aller Deutlichkeit zu sagen, nicht um
eine Gemeindeentwicklung im Sinne einer bloßen Strukturveränderung und
einer möglichst breiten und vielfältigen Kompetenzverteilung. Es geht
vielmehr und grundlegend um eine *Gemeindeentwicklung von innen,* um ein
Ernstnehmen der Vision Jesu vom Reich Gottes, um eine tatsächliche
Gleichwertigkeit und Gleichberechtigung als Brüder und Schwestern Jesu,
als Kinder Gottes und *erst dann* um eine neue Struktur, in der diese kommuniale Verfassung des Systems Kirche und Gemeinde auch lebbar und
erlebbar werden kann. Wenn dieser erste Schritt aber nicht zugleich in den
zweiten mündet, wenn immer nur von Communio und gemeinsamem Priestertum geredet wird, dies aber keine Veränderungen der Strukturen zur
Folge hat, dann bleibt alles nur leeres Geschwafel, das die Menschen auch
weiterhin motivieren wird, 'mit den Füßen' ihre Meinung kundzutun. Für
viele in der katholischen Kirche bedeutet dies natürlich auch – bildlich
gesprochen – unter Umständen ganz neuen Wein angeboten zu bekommen,
der keinesfalls in alte Schläuche gefüllt werden darf, wenn man nicht riskie-
ren will, daß diese dabei reißen (vgl. Mt 9,17; Mk 2,22; Lk 5,38). Aber
gerade darin zeigt sich auch immer wieder die ganze Brisanz um das Thema
Gemeindeentwicklung: neuer Wein, neue Formen der Seelsorge und Gemeindeleitung sind – im wahrsten Sinn des Wortes – not-wendig; sie sind
teilweise auch bereits entwickelt und gegärt, aber noch nicht 'offiziell' er-

---

[332] Vgl. **FISCHER, J.:** Von der Chance, Bruder unter Brüdern und Schwestern zu werden.
a.a.O. S. 314; ebenso: **SCHWERTFEGER, N.:** Komm, mein lieber Mensch, du stehst
nicht allein. Erfahrungen mit einem 'Grundkurs gemeindlichen Glaubens'. HILLEN-
BRAND, K. u. NICHTWEISS, B. (Hrsg.): Aus der Hitze des Tages. Kirchliches Leben in
Momentaufnahmen und Langzeitperspektiven. Würzburg 1996. S. 115-126

[333] Vgl. **WINDISCH, H.:** Theologische Durchblicke: Pastoralaporetik. THEOLOGIE DER
GEGENWART 39 (1996) S. 272-276. Zusammenfassend schreibt WINDISCH hier: Pastoralaporetik "geschieht mittels einer 'Heuristik der Bedrängnis', bei der es darum geht, sowohl wahrzunehmen und zu benennen, was ist, als auch in praktischer Relevanz für die
Kirche und ihre Amtsträger den größtmöglichen identitätsstiftenden und relevanzfördern-
den Horizont menschlicher Existenz in pastorale Spiel zu bringen." (S. 276)

laubt. Vielfach fehlen noch die neuen Schläuche, die klaren Strukturen, die solche Entwicklungen aus der 'Pastoral des guten Willens' von Pfarrern und ihren Mitarbeiterinnen und Mitarbeitern befreien.

Deshalb soll in diesem nachfolgenden zweiten Teil dieser Arbeit *als Diskussionsbeitrag* ein Entwurf gezeichnet werden, wie eine solche Gemeindeentwicklung von innen heraus bewerkstelligt und dann auch in Strukturen konkretisiert werden könnte – und dies anlehnend an konkrete Erfahrungen, wie sie innerhalb dieser Kirche und ihrer Gemeinden bereits gemacht worden sind bzw. immer wieder gemacht werden. Letztendlich liegt es aber an den Verantwortlichen der Kirchenleitungen und der Gemeinden selbst, das heißt an den Bischöfen und ihren Mitarbeiterinnen und Mitarbeitern sowie auch an den Mitarbeiterinnen und Mitarbeitern in den Pfarrgemeinden, ob sie bereit sind, auf solche Erfahrungen tatsächlich aufzubauen und aus den vielen Vorschlägen dieser Zeit herauszuhören, was der Geist den Gemeinden sagt (Offb 3,6).

Teil II:
...aber es muss ja nicht so bleiben!

"Zwei alte Wassermühlen haben jahrhundertelang Mehl gemahlen. Sie haben ihre feste Kundschaft gehabt, also ihr Stück Umwelt, mit der sie in Wechselwirkung standen. Mit der Zeit beginnt jedoch die Kundschaft abzubröckeln, da in der Umgebung elektrisch betriebene Mühlen aufgetaucht sind, die das Korn billiger, schneller und feiner zu Mehl verarbeiten. Die Umwelt stört die beiden Mühlen so, daß sie in Gefahr geraten, ihre alten Ziele nicht mehr verwirklichen zu können. Die beiden Mühlen reagieren nun unterschiedlich auf diese Störungen.

Die eine Mühle wird völlig umgebaut. An Stelle des wassergetriebenen Rades treten Elektromotore, das alte Mahlwerk wird durch eine moderne Maschine ersetzt. Die andere Mühle läßt alles beim alten, gibt jedoch das Mahlen von Mehl auf und läßt ihren ächzenden Leerlauf von neugierigen Touristen gegen gutes Geld bewundern.

Bei der ersten Mühle hat sich das Erscheinungsbild völlig geändert. Dem Müller wird es das Herz im Leibe umgedreht haben. Aber die alten Ziele sind gerettet. Es wird weiter Mehl gemahlen. Bei der anderen Mühle ist alles geblieben, wie es immer war. Doch der Schein trügt, denn die früheren Ziele sind aufgegeben worden: an die Stelle des Mahlens von möglichst viel Mehl ist das Anschauen durch möglichst viele Neugierige geworden."

Lutz HOFFMANN

1 URTEILEN UND ENT-*SCHEIDEN*

Diese kleine Geschichte von L. HOFFMANN faßt meines Erachtens genial zusammen, in welcher Situation wir uns heute als katholische Kirche und Gemeinden befinden. Wenn wir unseren Auftrag treu bleiben wollen, *Kirche für die Welt von heute* zu sein, dann bieten sich uns gegenwärtig zwei Grundrichtungen an: **entweder** wir halten an dem fest, was uns in den letzten Jahrhunderten und Jahrzehnten ausgezeichnet hat, nämlich eine pyramidal-hierarchisch klar gegliederte Gemeinschaft zu sein, die sich wie eine feststehende und gesicherte Burg den Strömungen der Gesellschaft verschließt und die dadurch höchstwahrscheinlich musealen Charakter bekommen wird **oder** wir folgen den Weisungen des Zweiten Vatikanischen Konzils, das gerade eine Öffnung zur Welt hin postulierte, auch wenn sich die Konzilsväter über die daraus resultierenden strukturellen Veränderungen nicht allzu viele Gedanken machten.

Es gilt also immer wieder neu zu urteilen, welcher Vision von Kirche und Gemeinde wir folgen und wie sich diese Vision auch in konkreten Zielen mehr und mehr verwirklichen läßt. Mit anderen Worten: Kirche und Gemeinden "müssen ihre Angebote, Aktivitäten und Aufgabenfelder um eine Leitidee herum konzentrieren. Sie brauchen in einer sich ausdifferenzierenden Umwelt eine stärkere Kenntlichkeit bzw. ein identifizierbares Profil."[334] Zugleich gilt es aber auch, zu ent*scheiden*, welche Angebote, Aktivitäten und Aufgabenfelder überhaupt noch wahrgenommen werden können. Nicht nur der Stamm der Mitarbeiterinnen und Mitarbeiter in den Kirche und in den Gemeinden wird immer geringer, auch das religiöse Sortiment in der Gesellschaft wird immer größer. Um auf diesem "Marktplatz der religiösen Angebote" (M.N. EBERTZ) bestehen zu können, gilt es auch Abschied zu nehmen von der Grundhaltung, *allen alles allezeit* sein und bieten zu wollen. Denn dies ist immer weniger möglich – und aus einer bestimmten Perspektive heraus auch nicht mehr nötig.

Viel notwendiger ist es, daß an diesem Urteilungs- und Entscheidungsprozeß möglichst viele Glieder der Kirche und der jeweiligen Gemeinde beteiligt sind, daß schon allein dadurch die – im Teil I der Arbeit wohl ausreichend dargestellte – Vielfalt und Vielschichtigkeit unserer Gesellschaft personell vertreten ist. Ein solcher Veränderungsprozeß, der von vielen mitgestaltet wird, ist in der katholischen Kirche zwar noch keine gängige Erfahrung. In weiten Teilen werden immer noch 'von oben her' Weisungen, Rezepte, Statuten usw. erwartet, die Ergebnisse solcher Prozesse vorwegnehmen und klären sollen. Allerdings ist eine solche Einstellung keineswegs

---

[334] Vgl. **SCHMIDT E.R. u. BERG, H.G.:** Beraten mit Kontakt. a.a.O. S. 183

biblisch – zumindest nicht nach dem paulinischen Verständnis von Gemeindeentwicklung, was F. STIER in seiner imposanten Übersetzung von Epheser 4,14-15 so zum Ausdruck bringt:

> "Wir sollten nämlich keine Unmündigen mehr sein, hin und her
> gewirbelt und umgetrieben von jedem Wind der Lehre im trü-
> gerischen Würfelspiel der Menschen, inmitten von Arglist, die mit
> Methode zum Irrwahn führt. Wir sollen, indem wir die Wahrheit
> durch Liebe sagen, das Allsamt auf ihn hin wachsen lassen, der da ist
>
> der Kopf: der Messias." [335]

Die Väter des Zweiten Vatikanischen Konzils sind dieser Weisung des Paulus gefolgt und haben ihrerseits wiederum Weisungen, Optionen formuliert – zum Teil auch mit konkreten dogmatischen und strukturellen Definitionen. Vielleicht ist es immer noch – oder auch bleibend – der einzig gangbare Weg für die Kirche, nicht mehr, aber auch nicht weniger als 'Optionen' zu benennen, 'Wegweiser', die in der gegenwärtigen Situation der bundesdeutschen Gesellschaft eine Gemeindeentwicklung begünstigen oder gar erst ermöglichen.[336] Ob die Gemeinden diesen Wegweisern folgen, ob sie bereit sind, aufgrund der Erfahrungen anderer zu lernen und für sich selbst Angebot, Aktivität und Aufgabenfelder zu analysieren und gegebenenfalls neu zu bestimmen, kann 'von oben her', das heißt von der Diözesanleitung in der Person des Bischofs, erfahrungsgemäß nur in sehr geringem Maß reglementiert werden.

Was heute wieder sehr dringend ist und vielleicht auch notwendend sein kann, ist das Zurück*führen* zu unserer ursprünglichen Vision: als Kirche und Gemeinden brauchen wir wieder verstärkt jene *prophetische Dimension* der Leitung, die das Volk Gottes zu ihrem 'heiligen Ursprung' *(ιερος αρχη)* führt, von dem aus erst alle Urteile und Entscheidungen ermöglicht werden.

Diesem Anliegen möchte auch der weitere Verlauf dieser Arbeit Rechnung tragen, indem zunächst einmal diese Vision Jesu Christi aus meiner Sicht dargestellt wird. Am Beispiel der Gemeinschaft Sant' Egidio soll dann gezeigt werden, wie sich diese Vision in der Gegenwart verwirklichen läßt, ehe auf die Konsequenzen für die hier zu bearbeitende Thematik gezogen werden.

---

[335] zitiert nach: **STIER, F.**: Das Neue Testament. München 1989
[336] Vgl. **KARRER, L.**: Wir sind das Volk Gottes. a.a.O. S. 146-155; ebenso: **KAUFMANN, F.-X.**: Katholizismus und Moderne. a.a.O. S. 6; **FUCHS, O.**: Ämter für eine Kirche der Zukunft. Ein Diskussionsbeitrag. Luzern 1993. S. 13f

1.1 Das Kriterium der Entscheidung: 'Am Anfang war eine Vision...'

Der Anfang unseres christlichen Glaubens gründet in der Vision Jesu, die Welt zu erlösen. Diese Erlösung und Befreiung des Menschen sollte aber nicht in einer großangelegten Revolution gegen Staat und Religion erfolgen, sondern – wie er es selbst programmatisch in Lk 4,18-19 und in Anlehnung an Jes 61,1-2 erklärt – indem er den Armen eine gute Nachricht bringt, Gefangenen die Entlassung und Blinden das Augenlicht verkündet, Zerschlagene in Freiheit setzt und ein Gnadenjahr des Herrn ausruft. In der Begegnung 'von Mensch zu Mensch' sollte sich diese Erlösung der Welt vollziehen, sollte sich ausbreiten wie ein Feuer (vgl. Mt 3,11; Lk 12,49), ausgehend von Jesus, der selbst – wie viele Propheten des Alten Bundes – entzündet und begeistert war von dem Geist Gottes, der die Menschen bewegen möchte, immer wieder für Gerechtigkeit und Frieden einzutreten. Das Grundanliegen Jesu war, den Menschen (wieder) in die Mitte zu stellen, ihn (wieder) handlungsfähig (vgl. Mk 3,1-6) zu machen und so in eine Gemeinschaft hineinzunehmen, die seine Vision *in dieser Welt* zu verwirklichen sucht.[337] Diese "*ipsissima intentio*" (ureigene Absicht) Jesu hatte also zum Ziel, daß Menschen wieder an "Gottes gute Schöpfung" glauben können und wie er selbst davon ergriffen werden, "immer wieder neu zu erspüren, zur Geltung und zur Sprache zu bringen, wie Gottes guter Schöpferwille hier und jetzt geschehen kann und – gerade durch uns – geschehen soll."[338] Diese ursprünglich von Gott her kommende Vision Jesu Christi ist zugleich die Quelle, aus der christlich geprägte Seelsorge schöpft und lebt. Ohne die Erinnerung an diese Vision gibt es für Kirche und Gemeinden keine Zukunft (vgl. Ps 74,9; Ez 7,26).

Jesus wollte durch sein Reden und Handeln zuallererst diese Vision Gottes vermitteln, die Menschen, denen er begegnete, die er heilte, tröstete und zu neuem Leben führte, in *unmittelbare* Begegnung mit Gott selbst bringen; erst dann – und diese Reihenfolge ist von immenser Bedeutung – hat er sich darum bemüht, daß diese Vision auch von einer Gemeinschaft mitgetragen wird. Man mag geteilter Ansicht sein, ob es noch zur *ipsissima intentio* Jesu gehörte, daß daraus dann auch 'die Kirche' entstand.[339] Wenn man den Forschungsergebnissen K. JASPERS[340] oder auch des amerikanischen Franzis-

---

[337] Vgl. **HEINZ, H.**: Zukunft der Gemeinden - Lebensfrage der Kirche. PASTORALBLATT 11/1996. S. 323-332

[338] **WERBICK, J.**: Vom Wagnis des Christseins. a.a.O. S. 112f

[339] Vgl. **KÜNG, H.**: Christ sein. München (DTV) ⁶1983. S. 337-341, bes. auch Anmerkung 42, S. 778f

[340] Vgl. **HUTH, W.**: Glaube, Ideologie und Wahn. a.a.O. S. 55f.68-73

kaners und Religionswissenschafters M.F. SAARINEN folgt[341], dann war eine solche Entwicklung *nolens volens* unumgehbar: hätte die Vision Jesu keine Form und Struktur bekommen, wäre sie im Laufe der Zeit sicherlich dermaßen verfälscht worden und zersplittert, daß sie so auch bald wieder in Vergessenheit geraten wäre. Nach SAARINEN ist deshalb für die Existenz von Kirche und Gemeinde zum einen die **Vision**, zum anderen aber auch die **Gemeinschaft**, das gemeinsame **Programm** und schließlich auch eine gute **Administration** von gleichwertiger und gleichwichtiger Bedeutung. Nur in der Balance dieser vier Elemente vermag eine (religiöse) Organisation zu über*leben*. Gefährlich wird es für eine religiöse Gemeinschaft, wenn sie ihre Vision aus den Augen verliert und somit von einer immer kleiner werdenden Gemeinschaft ein an sich vielleicht gutes Programm nur noch 'verwaltet', aber nicht mehr der ursprünglichen Vision entsprechend aktualisiert bzw. vergegenwärtigt wird, wie man das *aggiornamento* von JOHANNES XXIII. auch übersetzen kann.

Der Kirche und jeder Pfarrgemeinde darf es demzufolge nicht um sich selbst gehen, nicht *in erster Linie* um eine gute Administration, ein wohlgefeiltes Programm oder auch um eine irgendwie gut organisierte und versorgte Gemeinschaft, sondern zuerst und zunächst um das Reich Gottes, um die Vision Jesu Christi. Dies hat auch die Gemeinsame Synode zum Ausdruck gebracht, wie man es treffender wohl nicht formulieren könnte:

> "Grund und Maß des gesamten Lebens und Wirkens der Kirche und aller ihrer Dienste ist Jesus Christus... Er wendet sich nach dem Zeugnis der Evangelien allen, besonders den Schwachen und Ausgestoßenen, den Suchenden und Sündern zu, um ihre vielfältigen menschlichen Nöte von ihrer tiefsten Wurzel her zu heilen, von der Entfremdung von Gott, der Grund und Ziel des Menschen ist." (Dienste und Ämter 2.2.1)

Wenn man sich auch hier wieder der modernen Organisationsentwicklung bedient, so kann das Gesagte auch noch einmal auf andere Weise zusammengefaßt werden: Jesus ging es zuallererst um das Reich Gottes, um eine gesellschaftsverändernde Kraft, die inspiriert und motiviert, die gesellschaftlichen Ordnungen zugunsten der Schwachen und Ausgestoßenen, der Suchenden und Sünder zu verändern. Diese Vision vom Reich Gottes hat durch ihn selbst 'Hand und Fuß' bekommen, indem er sich genau diesen zuwandte, die seiner Hilfe bedurften und sich bittend an ihn wandten. Und: diese Vision wurde *in gewisser Weise* auch dadurch unabhängig von ihm, daß er seine Jüngerinnen und Jünger aussandte, um diese Botschaft vom Reich Gottes zu verkünden (vgl. Lk 9,1-6, aber auch 10,1-16). Die Reich-

---

[341] Entnommen aus: **ZULEHNER, P.M.:** Grundkurs gemeindlichen Glaubens. Ein Arbeitsbuch. Düsseldorf 1992. S. 37-40

Gottes-Verkündigung Jesu weist also drei Dimensionen auf, die sich einander bedingen und durchdringen (müssen): a) die Vision vom Reich Gottes selbst, b) die Adressaten der Verkündigung (die Mitmenschen guten Willens) und c) seine eigenen Jüngerinnen und Jünger, also seine Mitarbeiterinnen und Mitarbeiter. Erst im Zusammenspiel dieser drei Faktoren ergibt sich dann die Spiritualität der Kirche bzw. der Gemeinde – G. OSTERHOLD spricht in diesem Zusammenhang von einer "Unternehmenskultur" –, die auch nach "Erfolgskriterien" gemessen werden kann: denn es gibt durchaus auch Belege und Beweise dafür, daß durch die pastorale Arbeit in Diakonie, Verkündigung und Liturgie das Reich Gottes sichtbar(er) und erlebbar(er) geworden ist und daß es dabei gerade nicht um den Selbsterhalt der Kirche, um die Rekrutierung neuer Mitglieder oder um die Aufrechterhaltung des 'Betriebes' ging.[342] Oder noch einmal biblisch gesehen: wenn Jesus in Lk 10,3 seine Jüngerinnen und Jüngern aussendet mit den Worten: *"Geht! Ich sende euch wie Schafe mitten unter die Wölfe"*, dann kann man dies auch so verstehen, daß er selbst geleitet war von der Vision des messianischen Reiches nach Jesaija, in dem der Wolf beim Lamm wohnt, Kalb und Löwe zusammen weiden und der Säugling vor dem Schlupfloch der Natter spielt (Jes 11, 6-8). Jesus selbst ging es demnach um eine Ver*ein*igung der Botschaft, ihrer Trägerinnen und Träger *und* ihrer Adressaten.

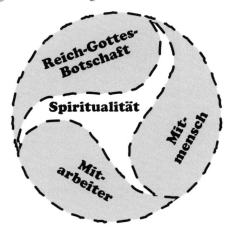

**Abbildung 8: Die Dreidimensionali-
tät der Verkündigung**

*Quelle: OSTERHOLD, G.:
Veränderungsmanagement. a.a.O. S. 36
Übertragung: R. Vögele*

---

[342] Vgl. dazu: **HELLER, A.:** Kirchliche Organisationskultur entwickeln. a.a.O. S. 213.

Auf die heutige Situation übertragen bedeutet diese Vergewisserung der Vision Jesu also: **sowohl** die Vision selbst **als auch** die Mitarbeiterinnen und Mitarbeiter der Kirche und Gemeinden **als auch** die Menschen, die diese Botschaft empfangen sollen, in den Blick zu nehmen. Wie ein solches *aggiornamento* der Vision in die Gegenwart geleistet werden kann, soll das nun folgende Beispiel – und noch einige andere im weiteren Verlauf dieser Arbeit – veranschaulichen. Dabei sei vorweg ausdrücklich bemerkt, daß es sich dabei um *eine* Möglichkeit der Verwirklichung von Kirche und Gemeinde handelt, keineswegs jedoch mit den Anspruch, damit auch schon *die* Verwirklichung benannt zu haben. Eine solche Exklusivität verbietet sich – im Duktus dieser Arbeit – schon von daher, weil es entsprechend der Viel-*fältig*keit und Viel*schichtig*keit des Glaubens sicher nicht (mehr) *den einen* Weg zum Heil gibt.

1.2 Eine 'Vergegenwärtigung' der Vision Jesu am Beispiel der Gemeinschaft Sant' Egidio in Rom

Die Comunità Sant' Egidio, also die Gemeinschaft des Hl. Ägidius, wie sie sich nach der kleinen Kirche im römischen Trastevere, die ihr zur Verfügung gestellt wurde, genannt hat, scheint ein zunehmendes Interesse zu gewinnen; dies deuten zumindest die vermehrt erscheinenden Berichte über diese Gemeinschaft an.[343] Diesen Kommentaren ist oftmals aber auch anzumerken, daß *über* eine Gemeinschaft berichtet wird, die mehr oder weniger *von außen* betrachtet wurde. Dabei wird der Fokus sehr oft auf die Aktivitäten der Gemeinschaft Sant' Egidio gesetzt, die – so mag es auch hier erscheinen – zunächst einmal betroffen machen in zweifacher Hinsicht: zum einen konstruktiv, wenn man wahrnimmt, wozu eine solche Gemeinschaft fähig ist, zum andern aber auch gegebenenfalls deprimierend, wenn man die Lebendigkeit und Aus-Wirkungen dieser Comunità vergleicht mit der eige-

---

[343] Vgl. **KRAMER VON REISSITZ, C.:** Auf der Schattenseite Roms. Die Gemeinschaft Sant Egidio lebt die frohe Botschaft. KONRADSBLATT. Wochenzeitung für das Erzbistum Freiburg Nr. 4/1987. S. 8-9; **HIRSCHER, T.M.:** Zwischen Armenhilfe und internationaler Diplomatie. 25 Jahre Basisgemeinschaft Sant Egidio in Rom. L'OSSERVATORE ROMANO. Wochenausgabe in deutscher Sprache vom 9. April 1993. S. 6; **BRILL, K.:** Das Wunderwerk der gewöhnlichen Leute. SÜDDEUTSCHE ZEITUNG vom 18.03.1995; **NIENTIEDT, K.:** Umstandslos. Das Friedensengagement der römischen Gemeinde Sant' Egidio. HERDER KORRESPONDENZ 1/1995. S. 6-7; Am Platz des heiligen Ägidius. Eine römische Basisgemeinschaft. CHRIST IN DER GEGENWART 14/1995; **BAUMGART, J.:** Die freiwilligen Helfer von Sant Egidio. BADISCHE ZEITUNG vom 02.10.1996. AAW 1; **OSCHWALD, H.:** Bibel, Mystik und Politik. Die Gemeinschaft Sant' Egidio. Freiburg 1998

nen Gemeinde. Den diese Gemeinschaft aber *wesentlich* prägenden Aspekt, nämlich die gelebte **Freundschaft** untereinander und mit den Armen, kann im Grunde nur *von innen* heraus erfahren und deshalb auch nur in begrenztem Maße beschrieben werden.[344]

Angefangen hat es mit der Comunità Sant' Egidio im Jahre 1968 (als Gründungsdatum wird der 7. Februar 1968 gefeiert), also gerade zu der Zeit, in der nach den soziologischen Untersuchungen der große Zusammenbruch nicht nur des kirchlichen, sondern auch des intellektuellen Milieus und das der Arbeiter seinen Anfang nahm.[345] Eine kleine Schar von Schülern und Schülerinnen machte sich in einer durchaus chaotischen und undurchschaubaren Zeit gewissermaßen auf die Suche nach Halt und Orientierung und fanden diese in der gemeinsamen Lektüre des Evangeliums und in den Texten des II. Vatikanums. Sie erkannten darin ihre Eigenverantwortung für die Verwirklichung des Evangeliums Jesu Christi und die Notwendigkeit, nicht nur mit Worten, sondern ebenso – oder vielleicht sogar mehr noch – in Taten die Vision Jesu in die Gegenwart zu übertragen. Ihrer Situation und ihrem Alter entsprechend (zwischen 17 und 20 Jahren) war es für diese ursprünglich kleine Gemeinschaft um Andrea RICCARDI herum zunächst einmal wichtig, sich selbst zu orientieren und vergewissern, welches ihre Antwort sein könnte auf den Ruf Jesu, der ihnen durch die Heilige Schrift und durch die jüngsten Wegweisungen des Zweiten Vatikanischen Konzils zugekommen war.[346] Als 'Laien' dieser katholischen Kirche haben sie sich selbst gegenseitig inspiriert und motiviert, die Reich Gottes-Vision wachzuhalten (bzw. wachzurufen) und konkret zu vermitteln,[347] indem sie sich entschlossen, sich um alte Menschen zu kümmern, die in römischen Vororten wie Primavalle und Cinodromo in einem Altersheim lebten. Nachmittage haben sie damit verbracht, diese alten Menschen zu besuchen, sie zu unterhalten und ihnen so gut wie möglich den Lebensabend zu verschönern.

---

[344] Deshalb ist es vielleicht nicht unbedeutend, hinzuzufügen, daß der Verfasser dieser Arbeit in den Jahren 1984/85 selbst für einige Monate in und mit dieser Gemeinschaft gelebt hat und somit auch einige 'Aktivitäten' nicht nur beobachten, sondern auch mitvollziehen konnte.

[345] Vgl. I.1.1.1 - S. 40

[346] Vgl. ACTUALITÉ RELIGIEUSE DANS LE MONDE Nr. 17 vom 15. Dezember 1993. S. 51-56: **RICCARDI, A.:** Sant' Egidio, Rome et le monde. Paris 1996

[347] Vgl. dazu auch die Ausführungen über den priesterlichen Dienst in Teil I, 2.2.3, besonders auch **SEKRETARIAT DER DEUTSCHEN BISCHOFSKONFERENZ:** Der Leitungsdienst in der Gemeinde. a.a.O. S. 9. Wörtlich heißt es dort: "Inspirierend, motivierend, integrierend soll der [sc. der Priester] die Reich-Gottes-Vision wachhalten und konkret vermitteln." Dieses Beispiel ergänzt auf seine Weise, daß diese Inspiration und Motivation nicht immer nur von einem Priester ausgehen muß, daß er – wie es an anderer Stelle noch ausführlicher behandelt wird – dafür aber eine ganz eigene Verantwortung durch seine Ordination übertragen bekommt.

Mit der Zeit kamen andere Aktivitäten dazu: Nachhilfe für Schülerinnen und Schüler aus dem mehr verelendeten Teil von Trastevere, die ohne diese Hilfe wahrscheinlich keinen Schulabschluß geschafft hätten. Eine zunehmende Zahl an Mitarbeiterinnen und Mitarbeiter ermöglichte es nun, sich als Gemeinschaft mehr und mehr um die *barboni*, die Obdachlosen von Rom zu kümmern oder um die *zingari*, die Zigeuner, die an der Peripherie der Stadt leben und keine staatliche Unterstützung genießen. Ebenso erwuchs mit neuen Mitarbeiterinnen und Mitarbeitern die aktive Sorge und Begleitung von Sterbenden in Mentana *(Ospedale Geriatrico)*, von Behinderten *(Casa di Pulcinella)*, von Alten und Kranken, Gefangenen usw.

Im Laufe der Zeit kamen entsprechend der Zahl der Mitarbeiterinnen und Mitarbeiter – und dies zu betonen ist nicht unwichtig – weitere Aktivitäten hinzu, die hier ohne den Anspruch auf Vollständigkeit genannt werden sollen:

> Seit Jahren schon hat sich diese Comunità zur Aufgabe gemacht, Menschen in einem bestimmten Dorf in Mozambique materielle Hilfe zukommen zu lassen. Jedes Jahr chartern sie ein Schiff oder ein Flugzeug und bringen persönlich die Kleider, Medikamente, Nahrungsmittel und ähnliches dorthin. Durch diese soziale Hilfe fanden Mitglieder der Gemeinschaft auch ein offenes Ohr bei den zerstrittenen Parteioberen und konnten diese mit Erfolg zu Friedensgesprächen nach Rom als Verhandlungsort einladen. Durch diese gelungenen Friedensbemühungen wurde in den letzten Monaten auch die Weltpresse auf diese Gemeinschaft aufmerksam, da sie nun schon zweimalig für den Friedensnobelpreis vorgeschlagen wurde (1995 und 1997).[348]
>
> Auf die Initiative der Comunità geht auch das 'Friedensgebet der Religionen' zurück, das am 27. Oktober 1986 erstmals in Asissi stattfand. Neben Papst JOHANNES PAUL II. waren auch Vertreter aller Weltreligionen zu diesem gemeinsamen Gebet um den Frieden versammelt, zu dem seither jedes Jahr unter der Regie einiger Mitglieder von Sant' Egidio an einen anderen Ort eingeladen wird.[349]
>
> Im Jahre 1992 hat die Comunità begonnen, in Rom eine "Mensa" (auch mit städtischer Unterstützung) aufzubauen, in der täglich den Obdachlosen und Bedürftigen kostenlos ein warmes Mittagessen angeboten wird. Das Organisatorische wie Kochen, Essensausgabe und Saubermachen und dergleichen geschieht durch ehrenamtliche Mit-

---

[348] Vgl. **OSCHWALD, H.:** Bibel, Mystik und Politik. a.a.O. S. 140; ebenso: **MOROZZO DELLA ROCCA, R.:** Vom Krieg zum Frieden. Geschichte einer ungewöhnlichen Vermittlung. TEXTE ZUM KIRCHLICHEN ENTWICKLUNGSDIENST 56. Hamburg 1997

[349] Vgl. **FRANZ, A.:** Weltreligionen für den Frieden. Die internationalen Friedenstreffen von Sant' Egidio. Trier 1996; **MARTINI, C.M.:** Die Rast der Taube. Dem Frieden Raum geben. München 1996; **OSCHWALD, H.:** Bibel, Mystik und Politik. a.a.O. S. 41-55

arbeiterinnen und Mitarbeiter von Sant' Egidio, die Finanzierung wird u.a. auch durch freiwillige Spenden getragen.

Die Erfolge in Mozambique haben Mitglieder der Gemeinschaft auch dazu ermutigt, sich um Friedensverhandlungen in Algerien, Albanien, Guatemala, Ruanda und Burundi zu bemühen. Für dieses Engagement wurde die Comunità bereits als die "private UNO" oder "die UNO von Trastevere" bezeichnet, deren Stärke gerade liege, daß sie "nichts programmiert, keine Tagesordnung aufstellt und keine Schautermine mit Pressefotografen und Protokoll arrangiert. Die bringt nur Menschen zusammen, die von allein nicht zusammenfinden würden, manche auch gar nicht wollen. Eines aber spüren alle: Kardinal Martini formulierte es so: Hier wird ernsthaft gebetet. Hier wird die Bibel ernst genommen. Hier werden die Armen ernst genommen."[350]

Alljährlich findet in Trastevere auch ein Ereignis statt, das bei uns wohl eine regelrechte Revolution auslösen würde: am 1. Weihnachtsfeiertag lädt die Comunità ihre Freunde und Freundinnen, also hauptsächlich alte, kranke, obdachlose und asylsuchende Mitmenschen ein zum Weihnachtsgottesdienst in der benachbarten Basilika Santa Maria in Trastevere. Nach diesem Gottesdienst werden dann durch unzählig fleißige Hände Tische und Stühle aufgestellt und es wird ein Menu gereicht, wie es sich für solch einen Festtage gebührt. Es sei eigens betont: dieses Festmahl wird – wie der Gottesdienst auch – in der Kirche gefeiert.

Wesentlicher als die Aufzählung all dieser Aktivitäten ist jedoch, daß diese Gemeinschaft von Anfang an ein Ziel vor Augen hatte: die Verlebendigung des Evangeliums im Rahmen der Kräfte und Charismen, die ihnen geschenkt wurden. Darauf ist es wohl zurückzuführen, daß die Glieder dieser Gemeinschaft – es waren ganz am Anfang 18, heute sind es allein in Rom schätzungsweise mehr als 5000, weltweit circa 15.000 – sich nicht verloren haben in Aktivismus, sondern stets auch die Kontemplation, die Besinnung auf dieses Ziel hin gesucht haben. Jeden Abend treffen sich die Glieder dieser Gemeinschaft aus ganz Rom in ihrer Kirche Sant' Egidio, um im Gebet, im sogenannten *preghiera*, ihren Alltag vor Gott hin zu tragen und sich von ihm her die Zusage geben zu lassen: "Ich bin bei euch alle Tage...". Jeden Samstagabend feiern sie in diesem Gotteshaus miteinander *liturgia*, die Eucharistie, in der das Kyrie und die Fürbitten zeitlich gesehen den größten Raum einnehmen, da hier die Anliegen aus den Reihen der Teilnehmerinnen und Teilnehmer selbst zur Sprache kommen. So wird den Mitfeiernden an diesen Gottesdiensten nicht nur durch die Predigten, meistenfalls von Mitgliedern der Gemeinschaft gehalten, sondern vielmehr

---

[350] **OSCHWALD, H.:** Bibel, Mystik und Politik. a.a.O. S. 13

noch durch das Sich-einbringen vieler verdeutlicht, welch enger Zusammenhang besteht zwischen Leben und Feiern. Schon dadurch kommt eine Vielfalt an Glaubenserfahrungen zur Sprache, wie sie von einer einzigen Person nie angesprochen werden könnte. Am Sonntagmorgen gehen die Mitglieder dieses 'Kernkreises' in verschiedene Stadtteile an der Peripherie Roms, um mit den Menschen dort eine lebendige, das heißt lebensnahe Eucharistie zu feiern. Aufgrund der Situation an der Peripherie Roms sind sie nicht selten dazu gezwungen, diese Eucharistie in einer Pizzeria, einem Turnsaal, einer Garage oder in sonstigen Einrichtungen zu feiern, da die Kirche der Bevölkerungsexplosion in diesen Teilen nicht nachkommen konnte. In früheren Zeiten war es keine Seltenheit, daß eine Pfarrei an der Peripherie Roms aus mehr als 70.000 – in einem Stadtteil sogar 120.000 – Katholiken bestand; ein Reform diesbezüglich hat zwar territorial Abhilfe geschaffen, sodaß die größte Pfarrgemeinde heute 'nur noch' 50.000 Katholiken zählt, aber damit ist noch gar nichts ausgesagt über die Möglichkeiten und Grenzen der Seelsorge.[351]

Die Comunità selbst zählt nicht zu diesen Parochialgemeinden; sie versteht sich aber auch nicht ausdrücklich als Basisgemeinde oder Basisgemeinschaft. Sie ist, wenn man der Definition von **'Basis**-Gemeinden' bei M. KEHL folgt[352], eine klassische Mischform zwischen den Basisgemeinden Lateinamerikas und den Basisgemeinschaften in Afrika: ihr Handeln und Denken wird bestimmt von den Menschen, die in den untersten Klassen der Gesellschaft leben (soziologisch), sie bildet selbst Kernzellen geschwisterlichen Glaubens (theologisch) und baut sich dementsprechend von unten her, von den möglichen und praktizierten Lebens- und Glaubensvollzügen, auf (deskriptiv). Insofern kann man auch von der Comunità Sant' Egidio sagen, daß hier eine neue Form der 'Ekklesiogenese' entsteht.[353] Ein sehr wesentlicher Unterschied zu den Basisgemeinden Lateinamerikas ist jedoch, daß die Gemeinschaft Sant' Egidio immer großen Wert darauf gelegt hat und legt, sich als Teil der römischen Universal- und Ortskirche zu verstehen

---

[351] Vgl. **KRAMER VON REISSWITZ, C.**: In Rom gehen die Kirchen aus. BADISCHE ZEITUNG vom 16. August 1996 (KNA-Meldung). S. KUW 01

[352] Vgl. **M. KEHL**: Die Kirche. a.a.O. S. 228f: Er differenziert den Begriff 'Basis-', wie in der lateinamerikanischen Theologie verwendet wird, a) soziologisch, womit gemeint ist, daß die Gemeinden sich aus Menschen in den untersten Klassen der Gesellschaft der Gesellschaft zusammensetzen und aus deren Perspektive heraus sich das Gemeindeleben gestaltet, die also das tragende 'Subjekt' der Gemeinde sind; b) theologisch" in Bezug auf die "Kernzelle kirchlicher Strukturierung, wo die Evangelisierung ihren Ausgang nimmt und wo sich Grundvollzüge des Glaubens ursprünglich abspielen und c) deskriptiv, womit besagt sein will, daß Kirche sich 'von unten her' aufbaut, von den konkreten Glaubenden und ihrem Tun und nicht 'von oben', von den institutionellen Setzungen des Amtes her.

[353] ebd. S. 229

und so auch verstanden zu werden. Aus diesem Grund hat sie sich auch eine eigene Satzung gegeben und diese vom Päpstlichen Rat für die Laien approbieren lassen.[354] Demnach wurde die Comunità als "öffentliche Vereinigung von Laien" anerkannt, der demgemäß auch das Recht zugesprochen wurde, eine ganz eigene Form der Gemeindeleitung zu praktizieren:

> 'Gemeindeleiter' von Sant' Egidio ist der Präsident, der von Vertretern der Ortsgruppen gewählt (Art. 22) und vom Heiligen Stuhl gemäß Can. 317 CIC/1983 bestätigt wird (Art. 23). Dem Präsidenten stehen acht Ratsmitglieder und ein kirchlicher Generalassistent (= Priester) zur Seite, die er selbst bestimmt und der Vollversammlung zur Bestätigung vorschlägt (Art. 25). Während das Amt des Präsidenten ausschließlich einem Laien vorbehalten ist (Art. 26), wird der geistliche Generalassistent vom Heiligen Stuhl aus einem Vorschlag von drei Priestern ausgewählt und ernannt (Art. 27). Als Mitglied des Vorstandes und im Zusammenwirken mit allen anderen Priestern der Gemeinschaft ist ihm in besonderem Maße die sakramentale und geistliche Sorge um die Gemeinschaft übertragen (Art. 28). Der Vorstandsrat beruft außerdem einen Verwalter oder Ökonom, der sich um die wirtschaftlichen Belange der Gemeinschaft sorgt (Art. 33) sowie einen Sekretär, der gleichzeitig auch Archivar ist (Art. 35).

Sant' Egidio will "dem Herrn in der Lokal- und Universalkirche dienen" (Art. 1), indem sie sich um die "Evangelisierung vor allem für die der Kirche ferner Stehenden" sorgt (Art. 2) und sich in dem Dienst an den Armen sich "als Kirche aller und in besonderer Weise der Armen" versteht (Art. 3). Mit besonderem Hinweis auf Lumen gentium 23 sieht sich die Comunità zum einen mit der "eucharistischen und pastoralen Dimension der Lokalkirche" verbunden, aber auch als eine Gabe, die sie den übrigen Teilen der Ortskirche und der ganzen Kirche darbringen möchte (Art. 7).[355]

Nach nunmehr schon drei Jahrzehnten kann man diese Art der 'Ekklesiogenese' am besten so beschreiben: Die Gemeinschaft Sant' Egidio ist "eine andere Antwort der Kirche auf Armut und Unterdrückung [...] Die von der Kirche so schwer zu realisierende Inkulturation ist hier gelungen, weil die Mitglieder der Gemeinschaften nicht unter vorbestimmten rechtlichen Bedingungen zusammenfanden, sondern aus der puren Lektüre des Evangeliums, der Freundschaft ihrer Gründer und der tatsächlichen Bedürfnisse am

---

[354] So geschehen am 18. Mai 1986 - die (unveröffentlichte) Satzung liegt dem Verfasser vor.

[355] Dieses "Selbstbewußtsein" der Comunità kommt auch in dem Interview mit A. RICCARDI deutlich zum Ausdruck, wenn er auf ihre Beziehung zum Vatikan hin äußert: "Es ist offensichtlich, daß der Papst einflußreich ist. Aber wir sind doch keine Kinder. [...] Wenn der Papst uns seine väterliche Sympathie ausdrückt, dann freuen wir uns darüber. Wir wissen aber auch, daß wir unsere eigene Verantwortung tragen." In: **OSCHWALD, H.:** Bibel, Mystik und Politik. a.a.O. S. 122f

Ort."[356] Dieser treffenden Beurteilung eines Nichttheologen und Außenstehenden – H. OSCHWALD ist Auslands-Chef beim Nachrichtenmagazin FOCUS – läßt sich nur noch hinzufügen, daß die Freundschaft gerade das 'Markenzeichen' oder in unserer Sprache: die Spiritualität dieser Gemeinschaft ausmacht. Die Freundschaft, das Netzwerk an Beziehungen beschränkt sich eben nicht auf den Kernkreis, die kleine Schar derer, die sich allabendlich zum Gebet oder jeden Samstagabend zur Eucharistiefeier treffen, sondern ist geradezu das Fundament für das ganze soziale und evangelisierende Engagement dieser neuzeitlichen Jüngerinnen und Jünger Jesu. Nicht der Einsatz *für* die Armen und Unterdrückten, Rechtlosen und Ausgestoßenen, sondern die Freundschaft *mit* ihnen motiviert und inspiriert diese 'Mitarbeiterinnen und Mitarbeiter Gottes', sich mit einem sehr weitgehenden zeitlichen und materiellen Aufwand in diese Gemeinschaft und damit in die Kirche einzubringen. Auch wenn es innerhalb der Comunità Sant' Egidio keine eigene Regel gibt (wie bei Orden oder anderen geistlichen Gemeinschaften), so verpflichtet sich dennoch jedes Mitglied freiwillig, mindesten zwei Arme, Kranke, Alte, Sterbende oder Menschen, die der Hilfe bedürfen, sich als Freunde zu suchen; Grenzen dieser Zahl werden nach oben hin nicht gesetzt, aber es wird auch immer wieder betont, daß diese Beziehungen *lebbar* sein sollen, daß es dabei nicht um ein Opfer, eine Mildtätigkeit oder Patenschaft gehe, sondern um eine Begegnung von Mensch zu Mensch, um ein Werk der Barm*herz*igkeit, um eine echte Partnerschaft.

Freundschaft und Partnerschaft ist dieser Comunità auch in anderer Hinsicht von enormer Bedeutung: entsprechend der in Teil I dargelegten 'Entwicklungslogik' von Religiosität[357] kann man die Spiritualität von Sant' Egidio durchaus als eine "soziale Mystik" umschreiben. Sie verstehen sich als solche, die den Schöpfungs- und Heilswillen Gottes in dieser ihrer Lebenswelt fortführen, die durch ihr Engagement "zu Händen und Füßen Jesu Christi in dieser Welt" werden.[358] Dieses Selbstbewußtsein der Gemeinschaft Sant' Egidio kommt auch dadurch zum Ausdruck, daß sie ihren abendlichen Gebeten die Überschriften gegeben haben: *"Preghiera con i santi"* (Gebet **mit** den Heiligen) oder *"Preghiera con i poveri"* (Gebet **mit** den Armen) oder *"Preghiera con Maria"* (Gebet **mit** Maria) usw. – eine Freundschaft und Partnerschaft also, die sich nicht beschränkt auf die eigene Gemeinschaft, auf einen Kernkreis, sondern im Grunde grenzenlos sich ausbreiten soll, selbst über das Hier und Jetzt hinaus. Und dennoch läßt die

---

[356] ebd. S. 119f

[357] Vgl. Teil I, 1.2.2.2 - Seite 70 - 80

[358] In der Kirche Sant' Egidio hängt seit vielen Jahren ein Corpus Jesu ohne Hände und Füße. Er wurde zum Sinnbild der Gemeinschaft nach dem Leitwort: *Jesus hat keine Füße – wir sind seine Füße; Jesus hat keine Hände – wir sind seine Arme...*

stark an orthodoxer Tradition orientierte Liturgie viel Raum für unterschiedliche Elemente, die in das Gesamt der Spiritualität integriert sind.

Dieses Beispiel sollte verdeutlichen, wie wichtig und entscheidend eine gegenseitige Durchdringung der Reich-Gottes-Botschaft, der kontextuellen Umsetzung dieser und der Fürsorge für die Mitarbeiterinnen und Mitarbeiter der jeweiligen Gemeinschaft ist.[359] Vielleicht ist es damit gelungen, noch einmal anschaulicher werden zu lassen, daß die Verkündigung der Reich-Gottes-Botschaft nach möglichst *konkreten* Antworten auf die Nöte der Menschen verlangt, daß dazu Offenheit, Phantasie und Kreativität unabdingbar sind. Genauso wichtig, wenn nicht sogar entscheidend für das kontinuierliche Wachstum einer Gemeinschaft ist aber auch, daß hier in ganz besonderer Weise *die Sendung* (Verkündigung und Diakonie) *und die Sammlung* (Liturgie und Communio) miteinander in Beziehung gebracht werden, daß sie sich gewissermaßen gegenseitig durchdringen. Die Comunità Sant' Egidio ist (für mich) deshalb ein herausragendes Beispiel für die Rede vom "Organismus Kirche": wie das menschliche Wesen davon lebt, daß durch das Herz immer wieder Blut ausgestoßen wird bis hinein in die kleinsten Zellen und Kammern, so ist es ebenso wichtig, daß dieses Blut auch wieder gesammelt und gereinigt wird. Die Funktion des Herzens im Organismus Mensch übernimmt in dieser Organisation eben die Liturgie, die aber gerade davon lebt, daß in ihr die Erfahrungen und Erlebnisse in der Mitarbeit am Reich Gottes zur Sprache kommen.

Und schließlich sollte die Erwähnung der Verfassung von Sant' Egidio verdeutlichen, daß diese Gemeinschaft durchaus ihre Verantwortungen und Zuständigkeiten geregelt hat und nicht etwa in einem völlig paragraphenlosen, unverbindlichen Terrain sich bewegt. Die Anfrage – besonders auch an die bundesdeutschen Kirchen und Gemeinden – ist und bleibt jedoch, ob wir bereit sind, von dieser Art des Kirche-seins zu lernen. Hierzu noch einmal H. OSCHWALD: "Nirgends auf der Welt sind die Kirchen so in Paragraphenwerke geschnürt und leiden die Religionsbürokratien so sehr an Verkrustung eines wohlhabenden kirchlichen Establishments (sc.: wie hierzulande). Die unkonventionelle Praxis, Kirche zu sein (sc.: wie Sant' Egidio), könnte langfristig mehr aufbrechen als die meisten, sagen wir einmal, in diesem Sektor konkurrierenden Erneuerungsbewegungen."[360]

---

[359] Vgl. dazu Abbildung 8: Die Dreidimensionalität der Verkündigung. S. 160
[360] **OSCHWALD, H.:** Bibel, Mystik und Politik. a.a.O. S. 129

1.3 Wer handelt, der entwickelt – Die Gemeinde als 'Subjekt der Seelsorge'

Dieses Beispiel von der Comunità Sant' Egidio in Rom belegt einen Grundsatz des alltäglichen Lebens: Wer handelt, der entwickelt (sich)! In der Organisationsentwicklung gibt es dieses Leitwort auch in anderer Form: "Wer handelt, der leitet!" Aber bei der Brisanz des Themas Leitung scheint es mir angebracht, nicht vorschnell von 'Leitung' zu sprechen. Entscheidend ist vielmehr, daß dieses Handeln sich begründet in der Vision Jesu Christi vom Reich Gottes, daß die Entwicklung aus einer uns vorgegebenen Spiritualität heraus sich vollzieht, daß es sich also um eine *Gemeindeentwicklung von innen* handelt.[361] Dazu hat auch ausdrücklich das Zweite Vatikanische Konzil ermutigt und aufgefordert: Nach dessen Lehre haben sich – wie gezeigt – die Bischöfe zwar das Recht der Entscheidung vorbehalten. Aber sie haben sich damit nicht als die alleinigen Träger der Verantwortung verstanden. Vielmehr plädieren sie deutlich für ein *dialogisches* Prinzip der Entscheidungsfindung. So ermutigt das Konzil die Gläubigen, ihre *Mit*verantwortung wahrzunehmen, wenn es schreibt:

> "Ihnen (sc.: den geweihten Hirten) sollen sie (sc.: die Laien) ihre Bedürfnisse und Wünsche mit der Freiheit und dem Vertrauen, wie es den Kindern Gottes und den Brüdern in Christus ansteht, eröffnen. Entsprechend dem Wissen, der Zuständigkeit und hervorragenden Stellung, die sie einnehmen, haben sie die Möglichkeit, bisweilen auch die Pflicht, ihre Meinung in dem, was das Wohl der Kirche angeht, zu erklären... Die geweihten Hirten aber sollen die Würde und Verantwortung der Laien in der Kirche anerkennen und fördern. Sie sollen gern deren klugen Rat benutzen, ihnen vertrauensvoll Aufgaben im Dienst der Kirche übertragen und ihnen Freiheit und Raum im Handeln lassen, ihnen auch Mut machen, aus eigener Initiative Werke in Angriff zu nehmen. Mit väterlicher Liebe sollen sie Vorhaben, Eingaben und Wünsche, die die Laien ihnen vorlegen, aufmerksam in Christus in Erwägung ziehen.... Aus diesem vertrauten Umgang zwischen Laien und Hirten kann man viel Gutes für die Kirche erwarten. In den Laien wird so der Sinn für die eigene Verantwortung gestärkt, die Bereitwilligkeit gefördert. Die Kraft der Laien verbindet sich leichter mit dem Werk der Hirten. Sie können mit Hilfe der Erfahrung der Laien in geistlichen wie in weltlichen Dingen genauer und besser urteilen. So mag die ganze Kirche, durch alle ihre Glieder gestärkt, ihre Sendung für das Leben der Welt besser erfüllen." (Lumen gentium 37)

---

[361] Vgl.: **GRÜN, A. u. DUFFNER, M.:** Spiritualität von unten. MÜNSTERSCHWARZACHER KLEINSCHRIFTEN Nr. 82. Münsterschwarzach 1994. S. 30

"Es besteht in der Kirche eine Verschiedenheit des Dienstes, aber eine Einheit in der Sendung. Den Aposteln und ihren Nachfolgern wurde von Christus das Amt übertragen, in seinem Namen und in seiner Vollmacht zu lehren, zu heiligen und zu leiten. Die Laien hingegen, die auch am priesterlichen, prophetischen und königlichen Amt Christi teilhaben, verwirklichen in Kirche und Welt ihren eigenen Anteil an der Sendung des ganzen Volkes Gottes." (Apostolicam Actuositatem 2) "Zum Vollzug dieses Apostolates schenkt der Heilige Geist... den Gläubigen auch noch besondere Gaben... Aus dem Empfang dieser Charismen, auch der schlichteren, erwächst jedem Glaubenden das Recht und die Pflicht, sie in Kirche und Welt zum Wohl der Menschen und zum Aufbau der Kirche zu gebrauchen. Das soll gewiß mit der Freiheit des Heiligen Geistes geschehen, der 'weht, wo er will' (Joh 3,8), aber auch in Gemeinschaft mit den Brüdern in Christus, besonders mit ihrem Hirten." (Apostolicam Actuositatem 3)

Damit hat das Konzil – wenn auch nur implizit – vorweggenommen, was die Deutschen Bischöfe in ihrem Schreiben über den priesterlichen Dienst 1992 erstmalig explizit zum Ausdruck brachten: "die Gemeinde ist das Subjekt der Seelsorge"[362] und als solche hat sie auch ein entscheidendes Mitspracherecht. Daß dieses Postulat – aufgrund einer weitgehenden "Unbeweglichkeit von oben" wie auch "von unten"[363] – bis heute nur in begrenztem Maße eingelöst ist, kann nicht bestritten werden. Es kann allerdings auch nicht behauptet werden, daß die Einlösung solcher Optionen nur in einem Land wie Italien, die es mit den Gesetzen bekanntlich nicht so ernst nehmen wie die bundesdeutsche Bevölkerung, möglich wäre. Wenn auch noch weit von einer derartigen Verwirklichung der Reich-Gottes-Botschaft wie in Sant' Egidio entfernt, soll dennoch ein Beispiel aus der Erzdiözese Freiburg veranschaulichen, daß dialogische Entscheidungsfindungen und gemeinsam verantwortete Seelsorge nicht unmöglich sind.

1.3.1 Ein Praxisbeispiel: Das Gemeindeforum in Murg

Die Pfarrgemeinde St. Magnus in Murg hat durch ihren Beitrag ein deutliches Zeichen gesetzt, daß Seelsorge und Gemeindeleitung auch in unserem Lebensraum kein alleiniges 'Hoheitsgebiet' des Pfarrers (mehr) sein kann,

---

[362] Vgl. **SEKRETARIAT DER DEUTSCHEN BISCHOFSKONFERENZ:** Über den priesterlichen Dienst. a.a.O. S. 16; ebenso wiederholte Male in: Der pastorale Dienst in der Pfarrgemeinde. a.a.O. I.1.2; II.1.6; III.1

[363] Vgl. **KEHL, M.:** Wohin geht die Kirche? a.a.O. S. 134 - mit Verweis auf **DERS.:** Die Kirche. a.a.O. S. 438-459

sondern daß es für den Zielfindungs- und Verwirklichungsprozeß vieler Mitarbeiterinnen und Mitarbeiter bedarf, die auf diese Weise ihr Wissen und Können, ihre Zeit und Kraft zum Nutzen der Gemeinde bzw. ihrer Gemeinschaften einsetzen (können und wollen).

> "Was meinen wir, was wollen wir eigentlich, wenn wir miteinander Kirche sein wollen für die Welt von heute?" Mit dieser Fragestellung haben sich in der (3600 Katholiken zählenden) Pfarrgemeinde St. Magnus in Murg über 60 Männer und Frauen über ein Jahr lang intensiv auseinandergesetzt.[364] Inspiriert durch das Freiburger Diözesanforum wollten sie wissen, wie sie als "christliche Gemeinschaft menschlicher und glaubwürdiger den Glauben zukünftig leben" könnten. Ähnlich wie auf Diözesanebene wurden auch in Murg Kommissionen gebildet, die sich aus verschiedenen Blickwinkeln mit dieser Frage auseinandersetzen sollten. Den Interessen und Begabungen der Teilnehmerinnen und Teilnehmer folgend arbeiteten vier Kommissionen: Kommission I: Lebenssituation der Menschen in der heutigen Zeit; Kommission II: Gemeinde heute und morgen; Kommission III: Sakramentenkatechese; Kommission IV: Gottesdienst und Ökumene. Überraschend war für die Initiatoren dieses Forums, daß fast die Hälfte aller Interessentinnen und Interessenten nicht aus dem Kreis der Kerngemeinde kam, sondern aus dem Kreis derer, die man vielfach als Fernstehende bezeichnete. Daß diese Fernstehenden aber dem Kern des Glaubens oft gar nicht so fern stehen, sondern sehr interessiert daran waren, ihre eigene Lebenssituation in die Diskussionen einzubringen, konnten am Ende die Sprecherinnen und Sprecher aller Kommissionen begeistert bestätigen.

Die in der Dokumentation festgehaltenen Ergebnisse entsprechen zum Großteil der Situationsanalyse, die im 1. Teil dieser Arbeit vorgelegt wurde. Darüberhinaus zeigt diese aber auch, welche konkreten Schritte man aus einer solchen Analyse ziehen kann:

> In Murg wurde beispielsweise eine neue Konzeption für die Erstkommunion- und die Firmvorbereitung vorbereitet und erprobt. Die Feier der Erstkommunion soll darin nicht ein einmaliges Erlebnis für Kinder und ihre Eltern bzw. Verwandten sein, sondern eingebettet in eine viel breitere "Wegbegleitung". Das Ziel ist es, zusammen mit den Eltern schon viel früher den Weg der Katechese zu gehen, sie bereits in ihrer neuen Situation als Familie zu begleiten, Hilfen zur Lebensbewältigung und -gestaltung anzubieten, und so auf Dauer hin

---

[364] Eine ausführliche DOKUMENTATION dieses Prozesses kann angefordert werden bei Pfarramt St. Magnus, Kirchstr. 20, 79730 Murg, Tel.: 07763-6045; vgl. auch **NEUMANN, J.:** Offenes Haus Kirche. Das Gemeindeforum Murg. KONRADSBLATT. Wochenzeitung für die Erzdiözese Freiburg. Nr. 40/1993. S. 9-12

nicht nur punktuell – an sogenannten Lebenswenden[365] –, sondern eine Pastoral aufzubauen, die eine gewisse Kontinuität gewährleistet. Dazu wurden vielfältige Informationen eingeholt[366], Fachreferenten eingeladen, Projektgruppen initiiert usw.

Wie Vertreterinnen und Vertreter dieses Gemeindeforums bei einem Gespräch versicherten, fühlen sie sich keineswegs am Ende des Tunnels, sondern vielmehr noch mittendrin. Vieles von dem, was konzeptionell erarbeitet wurde, muß sich nun auch noch in die Praxis hinein bewähren – einiges davon wird gegebenenfalls wieder aufgegeben werden müssen. Dazu stehen auch noch einige Probleme an, die sowohl innerhalb der Pfarrgemeinde selbst geklärt werden müssen (wie zum Beispiel die Transparenz dieser Konzeption) als auch zusammen mit der Diözesanleitung. Am schwierigsten gestaltet sich dabei jedoch der 'Transformationsprozeß': die theologisch richtigen und theoretisch auch sehr guten Ideen auf die Gemeindewirklichkeit hin zu übertragen. Die Pfarrgemeinde St. Magnus hat hier – im Unterschied zu der Gemeinschaft Sant' Egidio – nicht den Bonus, jene Gläubigen in sich zu versammeln, die aufgrund einer gemeinsamen Spiritualität bzw. eines gemeinsamen Anliegens zusammenkommen, sondern sie zeichnet sich ebenso wie die meisten anderen Pfarrgemeinden dadurch aus, daß es in ihr ein sehr unterschiedliches Spektrum an 'Zugehörigkeiten' gibt.[367] Demzufolge sind auch nicht alle Glieder der Pfarrgemeinde mit dem einverstanden, was eine kleine, wenn auch repräsentative Gruppe sich ausgedacht hat. Was dem Gemeindeforum nun folgt bzw. folgen muß, ist die notwendige Transformation auf die gesamte Gemeinde hin, das heißt eine möglichst weitgehende Transparenz der Visionen und Ziele. Und genau dies erfordert erfahrungsgemäß nicht *einer* Informationsveranstaltung, sondern muß über Jahre (wenn nicht sogar Jahrzehnte) hinweg immer wieder neu bewerkstelligt werden.

Bei einem der jährlichen Revisions-Tage konnte jedoch als ein erstes Ergebnis festgehalten werden, daß das Einbeziehen vieler in die Entscheidungsfindung, was für die Seelsorge der Gegenwart und Zukunft an diesem Ort notwendend sein könnte, auch dazu geführt hat, daß viele sich bereit fanden, eine vielfältigere Pastoral mitzugestalten und mitzutragen. Die Erfahrungen des Pfarrers der Gemeinde St. Magnus, der für diesen Prozeß wohl die entscheidende Motivation und Inspiration eingebracht hat,

---

[365] Vgl. **ZULEHNER, P.M.**: Heirat Geburt Tod. Eine Pastoral zu den Lebenswenden. Freiburg ⁴1982

[366] Grundlegend für die Sakramentenpastoral war zum Beispiel **TEBARTZ VAN ELST, F.-P.**: Der Erwachsenenkatechumenat in den Vereinigten Staaten von Amerika. Eine Anregung für die Sakramentenpastoral in Deutschland. Altenberge 1993

[367] vgl. dazu Abbildung 1: Wer gehört zur "Pfarrgemeinde"? S. 24

aber ihn deshalb nicht alleine verantworten mußte, ließe sich mit folgendem Merksatz für eine gute Gemeindeleitung zusammenfassen: "Nur wer Macht und Einfluß abgibt, um eine Sache dadurch besser betreiben zu können, wird erfahren, daß er zu einem Mehr an Macht und Einfluß gelangt."[368]

Was hier in Bezug auf die Pfarrgemeinde St. Magnus in Murg (und sicher auch auf viele anderen Gemeinden) positiv formuliert ist, findet sich in der gesamten Wirklichkeit jedoch meist in negativer Form: oftmals haben die Glieder des Volkes Gottes den Eindruck, nicht ernst genommen zu werden und nur jene Ideen und Gedanken einbringen zu dürfen, die auch kirchenamtlich vorgesehen sind – so, als ob der Heilige Geist auch immer erst das Kirchenrecht befragen müsse, ob und wo er wehen darf. Viel seltener wird dem Volk Gottes zugestanden, sich eine eigene Meinung zu bilden über die Notwendigkeiten der Seelsorge in der heutigen Zeit und in dem jeweiligen Kontext, ebenso auch eine eindeutige(re) Sprache zu finden für die Verkündigung der Reich-Gottes-Botschaft und diese gemeinsame Verantwortung für die Seelsorge auch durch synodale Strukturen zu institutionalisieren. Würde ein solches Mitspracherecht auf allen Ebenen der Kirche und auch in allen Bereichen erlaubt werden – also auch bei Ämterbesetzungen, Zulassungsbedingungen zum Geistlichen Dienst u.a. –, dann könnte sich daraus eine *pluriforme Kirche* entwickeln, eine "Vielfältigkeit der Ämter wie auch eine große Freizügigkeit bei der Wahl und Auswahl derer, die sich für eine bestimmte Aufgabe eignen und bei deren Ausübung bewährten."[369] Man könnte diese mehr pragmatischen Bestandsaufnahmen, wer das 'Subjekt der Seelsorge' ist bzw. sein sollte, auch zusammenfassen in einem Sprichwort aus der sogenannten Dritten Welt, das schlichtweg besagt: *"Besser als die Hirten wissen die Schafe, wie das Gras schmeckt!"*[370]

1.3.2 Chancen und Grenzen des 'Subjektseins'

Diese empirischen Darlegungen werden auch gestützt von wissenschaftlichen Untersuchungen. Studien der bundesdeutschen CARITAS haben nämlich ebenfalls ergeben, daß selbst diejenigen Ehrenamtlichen, die sich in der Kirche und in den Gemeinden (noch) engagieren, "nicht mehr ohne wenn

---

[368] **GÄDE, E.-G. und MENNEN, C.:** Gemeinde leiten - aber wie? a.a.O. S. 53

[369] Vgl. **KÖSTER, F.:** Welche Kirche brauchen die Menschen heute? a.a.O. S. 402f

[370] zitiert nach: **BOPP, K.:** 'Die Option für die ärmere Jugend' - Eine Weichenstellung für Selbstverständnis und pastorale Praxis der Kirche. MÜNCHENER THEOLOGISCHE ZEITSCHRIFT 2/1996. S. 145-154, hier S. 154; vgl. dazu auch **KLEIN, H.:** Warum laufen den Hirten die Schafe davon, Bischof Lehmann? Interview. FAZ-MAGAZIN. Heft 684 (1993). S. 62-63

und aber 'allzeit und allseits' bereit [sind]. Sie erwarten Angebote, unter denen sie auswählen können. Sie legen Zeit und Dauer ihres Einsatzes fest. Sie wollen einen Handlungsspielraum, den sie selbst gestalten können und nicht Anweisungen Hauptamtlicher durchführen. Sie wollen mitsprechen können bei der Planung der Aufgaben und nicht Vollzugsorgan von Vorstandsbeschlüssen sein. Sie wollen ihre Interessen selbst vertreten."[371] Diese ihre Interessen, so wird an anderer Stelle erklärt, sind ihre eigenen Lebens- und Berufserfahrungen, ihre Talente und Ideen. Diese einzubringen und dabei auch das Gefühl zu haben, gebraucht und nicht benutzt oder gar ausgenutzt zu werden, fördert am meisten das Engagement der ehrenamtlichen Mitarbeiterinnen und Mitarbeiter.[372]

Dabei darf aber auch nicht übersehen werden, daß wir in unserem bundesdeutschen Kontext noch einmal eine ganz eigene Problematik zu bewältigen haben: Berufsbezeichnungen wie Pastor, Pfarrer (nicht selten auch im Sinne von 'Pfarr-Herr' verstanden), Pastoral- (oder auch Gemeinde-)referent/in implizieren allzu oft noch, daß es sich hierbei um 'Experten' und 'Expertinnen' in Sachen Pastoral handelt, die schon aufgrund ihrer fachlichen Kompetenz wissen, wo die 'saftig grünen Weiden' seien. Mit einer solchen Grundhaltung gegenüber den hauptberuflichen pastoralen Mitarbeiterinnen und Mitarbeitern wandelt sich lediglich das alte "pastorale Grundschisma": "Dem Volk steht jetzt nicht mehr so sehr der Klerus gegenüber, sondern ein Heer von Pastoralexperten. Aus der Kleruskirche wurde die Expertenkirche."[373] In einer Zeit, in der es aber nicht nur vieler und sehr unterschiedlicher Expertinnen und Experten bedarf, um das Ganze der Wirklichkeit zu verstehen (vgl. Gaudium et spes 44), sondern ebenso auch vieler Seelsorgerinnen und Seelsorger, die die Pluralität und Pluriformität unserer Gegenwart wahrnehmen und ihren eigenen Fähigkeiten und Begabungen entspre-

---

[371] **BOCK, Th.:** Ehrenamtliche gewinnen, vorbereiten und begleiten. CARITAS 97 (1996),5. S. 220-225, hier S. 221; vgl. ebenso: **PAULWITZ, I.:** Wem gebührt die Ehre? Ehrenamtliche Arbeit im Vergleich zu anderen europäischen Ländern. CARITAS 97 (1996),5. S. 226-232

[372] Vgl. **BORN, G.:** Die freiwillig sozial Engagierten. DEUTSCHER CARITASVERBAND (Hrsg.): Caritas-Werkheft 1997 Freiwilligenarbeit „Not sehen und handeln". Freiburg 1997. S. 4-11, hier S. 9; ebenso: **CARITAS-VERBAND FÜR DIE DIÖZESE TRIER e.V. (Hrsg.):** Weichenstellung Ehrenamt. SCHRIFTENREIHE DES CARITASVERBANDES FÜR DIE DIÖZESE TRIER e.V. Heft 9. Trier 1997; **WOHLFAHRT, A.:** Ehrenamtliches Engagement heute. Das theologisch-psychologische Qualifizierungskonzept für Ehrenamtliche im Altenbesuchsdienst. Würzburg 1995

[373] Vgl. **ZULEHNER, P.M., FISCHER, J., HUBER, M.:** Sie werden mein Volk sein. Grundkurs gemeindlichen Glaubens. Düsseldorf ⁵1995. S. 19-47, bes. S. 40; ebenso: **HELLER, A. u. ZULEHNER, P.M.:** Jenseits der Klerus- und Expertenkirche. ALBUS, M. u. ZULEHNER, P.M. (Hrsg.): Nur der Geist macht lebendig. Mainz 1985. S. 119-129

chend zu handeln versuchen,[374] muß ein Schisma jeglicher Art zugunsten des Dialogs und wirklicher Gemeinschaft überwunden werden.

Seelsorgliche Kompetenz beschränkt sich nämlich nicht auf jene, die kirchenamtlich eine Ordination oder Beauftragung zum Seelsorger(in)-sein bekommen haben. Diese Einstellung zum Begriff **Kompetenz**, der in früheren Zeiten als offizielle oder institutionalisierte Zuerkennung von Zuständigkeits- und Entscheidungsbefugnissen gedeutet wurde, hat sich grundlegend gewandelt: in der Gegenwart wird Kompetenz viel mehr jenen zugesprochen, die durch Ausbildung *und* Erfahrung, durch Engagement *und* persönliche Reife sich auch als kompetent erweisen. Diese "praktische, theoretische *und* natürliche Kompetenz", die man sich durch Bildung, Fleiß und Wille erarbeiten kann, wofür man aber auch ein gewisses Talent haben muß, steht unter Umständen diametral der offiziellen oder institutionalisierten Kompetenz gegenüber: "Es ist möglich," so schlußfolgert daraus F. KUHN, "daß jemand mehr offizielle oder institutionalisierte 'Kompetenz' besitzt als es der eigentlichen fachlichen und menschlichen Kompetenz entspricht und umgekehrt. Es ist damit auch möglich, daß jemand trotz fachlicher und menschlicher Kompetenz nie die entsprechende offizielle Kompetenz erhalten wird, weil er oder sie gewisse äußere Bedingungen nicht erfüllt."[375] Solche diametralen Erfahrungen von Kompetenz im Sinne von Wissen, Können und Talent und andererseits im Sinne von Zuständigkeits- und Entscheidungsbefugnis gibt es zur Genüge auch in der Industrie und Wirtschaft. In nahezu allen 'hierarchisch-geordneten' Strukturen bis hinein in den Familienalltag wird dieses Phänomen der Neuzeit heftig diskutiert, da es auch ein großes Konfliktpotential in sich birgt.[376] Deshalb sollten sich Kirche und Gemeinden nicht dazu verleiten lassen, diese Diver-

---

[374] **ERZBISCHOF DR. OSKAR SAIER**: Dem Menschen zugewandt. Gesichtspunkte zur Erneuerung der Seelsorge. FREIBURGER TEXTE. Schriftenreihe des Erzbistums Freiburg Nr. 13. Freiburg 1993: "Es ist Aufgabe des ganzen Gottesvolkes, den Ruf Jesu zur Nachfolge aufzunehmen und sein heilendes Handeln heute konkret werden zu lassen. In einem ursprünglichen Sinn ist also jeder 'Seelsorger', z.B. Mutter und Vater für ihre Kinder, Freunde untereinander, Lehrer und Erzieher für die Kinder und Jugendlichen, die ihnen anvertraut wurden, jeder, der einem Menschen zur Seite steht in seinen Nöten und Sorgen." (S. 7)

[375] Vgl. **KUHN, F.**: Die Zusammenarbeit von Priestern und hauptamtlichen Laien. LEBENDIGE SEELSORGE 6/1991 S. 345-349, hier S. 348; ebenso: **STENGER, H.**: Mehr Kompetenz - mehr Zuversicht. Ein Plädoyer für die Verwirklichung des Can. 208 CIC. LEBENDIGE SEELSORGE 1/1994. S. 14-20; **SCHAVAN, A.**: Kompetenz und Profil. Katholische Laienarbeit 30 Jahre nach dem Konzil: Ermutigung zur Subjektwerdung. STIMMEN DER ZEIT 5/1995. S. 310-320

[376] **LÜSCHER, K. u. BÖCKLE, F.**: Familie. CHRISTLICHER GLAUBE IN MODERNER GESELLSCHAFT, Band 7. Freiburg 1981. S. 87-145, speziell S. 118-126

genz als 'normal' zu verstehen und die Einsprüche und Widerstände der Mitarbeiterinnen und Mitarbeiter gewissermaßen als 'Kindereien' zu diffamieren. Vielmehr gilt es auch hier, an den 'heiligen Ursprung' *(ιερος αρχη)* zurückzukehren und sich zu fragen, wie es Jesus selbst mit der 'Kompetenz' seiner Jüngerinnen und Jünger hielt. Seine diesbezügliche Aussage war wohl damals und ist bis auf den heutigen Tag unverschämt kontrastierend:

> "Ihr aber sollt euch nicht Rabbi nennen lassen; denn nur einer ist euer Meister, ihr alle aber seid Brüder. Auch sollt ihr niemand auf Erden euren Vater nennen; denn nur einer ist euer Vater, der im Himmel. Auch sollt ihr euch nicht Lehrer nennen lassen; denn nur einer ist euer Lehrer, Christus. Der Größte von euch soll euer Diener sein."
> (Mt 23, 8-11)

So wichtig und entscheidend also auch Weiterbildung und Begleitung von ehrenamtlichen Mitarbeiterinnen und Mitarbeitern ist, um so vorsichtiger muß man aber auch damit umgehen, die Kompetenz dieser *allein* von erworbenen pastoralen Zertifikaten abhängig zu machen. Jesus zumindest hat es sich auch erlaubt, Frauen und Männer als seine Jüngerinnen und Jünger auszusenden, die in gewisser Weise allein die Kompetenz ihres eigenen Lebens wie auch die des *Mit-ihm-Seins* vorweisen konnten. Und wir wissen aus der Heiligen Schrift auch, daß nicht alle Männer und Frauen, die an der Botschaft Jesu interessiert waren, auch die Bereitschaft aufbringen wollten oder konnten, Haus und Besitz zu verlassen und ihm nachzufolgen (vgl. Mt 19,16-22).

Insofern sind auch dem Subjektsein der Gemeinden Grenzen gesetzt, die sich darin begründen, daß in einer Pfarrgemeinde – trotz eines sehr weitgehenden Kompetenzbegriffs – nicht genügend kompetente Männer und Frauen zur Verfügung stehen, um alle möglichen Aufgaben der Seelsorge zu bewältigen. Und dem hinzukommend erfährt das Subjektsein der Gemeinde auch darin seine Grenzen, daß nicht alle, die sich in der Gemeinschaft der Gläubigen engagieren *wollen*, dies auch in dem Ausmaß *können*, wie es ihnen vielleicht sogar lieb wäre. Wesentlicher Bestandteil der Kompetenz ist nämlich auch ein gewisses Zeitreservoir, diese auch zu verwirklichen. Im extremen Fall kann dies sogar bedeuten, daß eine – beispielsweise sehr kleine – Pfarrgemeinde sich darauf beschränken muß, sich *allein* im liturgischen Bereich dadurch zu profilieren, daß vielfältige Formen der Verkündigung praktiziert werden (Kinder- und Jugend- bzw. Familiengottesdienste, spezielle Andachten und Besinnungen usw.).

Wenn man nun der Vorgehensweise Jesu folgt, der seine Jüngerinnen und Jünger bevollmächtigte, an seiner Statt die Frohe Botschaft entsprechend ihren eigenen Fähigkeiten und Grenzen zu verkünden, und wenn man diesbezüglich auch die Option der Konzilsväter und das Anliegen der deutschen Bischöfe, daß die Gemeinde (immer mehr) das Subjekt der Seelsorge

werden solle, versteht, dann muß man sich auch mit den daraus resultierenden Fragen beschäftigen: Was heißt eigentlich Seelsorge in der heutigen
Zeit? Was heißt es, *eigen*verantwortlich in der Seelsorge *mit*zuwirken? Was
heißt Leitung und welche Rolle und Funktion kann in einer *kooperativen*
Gemeindeleitung dem 'amtlichen' Priester zukommen? Im weiteren Verlauf
soll also versucht werden, die Entwicklung einer neuen Gestalt von Kirche
nicht *von oben nach unten*, auch nicht *von unten nach oben,* sondern in
gewisser Weise *von innen nach außen* durchzudenken.[377] Zentraler Ausgangspunkt soll dabei sein – wie beispielsweise in Sant' Egidio und in Murg
praktiziert –, zunächst nach dem Auftrag Jesu Christi zu fragen, diesen zu
übertragen auf unsere Gegenwart und unseren (bundesdeutschen) Kontext,
und von da aus nach neuen Strukturelementen für eine *wirklich* kooperative
Seelsorge und Gemeindeleitung zu suchen.

Dabei soll und kann aber keineswegs beansprucht und erwartet werden,
eine neue oder gar allgemeingültige Ekklesiologie zu entwerfen. Ein solches
Ziel hat selbst Kardinal J. RATZINGER in Bezug auf die Weltkirche für
unmöglich gehalten.[378] Man kann dieses Urteil noch mehr differenzieren,
indem man dazulegt, daß eine solche einheitliche Ekklesio*logie* heute sogar
innerhalb einer Diözese nur schwer zu verwirklichen ist. Dazu sind die
Situationen der einzelnen Gemeinden zu unterschiedlich und zu ungleich-
zeitig. Es mag sein, daß sich irgendwann einmal die aus der Ekklesio*praxie*
hergeleiteten Wege und Modelle in eine gemeinsame Richtung zusammenfinden, zumindest wenn es gelingt, Kirche als Lehr- und Lerngemeinschaft
einer Vielzahl von kleinen, überschaubaren Gemeinschaften zu vernetzen.[379]
Und dies betrifft dann wieder die kommunikative Struktur der Kirche, mit
der sich der weitere Verlauf dieser Arbeit auseinandersetzen möchte.

---

[377] Einen ähnlichen Ansatz vertritt **ERNSPERGER, B.:** Perspektiven für die Entwicklung der
Dienste und Ämter im Volk Gottes. Anregungen aus einer Tagung. KRIEGER, W. u.
SCHWARZ, A.: Amt und Dienst. Umbruch als Chance. Würzburg 1996. S. 134-151;
ebenso: **ZAUNER, W.:** Leben und Leitung der Gemeinde. Ein Leitungsverständnis von
der Gemeinde aus gedacht. DIAKONIA 1/1996. S. 23-34

[378] Vgl. **BÜHLMANN, W.:** Wider die Resignation. a.a.O. S. 409-412. In diesem Artikel
zitiert BÜHLMANN Kardinal RATZINGER, der es noch als Professor in Tübingen (in
seinem Buch: "Das neue Gottesvolk") als negativ bewertete, daß "die römische Kirche, der
Patriarch des Abendlandes sich auf die ganze Welt ausgedehnt habe... Die römische Kirche habe sich zur Weltkirche erklärt. Das sei nicht von Gutem, das sei eine einförmige
Kirche... Es müßte, sagte er damals, das römische Patriarchat auf das Abendland beschränkt sein und Nord- und Südamerika, Afrika und Asien müßten eigene Patriarchate
werden, wie es diese im ersten Jahrtausend gab. Es müßten dies autonome Patriarchate
sein, die nur für ihren Kontinent das Richtige und Fällige entscheiden mit großer Pluriformität und Freiheit..." (S. 412)

[379] Vgl. **VORGRIMMLER, H.:** Überlegungen zum Glaubenssinn der Gläubigen. In: DIA-
KONIA Heft 6 / November 1997. S. 366-375

2   KIRCHE AUF DEM WEG
VIELFÄLTIGER VERÄNDERUNGEN

Daß die Kirche sich theologisch seit dem Zweiten Vatikanischen Konzil als eine 'Kirche auf dem Weg', als *Kirche unterwegs* und stets reformbedürftig versteht, wurde im Teil I schon ausführlich dargelegt. In Anlehnung an die Vision Jesu von Reich Gottes – und demgemäß vermutlich auch von seiner Kirche – läßt sich dieser Weg der Kirche aber noch einmal dahingehend präzisieren, daß eben *der Mensch* in seiner individuellen sozialen Lage und in all der Unterschiedlichkeit, die heute vorzufinden ist, *der Weg der Kirche* sein muß. In 'lehramtlichen Worten' ausgedrückt:

> "Da also der Mensch der Weg der Kirche ist, der Weg ihres tägli-
> chen Lebens und Erlebens, ihrer Aufgaben und Mühen, muß sich die
> Kirche unserer Zeit immer wieder neu die Situation der Menschen
> bewußt machen." (Nr. 6) "Der Mensch [...] ist der erste Weg, den die
> Kirche bei der Erfüllung ihres Auftrags beschreiten muß: er ist der
> erste und grundlegende Weg der Kirche, ein Weg, der von Jesus
> Christus selbst vorgezeichnet ist." (Nr. 10)[380]

Diese von Papst JOHANNES PAUL II. ins Wort gebrachte *Wegweisung* ergibt zusammen mit der in Teil I dargelegten Analyse für die Seelsorge der Gegenwart unumgänglich die Schlußfolgerung, daß Kirche und Gemeinden heute immer weniger mit einem *fertigen* Konzept auftreten können und dürfen[381]. Denn *den Menschen* gibt es nicht – hat es wohl noch nie in der Geschichte gegeben –, sondern nur vielfältige und vielschichtige Verwirklichungen des Menschseins. Jeder Christ und jede Christin re-*präsentiert* nur einen Aspekt von Christsein und er bzw. sie spricht demzufolge auch nur einen bestimmten Kreis von Mitmenschen an, die auf diese Art, den Glauben zu leben, aufmerksam werden. Deshalb kann und wird es in Zukunft voraussichtlich kaum noch eine Seelsorge geben, die sich nicht als "begleitende Seelsorge" im Sinne des Emmaus-Evangeliums (Lk 24, 13-35) ver-

---

[380] Vgl. **SEKRETARIAT DER DEUTSCHEN BISCHOFSKONFERENZ (Hrsg.):** Die Enzyklika Redemptor Hominis von Papst JOHANNES PAUL II. - erschienen in der Reihe: VERLAUTBARUNGEN DES APOSTOLISCHEN STUHLS Nr. 6 (1979); ebenso in der Enzyklika Evangelium vitae - erschienen in der Reihe: VERLAUTBARUNGEN DES APOSTOLISCHEN STUHLS Nr. 120 (1995). Nr. 2; vgl. dazu auch **SCHMÄLZLE, U.:** Der Mensch als Weg der Kirche. AUGENTA, A. u. VORGRIMMLER, H.: Sie wandern von Kraft zu Kraft. Kevelaer 1993. S. 221-233

[381] Vgl. **BEINERT, W.:** Wie begegnet man Fundamentalismus und Fundamentalisten? ANZEIGER FÜR DIE SEELSORGE 7/1996. S. 336-341. Hier schreibt BEINERT zusammenfassend: "Antworten geben niemals Rezepte oder Rezepturen allein, sondern die Hilfe kommt vor allem aus der Phantasie unserer Nächstenliebe. Wer unter die Räuber gefallen ist, braucht keine Doktrin, sondern einen Doktor!" (S. 341)

steht. An dieser und vielen anderen Erzählungen aus den Evangelien wird deutlich, welchen Weg Jesus 'als Seelsorger' gegangen ist:

> Jesus hat sich seinen Möglichkeiten entsprechend (!) auf die Menschen eingelassen, die ihm begegnet sind. Den beiden Emmaus-Jüngern bietet sich der Auferweckte als Wegbegleiter an, der nicht gleich mit Lehrmeinungen und Glaubensdogmen aufwartet, sondern zunächst einmal zuhört, was die anderen bewegt, was in ihnen vorgeht. Er läßt sich gewissermaßen 'auf die Schrittlänge der anderen' ein, ohne sich dadurch anzubiedern (Vers 15). Anders als in den Gleichnis von dem reichen Jüngling, der dieses Angebot Jesu zur Weggemeinschaft nicht annehmen konnte (Mt 19,16-22), lassen sich die beiden Jünger auf dem Weg nach Emmaus auf diesen unbekannten Weggefährten ein und erklären ihm ihre eigene Situation (Vers 17-24). Erst dann, als dieser ihre Situation erfaßt und zu verstanden haben glaubt, legt er auch seine Sichtweise dazu, legt den beiden Jüngern dar, worin sein eigener Glaube gründet – ausgehend von Mose und allen Propheten und all das, was in der gesamten Schrift geschrieben steht (Vers 25-27). Dadurch konnte er die Sichtweise und Perspektive erweitern und auch korrigieren, jedoch in einer Art, die dazu inspirierte, von diesem Wegbegleiter fasziniert zu sein und von ihm noch mehr wissen zu wollen (Vers 28-29). Schließlich war es jenes Ritual der Mahlgemeinschaft (vgl. Lk 22, 19.29), das ihnen vollkommen die Augen öffnete und ihnen letztendlich erschließt, wer und was ihnen in dieser Begegnung widerfahren ist: das Erleben jenes Auferweckten, der durch die Verkündigung der Reich-Gottes-Botschaft immer wieder neu zur Auferstehung gelangt und auch sie selbst ermutigt, einen Neuanfang, eine 'metanoia' zu seiner Vision hin zu vollziehen (V. 33, vgl. auch Lk 1,15: "Kehrt um und glaubt an das Evangelium"). Inspiriert und ermutigt lassen sich die Emmaus-Jünger erneut auf die "Erzählgemeinschaft" der Jüngerinnen und Jünger Jesu ein (V. 34) und beginnen – nachdem sie zunächst selbst Hörende waren – selbst zu erzählen, was sie unterwegs erlebt hatten (V. 35).

Diese "Pastoral des Emmaus-Evangeliums"[382] hat einen ganz anderen Ansatz als die heute übliche Sakramentenkatechese: hier steht die lebendige Beziehung zu Christus wie auch zwischen den Christen an erster und zweiter Stelle. Erst an dritter Stelle, "auf dem Boden gelebten Lebens (als 'Nachfolge' und Einübung in die Praxis Jesu) und des kraftvoll sich entfaltenden Evangeliums konnten die Sakramente ihr 'Zeichenhaftigkeit' und 'Wirksamkeit' entfalten." Vielleicht wäre es deshalb ehrlicher, so resümiert F. KÖSTER seine Darlegungen diesbezüglich, sich nach den grundsätzlichen

---

[382] Vgl. **SCHMÄLZLE, U.F.:** Die Steuergemeinschaft endet. a.a.O. S. 498, der in Bezug auf "begleitende Seelsorge" von dem "Pastoralkonzept des Emmausevangeliums" spricht.

Voraussetzungen für eine gelingende Pastoral zu fragen anstatt von einer "Krise der Sakramente" zu sprechen. Diese Voraussetzungen hätten sich nämlich seit der Zeit Jesu nicht verändert: "Auch dem heutigen Menschen geht es – und darin ist er dem biblischen Denken nicht fern – um Subjekt- und Personwerdung, um das ihm allein zukommende Charisma, um seine persönliche Würde und Aufarbeitung seiner Geschichte, um seine Lebens- und Glaubensgeschichte und konsequent um verantwortliche Mitbestimmung und Mitentscheidung in allen wichtigen Belangen kirchlichen und christlichen Miteinanders."[383]

Eine der wichtigsten Ent-*Scheidungen* für Kirche und Gemeinden in der heutigen Zeit ist es dabei, das eigene Profil wieder deutlich und kenntlich zu machen. Was hat Kirche bzw. diese spezielle Gemeinde dazu beizutragen, daß das Leben der Menschen in diesem Lebensraum gelingt? Es gilt also in einem gemeinsamen Zielfindungsprozeß herauszuarbeiten, welche *Auf-Ga-ben* aus dem beinahe grenzenlosen Feld der Pastoral für den jeweils eigenen Lebensraum erfüllbar sind aufgrund der *Gaben*, die der Heilige Geist – in Form von Charismen – der Kirche und den einzelnen Gemeinden darin zur Verfügung stellt. In diesem Sinne möchten auch die weiteren Ausführungen dazu helfen, das Blickfeld für die Möglichkeiten der Seelsorge in der heutigen Zeit ein wenig zu weiten.

2.1 Aufgaben der Seelsorge in der gegenwärtigen Situation

Beim oberflächlichen Blick in manche lehramtlichen Äußerungen – nicht zuletzt in die sogenannte 'Römischen Instruktionen' aus dem Jahre 1997[384] – könnte der Eindruck entstehen, Seelsorge beschränke sich nach wie vor auf die Feier der Eucharistie und die Spendung der Sakramente, was wiederum – entsprechend dem gegenwärtigen Priestermangel – Ausschlag gäbe für die Größe der Pfarreien.[385] Zweifelsohne ist und soll die Eucharistie der zentrale

---

[383] Vgl. **KÖSTER, F.**: Welche Kirche brauchen die Menschen heute? ANZEIGER FÜR DIE SEELSORGE 8/1997. S. 400-403, hier S. 401f

[384] Vgl. **SEKRETARIAT DER DEUTSCHEN BISCHOFSKONFERENZ:** Instruktionen zu einigen Fragen über die Mitarbeit der Laien am Dienst der Priester. a.a.O.

[385] Vgl. die in diese Richtung führende 'Lösung' des Erzbistums Köln, dargelegt in: **KOCH, H.**: Kurswechsel in der Gemeindepastoral des Erzbistums Köln? PASTORALBLATT 11/1994. S. 343-346; dazu auch das Votum von 56 Priestern der Erzdiözese Köln in: PASTORALBLATT 5/1995: Aus den Diözesen. S. 154-155. So äußerte sich auch bei der Dekanekonferenz der Erzdiözese Freiburg im Herbst 1994 **J. FREITAG** (entnommen aus einem unveröffentlichten Protokoll): "Die Frage des Priestermangels ist auch ein Rechenproblem. [...] Rechnerisch ergibt sich der Priestermangel aus der konstanten oder vermehrten Zahl der Gemeinden, d.h. der Verwaltungseinheiten unseres Christseins. Die

Ort bleiben, an dem die Erinnerung an die Vision Jesu Christi wie auch an seinen Sendungsauftrag vollzogen wird, wie es der Lehre der katholischen Kirche nach dem Zweiten Vatikanischen Konzil entspricht.[386] Das Konzil bezeichnet sie an mehreren Stellen als "Quelle und Höhepunkt" des ganzen christlichen Lebens und aller Evangelisation, aus der die Kirche lebt und immerfort wächst (Lumen gentium 11, 26; Presbyterorum ordinis 5). Die Frage, die zugleich zu einem Kriterium für eine veränderte Praxis werden kann, ist jedoch, ob die Art und Weise, wie die Eucharistie heute überwiegend gefeiert wird, tatsächlich als "Quelle und Höhepunkt" eines jeden christlichen Lebens erlebt wird bzw. erlebt werden kann.

Wenn man sich an dieser Stelle noch einmal die Postulate der *Sammlung und Sendung* der Kirche und der Gemeinden in Erinnerung ruft, dann hieße dies doch konsequenterweise, daß eine Eucharistiefeier *nur dann* Quelle und Höhepunkt sein kann, wenn das in ihr Gefeierte auch mit dem Leben der Christinnen und Christen korrespondiert. Mit Nachdruck weisen beispielsweise Pastoraltheologen, die sich der "Sozialpastoral" verpflichtet fühlen[387], darauf hin, daß es eine Ver*ein*fachung wäre, die Repräsentanz Jesu Christi allein auf den Bereich der Liturgie bzw. Verkündigung zu verkürzen. Vielmehr bilden die 'martyria' *und* die 'diakonia' die Grunddimensionen des christlichen und kirchlichen Selbstvollzugs. "Christologisch handelt es sich um die beiden Weisen der Realpräsenz des Auferstandenen in seiner Kirche: in den gepredigten Worten und gefeierten Zeichen der Erinnerung (am dichtesten in der Eucharistiefeier) *und* in der Begegnung mit Christus in den Kranken, Nackten, Obdachlosen (vgl. Mt 25,31-46) und überhaupt in den leidenden Menschen (vgl. Röm 8,26)."[388]

Zahlen sähen anders aus, wenn wir die Zahl der Priester oder Hauptamtlichen einmal umrechnen auf die 'Praktizierenden', unsere Gottesdienstbesucher - da haben wir heute einen besseren Quotienten als früher." Auch er plädierte sehr stark dafür, "Zentralgottesdienste" anzubieten, durch die die Gläubigen übrigens noch konkreter das "Unterwegs-sein als Volk Gottes" erleben könnten.

[386] Vgl. Lumen gentium 3, 7, 11, 26, 33; Presbyterorum ordinis 5; ebenso auch **RAHNER, K.**: Zur Theologie des Todes. QAESTIONES DISPUTATAE 2. Freiburg 1958. S. 69f; **PESCH, R.**: Wie Jesus das Abendmahl hielt. Der Grund der Eucharistie. Freiburg 1977; **CONGAR, Y.**: Der Heilige Geist. Freiburg 1982. S. 464-488 u.v.a.

[387] Vgl. **FUCHS, O. u. GREINACHER, N. u. KARRER, L. u. METTE, N. u. STEINKAMP H.**: Der pastorale Notstand. Notwendige Reformen für eine zukunftsfähige Kirche. Düsseldorf 1992; **METTE, N. u. STEINKAMP, H.**: Sozialwissenschaft und praktische Theologie. Leitfaden Theologie Band 11. Düsseldorf 1983; **METTE, N.**: Menschheit wohin? Eine Situationsanalyse der Gegenwart und biblische Visionen als Ermutigung zu Veränderungen. DIAKONIA 4/1994. S. 217-221; **KLINGER, E.**: Armut - eine Herausforderung Gottes. Zürich 1990; **GAILLOT, J.**: Eine Kirche, die nicht dient, dient zu nichts. Erfahrungen eines Bischofs. Freiburg 1990

[388] Vgl. **FUCHS, O.**: Ämter für eine Zukunft der Kirche. a.a.O. S. 34

Das Zweite Vatikanische Konzil spricht in diesem Zusammenhang immer wieder von den drei 'Koordinaten': die Diakonie, die Verkündigung und die Liturgie. Es wäre müßig und unnötig, hier breiter darüber zu diskutieren, ob man nicht auch hier besser von einer Bipolarität ausgehen sollte (wie schon an einigen Stellen in dieser Arbeit)[389] und somit einfacher davon spricht, daß die Aufgaben der Seelsorge sich gliedern in Liturgie und Gemeinschaft *(Sammlung)* einerseits *sowie* in Verkündigung und Diakonie *(Sendung)* andererseits. Viel bedeutender ist es, daß diese verschiedenen Bereiche der Pastoral, wie es K. LEHMANN formulierte, als die Grundfunktionen der Kirche wieder zu ihrer "Gleichursprünglichkeit" und "wechselseitigen Vollendung" zurückgeführt werden. Diese Grundvollzüge beinhalten gerade in ihrer Verschiedenheit die Möglichkeit, zueinander in einem inspirierenden, korrigierenden und erneuernden Verhältnis zu stehen.[390] Er betont an selber Stelle aber auch, daß "in bestimmten Gemeinden, in manchen Phasen ihres Aufbaus und in konkreten gesellschaftlichen Situationen eine verschiedene Akzentuierung dieser drei Aufgaben möglich und notwendig" sein kann. Man kann also, dem folgend, nicht erst dann von Gemeinde sprechen, wenn alle Grundvollzüge in gleichem Maße verwirklicht sind. Wenn aber "die Gleichursprünglichkeit der Lebensvollzüge wirklich ernstgenommen werden sollte, dann bedarf es zuerst einer ganz fundamentalen Vertiefung der Diakonie im Sinne der Bruderschaft und des Bruderdienstes in der Gemeinde und einer Vermittlung mit allen übrigen Tätigkeitsfeldern in Verkündigung und Gottesdienst der Gemeinde." So plädiert auch R. WALTER dafür, eine Erneuerung der Seelsorge vom diakonischen Auftrag der Kirche ausgehen zu lassen: "Helfen ist ein Urimpuls, über den sich Kirche heute auch auf einfache Weise verständlich machen kann: eine solche Sprache verstehen auch die, die sich mit der Theologie schwertun... Wenn Gemeinde heute als Gemeinschaft sichtbar wird, die Fürsorge und Beistand gewährt, die Ort der Geborgenheit und Hilfe ist, die Menschen nahe ist, ihre Ängste wahrnehmen und verstehen kann – bis zuletzt, dann steht auch die Pastoral vor einem ungeahnten Aufbruch, dann ist der 'mitgehende Gott' auch in der Mitte der Gesellschaft."[391] In die gleiche Richtung, nur etwas pointierter, drückt sich auch W. KASPER aus, wenn er schreibt: "Darum hat jede Gemeinde als Kirche vor Ort dafür Sorge zu tragen, daß Diakonie verwirklicht

---

[389] Vgl. Abbildung 4: Das Selbstverständnis der Kirche nach dem Zweiten Vatikanischen Konzil. S. 102

[390] zitiert nach: **HILBERATH, B.J.:** Zur Wirklichkeit der Gemeinde. a.a.O. S. 20; ebenso: **KARRER, L.:** Wir sind wirklich das Volk Gottes. a.a.O. S. 44-51

[391] **WALTER, R.:** Gemeinden für das Leben. Das Anliegen der Hospizbewegung und die Vision einer erneuerten Pastoral. ANZEIGER FÜR DIE SEELSORGE 5/1996. S. 233-235, hier S. 235

wird. Dies bedeutet, daß Glaube und Verkündigung wie Eucharistie und Liturgie auf Diakonie hingeordnet sein müssen. Glaube ohne Kirche ist kein christlicher Glaube. Verkündigung ohne Diakonie ist keine christliche Verkündigung. Eine Eucharistie feiernde Gemeinde, die nicht diakonisch ausgerichtet ist, drückt zwar ihren Glauben aus, aber ihr Glaube bleibt tot; sie kann letztlich Gott nicht finden, da ihr entgangen ist, daß Gott sich in den Menschen, besonders in den Armen, finden läßt."[392]

Ein anschauliches Beispiel für die Thesen bietet die Pfarrgemeinde St. Gebhard in Konstanz, die ihren Gemeindeentwicklungsprozeß gerade mit einem solchen diakonischen Impuls begann:

> Die ehemalige Bischofsstadt hat ihren Katholiken schon ein eigenes Gepräge und Selbstbewußtsein gegeben. Um so erstaunlicher ist es, daß dort ein Projekt begonnen und verwirklicht werden konnte, daß man meines Erachtens als Musterbeispiel für eine verwirklichte "Sozialpastoral" ansehen kann. Als vor wenigen Jahren im Pfarrgemeinderat und Stiftungsrat die Frage anstand, ob überhaupt und wie und wo man einen neuen Kindergarten bauen solle, brachte der neue Pfarrer, Franz SCHWÖRER, immer wieder die Frage mit in die Diskussion, für wen man dieses Projekt denn überhaupt plane. Eine genauere Sozialanalyse zeigte sehr schnell, daß die Bevölkerungsstruktur sich in den letzten Jahren vehement verändert hatte und auf Zukunft hin – die auf Pfarreigebiet stationierte Kaserne wurde aufgelöst und die freiwerdenden Wohnungen als Sozialwohnungen angeboten – noch drastischer verändern werde. Aus dem Grundsatz heraus, daß "Kirche [...] sich nicht in der Feier der Gottesdienste erschöpfen [kann], sondern aus dem Evangelium heraus Antworten auf die Frage der Zeit geben [muß]", wurde dann eine konkrete Option formuliert: "Wenn Kirche erwartet, daß Frauen ihre Kinder annehmen und nicht abtreiben, dann muß eben diese Kirche auch Orte schaffen, wo Kinder angenommen und beheimatet sind."[393] Dementsprechend reifte auch die Idee, eben nicht einen weiteren Regelkindergarten zu errichten, sondern eine Kindertageseinrichtung, die viel stärker auf die geänderten Familiensituationen eingeht.
>
> Das Ergebnis dieser Idee war das "Kinderhaus Edith Stein". Dieses unterscheidet sich von anderen Kindergärten durch eine viel breiteres Betreuungsangebot: ein Drittel der Kinder besuchen es als Regelkindergarten in der Zeit zwischen 8 und 12 Uhr sowie 14 und 16.30 Uhr; ein weiteres Drittel nutzt die Halbtagesplätze von 7 bis 14 Uhr und der Rest ganztags von 7 bis 17 Uhr. Darüber hinaus ist die Altersgrenze nicht beschränkt auf die 3 bis 6 Jährigen, sondern umfaßt

---

[392] **KASPER, W.:** Der Diakon in ekklesiologischer Sicht angesichts der gegenwärtigen Herausforderungen in Kirche und Gesellschaft. DIAKONIA 32 (1997) S. 22

[393] Vgl. **LÜCK, G.:** Stoppelhopser und wilde Kerle. Ein Träger und sein Kinderhaus. WELT DES KINDES 5/1995. S. 19-21

eine Spanne von 2 bis 10 Jährige. Dies ist gerade für die 50% Alleinerziehenden (!), die ihre Kinder im Kinderhaus angemeldet haben, eine wichtige Hilfe, da sie durch diese Flexibilität auch weiterhin ihren Beruf ausüben können. Ein ganz anderes Ergebnis dieses zwar teuren und auch nicht ohne Widerstände verwirklichten Projektes ist aber auch eine Sensibilisierung der Gemeindeglieder für die Probleme und Sorgen der Menschen in ihrem Lebensraum. "Das Kinderhaus Edith Stein", so Pfarrer Schwörer in einem Gespräch, "hat viele erkennen lassen, daß wir Kirche nicht abgeschlossen leben können und dürfen, sondern daß es gerade als Kirche und Pfarrgemeinde unsere Auf-Gabe ist, für die Menschen da zu sein." Es wird nicht überraschen, daß dieses Pastoralkonzept nicht wenige Gemeindeglieder – auch aus anderen Pfarreien – dazu gebracht hat, sich in diese Art der Pastoral einzubringen und Verantwortung zu übernehmen.

Wenn man solchen Impulsen folgt, ist es für eine christliche Seelsorge auch keine 'Unmöglichkeit an sich', daß in einer bestimmten Phase der Gemeindeentwicklung der Schwerpunkt sich auf die Diakonie verlagern kann und muß, um so die *missionarische* Dimension des Auftrags Jesu wieder mehr ins Bewußtsein zu bringen. Ein extremes, aber dennoch mögliches Beispiel bietet H. STEINKAMP, wenn er postuliert, daß beispielsweise ein Straßenfest von Christen und Türken in der gegenwärtigen Zeit "eine ebenso zentrale Lebensäußerung der Gemeinde" darstellen muß wie das sonntägliche Hochamt.[394] Andererseits kann auch die Liturgie selbst zur Verkündigung und Diakonie werden, wie W. HAUNERLAND feststellt in Bezug auf die Gottesdienste in der Zeit des Nationalsozialismus, des staatlich verordneten Atheismus im Osten Deutschlands oder in Bezug auf die Friedensgebete, die innerhalb der friedlichen Revolution in der DDR einen wichtigen Platz hatten. Ziel und Aufgabe jeder Entwicklung ist und bleibt es jedoch, alle Dimension der Seelsorge als gleichwertig und aufeinander verweisend zu erkennen und nach Möglichkeit auch zu praktizieren.

Will die Feier der Eucharistie tatsächlich "Quelle und Höhepunkt" des christlichen Lebens sein bzw. bleiben, muß sie sich von einer 'ritualisierten' Eucharistiefeier gerade dadurch unterscheiden, daß hier das Leben der Gemeinde *vor-kommen* darf und soll. Vor vielen Jahren forderte schon P. BEGUERIE, daß die Seelsorge der Liturgie besondere Aufmerksamkeit schenken müsse: "Die Liturgie muß für die Erfahrungen der Menschen Raum schaffen, so daß sie entdecken können, wer sie hier [in der Feier] sind und wer hier mit ihnen ist."[395] Sie müssen ihre Hoffnung und Freude, aber auch

---

[394] Vgl. **STEINKAMP**, H.: Diakonie - Kennzeichen der Gemeinde. Freiburg 1985. S. 42

[395] Vgl. **BEGUERIE, P.**: Liturgie und Leben. LEBENDIGE SEELSORGE 29/1978. S. 304-308; ebenso (in Bezug auf die Katechese): **ZIMMERMANN, D.**: Leben - Glauben - Feiern. Dimension eines Glaubensweges. LEBENDIGE SEELSORGE 29/1978. S. 148-149

ihre Angst und Trauer (Gaudium et spes 1) in ihr mitteilen können, damit *wirk*lich sichtbar und deutlich wird, daß so "bei der Feier der Sakramente die ganze Versammlung 'Liturge' [ist], jeder seiner Aufgabe entsprechend, aber in der 'Einheit des Geistes', der in allen handelt", wie es der Katechismus der Katholischen Kirche fordert.[396] Natürlich wird es in absehbarer Zukunft immer größere Schwierigkeiten geben, diese Feier der Eucharistie durch die immer weniger werdenden Priester zu gewährleisten. Aber vielleicht entdeckt man auch in unserem Kontext – neben dem ständigen Postulat, die Zulassungsbedingungen für die Ordination zu ändern – noch viele andere Möglichkeiten, diese zentrale Feier des christlichen Glaubens auch anders zu gestalten. Diese Diskussion auf theologischer Ebene über den Sinn und das Ziel von Wortgottesdiensten am Sonntag scheint aber mehr und mehr am konkreten Leben der Kirche und Gemeinden vorbeizugehen. Denn hier wird zunehmend viel offener und freier mit Formen und Riten umgegangen, in denen Gemeinden und Gemeinschaften auch ohne Priester miteinander feiern, daß der auferstandene Christus in ihrer Mitte gegenwärtig ist und durch sein Wort an seine Vision erinnert.[397] In einer Zeit, in der die Gottesdienstbesucher-Zahl in den meisten Gemeinden die 20%-Hürde schon weit unterschritten hat, kommt man einfach nicht umhin, sich auch Gedanken zu machen über Alternativen zur 'klassischen Eucharistiefeier'.

Daß bei einem solchen Prozeß der Ziel- und Aufgabenfindung die Eucharistiefeier am Sonntag ihren zentralen Ort behalten sollte als der Sammlungs- und Sendungspunkt der Gemeinde, kann die folgende Grafik vielleicht noch einmal besser veranschaulichen:

ZIMMERMANN, D.: Leben - Deuten - Feiern. Eine Orientierung für Katechese und Pastoral. München ³1996

[396] **ECCLESIA CATHOLICA:** Katechismus der Katholischen Kirche. München 1993. S. 324. Nr. 1144

[397] Vgl. **BOFF, L.:** Jesus Christus, der Befreier. Freiburg 1986. S. 145-157. So erzählte auch ein Pastoraltheologe bei einer Fachtagung beispielsweise, daß es in Afrika Gemeinden gäbe, die regelmäßig am Sonntag, wenn kein Priester zur Verfügung steht (und das sei auch nur drei- bis viermal im Jahr der Fall), einen schönen Gottesdienst miteinander feiern, Brot und Wein auf den Altar stellen, sich 'erinnern' an ihren Grund und ihre Quelle Jesus Christus und dann miteinander Mahl halten. Auf den Einwand hin, daß dies theologisch doch nicht möglich sei, hätte ihm eine Ordensfrau geantwortet: Das wissen wir schon, aber uns tut es gut!

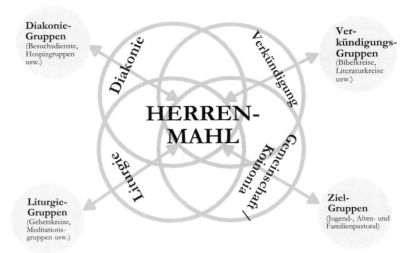

Abbildung 9: Dimensionen der Seelsorge   *Gestaltung: M. Berg / R. Vögele*

Entsprechend dieser Abbildung 9 soll hier nun auch der Versuch gewagt werden, das breite Feld der Pastoral *von außen nach innen* hin zu beschreiten. Dazu bietet sich – anlehnend an bereits erwähnte "Pastoral des Emmaus-Evangeliums" – die Dreigliederung **"Kommunikation – Kompetenz – Kooperation"** an, die auch der Titel eines Forschungsprojektes ist, das derzeit von der Abteilung für Dogmatik und Dogmengeschichte sowie dem Institut für ökumenische Forschung der katholisch-theologischen Fakultät der Universität Tübingen unter der Überschrift "Perspektiven auf dem Weg zu einer Communio-Ekklesiologie" durchgeführt wird. Damit soll dargelegt werden, welche Aufgaben der Seelsorge auf Kirche und Gemeinden zukommen könnten, wenn sie a) mit dem Menschen in ihrem Lebensraum *Kontakt suchen und kommunizieren*, wenn sie b) im Sinne Jesu – und das heißt mit der notwendigen Kompetenz – das Verhalten der Menschen gegebenenfalls auch *korrigieren* und das ihrige *dazulegen* wollen und wenn sie nicht zuletzt c) mit ihnen *kooperieren*. Es versteht sich von selbst, daß hier nicht an eine zeitliche Aufeinanderfolge der Aufgaben gedacht ist, sondern vielmehr an eine Perichorese. Aber wie jeder Weg mit dem ersten Schritt beginnt, soll auch hier mit dem Stichwort Kommunikation ein Anfang gesetzt werden.

2.1.1 Kommunikation: den Kontakt suchen und pflegen

Es wurde bereits ausführlich dargelegt, daß sich die Kirche nach dem Zweiten Vatikanischen Konzil wesentlich als *communio* versteht und sie diese auch in einem dialogischen Prozeß innerhalb der Kirche, aber auch mit der Welt verwirklicht sehen möchte.[398] Dem Duktus dieser Arbeit folgend legt es sich nun aber nahe, den Begriff *communio* nicht einfach mit Gemeinschaft, sondern eher mit dem Wort *Gemeinsamkeit* ins Deutsche zu übersetzen. Dadurch kommen nach Ansicht von B. J. HILBERATH "das wechselseitige Aufeinanderverwiesensein, die Solidarität [und] die Sozialität kirchlicher Vollzüge" besser zum Vorschein.[399] Denn Kirche und Gemeinden sollen ja nach dem Selbstverständnis des Konzils keine 'geschlossenen Gesellschaften' (mehr) sein, sondern Gemeinschaften, die in dieser und für diese Welt die Reich-Gottes-Botschaft *kommunizieren* und *organisieren*.[400] Mit anderen Worten: das Evangelium zu verkünden, bedeutet – zumindest nach der "Pastoral des Emmaus-Evangeliums" – zunächst einmal darauf zu hören, wo Gottes Geist in dieser Welt vielleicht schon längst am Werke ist, bevor Vertreterinnen und Vertreter der Kirche in Erscheinung treten.[401]

Allerdings ist auch einzugestehen, daß das Reden von einer "dialogischen" oder einer "kommunikativen Kirche" im kirchlichen Sprachgebrauch noch weitgehend ungewohnt ist. Vertrauter ist der Begriff der Evangelisierung, der allerdings auch so verstanden werden könnte, als hätten die Christinnen und Christen ihren zu evangelisierenden Mitmenschen nur eine Botschaft zu verkündigen, nicht aber auch zu hören. Eine solche Interpretation stützt sich auf das wegweisende Schreiben Evangelium Nuntiandi[402] von Papst PAUL VI., der – und dem folgend auch noch die Europäischen Bischöfe im Jahre 1991[403] – davon ausging, daß Evangelisierung immer von

---

[398] Vgl. Teil I, 2.1.6 – Seite 124-130

[399] Vgl. **HILBERATH, B.J.**: Communio hierarchica. a.a.O. S. 218

[400] Vgl. **EBERTZ, M.N.**: Kirche im Gegenwind. a.a.O. S. 145

[401] Vgl. **BOFF, L.**: Gott kommt früher als der Missionar. Neuevangelisierung für eine Kultur des Lebens u der Freiheit. Düsseldorf 1991. Vgl. dazu auch Abbildung 5: Kirche in der Welt von heute nach dem Zweiten Vatikanischen Konzil. S. 105

[402] Vgl. **SEKRETARIAT DER DEUTSCHEN BISCHOFSKONFERENZ:** Apostolisches Schreiben von Papst PAUL VI. über die Evangelisierung in der Welt von heute - erschienen in der Reihe VERLAUTBARUNGEN DES APOSTOLISCHEN STUHLS Nr. 2 (1975)

[403] Vgl. **SEKRETARIAT DER DEUTSCHEN BISCHOFSKONFERENZ:** Die Europäischen Bischöfe und die Neu-Evangelisierung Europas - erschienen in der Reihe STIMMEN DER WELTKIRCHE Nr. 32 (1991); vgl. dazu auch **FUCHS, O.**: Ämter für eine Kirche der Zukunft. a.a.O. S. 26f

überzeugten Christinnen und Christen ausgeht und sie in unterschiedlichen Schritten andere Menschen von der frohen Botschaft Jesu Christi überzeugen. Dabei soll (1) dem Zeugnis des eigenen Lebens (2) die Verkündigung des Evangeliums entsprechen, sodaß (3) der Zustimmung des Herzens auch (4) der (Wieder-)Eintritt in die kirchliche Gemeinschaft und (5) der Empfang der Sakramente folgen kann mit dem Ziel, daß (6) die so Evangelisierten selbst bereit werden zum Einsatz im Apostolat. Zwischenzeitlich wurde diese verkürzende Interpretation von Evangelii Nuntiandi von Pastoraltheologen in dem Sinn differenziert, daß man einem "Säkularisierungsparadigma" (mit dem grundlegenden Ziel, Kirchlichkeit im Sinne von treuer Mitgliedschaft mit allen erfolgversprechenden pastoralen Mitteln und Strategien zu bewahren oder wiederherzustellen) das "Evangelisierungsparadigma" gegenübergestellt hat: dessen zentrales Anliegen ist es, von einer zwar richtigen, aber praktisch folgenlosen *Verkündigung* Gottes zu einer befreienden kritischen *Praxis* zu gelangen, die bestehende Verhältnisse im Sinne Gottes verändern will. Evangelisieren bedeutet nach dieser weiteren Interpretation also in erster Linie "die Befreiung von Armut, Krankheit und Ungerechtigkeit und die Ermöglichung eines menschenwürdigen Lebens für alle Menschen."[404]

Die Evangelisierung bzw. die *communio* der Kirche zu verwirklichen beginnt also bereits damit, daß Gemeinden mit anderen Menschen den Kontakt suchen und Wege bahnen, auf denen ein Miteinander - Kommunizieren möglich wird. Für unsere gegenwärtige bundesdeutsche Situation wäre es hier zunächst einmal wichtig, daß die Glieder der Gemeinde(n) selbst miteinander ins Gespräch kommen: viele – wenn nicht die meisten – der Christgläubigen, die sich (noch) aktiv am Leben der Gemeinde beteiligen, sind heute selbst zutiefst verunsichert, welche praktischen Konsequenzen aus einem neuen Selbstverständnis der Kirche zu ziehen sind oder auch was das *Wesen*tliche der *christlich-katholischen* Botschaft heute ausmacht. Sie nehmen wahr, daß Werte, die eigentlich *genuin christlich* sind, von anderen praktiziert werden, die sich aber deshalb gar nicht als Christinnen und Christen fühlen oder bezeichnen: Beispielsweise die gesamte ökologische Bewegung, angefangen von der Partei BÜNDNIS 90/DIE GRÜNEN, die bis vor wenigen Jahren nach Ansicht von Kardinal HÖFFNER für Christinnen und Christen "unwählbar" waren, bis hin zu den bereits genannten Umwelt- und Menschenrechtsorganisationen, die in den Großkirchen nur schwer Bündnispartner finden – oder erst gar nicht suchen; sie nehmen wahr, daß Menschenrechte wie die Gleichberechtigung von Mann und Frau, eine subsidiäre Entscheidungsfindung oder partizipatorische Mitverant-

---

[404] Vgl. **BOPP, K.**: 'Die Option für die ärmere Jugend'. a.a.O. S. 148f

wortung, eine transparente Konfliktlösung in anderen Organisationen viel besser gelehrt und praktiziert werden als in der Kirche selbst.[405] Aufmerksame Christinnen und Christen können zudem feststellen, daß die in der Kirche so vielgepriesene Geschwisterlichkeit unter dem Leitwort der Solidarität außerhalb der Kirche(n) schneller, vielfältiger und entscheidungsoffener aufblüht, wie die vielen Selbsthilfe- und Solidaritätsgruppen zeigen.[406] Und nicht zuletzt wird den Kirchen und ihren Mitgliedern von den Soziologen bescheinigt, daß sie "in einem rasanten Maß das Verwaltungsmonopol auf die Religion in unserer Gesellschaft (besonders in den Städten) gründlich verloren haben. Es gibt viele religiöse Betätigung in unterschiedlichen Institutionen und Gruppen außerhalb der Kirche, verbunden mit unterschiedlichen Symbolen und Literaturen, natürlich auch, aus christlicher Perspektive gesehen, in entsprechender Ambivalenz."[407]

Das Resultat dessen ist, daß es den meisten *praktizierenden* Christinnen und Christen heute immer unklarer wird, welchen Gott sie eigentlich verkündigen können und sollen und was die entschiedene und eindeutige Option für die Vision vom Reich Gottes in ihrer Lebenswelt, bedeutet. Wenn man also mit Kardinal F. KÖNIG die Meinung teilt, daß "am Vorabend des dritten Jahrtausends... sich die gesamte Christenheit, zumindest in der westlichen Welt, in einer tiefen Krise [befindet]", dann kann man ihm ebenfalls zustimmen, wenn er als Konsequenz daraus formuliert, daß erstens "im Zeitalter der Technik und der Massenkommunikationsmittel alle Christen (mehr als bisher) dazu angeleitet werden [müssen], die menschliche Komponente jeglichen Sprechens über den, 'den alle Gott nennen' [Thomas von Aquin], zu bedenken" und daß zweitens "die durch die veränderte geschichtliche Situation neu gestellten Fragen des Glaubens, der Sittenlehre und der kirchlichen Disziplin... nur im 'Dialog' zu klären sind, wie er für das Zweite Vatikanische Konzil charakteristisch war."[408] Von daher läßt sich der Begriff und das Verständnis von Evangelisierung mit O. FUCHS noch einmal präzisieren: Die Evangelisierung macht zwar "die theologische Identität der Kirche" aus, was aber noch lange nicht heißt, "daß die realexistierende Kirche mit Evangelisierung identisch ist. Denn erstens muß man genau

---

[405] Vgl. **KARRER, L.**: Und sie bewegt sich doch... Kirche-sein in einer veränderten Welt. DIAKONIA 1/1996. S. 1-6, hier S. 5

[406] Vgl. **GABRIEL, K.**: Krise der Solidarität. Der Konflikt um den Sozialstaat und die christliche Gesellschaftsethik. STIMMEN DER ZEIT 6/1996. S. 393-402, hier S. 400; ebenso: **DROBINSKI, M.**: Weniger Egoismus als man glaubt. Das Ehrenamt steckt in der Krise, dafür blühen die neuen Freiwilligenzentren. PUBLIK-FORUM 11/1996. S. 17-19

[407] Vgl. **FUCHS, O.**: Ämter für eine Kirche der Zukunft. a.a.O. S. 78, Anm. 85

[408] **KÖNIG, F.**: Kirche auf dem Weg ins dritte Jahrtausend. STIMMEN DER ZEIT 6/1996. S. 363-371, hier S. 369f

hinschauen, ob sie das ist; und zweitens gibt es Evangelisierung auch über die Kirche hinaus, noch bevor sie den Versuch startet, ihre 'Umwelt' zu 'evangelisieren'."[409]

Wenn man also davon ausgeht, daß Evangelisierung bzw. Pastoral immer nur in einem dialogischen Prozeß verwirklicht werden kann, in einem Prozeß, in dem eben auch entdeckt werden kann, daß der Gott, der "Leben in Fülle" schenken will, schon längst *da* ist, ehe er von seinen 'Experten und Expertinnen' verkündigt werden kann,[410] dann ist es wichtig und gegebenenfalls sogar ent*scheidend*, ob man als Seelsorgerin oder Seelsorger den Menschen offen und empathisch begegnet[411], so also, daß dabei eben auch das eigene Gottesbild nicht als das *absolute* und unhinterfragbare präsentiert wird. Vielmehr muß bei einer solchen Begegnung auch möglich sein, in *johanneischer Weise* auf jenen zu verweisen, der schon da ist, bevor die Sakramente wie Taufe und Firmung gespendet werden (vgl. Joh 1,30).

Diese Problematik der 'offenen Begegnung' betrifft vor allem jene "institutionalisierten Gespräche", die vorrangig Priester, aber auch andere hauptberufliche pastorale Mitarbeiterinnen und Mitarbeiter in der Vorbereitung auf Taufe, Erstkommunion, Hochzeit usw. führen (müssen). Daß es bei einem solchen Kontakt aufnehmen und Kommunizieren Fragen gibt, die gestellt werden müssen (wie zum Beispiel beim Traugespräch), ist unausweichlich; und dennoch kann es auch hier wieder ent*scheidend* sein, mit welcher kommunikativen Kompetenz diese Gespräche geführt werden. Deshalb moniert C. SEDMAK in seinem Artikel über solche "institutionalisierten Beziehungen" ausdrücklich: "Je natürlicher, echter, unbefangener, unkontrollierter und in diesem Sinne zufälliger Tauf- und Brautgespräche etc. gestaltet werden, desto eher erreichen sie die Menschen dort, wo sie wirklich leben. Daher hängt sehr viel an der Person des Seelsorgers und der

---

[409] **FUCHS, O.:** Ämter für eine Kirche der Zukunft. a.a.O. S. 23. In diesem Zusammenhang sei auch verwiesen auf die sehr unterschiedliche Interpretation des Begriffes Evangelisierung in dem Missionsdekret Ad Gentes des II. Vatikanums und in der Enzyklika Redemptoris Missio von Papst JOHANNES PAUL II. - vgl. **COLLET, G.:** Zu neuen Ufern aufbrechen? Redemptoris Missio aus missionstheologischer Perspektive. ZEITSCHRIFT FÜR MISSIONSWISSENSCHAFT UND RELIGIONSWISSENSCHAFT 75 (1991). S. 161-175; ebd.: **WALDENFELS, H.:** Zur Ekklesiologie der Enzyklika Redemptoris Missio. S. 176-190

[410] Vgl. **KOCHANEK, H.:** Kirche und Gemeinde in der Erlebnisgesellschaft. a.a.O. S. 47; ebenso: **FUCHS, O.:** Skizze der Krise in der Pastoral. a.a.O. S. 54f

[411] Vgl. **MÜLLER, W.:** Menschliche Nähe in der Seelsorge. Sich selbst annehmen - den anderen annehmen. Mainz 1987. Oder auch **DERS.:** Intimität. Vom Reichtum ganzheitlicher Begegnung. Mainz 1989. Vgl. auch **ZERFASS, R.:** Menschliche Seelsorge. Für eine Spiritualität von Priestern und Laien im Gemeindedienst. Freiburg 1985; **MÜLLER, J.:** Die menschliche Dimension des pastoralen Dienstes. KRIEGER, W. u. SCHWARZ, A.: Amt und Dienst. Umbruch als Chance. Würzburg 1996. S. 61-72

Seelsorgerin, sie/er kann viel aufbauen, aber auch viel zerstören, denn die Art, wie wir Institutionen erfahren – und damit auch Kirche –, ist zutiefst verbunden mit Personen, die in der Kirche arbeiten und für die Kirche stehen."[412]

Den Kontakt suchen und pflegen, miteinander kommunizieren und dabei vielleicht sogar auf das 'Thema Glaube' zu sprechen kommen, ist keine leichte und leicht zu nehmende Aufgabe. Vermutlich werden es Kirche und Gemeinden in absehbarer Zeit sogar lernen, daß dies wesentlich mehr mit Gabe als mit Aufgabe zu tun hat: daß nicht weiterhin von einem Pfarrer oder von hauptberuflichen pastoralen Mitarbeitern und Mitarbeiterinnen verlangt wird, mit allen Menschen gleich gut kommunizieren zu können, sondern daß auch sie eingestehen dürfen, mit bestimmten Menschen nicht so gut zurecht zu kommen. Diese Überforderung der Hauptberuflichen ist sicher auch ein Auslöser dafür, daß immer weniger junge Menschen bereit sind, kirchliche Berufe auszuüben. Wenn Evangelisierung aber mehr im Sinne einer 'mystagogischen Seelsorge'[413] verstanden wird, die zugleich von vielen Gliedern der Gemeinde entsprechend ihren Charismen mitgetragen wird, dann dürfte auch die These erlaubt sein, daß ein solches Klima des Miteinanders, eine offene Kommunikation des Evangeliums wieder mehr Menschen ermutigt, sich auch hauptberuflich für diesen 'Dienst an den Diensten' zur Verfügung zu stellen. Denn deren primäre Aufgabe wäre es dann nicht mehr, den Gliedern der Gemeinde überwiegend nur auf einer 'funktionalen' Ebene zu begegnen. Eine evangelisierende Pastoral in dem hier gemeinten Sinn verlangt viel mehr danach, sich nach den Fähigkeiten und Leidenschaften der anderen zu erkundigen, ihnen also in gewisser Weise zu helfen, ihre je eigene Berufung zu finden und diese dann auch zu ver*wirk*lichen. Mit anderen Worten: das Anliegen einer mystagogischen Seelsorge ist es, im Gespräch miteinander zu klären, welche Charismen Gott dieser Gemeinde mit den hier lebenden Menschen schenkt und welche Aufgaben damit vollbracht werden können. Eine solche Vorgehensweise birgt

---

[412] **SEDMAK, C.:** Zur Professionalisierung der Pastoral: Institutionalisierte Beziehungen. DIAKONIA Mai 1997/3. S. 153-158

[413] Vgl. **ZULEHNER, P.M., FISCHER, J., HUBER, M.:** Sie werden mein Volk sein. a.a.O. S. 79: "Und wer einen anderen auf dem Weg zu seiner Berufung begleitet, führt ihn vor jenes Geheimnis, welches sein Leben schon immer ist, nämlich Gottes Geschichte mit ihm. [...] Das Aufspüren der Berufung ist somit ein 'mystagogischer Vorgang', führt (again) vor das Geheimnis (mysterion) unseres Lebens." Deshalb ist es unumgänglich, sich auf die Geschichte des anderen, auf seine Lebenswelt einzulassen. Ebenso: **HASLINGER, H.:** Für eine mystagogische Praxis kirchlicher Jugendarbeit. Mainz 1991; **KNOBLOCH, S. u. HASLINGER, H. (Hrsg.):** Mystagogische Seelsorge. Eine lebensgeschichtlich orientierte Pastoral. Mainz 1991; **KNOBLOCH, S.:** Wieviel ist ein Mensch wert? Einzelseelsorge - Grundlage und Skizzen. Regensburg 1993

in sich natürlich auch die Gefahr, daß viele herkömmliche Aufgaben unter Umständen nicht mehr erfüllt werden können, weil die entsprechenden Mitarbeiterinnen und Mitarbeiter sich nicht finden lassen. Andererseits besteht dadurch auch die Möglichkeit, daß neue Ideen verwirklicht werden können, die auch eigenverantwortlich von entsprechend fähigen und begeisterten Mitchristen getragen werden.[414]

Wie es die – hier bereits angeführten (Communità Sant' Egidio, St. Magnus in Murg) und noch folgenden – Beispiele zeigen, scheint dieser Weg nicht nur qualitativ, sondern auch quantitativ erfolgversprechender zu sein. Er wird auch zunehmend in vielen Bibel-, Gesprächs-, Familienkreisen gegangen, die sich als 'Erzählgemeinschaften des Glaubens' verstehen und dabei auch – falls sie sich nicht als einen 'geschlossenen Kreis' innerhalb der Gemeinde empfinden – eine solche mystagogische Seelsorge praktizieren. In einem solchen *dialogischen Leben- und Glauben-Teilen* wird erfahrungsgemäß auch bewußt, daß der Gott der Bibel gar nicht fern von unserem Leben ist, nicht nur an Grenzen oder in Krisenzeiten, an Knoten- oder Wendepunkten des Lebens, sondern auch in der Mitte und Kraft des Lebens[415] schon *verborgen* da ist, auch wenn er als solcher nicht erkannt oder benannt wurde. Denn viel zu sehr hat die Kirche in der Vergangenheit den drohenden und strafenden Gott in den Vordergrund ihrer Verkündigung gestellt. Erst in jüngerer Zeit wurde wieder mehr hervorgehoben, daß Gott auch der 'barmherzige Vater' (Lk 15,11-32), Vater und Mutter in einem ist (Jes 66,13) und daß die Glückseligkeit als Eigenschaft Gottes nicht nur besagt, daß Gott glückselig ist, sondern daß in den Glückserfahrungen des Menschen auch Gott selbst erfahren werden kann.[416] Von diesem Anliegen war auch der Entwicklungsprozeß in der Denzlinger Pfarrgemeinde St. Jakobus getragen:

> Daß eine Gemeinde eine Vielzahl von Gruppierungen und Verbänden vorzuweisen hat, ist keine Seltenheit. Aber oftmals scheitert das Gemeinde-sein daran, daß diese miteinander konkurrieren oder ihre Identität darin suchen, sich von den jeweils anderen abzugren-

---

[414] Vgl. dazu auch die Ausführungen zu Abbildung 12: Aufgaben u. Charismen. S. 221

[415] **WAHL, H.**: Sakramentenpastoral in der spätmodernen Gesellschaft. Praktisch-theologische und pastoralpsychologische Aspekte einer herausfordernden Situation. MÜNCHENER THEOLOGISCHE ZEITSCHRIFT 2/1996. S. 131-143, hier S. 141. Noch drastischer formuliert bei BONHOEFFER, D.: Widerstand und Ergebung. München-Hamburg 1966. S. 134f, wo er schreibt: "Wir müssen zu einer Überwindung jenes 'deus ex machina' kommen, den Religiösen aufmarschieren lassen, entweder zur Scheinlösung unlösbarer Probleme oder als Kraft bei menschlichem Versagen, immer also in Ausnutzung menschlicher Schwächen beziehungsweise an den menschlichen Grenzen."

[416] Vgl. **MÜLLER, W.W.**: Gratia supponit naturam. a.a.O. S. 369

zen. Diesem Trend versuchten[417] die hauptamtlichen Seelsorger der Pfarrei St. Jakobus in Denzlingen gemeinsam entgegenzuwirken, indem sie Jugendliche und Erwachsene animierten, sich auf eine neues Miteinander einzulassen. Ihre Grundannahme dabei war: Glauben und Leben lassen sich nicht voneinander trennen; wer sich auf die Suche nach Leben – gelingendem, erfülltem und sinnvollem Leben – macht, macht sich auf die Suche nach Gott. Diese Erkenntnis hat zunächst einmal die Beziehung der Seelsorger selbst verändert: das funktionale Dasein für die anderen wurde ergänzt bzw. eingeholt durch die Einstellung, miteinander – und zwar mit allen Gläubigen der Gemeinde – unterwegs zu sein. In einer Atmosphäre der Offenheit und der Vertrautheit blieben Begriffe wie Wahrhaftigkeit, Akzeptanz und Toleranz, Intimität als Vertrautheit, Wärme, Tiefe, Geborgenheit und Zuhause, und nicht zuletzt der Begriff Gefühle keine reinen Postulate oder ermunternde Gedanken, sondern wurden Wirklichkeit. Es wurde mehr und mehr klar und erlebbar: den und die anderen an-, aufzunehmen, mitzu[er-]tragen, zu be-geist-ern ist nur möglich, insofern ich mich als Seelsorgerin und Seelsorger selbst annehme, ertrage und tragen lasse. Auf diesen anderen Umgangsstil, auf diesen "neuen Geist" im Pfarrhaus wurden auch andere aufmerksam.[418]

Auf konkrete Anfragen hin wurde dann ein Glaubenskurs entwickelt, bei dem es aber nicht um Belehrung, Theoretisieren oder gar Theologisieren ging, sondern in erster Linie darum, daß die Teilnehmerinnen und Teilnehmer sich selbst erfahren, es lernen, mit sich selbst – und demzufolge auch mit anderen – gnädig umzugehen. Durch ganz verschiedene Methoden (Malen, Modellieren, Bibliodrama usw.) wurden die einzelnen Teilnehmerinnen und Teilnehmer angeleitet und begleitet, zunächst einmal die eigene Lebensgeschichte in den Blick zu nehmen. In – sich immer vertrauter werdenden – Kleingruppen wurde dann gemeinsam darauf geschaut, was den Wert des anderen ausmacht, was seine Lebensgeschichte prägte, seine Entwicklung zur Mündigkeit förderte oder auch hemmte. Dies hatte zur Folge, daß sich auch der Umgangsstil änderte: Teilnehmerinnen und Teilnehmer an solchen Glaubenskursen erzählen, daß sie viel offener für die "Spuren Gottes" im eigenen Leben und im Leben der anderen wurden, auch wenn Gott selbst gar nicht so expli-

---

[417] Die Vergangenheitsform begründet sich darin, daß Pfarrer Fricker im Sommer 1995 die Gemeinde verlassen hat, um a) an anderem Ort für sich selbst einen Neuanfang zu setzen, b) aber auch, um sein Pastoralkonzept nicht zu sehr an seine Person und Präsenz zu binden. Es bleibt abzuwarten, was "Bestand haben wird" (vgl. Kol 1,17).

[418] Vgl. **FRICKER, B.**: Ein Pfarrhaus mit offenen Türen. LEBENDIGE SEELSORGE 6/1993. S. 326ff; **WINTER, M.**: Glauben und Leben zusammenbringen. Seelsorge in Denzlingen: Hauptamtliche und Gemeinde sind gemeinsam unterwegs. KONRADSBLATT. Wochenzeitung für das Erzbistum Freiburg Nr. 40/1994. S. 22-23

zit zur Sprache kam. "Man versteht den anderen auf einmal viel besser, weil man weiß, warum er so (geworden) ist, wie er ist", so ein
Jugendlicher, der selbst an dem Glaubenskurs teilgenommen hat.

Diese Grundhaltung veränderte mehr und mehr das Leben der
Pfarrgemeinde St. Jakobus. Zwar drängen nicht alle Gruppierungen
und Verbände danach, in den eigenen Reihen einen solchen Glaubenskurs durchzuführen, aber der Stil des Miteinander-Umgehens
zog Kreise: für die Verantwortlichen in der Gemeinde sind es Er-
folgserlebnisse, wenn Erwachsene, die an einem solchen Glaubenskurs teilgenommen haben, von sich aus die Idee entwickeln und verwirklichen, andere – z.B. die Erstkommunion-Eltern – in kleinen
Gruppen zusammenzubringen und zu begleiten, oder wenn es relativ
problemlos ist, Katechetinnen und Katecheten für die Erstkom-
munion- oder Firmvorbereitung zu suchen und zu befähigen usw. Es
wird ebenso als positiv bewertet, wenn plötzlich konkurrierende
Gruppen miteinander ins Gespräch kommen, miteinander etwas unternehmen oder sogar einander aushelfen. Und nicht zuletzt prägt ein
solches Gemeindeverständnis auch die "Kultur der Liturgie": die
Vielfalt der Gemeinde findet hier zu einer Einheit, Eucharistie wird
zu einem Höhepunkt des (individuellen und gemeindlichen) Lebens
und so auch zur Strahlkraft für viele, die nicht unmittelbar an diesem
pastoralen Ansatz partizipieren.

Ein solcher Prozeß der Gemeindeentwicklung ist aber auch nur möglich,
wenn (zunächst) die hauptamtlichen Seelsorgerinnen und Seelsorger, dann
aber auch die anderen Verantwortlichen der Gemeinden sich nicht scheuen,
sich dialogisch-kommunikativ mit allen Unterschiedlichkeiten des jeweiligen Lebens und Glaubens auseinanderzusetzen, was mit einschließt, "daß
aufgrund der gesellschaftlichen Entwicklung die Seelsorgerinnen und Seelsorger selber verstärkt dazu gedrängt werden, sich bewußter ihrer eigenen
Glaubensgeschichte und ihren je eigenen religiös-kulturellen Ausdrucksformen zu stellen und zu erhellen, um sich so besser kennenzulernen und
sich klarzumachen, wer sie als Mitglieder einer Gemeinde und Kirche überhaupt sind und wie sie dazu gekommen sind."[419] Dieses Selbst-Bewußtsein
führt dann gegebenenfalls – und wie dargelegt – dazu, daß mündige Christinnen und Christen tatsächlich zu "Trägerinnen und Trägern der Pastoral"
werden, wie es Konzil und Gemeinsame Synode anstrebten.

Diese Trägerschaft der Seelsorge kann sich dann darin zeigen, daß Christinnen und Christen auf sehr phantasievolle und kreative Weise eine andere
Art der Seelsorge verwirklichen als man es bisher gewohnt war: Menschen
ganz unterschiedlicher Weltanschauungen oder Milieus werden miteinander
in Kontakt gebracht, sei es in Form eines Gemeindefestes, einer interkultu-

---

[419] **KOCHANEK, H.:** Kirche und Gemeinde in der Erlebnisgesellschaft. a.a.O. S. 46

rellen Veranstaltung, in Formen – wie es vielfach schon praktiziert wird –
von 'offener Jugend- oder Familienarbeit'. Der Paartherapeut H. JELLOU-
SCHEK macht zum Beispiel darauf aufmerksam, wie wichtig es in der heutigen Mobilitätsgesellschaft für junge Paare und Familien ist, in ihrer neuen
– unter Umständen auch nur vorrübergehenden – Wohngemeinde Entge-
genkommen und Aus-Wege aus ihrer Paar- oder Familienisolation angeboten zu bekommen. Dieses Angebot wird dadurch realisiert, daß Orte und
Möglichkeiten der Kommunikation geschaffen werden, an denen sich Mütter oder Väter mit ihren Kindern treffen können, Erfahrungen austauschen,
sich gegenseitig begleiten und trösten und daß ihnen unter Umständen von
Seiten der Pfarrgemeinde eine kompetente Begleitung angeboten wird, die
gegenwärtige Erziehungsprobleme in einen größeren Zusammenhang zu
stellen weiß. Es kann auch bedeuten, daß 'Ersatz-Omas' oder auch 'Ersatz-
Opas' sich anbieten, die zum einen in der Kinderbetreuung für Entlastung
sorgen oder auch ein wenig Verantwortung und Fürsorge übernehmen; daß
immer wieder Angebote wie Familienfeste, Erlebnisfahrten oder Familien-
kreise initiiert werden, bei denen die Familien sich kennenlernen können
und eine Atmosphäre der Vertrautheit wachsen kann, die es dann zu gegebener Zeit auch erlaubt, die eigenen Ansichten und Überzeugungen ins
Gespräch zu bringen.[420]

Was hier in Bezug auf Familien an Möglichkeiten genannt wurde, ließe
sich nun leicht auch übertragen auf die Aufgabe der Seelsorge in Bezug auf
die unterschiedlichen Milieus in der Gesellschaft, auf die verschiedenen
Gruppierungen und Glaubensgemeinschaften innerhalb der Gemeinden bis
hin zum "intergenerativen Gespräch"[421]. Es ließe sich ausweiten auf eine
Kommunikation mit den verschiedensten Institutionen innerhalb und außerhalb der Kirche, die sich um die Menschen in bestimmten Lebenssituationen
kümmern und vieles mehr. Und nicht zuletzt ist es natürlich von immenser
Bedeutung für die Glaubwürdigkeit der Kirche und Gemeinden, inwieweit
sie sich tatsächlich den Armen, Kranken, Obdachlosen, den An-den-Rand-
Gedrängten und Zu-kurz-Gekommenen unserer Gesellschaft zuwendet. Die
Versuchung, diese Aufgaben an die CARITAS oder das Sozialamt zu dele-
gieren, sind in unserem Lebensraum schon enorm hoch, zumal auch immer
wieder die Erfahrung gemacht wird, daß Hilfe in Form von Zuwendung,
Gespräch und Beheimatung gar nicht gewünscht sind. Aber ebenso wie die
Comunità Sant' Egidio nicht *alle* Obdachlosen in Rom betreuen kann und
auch erkannt hat, daß nicht alle betreut werden wollen, so muß auch in
Gemeinden – und vor allem in Großstädten – gelernt werden, durch die

---

[420] Vgl. **JELLOUSCHECK, H.:** Die Kunst als Paar zu leben. a.a.O. S. 79-95
[421] Vgl. **HOFFMANN, J.:** Menschen verschiedener Generationen entdecken einander.
BRENNPUNKT ERZIEHUNG 6 (1981) S. 1-5

Kontaktaufnahme und Kontaktpflege sich anzubieten ohne sich anzubiedern. Eine Gelegenheit, an solche willige 'Hilfsbedürftige' heranzukommen, hat in Freiburg i.br. beispielsweise der (nach eigenen Worten nicht-kirchliche, aber dennoch religiöse) Unternehmer H. ZAHNER gefunden: als Inhaber eines Lebensmittelgroßbetriebes für Frischteigwaren mit Menü-Bringdienst und Partyservice nutzt er seine beruflichen Möglichkeiten und bietet seit 1994 warme Mittagessen für Obdachlose an.[422] Dabei drängt sich (mir) natürlich gleich die Frage auf: warum sollen sich Christinnen und Christen nicht einfach solch einem Engagement anschließen? Wenn man eingesteht, daß die Kommunikation und Organisation des Evangeliums auch außerhalb der Kirche(n) vielfach geschieht, wenn auch nicht unter diesem ausdrücklichen Namen, dann ist es auch naheliegend, mit diesen engagierten Mitmenschen den Kontakt zu suchen, zu kommunizieren und gegebenenfalls auch zu kooperieren.

Andererseits können auch Kirche und Gemeinden Mitarbeiterinnen und Mitarbeitern von Dienstleistungsunternehmen Möglichkeiten zur Weiterbildung anbieten: unter dem Stichwort "Social Sponsoring" haben vier große Schweizer Unternehmen ihren (künftigen) Mitarbeiterinnen und Mitarbeiter auf der Leitungsebene empfohlen, eine Weiterbildung bei einer sozialen Institution durchzuführen. "Praktisch ging es um den Besuch bei der alten Dame im Altersheim ebenso wie um die Modifizierung der Stiftung eines Kinderdorfes, es ging um Organisations- und Finanzierungsfragen ebenso wie um den Bau eines neuen Wohnheims für MS-Kranke, es ging um die Mitwirkung in einem Jugendlager ebenso wie um die handwerkliche Arbeit in einem Berggebiet." Durch dieses Projekt sollen die Führungskräfte lernen, "ihre Rollen abzustreifen und eine neue Identität zu suchen"; sie sollen die Erfahrung machen, daß "partnerschaftlicher, zwischenmenschlicher Austausch immer etwas bringt, daß Begegnung zwischen Menschen mit unterschiedlicher Wertsetzung und Kultur bereichernd ist, daß wir alle unsere Bedürfnisse und Bedürftigkeiten spüren, aber auch unsere Stärken und Fähigkeiten, für andere etwas zu tun..." [423]

Ein weiteres Feld, über das an späterer Stelle noch einmal ausführlich gesprochen wird[424], ist die für Großstädte ganz spezielle Seelsorge: nach Bischof F. KAMPHAUS darf sich Großstadtseelsorge "nicht darin erschöpfen, in Pfarreien und in den innerkirchlichen Strukturen auf Stadtebene zu arbeiten. Sie soll Öffentlichkeitsarbeit für den christlichen Glauben leisten,

---

[422] Näher beschrieben in: **DEUTSCHER CARITASVERBAND (Hrsg.):** Caritas-Werkheft 1997 Freiwilligenarbeit „Not sehen und handeln". a.a.O. S. 34-36

[423] **DEUTSCHER CARITASVERBAND (Hrsg.):** Caritas-Werkheft 1997 Freiwilligenarbeit „Not sehen und handeln". a.a.O. S. 57-60

[424] Vgl. die Ausführungen zum Thema "Passantenpastoral" in Teil II, 2.3.1 – S. 265

damit es nicht dem Zufall überlassen bleibt, ob man auch im städtischen Kontext mit dem Evangelium in einen lebensdeutenden Austausch treten kann. Der Verkündigungsraum der Kirche ist die Stadt als Ganze. Sie muß sich einlassen auf die 'Passantenmentalität' des Städters, der Angebote unverbindlich prüfen möchte, der langfristige Bindungen scheut, der das Neue, Auffallende, Modische sucht und den nicht zuletzt eine starke 'religiöse Neugier' befällt."[425]

Mit einer solchen Grundeinstellung hat auch Bischof J. WANKE im Bereich der Liturgie gezeigt, daß ein solches Kontakt suchen und Kommunizieren auch an einem Tag wie dem 24. Dezember 1988 möglich ist:

> Wahrnehmend, daß im Vorjahr eine große Zahl mit wachsendem Unverständnis an der Eucharistiefeier am Heiligen Abend teilgenommen hatte, lud er in besagtem Jahr ein zu einem "Nächtlichen Weihnachtslob", einem in seiner Struktur sehr einfachen, aber dennoch festlich gestalteten Wortgottesdienst. Er resümiert dieses Vorgehen dahingehend, daß "mit dieser Feier eine beträchtliche Zahl von Menschen angesprochen [wurde], die der Kirche fernstehen bzw. ihrem Leben entfremdet sind. Die Feier versuchte, die Menschen dort abzuholen, wo sie sich geistlich gesehen befinden, nämlich im Vorfeld des Glaubens."[426]

Es ließe sich an dieser Stelle noch einmal tiefgreifender fragen, ob diese Menschen sich tatsächlich *nur* "im Vorfeld des Glaubens" befinden, ob sie sich tatsächlich von der Kirche entfremdet haben oder ob nicht vielmehr die Kirche sich von ihnen entfremdet hat, weil sie die Sehnsüchte der Menschen nicht versteht oder auch nicht verstehen will.[427] Jedenfalls scheint es heute notwendiger denn je, daß die Kirche und die Gemeinden sich einstellen auf Menschen, die – eben nicht nur an Weihnachten – zwar das Bedürfnis haben, mit der Kirche in Kontakt zu kommen, aber mit der Art und Weise, wie hier Liturgie gefeiert wird, nicht mehr 'anfangen' können.

Vermutlich könnten hier noch viele weitere Seiten gefüllt werden mit Beispielen, wie Gemeinden innerhalb ihrer eigenen Reihen, aber auch dar-

---

[425] Zitiert nach: **MANN, D.**: Information, Kommunikation und Seelsorge. Citypastoral am Beispiel des Frankfurter Kirchenladens. DIAKONIA 4/1997. S. 265-268

[426] Vgl. **WANKE, J.**: Weihnachtlob für Ungläubige? Ein liturgisches Experiment im Erfurter Dom am 24.12.1988. GOTTESDIENST 23/1989. S. 145-147, hier S. 146

[427] Gerade zu der Thematik ansteigender Gottesdienstteilnahme am Heiligabend zeigt nämlich **M.N. EBERTZ**: Kirche im Gegenwind. a.a.O. S. 85f auf, daß die weihnachtliche Kirchgangneigung wächst, wenn man selbst eine Familie gegründet bzw. Kinder im Haushalt wohnen hat. Dabei gehe es aber "einer großen Zahl von Gottesdienstbesuchern nicht nur oder sogar weniger um ein offizielles Bekenntnis zur Geburt und Menschwerdung des Gottessohnes, sondern auch und primär um ein latentes Interesse an der Bestätigung, Erneuerung und Überhöhung eines zentralen Ausschnitts ihrer sozialen Identität: der an Weihnachten sozusagen automatisch mitgefeierten Gründung einer Familie."

über hinaus Kontakt suchen und miteinander kommunizieren. Vermutlich ist aber mit diesem wenigen Beispielen auch schon die Intention erreicht, "zu mehr Kreativität und Phantasie [zu ermutigen], die Chancen der jeweiligen Situation und Gegenwart zu erkennen und auszuschöpfen..., zu mehr Offenheit für die Menschen, die nicht oder noch nicht zu uns gehören, aber von uns etwas erwarten. Ob wir dann davon träumen, daß sie alle *ganz* zu uns gehören, ist nebensächlich."[428] Vorrangig ist und bleibt zunächst einmal, daß wir uns als Kirche und Gemeinden einlassen auf das "*Wagnis der Bewillkommnung*, ohne die sich keine Tür öffnet, an die die zukünftige Gesellschaft anklopft." Erst dann, wenn diese offene Tür erfahren und erlebt wird und der oder die Anklopfende auch bereit ist einzutreten, kann mittels der "Sprache des Alltags" und mittels des Dialogs, der sich an der Lebensgeschichte des einzelnen orientiert, versucht werden, eine andere Perspektive, nämlich die Perspektive Gottes, und damit ein "Mehr" an dem, was die Welt allein zu bieten hat, ins Gespräch zu bringen und dadurch gegebenenfalls auch die Wirklichkeit zu verwandeln.[429] Solange empirische Untersuchungen noch den Verdacht nahelegen, daß "die Kirche ... die Menschen oft aus der Kirche heraus katechetisiert, homilisiert, ritualisiert und diakonisiert", solange müssen Kirche und Gemeinden sich verstärkt darum bemühen, ihre Seelsorge möglichst konkret bei den Menschen anzusetzen, also "kontextuell" zu verwirklichen, was ihnen von Jesus Christus her aufgetragen ist.[430] Damit ist andeutungsweise, aber hoffentlich auch richtungsweisend ausgesagt, was eine Seelsorge in der Gegenwart leisten kann und leisten muß, will sie "gesellschaftsrelevant" bleiben.[431]

Diese Gesellschaftsrelevanz – das sei hier noch einmal einschränkend ausdrücklich betont – darf jedoch nicht mißverstanden werden als 'Beliebigkeits-Seelsorge', in der alles und jede Meinung gleich-gültig ist. Entsprechend den in Teil I dargelegten Ausführungen zum Thema 'Alterität'[432] gilt es auch hier noch einmal zu betonen, daß es gerade einen großen Unter-

---

[428] **HAUNERLAND, W.:** Weltdienst im Gottesdienst. Überlegungen zur diakonischen Dimension der Liturgie. PASTORALBLATT 5/1996. S. 133-140

[429] Vgl. **KOCHANEK, H.:** Kirche und Gemeinde in der Erlebnisgesellschaft. a.a.O. S. 46-47; ebenso: **FUCHS, O.:** Skizze der Krise in der Pastoral. a.a.O. S. 49f; **KLEIN, S.:** Der tradierte Glaube in der modernen Gesellschaft. THEOLOGISCH-PRAKTISCHE QUARTALSCHRIFT 4/1995. S. 351-360; **SAUER, H.:** Abschied von der säkularisierten Welt? a.a.O.; **FÜRST, W.:** Accueil. Zu einem Schlüsselwort pastoraler Spiritualität und Lebenskultur in der französischen Kirche. DIAKONIA 1/1996. S. 57-60

[430] **VAN DER VEN, J.:** Perspektive einer kontextuellen Ekklesiologie. DIAKONIA 2/1996. S. 119-125, hier S. 125

[431] Vgl. **ROTH, R.A.:** Quo vadis Germania? Lebenschancen trotz Gesellschaftsveränderung, Wertewandel und Sinnkrisen. ANZEIGER FÜR DIE SEELSORGE 3/1996. S. 98-103

[432] Vgl. Teil I, 1.2.1 – Seite 56-60, besonders Seite 58

schied ausmacht, ob die Alterität des anderen bewußt wahrgenommen und als solche respektiert wird oder man sich gleichgültig verhält, sich – bildlich gesprochen – zurückzieht in den eigenen Schrebergarten und 'die da draußen' machen läßt, was sie wollen oder sie gar ideologisch bekämpft, weil sie sich dem einzig wahren und richtigen Glauben verschließen.[433] Wenn Seelsorge in diesem Sinne der Postmoderne verstanden wird, dann beginnt sie damit, sich in Formen der Kommunikation einzuüben, zu denen es auch gehören darf und muß, daß man die Auseinandersetzung und den Konflikt nicht scheut, sei es innerkirchlich oder auch mit der Gesellschaft.[434]

2.1.2 Kompetenz: dazulegen und korrigieren

In Erinnerung an die Vorgehensweise Jesu auf dem Weg nach Emmaus gilt es nun einen zweiten Schritt zu bedenken, der aber ebenso wie der erste Schritt der Kontaktsuche und Kommunikation mehr eine 'Grundhaltung' zum Ausdruck bringen möchte als ein zeitlich aufeinanderfolgendes Handeln. Ebenso ist es aber auch bedeutend, aufgrund der verschiedenen Interpretation des Begriffes Kompetenz[435], hier noch einmal deutlich zu machen, daß damit weniger die zugesprochene bzw. übertragene Zuständigkeits- und Entscheidungsbefugnis gemeint ist, sondern vielmehr die Fähigkeiten, das Wissen und Können, das die Glieder der Gemeinde, ob ehrenamtlich oder auch hauptberuflich, einbringen können und wollen. Es versteht sich von selbst, daß gerade hauptamtliche Mitarbeiterinnen und Mitarbeiter hier stets aufgrund ihrer Aus- und kontinuierlichen Weiterbildung einen gewissen 'Vorsprung' haben (können), besonders auch dadurch, daß sie über ein weitaus größeres Zeitreservoir verfügen wie ehrenamtliche Mitarbeiterinnen und Mitarbeiter. Aber dies darf nicht über die Tatsache hinweg täuschen, daß ausnahmslos alle Glieder der Gemeinde nicht *ortlos* sind und sein können; jeder Mensch hat seine eigene Lebensgeschichte, seine eigene Weltanschauung und demzufolge auch einen ganz eigenen, individuellen Glauben.

---

[433] Vgl. **HUTH, W.**: Glaube, Ideologie und Wahn. a.a.O. S. 72: "Mit dem Älterwerden können dann bekanntlich ganz verschiedene Entwicklungswege begangen werden: die einen gelangen durch ihren Glauben zu einer integrierenden Altersweisheit oder sie werden in einer einfachen, tiefen Weise fromm, wobei sie sich oftmals wieder an den Glauben ihrer Kindheit anschließen. Bei allzuvielen degeneriert der Glaube zu einer eingeengten, altersstarren Rechthaberei oder zu einem mehr oder minder leeren Formalismus, es sei denn, daß sie resignieren oder zu Nihilisten werden."

[434] Vgl. **SCHMITT, H.**: Einfühlungsvermögen und ekklesiale Streitkultur. In: STIMMEN DER ZEIT Heft 2 / Februar 1998. S. 118-132, bes. S. 126-130 (Empathiekompetenz und ekklesiale Streitkultur)

[435] Vgl. die Ausführungen dazu im Teil I, 1.3 – Seite 175f

"Für einen liberalen Nichtchristen z.B. ist es eventuell durchaus verständlich, warum sein Nachbar in Jesus von Nazareth seinen Erlöser sieht. Er wird sogar möglicherweise von den Frömmigkeit dieses Glaubens tief bewegt sein oder auf einer anderen Ebene ähnliche Zustände von Überzeugtheit aus eigener Erfahrung kennen. Trotzdem wird er die feste Gewißheit des anderen nicht teilen können. Ein derartiges Auseinanderklaffen von Verstehen und Gewißheit hängt weniger mit der Begrenztheit des Betrachters zusammen, als vielmehr mit dessen eigenen Gewißheiten und seiner eigenen Weltanschauung."[436] Diese eigene Weltanschauung wird geprägt von der je eigenen Lebens- und Glaubensgeschichte, davon also – wie in Teil I ausführlich dargelegt –, in welchem Milieu man sich vorrangig aufhält, welches Gottesbild (magisch, mytisch, rational usw.) die eigene Gewißheit prägt, und wie weit man selbst gekommen ist auf dem Weg zu einer 'integrierten Persönlichkeit'[437].

Neben dem beruflichen Können, das beispielsweise gerade im Bereich der Organisation und Verwaltung eingebracht werden kann, ist für eine christliche Gemeinde gerade diese Art der Kompetenz von herausragender Bedeutung, ob es ein Mensch vermag, mit der Komplexität des Lebens und des Glaubens in der Gegenwart umzugehen und im Sinne der Alterität dem jeweils anderen seinen eigenen Standpunkt und seine eigene Gewißheit zuzugestehen. Meiner Überzeugung nach entscheidet sich an dieser Haltung grundlegend die Kompetenz, die einem von anderen zuerkannt oder auch abgesprochen wird. Es ist also in der Gegenwart und Zukunft eine Unmöglichkeit, daß Priester und auch hauptberufliche pastorale Mitarbeiterinnen und Mitarbeiter *allein* kompetente Ansprechpartnerinnen und Ansprechpartner für alle möglichen Mitchristen und Mitmenschen sein können. Es bedarf vieler und dazu auch sehr unterschiedlicher Christinnen und Christen, die bereit sind, ihre Charismen – und das heißt auch ihre eigene Lebens- und Glaubensgeschichte, ihre Weltanschauung und Gewißheit – in die Gemeinschaft der Gläubigen und in den kommunikativen Prozeß mit der Gesellschaft einzubringen. Und es bedarf der Bereitschaft, daß ebendiese auch ihre ganz eigenen Erfahrungen einbringen dürfen, auch wenn diese nicht immer dem Dogma und Gesetz entsprechen.[438]

---

[436] **HUTH, W.:** Glaube, Ideologie und Wahn. a.a.O. S. 106

[437] Vgl. **SZONDI, L.:** Ich-Analyse. Die Grundlage zur Vereinigung der Tiefenpsychologie. Bern-Stuttgart 1556. SZONDI schreibt hier: "Je integrierter das Ich, um so integrierter wird auch das Glaubensobjekt sein, das von ihm gewählt wird. Je integrierter das gewählte Glaubensobjekt ist, um so größer die Wahrscheinlichkeit, daß der Glaubende mit dieser höchsten Instanz eine positive, wirksame participatio perennis zu schließen vermag." (S. 523); vgl. ebenso: **FRIELINGSDORF, K.:** Dämonische Gottesbilder und ihre Entstehung, Entlarvung und Überwindung. Mainz 1992. S. 119-155

[438] Vgl. **HUTH, W.:** Glaube, Ideologie und Wahn. a.a.O. S. 68-71

So wichtig und entscheidend für die Glaubwürdigkeit der Kirche nun eine mystagogische oder begleitende Seelsorge ist, so wichtig ist es aber auch, daß sie und die Menschen, die sie repräsentieren, vor lauter Mitgehen und Begleiten nicht den eigenen Weg und das eigene Profil verlieren. Eine Seelsorge, die sich bemühen würde, "den Bedingungen der Welt zu entsprechen, um in ihr möglichst wenig Anstoß zu erregen, [...] liefe gleichsam dem säkularisierten Menschen hinterher, um zu sagen, wie sehr doch gerade er im Recht sei, eine Erneuerung der Kirche nach seinem Bilde zu fordern. Eine solche Kirche wäre 'die zerstreute und darum die plaudernde, die schielende und darum die stotternde Kirche'."[439] Eine solche Kirche hätte bei den kritischen Menschen der Gegenwart aber sicher keine Chance anzukommen. Erwartet wird vielmehr, daß Kirche und Gemeinden auch eine "normative Kompetenz" aufweisen können, die sie aus ihrer eigenen Lehre beziehen.[440] Soll diese aber nicht losgelöst sein von der gesellschaftlichen Realität, von dem immensen Veränderungsprozeß und Wertewandel, muß Kirche auch andere Normen, gesellschaftliche oder technische, an sich herankommen lassen und sie theologisch verantwortet in die eigene Lehre integrieren. Nur so kann sie vermeiden, daß sie nicht zusehends ihre Kompetenz verliert."[441] Die Orientierung an dem gesellschaftlichen Wertwandel, aber auch die immer wieder zu vollziehende Orientierung an der Vision Jesu Christi, wird Seelsorgerinnen und Seelsorger oft auch dahin führen, Widerstand gegen die Trends der Zeit leisten zu müssen, wenn die eigene Identität nicht vollkommen aufgelöst werden soll.

Oft genug wird nämlich – gerade in der Erlebnisgesellschaft und ihren religiösen Folgeerscheinungen – nicht mehr die ganze Wirklichkeit wahrgenommen oder auch bewußt ausgeblendet. Was Glaube bedeutet, kann man letztendlich nur verstehen, wenn man auch akzeptiert, daß die ganze Wirklichkeit *sowohl* aus einer diesseitigen Natur *als auch* aus einer jenseitigen Geisteswelt besteht. Diesseitige Natur und jenseitige Geisteswissenschaften sind für sich genommen nur Halbwelten: "Die Verneinung und der Verzicht auf die jenseitige Geisteswelt mit dem gleichzeitigen einseitigen Ausharren bei der Naturwissenschaft ist genauso eine Halbierung der Allheit wie die Negation der Naturwelt und das kontinuierliche Verharren nur bei den Geisteswissenschaften."[442] Es ist offenkundig, daß die Menschen der Gegenwart sich immer noch schwer damit tun, beide Welten zusammenzubringen. Dies mag, wie J. WERBICK dargelegt hat, zum einen daran liegen, daß die

---

[439] **WINDISCH, H.:** Pastoralaporetik. a.a.O. S. 274

[440] Vgl. **KAUFMANN, F.-X.:** Religion und Modernität: sozialwissenschaftliche Perspektiven. Tübingen 1989. S. 84-87

[441] Vgl. **CAVIGELLI-ENDERLIN, Z.:** Glaubwürdigkeit der Kirche. a.a.O. S. 90

[442] **SZONDI, L.:** Ich-Analyse. a.a.O. S. 511

Kirche selbst in der Vergangenheit zu genau zu wissen vorgab, was den Menschen jenseits dieser Wirklichkeit erwartet und deshalb im Verdacht steht, *zuviel* zu versprechen, zumindest mehr, als sie halten kann, und daß sie "den Menschen zu schnell und zu oberflächlich 'moralisch' dahergekommen ist"[443]; die offenen Rechnungen, die heutige Seelsorgerinnen und Seelsorger in Form von Ablehnung oder Gleichgültigkeit, wenn es um Fragen der Transzendenz oder des Jenseits geht, unverschuldet bezahlen müssen, haben oftmals ihre eigenen Vorgänger im Amt aufgemacht. Doch kann man andererseits auch die Erfahrung machen, daß Menschen regelrecht jenseits-fanatisch sind: in esoterischen, okkulten wie auch pfingstlich-charismatischen Kreisen wird der Kontakt zu der jenseitigen Welt dermaßen bestimmend und existentiell, daß man aus psychologischer Perspektive schon wieder den Eindruck bekommen kann, hier werde das Transzendente gewissermaßen in die Welt hinein gezwungen, daß es dadurch schon wieder seine Jenseitigkeit verliert.[444] Hier eine gute Balance zu finden, zur rechten Zeit das Richtige zu sagen, gehört sicher zu den wichtigen Aufgaben der Seelsorge, die darum bemüht sein muß, wieder Vertrauen und Glaubwürdigkeit bei den Menschen zu finden.

Auch wenn man leicht dazu geneigt ist, dem (christlichen) Glauben allein die Kompetenz für Transzendenz zuzuschreiben, gibt es – in Anlehnung an die soziologische Analyse in Teil I – noch ganz andere 'diesseitige' Themenfelder, in denen von christlicher Warte aus ein Dazulegen und Korrigieren angebracht wäre: jeder Mensch macht heute mehr oder weniger die Erfahrung von Differenzen zwischen dem Schon und Noch-nicht. Immer mehr Menschen spüren in der heutigen Zeit, daß die sogenannte "Erlebnisgesellschaft" sehr vieles, aber nicht alles zu bieten hat. Sie suchen zwar nach "Glück und Sinn für das Ganze [...] in aneinandergereihten Einzelerlebnissen", aber sie spüren zugleich, daß die Selbstverständlichkeit, schöne Erlebnisse zum Sinn des Lebens zu machen, zugleich auch die Angst erzeugt, daß solche Erlebnisse ausbleiben können. Die Folge dessen ist, daß "die Gruppe der mißmutig Vergnügten wächst. Ihr Problem sind sie selbst, die Abnahme ihrer Faszinierbarkeit wächst mit der Steigerung des Reizangebotes." Wie Süchtige greifen sie nach immer mehr und haben immer weniger davon."[445] Die Frage ist nun, wie Seelsorge damit umgeht: *um-geht* sie – im wahrsten Sinn des Wortes – notwendige Gespräche, indem sie diese gegebenenfalls

---

[443] Vgl. **WERBICK, J.**: Vom Wagnis des Christseins. a.a.O. S. 124-185

[444] Vgl. **HUTH, W.**: Glaube, Ideologie und Wahn. a.a.O. S. 66; vgl. auch **HURTH, E.**: Wenn Religion ein Hit wird. a.a.O. S. 557-560

[445] Vgl. **HÖHN, H.-J.**: Sinnsuche und Erlebnismarkt. THEOLOGISCH-PRAKTISCHE QUARTALSCHRIFT 4/1995. S. 361-371

"verborgenen Sehnsüchte des Menschen"[446] *über*sieht, oder bemüht sie sich darum, aufmerksam die jeweiligen sozialen, religiösen und spirituellen Ausdrucksformen des einzelnen zu respektieren und sich darauf dialogisch-kommunikativ einzulassen. Wird eine solche Aufmerksamkeit nicht verstanden im Sinne eines 'Hüters des Gesetzes', eines Kontrolleurs, sondern wirklich als Hilfe zum Leben, kann so auch dem einzelnen Menschen geholfen werden, seine "Kontingenzerfahrungen"[447] zu bewältigen, daß heißt, damit fertig zu werden, daß im Grunde viel mehr möglich wäre als tatsächlich möglich ist und damit unter Umständen zu einer "Ambiguitätstoleranz"[448] zu finden, also zu der Fähigkeit, das Sowohl – Als-auch zu ertragen.

Christliche Seelsorge heißt also – über die Initiierung und Unterstützung von Beziehungssystemen hinaus – die Lebensentwürfe der Menschen gegebenenfalls zu ergänzen und zu korrigieren, indem sie von christlicher Seite aus und mit entsprechender Kompetenz das ihr Eigene hinzulegt, oder – wie es J. WERBICK formuliert – indem man "zusammenbringt und zusammenhält", was dem Geist Jesu entsprechend das Leben erst zu seiner ganzen Fülle bringt:

> "Zusammenbringen und zusammenhalten ist unser aller Hunger nach erfülltem Leben, unser Zugreifen nach vermeintlich oder tatsächlich notwendigen 'Lebens-Mitteln' und 'Lebens-Gütern' mit jener Vision von gerechtem Miteinanderlebenkönnen..., mit der Vision einer Gerechtigkeit, die keinen mehr zwänge oder verführte, auf Kosten anderer zu leben...
>
> Zusammenbringen und zusammenhalten wäre unser aller Streben nach 'Würde', nach Gewürdigtwerden und Wichtigsein mit der Vision eines Gewürdigtwerdens, das seinen Grund nicht in menschlichen Stärken, Leistungen und Erfolgen hat, sondern in der bedingungslosen Zuneigung dessen, der 'auf das Herz schaut' (1 Sam 16,7)...
>
> Zusammenbringen und zusammenhalten wären die Prioritäten und die Notwendigkeiten einer auf Ausbeutung und Aneignung fixierten Profit- und Erlebnisgesellschaft mit der Vision eines Lebens, das im Teilen, Mitteilen und Anteilnehmen lebendig wird, eines Zusammenlebens, das getragen ist von der Erfahrung, das Lebensentscheidende umsonst empfangen und umsonst weitergeben zu dürfen (vgl. Mt 10,8)...
>
> Zusammenbringen und zusammenhalten wäre die egozentrische Dynamik der Angst-, Endlichkeits- und Todesverdrängung mit der

---

[446] Vgl. **WIDL, M.:** Herausforderung Sehnsuchtsreligion. Neue religiöse Kulturformen und kirchliches Handeln. THEOLOGISCH-PRAKTISCHE QUARTALSCHRIFT 4/1995. S. 392-401

[447] Vgl. **MÜLLER, W.W.:** Gratia supponit naturam. a.a.O. (Anmerkung 81)

[448] Vgl. **HUTH, W.:** Glaube, Ideologie und Wahn. a.a.O. S. 203; **DERS.:** Wie kann ein moderner Mensch religiös glauben? a.a.O. S. 725

Glaubenshoffnung darauf, daß all denen, die ihre Angstabwehr-
systeme und Todesverdrängungsprojekte hinter sich zu lassen – sich
selbst zu verlassen – wagen, die Vollendung ihres Lebens von Gott
her und in Gott widerfährt. ...

Zusammenbringen und zusammenhalten wäre gewiß auch die 'Gemeinschaft der Glaubenden', wie sie sich über viele Jahrhunderte als
hierarchischer Traditionsverband und Heilsinstitution herausgebildet
hat, mit der im Neuen Testament vorgebildeten Vision einer geschwisterlichen Weggemeinschaft von Jesus-Jüngern und Jesus-
Jüngerinnen, die – ihm nachfolgend – dem Nahekommen der Gottes-
herrschaft auf der Spur bleiben wollen."[449]

Auf diese Weise kann Seelsorge *kon-kret* (von *'con-creare'*) werden, es
kann zusammen*wachsen*, was auf den ersten Blick vielleicht gar nicht oder
nur schlecht zusammenzugehen schien: die Vision vom Reich Gottes mit
der Lebenswirklichkeit der Menschen, die Sehnsüchte der 'Nicht-Zufriede-
nen' mit der gelebten *communio* der Kirche bzw. Gemeinde usw. Für die
Seelsorge in den Gemeinden kann dies bedeuten, jene Menschen zusammenzubringen und – wenn auch nur für eine vorrübergehende Zeit – zu-
sammenzuhalten, die (noch) an einem Gespräch 'über Gott und die Welt'
interessiert sind (beispielsweise Eltern der Erstkommunikanten, die sich
dabei auch austauschen können über ihre eigenen Erfahrungen mit Gott und
der Kirche); oder jene Menschen, die sich engagieren wollen für Frieden,
Gerechtigkeit und die Bewahrung der Schöpfung, sei es in einer Umweltor-
ganisation oder auch in einem Eine-Welt-Kreis. Es kann zur Folge haben,
Menschen verschiedener Generationen im Gespräch zusammenzuführen
(beispielsweise innerhalb der Vorbereitung auf die Firmung) oder auch
Gläubige mit sehr unterschiedlichen Kirchenbildern (beispielsweise sogenannte 'Traditionalisten' und 'Progressive') in der Hoffnung, daß auch hier
das Verständnis füreinander wächst. Es können Trauernde zusammenge-
bracht werden mit jenen, die das Charisma des Tröstens haben, Arme mit
Wohlhabenden usw. Und es könnte auch möglich sein, jene neue Religiosität der Medien mit der Glaubensüberzeugung der (katholischen) Kirche
zusammenzubringen, sei es in Besprechungen von besonderen Filmen, die –
wie gezeigt wurde – oft nicht nur 'Spurenelemente' christlicher Spiritualität
aufweisen. Sogar das Zusammenbringen von Pastoral bzw. Liturgie und
Techno-Veranstaltungen hält O. DUMKE für möglich, da ebendiese Frei-
zeitbeschäftigung "ein enormes Engagement und eine intensive Identitäts-
suche der Jugendlichen [zeige]. Techno enthält in diesem Zusammenhang
auch 'religiöse Äquivalenzen' und drückt die Sehnsucht der Jugendlichen

---

[449] Vgl. **WERBICK, J.**: Vom Wagnis des Christseins. a.a.O. S. 114-117

aus."[450] Dieses von J. WERBICK gemeinte Zusammenbringen und Zusammenhalten kann schließlich ja auch bedeuten, daß man die pseudoreligiösen Motive der Werbung im gemeindlichen Bildungswerk oder auch im Gottesdienst zur Sprache bringt und dort auf den eigenen Horizont hin deutet. Oder ist es ganz und gar unmöglich, das Motto der 'Merci-Werbung' (*"Merci, daß es dich gibt...!"*) mit der christlichen Spiritualität zusammenzubringen? So können nicht nur die Gemeinden zeigen, daß sie die Wirklichkeit um sich herum wahrnehmen,[451] sondern sie können auch die Welt, in der sie leben, mit ihrer Botschaft und einer gemeinsamen Sprache eventuell besser erreichen. Hinter all diesen Beispielen – die sicherlich auch wieder ergänzungsbedürftig sind, aber auch nur die Phantasie und Kreativität der Verantwortlichen in den Gemeinden anregen wollen – steckt zusammenfassend das Plädoyer, daß sich die bisherige Pastoral, die sich weitgehend auf die Sakramentenkatechese konzentrierte (und dabei wieder vorrangig die Katechese zur Erstkommunion und Firmung), der Ergänzung bedarf durch eine verstärkte Erwachsenenkatechese. Die Sprache und die Glaubensinhalte sind – wie am Beispiel von 1 Kor 13,11 gezeigt wurde[452] – möglicherweise grundverschieden zu jenen im Kindes- und Jugendalter. Deshalb müßte Erwachsenen nach der sogenannten 'Stabilitätsphase' die Möglichkeit geboten werden, sich noch einmal intensiv mit dem Glauben auseinanderzusetzen. Vermutlich wird es auf Kirche und Gemeinden in Zukunft immer mehr zukommen, daß ihnen auch Menschen begegnen, die bisher noch gar nichts mit dem Glauben an Gott *anfangen* konnten, weil sie von ihrer Lebenswelt keinerlei religiöse Sozialisation erfahren haben. Eine solche Erfahrung kann man ja heute schon weitgehend bei Erstkommunikanten und Firmanden machen, denen beispielsweise die katholische Liturgie bis zum Beginn der Katechese völlig fremd ist.

Gerade weil aber die zentrale Feier des Glaubens, die Eucharistie, sowie viele andere Formen der Liturgie, ein wichtiger und entscheidender Ort ist, wo auch solch eine dazulegende und korrigierende Seelsorge praktiziert wird bzw. werden kann, wird in nicht wenigen Gemeinden Wert darauf gelegt, daß die Liturgie – und so auch die Eucharistiefeier – von vielen mitgestaltet und mitgetragen wird. Gemeinden, in denen beispielsweise der Dienst der Verkündigung nicht allein dem Priester überlassen und zugemu-

---

[450] **DUMKE, O.:** Techno-Veranstaltungen - ein neues Freizeit-Erlebnis. Über die Verbindung von Techno und Christentum. DIAKONIA 4/1997. S. 251-256, hier S. 256

[451] Vgl. **WERBICK, J.:** Vom Wagnis des Christseins. a.a.O. S. 87-93; vgl. auch **LIPPERT, P.:** Begegnung mit anderen Kulturen und Religionen. Evangelisieren beginnt mit der Präsenz. PASTORALBLATT 3/1996. S. 67-77; **JELLOUSCHECK, H.:** Die Kunst als Paar zu leben. a.a.O. S. 137-147

[452] Vgl. Teil I, 1.2.2.2 – Seite 70-80

tet wird, erleben unterschiedliche Ausdrucksweisen und Deutungen des Glaubens durch unterschiedliche Predigerinnen und Prediger als bereichernd für das gesamte Gemeindeleben. Nach den römischen Instruktionen aus dem Jahre 1997 ist die Predigt innerhalb der Eucharistiefeier zwar allein dem ordinierten Priester oder Diakon vorenthalten, weil es nach Ansicht der Kurie dabei "nicht um eine eventuell bessere Gabe der Darstellung oder ein größeres theologisches Wissen [gehe], sondern vielmehr um eine demjenigen vorenthaltene Aufgabe, der mit den Weihesakrament ausgestattet wurde."[453] Aber diese Einschränkung wird (und kann) erfahrungsgemäß durch reichlich Phantasie und Kreativität derart gering gehalten (werden), daß auch Gemeinden mit einem im Predigtdienst etwas weniger kompetenten Priester nicht an der 'Monokultur der Verkündigung' zugrunde gehen (müssen).[454] Anstelle sich nun über Maßen – wie es unserem deutschen Rechtsempfinden entspricht – über solche Destruktionen aufzuregen, sollte von Seiten der Gemeinden und ihrer Mitarbeiterinnen und Mitarbeiter vielmehr erkannt werden, wieviele Chancen zur qualitativen Verbesserung der Seelsorge darin liegen, wenn Glieder der Gemeinde zunehmend bereit sind, Menschen in ihrer jeweiligen Lebenssituation seelsorglich und liturgisch zu begleiten.

Beispielsweise ist es an einigen Orten heute bereits normal, daß die Seelsorge bei Sterbenden und Trauernden bis hin zur liturgischen Leitung der Begräbnisfeier von nichtgeweihten Seelsorgerinnen und Seelsorgern wahrgenommen wird. Nicht selten ist es gerade in diesem Bereich die Kompetenz, das heißt das Einfühlungsvermögen, die Zuwendung und die persönlich gestaltete Trauerfeier, die anfängliche Skeptikerinnen und Skeptiker mehr und mehr verstummen läßt. Vielleicht geht es gerade auf diesem Feld der Seelsorge gar nicht mehr so lange, bis die Gemeinden erkennen, daß dieses originäre Amt der Gemeinde – wie in Holland beispielsweise schon viele Jahre praktiziert – auch von kompetenten ehrenamtlichen Gliedern der Gemeinde wahrgenommen werden kann. Darüberhinaus soll aber auch eigens erwähnt werden – um wiederum nicht den Eindruck zu stärken, Kirche sei erstzuständig für den Tod und das Leben nach dem Tod –, daß es viele andere Bereiche der Seelsorge gibt, in denen nichtgeweihte Laien ihre

---

[453] Vgl. **SEKRETARIAT DER DEUTSCHEN BISCHOFSKONFERENZ:** Instruktionen zu einigen Fragen... a.a.O. S. 21

[454] Mit diesen 'Umgehungen des Gesetzes' wird allerdings auch eine Konfliktlösung umgangen: von der Organisationsentwicklung aus betrachtet ist es ja gerade destruierend und kontraproduktiv, solche Kompetenzen, wie sie in den vielen hauptberuflichen pastoralen Mitarbeiterinnen und Mitarbeitern in unseren bundesdeutschen Diözesen vorhanden sind, brach liegen zu lassen. Man muß sich hier schon fragen, welche theologischen oder psychologischen Argumente es rechtfertigen, die eigenen Mitarbeiterinnen und Mitarbeiter dermaßen zu demotivieren.

Kompetenzen einbringen und zu den Weltanschauungen der Menschen das Ihrige dazulegen und dadurch vielleicht sogar einiges korrigieren können: beispielsweise der große Bereich der Kranken(haus)seelsorge oder die vielen anderen (Mit-)Gestaltungen an den 'klassischen Knotenpunkten' des Lebens wie Geburt, Erstkommunion, Heirat usw. Im Gespräch mit den sogenannten Ritendesignern[455] wird deutlich, daß es zunehmend auch ganz neu entstehende "Riten" gibt wie beim Schulanfang, bei der Verlobung, bei besonderen Jubiläen bis hin zu Segensfeiern zu besonderen Anlässen, die auch von Gemeinden mitgestaltet werden könnten.[456] Damit könnte der Tatsache Rechnung getragen werden, daß sich die Einstellung zu Riten, Ritualen und Gottesdiensten grundlegend gewandelt hat: "Wo früher nach Gültigkeit des Ritus gefragt wurde und nach der strengen Einhaltung detaillierter Vorschriften, geht es heute viel stärker um die Frage, ob die Gottesdienste lebensnah sind und ob sie mitvollzogen werden können."[457]

Vermutlich wird den Gemeinden in Zukunft noch viel mehr zugemutet und zugetraut, weil die zurückgehenden personellen und finanziellen Ressourcen eine 'Versorgung' durch hauptberufliches Personal gar nicht mehr in dem bisher gewohnten Maße ermöglichen. Für eine Gemeindeentwicklung wäre es auf jeden Fall zukunftsweisend, wenn die Kirche auch amtlicherseits solche 'Kompetenz-Ressourcen' nicht nur wahrnehmen, sondern auch fördern würde und wenn es vermieden werden würde, davon zu sprechen, daß es sich bei alledem nur um "Notlösungen" handelt. Seelsorge in dem hier dargelegten Sinn ist allenfalls dann als eine Notlösung zu verstehen, wenn damit zugegeben wird, daß so tatsächlich die *Not gelöst* und der Weg der Kirche in die Zukunft nur *gemeinsam* gegangen werden kann.

Damit ist nun auch eine Brücke geschlagen zum dritten Feld der Seelsorgsaufgaben, das unter der Überschrift Kooperation behandelt werden soll.

2.1.3 Kooperieren: das Miteinander strukturieren

Wenn nun einige oder gar viele Glieder der Gemeinde bereit sind, sich auf eine solch verstandene Seelsorge einzulassen und für einzelne Bereiche Verantwortung zu übernehmen, dann müssen aber auch Strukturen geschaffen sein bzw. werden, in denen dieses Miteinander verwirklicht werden

---

[455] Vgl. Teil I, 1.2.3 – S. 89

[456] Vgl. **GERBERT, F.:** Rituale - Stützmauern der Seele. Über die neuen Zeremonien, Riten und Bräuche. FOCUS vom 25.03.1996; vgl. auch Anmerkungen 201 – Seite 89

[457] Vgl. **WALTER, M.:** Zwischen Ritual und Aufbruch. Nachdenklich-Praktisches zur Feier unserer Gottesdienste.. GOTTESDIENST 16/17 - 1997. S. 121-127

kann; Strukturen, durch die *eigen*verantwortliche Mitarbeiterinnen und Mitarbeiter in Kontakt miteinander sind und bleiben. Damit ist nun auch schon gekennzeichnet, daß dem Begriff Kooperation hier eine andere Bedeutung zukommt als beispielsweise im Kirchenrecht. Wird darin von *cooperari* gesprochen, so ist damit eine Teil*nahme* an der "Ausübung von Leitungsgewalt" im Sinne von mitwirken oder mithelfen gemeint, nicht im Sinne von echter Partizipation, also Teil*habe* an der Leitung selbst. Dazu sind nach Canon 129 § 1 nur "diejenigen befähigt, die die heilige Weihe empfangen haben". Im Zusammenhang mit dem Begriff Kooperation ist die kirchliche Sprache allerdings nicht konsequent: so hat eine sehr eingehende Untersuchung des Canon 129 § 2 CIC/1983 von B. LAUKEMPER-ISEN-BERG beispielsweise ergeben, daß sich die Kanonisten keineswegs einig sind, inwieweit nicht auch eine Partizipation an der Leitungsgewalt von Seiten der Laien möglich wäre.[458] Deshalb ist auch in Bezug auf den Begriff Kooperation Vorsicht geboten: es ist auch hier in einem Dialog zu klären, ob und was die kirchliche Sprache konkret darunter verstanden wissen will. Sollen der "Geist des Konzils" und die "Zumutungen des Zweiten Vatikanischen Konzils" an die Christinnen und Christen, wie es Bischof K. KOCH ausdrückte,[459] ernstgenommen werden, wäre es auch an der Zeit, das Kirchenrecht in dem Sinne zu korrigieren, daß darin eindeutige Aussagen in Bezug auf die Kooperation – nämlich im Sinne der Partizipation von Laien – zu finden sind.[460]

Demnach müßte eine *echte* Kooperation aber auch konkrete Strukturveränderungen zur Folge haben. Das heißt, daß der Bischof beispielsweise eigenverantwortliche Aufgaben und entsprechende Entscheidungskompe-

---

[458] Vgl.: **LAUKEMPER-ISERMANN, B.:** Zur Mitarbeit von Laien in der bischöflichen Verwaltung. Rechtliche Möglichkeiten der Anwendung des can. 129 § 2 CIC. MÜNSTE-RISCHER KOMMENTAR ZUM CODEX JURIS CANONICI Beiheft 16. Essen 1996; ebenso: **LEHMANN, K.:** Die Sorge der Kirche für die Pfarrgemeinde. Die Bedeutung von Can. 517 § 2 für die Planung der künftigen Seelsorge. DERS.: MAINZER PERSPEKTI-VEN. Wort des Bischofs 1. Mainz 1995. S. 121-129, hier S. 125

[459] vgl. Anmerkung 233 – S. 106

[460] Die Kanonistin LAUKEMPER-ISERMANN (vgl. Anmerkung 458) kommt in ihren Untersuchungen zwar zu dem Ergebnis, daß "auf der Grundlage des allgemeinen Rechtes eine Beauftragung von Laien mit Akten, die in den Bereich der bischöflichen Leitungsgewalt fallen, nicht grundsätzlich ausgeschlossen, sondern vielmehr möglich erscheinen" (S. 88). Mit dieser Formulierung wird aber auch schon deutlich, daß hier eine gängige Praxis beschrieben, sondern lediglich eine Empfehlung ausgesprochen wird: "Letztlich bleibt es somit den klug abzuwägenden Entscheidungen jeder einzelnen Diözansleitung überlassen, ob sie entsprechend qualifizierte Laien – Männer wie Frauen – als Verantwortliche [...] einsetzen will." (S. 89)

tenzen auch an sogenannte 'Laien' überträgt.[461] Denn oftmals scheitert eine echte Kooperation auf der Ebene einer Pfarrgemeinde, weil eine echte Gleichberechtigung nicht gegeben ist. Diejenigen, die sich ehrenamtlich in der Pfarrgemeinde engagieren, werden meistenfalls 'nur' als Mitarbeiterinnen und Mitarbeiter *des Pfarrers*, nicht aber als Mitarbeiterinnen und Mitarbeiter *Gottes* angesehen. Genau dies ist aber eine der "Zumutungen des Zweiten Vatikanischen Konzils", das sich darin an seinen 'heiligen Ursprung' erinnert hat.[462]

In diesem Zusammenhang gilt es dann ganz dringend auch den Begriff **'Amt'** zu klären, der in vielen Diskussionen für ein heilloses Durcheinander sorgt: "Eine Differenzierung zwischen wandelbaren, durch soziokulturelle Gegebenheiten (mit-)bestimmten, heute teilweise überlebten Strukturen des Amtes einerseits und dem bleibenden Auftrag des Weihe-Amtes sowie dem unwandelbaren Sendungsauftrag des Gottesvolkes und der dabei wahrzunehmenden Dienste andererseits ist überfällig. Eine neue Sozialgestalt der Kirche, wie sie theologisch aufgrund der Communio-Ekklesiologie, soziologisch aufgrund veränderter Gesellschaftsstrukturen und pastoral aufgrund immer spezialisierterer und vielfältigerer Aufgaben erforderlich erscheint, ist von Vatikanum II keineswegs ausgeschlossen, sondern sogar gefordert worden (Lumen gentium 1.28)... Eine Erweiterung und Differenzierung des weithin noch sazerdotialen Amtes (bzw. des Ordo) müßte dessen überkommene Totalzuständigkeit und -tätigkeit auffächern..."[463] Wenn also Kirche, wie M. KEHL es schreibt, "nicht mehr einseitig als Amtskirche bzw. als 'Kirche des (hierarchischen) Amtes' wahrgenommen werden [will], müßte sie sowohl das Bewußtsein der *gemeinsamen Verantwortung* aller Glaubenden für das Leben der Kirche stärken wie auch die in den synodalen Gremien eröffneten Möglichkeiten der *Partizipation* an allen wichtigen Entscheidungsprozessen ausbauen."[464]

Ein gangbarer Weg dazu könnte es sein, daß man mit S. KNAEBEL unter dem Begriff 'Amt' die gesamte Heilsökonomie versteht, das heißt der ewige Heilsratschluß Gottes, in Christus die Welt zur Heilsgemeinschaft mit sich zu führen, und daraus folgert, "die gesamte Kirche wegen der Heilsbotschaft, die sie verkündet, als Trägerin des Amtes zu bezeichnen." Wenn man also davon ausgeht, daß die Kirche insgesamt Amt *ist* und der Heilige

---

[461] Vgl. dazu auch die noch folgende Diskussion um den Canon 517 § 2 in Teil II, 2.2.3.2 – S. 240ff

[462] Vgl. 1 Kor 3,9; 1 Thess 3,2; 3 Joh 8; Apostolicam actuositatem 16 und 33

[463] **SCHOLL, N.:** Amt, praktisch-theologisch. LEXIKON FÜR THEOLOGIE UND KIRCHE. Band 1. Freiburg ³1993. S. 555

[464] Vgl. **KEHL, M.:** Amtskirche. LEXIKON FÜR THEOLOGIE UND KIRCHE. Band 1. a.a.O. S. 567

Geist über alle ausgegossen ist, auf daß jeder und jede an seinem bzw. ihrem Platz mit seinen bzw. ihren Fähigkeiten am Fortschritt der Kirche sich beteilige, dann ergeben sich daraus zwei Folgen: "1. Das Amt kann nicht allein aus dem Weiheamt abgeleitet werden; 2. Das Amt der Kirche ist nicht auf die Befähigungen und Aufgaben der Gläubigen reduzierbar."[465] *Das Amt* wäre demnach vielmehr die Gesamtheit der Aufgaben und Befugnisse, die der Kirche und den Gemeinden aus dem Auftrag bzw. der Vision Jesu Christi von Reich Gottes zukommen.[466] Alle Christinnen und Christen, die auf ihre je eigene mögliche Weise den Auftrag Jesu Christi zu erfüllen suchen, sind dementsprechend 'Amtsträgerinnen' und 'Amtsträger': sie tragen entsprechend ihren je eigenen Fähigkeiten, Kompetenzen und Ausbildungen das Amt der Gemeinde, also die Erfüllung des Heils- und Weltauftrages, indem sie sich als Seelsorgerinnen und Seelsorger in Verkündigung, Gottesdienst und Diakonie den Menschen zuwenden.[467] Kirchenrechtlich wäre es sogar schon möglich, diese Amtsträgerschaft so weit auf mehrere Trägerinnen und Träger zu verteilen, daß auch Nichtgeweihte mit der Wahrneh-

---

[465] **KNAEBEL, S.**: Die Beteiligung am Amt durch Weihe oder Beauftragung. LEBENDIGE SEELSORGE 4-5/1995. S. 203-205, hier S. 203; ebenso **BÖHNKE, M.**: Die Zukunft der priesterlosen Gemeinden. Eine kirchenrechtliche Betrachtung des Canon 517 § 2 CIC/1983. THEOLOGIE DER GEGENWART 38 (1995). S. 162-178, hier S. 170

[466] Vgl. **FAHRNBERGER, G.**: Überraschende konziliare Neuansätze im kirchlichen Gesetzbuch in den Normen über Pfarrei und Pfarreiseelsorge. PAARHAMMER, H. u. RINNER-TALER, A. (Hrsg.): Scientia Canonum. München 1991. S. 293-322. Nach FAHRNBERGER fällt die Hirtensorge einer Pfarrei "nicht zusammen mit der physischen Person des Pfarrers, sondern ist eine selbständige Wirklichkeit, ein Amt, ein durch kirchliche Anordnung auf Dauer eingerichteter Dienst, der der Wahrnehmung eines geistlichen Zweckes dient." (S. 295); **HOHEISEL, K.**: Amt, allgemein. LEXIKON FÜR THEOLOGIE UND KIRCHE. Band 1. a.a.O. S. 543f; ebenso: **MENKE, K.-H.**: Das eine Amt und die Vielfalt der Berufungen. PASTORALBLATT 4/1996. S. 99-109; **ZULEHNER, P.M.**: Das geistliche Amt des Volkes Gottes. Eine futurologische Skizze. HOFFMANN, P. (Hrsg.): Priesterkirche. a.a.O. S. 195-207

[467] Ein anschauliches Bild, das dieses Amtsverständnis eventuell transparent machen kann, ist der "Himmel", der in den meisten Pfarrgemeinden bei Flurprozessionen durch die Dörfer und Städte getragen wird: wenn man diesen Himmel einmal gleichsetzt mit dem gesamten Auftrag, der von Jesus Christus der Kirche bzw. den Gemeinden zukommt, also dem "Amt der Gemeinde", dann ist es leicht verständlich zu machen, daß vor wenigen Jahrzehnten noch dieser Himmel von den geweihten Priestern alleine getragen werden konnte. Sie allein, Pfarrer und Kapläne, konnten den gesamten Heilsauftrag der Kirche, die Spendung der Sakramente, verwirklichen. Nicht nur im Zuge des zunehmenden Priestermangels, sondern mehr noch aufgrund der fast grenzenlosen Vielfältigkeit und Vielschichtigkeit unserer Gesellschaft waren aber immer mehr "Himmelsträger/innen" notwendig – sei es in der Katechese, in der Liturgie, Verwaltung o.ä. Insofern ist das "Amt der Gemeinde" auch nur in dem Maße tragbar, in dem sich auch Mitarbeiterinnen und Mitarbeiter finden (lassen), die bereit sind, entsprechend ihren eigenen Fähigkeiten an einer – oder auch mehreren – Stelle(n) dieses Amt, diesen Himmel mitzutragen.

mung von Hirtenaufgaben beauftragt werden können (vgl. Can. 517 § 2)[468], mit der Spendung der Taufe (Can. 861) und der Assistenz bei der Eheschließung (Can. 1112). Im Unterschied zu den Verantwortlichen im Bistum Basel jedoch, die sich darüber hinausgehend bereits mit klaren Gesetzesüberschreitungen in Bezug auf die Krankensalbung, die Spendung des Bußsakramentes und einer "*stimulatio sacramenti*" in Bezug auf Wortgottesfeiern mit Kommunionspendung befassen müssen[469], läßt es hierzulande schon aufhorchen, wenn entgegen der Bestimmung von Can. 530 n. 5 zunehmend Pastoral- und Gemeindereferentinnen und -referenten mit der Leitung der Begräbnisfeier beauftragt werden. Wenn man jedoch die Entwicklung der letzten Jahrzehnte auch in der Bundesrepublik Deutschland in den Blick nimmt, kann man wohl davon ausgehen, daß sich in dem kommenden Jahren auch bei uns noch sehr viel verändern wird. Diese Veränderungen könnten aber auch gezielter in eine vorgegebene Richtung gelenkt werden, wenn man sich entschließen könnte, *ein*deutiger die jeweiligen Begriffe zu benutzen. Dazu müßte nicht nur der Begriff "Amt" gereinigt werden von seiner sazerdotialen Engführung, sondern auch Klarheit geschaffen werden, was man unter Kooperation versteht.

Nach diesen Ausführungen ist vielleicht auch deutlich geworden, weshalb bei dem Stichwort Kooperation nur selten an das Zusammenwirken mit nichtkirchlichen Institutionen gedacht wird: die Begriffsunklarheiten bergen in sich schon so viel Konfliktstoff, daß man innerkirchlich vor lauter 'Kreisen um sich selbst' den Blick nach außen nicht mehr wahrnimmt. Dabei lädt gerade unsere bundesdeutsche Situation, nämlich ein ausgeprägter "Sozialstaat" zu sein, in besonderer Weise dazu ein, sich nach "Bündnispartnern" umzuschauen. In gewisser Weise tragen auch alle Sozialämter die "Option für die Armen" auf ihren Fahnen; Vereine und Verbände möchten auch – wenn auch nicht unter dem Zuspruch und Anspruch Gottes – eine "Option für die Gemeinschaft" (Communio) verwirklichen; eine Fülle an nichtkirchlichen Organisationen setzt sich ein für die Bewahrung und den Frieden in der 'Einen Welt' und unterstützt so die dem Christentum aufgetragene "Option für die Schöpfung". Die Liste ließe sich auch noch eine ganze Weile weiterführen. Die Abbildung 9: Dimensionen der Seelsorge (S. 186) kann das hier Gemeinte sicher noch einmal veranschaulichen.

---

[468] Vgl. die ausführlichere Diskussion dazu in Teil II, 2.2.3.2 – S. 240-246

[469] Vgl. **GERBER-ZEDER, J.:** Laientheolog(inn)en: Ein kirchliches Amt ohne sakramentale Beauftragung. SCHWEIZERISCHE KIRCHENZEITUNG 164 (1996). S. 186-191

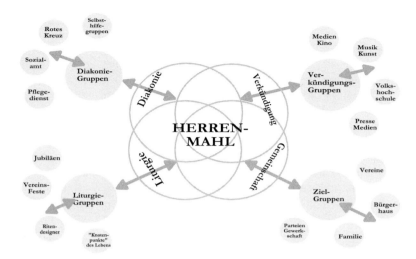

Abbildung 10: Dimensionen der Kooperation in der Welt von heute

Gestaltung: M. Berg u. R. Vögele

Kooperation kann sich in der gegenwärtigen gesellschaftlichen Situation nicht mehr beschränken auf innerkirchliche Dienste. Es gilt abzuklären, wer mit welcher Kompetenz welchen Dienst übernehmen kann und – von Seiten der Kirche – inwieweit eine gegenseitige Ergänzung (beispielsweise mit den freiwilligen Pflegediensten) sinnvoll und möglich ist, um nicht nur die funktionale, sondern auch die menschliche bzw. christliche Dimension zu verwirklichen.

Kooperation wird hier also verstanden als das Miteinander *eigenständiger* Dienste. Wieder zurückkommend auf die Ebene einer Pfarrgemeinde scheint es mir aber auch noch bedeutsam zu betonen, daß dieser Begriff nicht zugleich 'ideologisiert' werden darf. Es gibt auch innerhalb der Kirche und der Gemeinden Aufgaben, die nicht der Kooperation bedürfen, bei denen es allein wichtig ist, daß ein Mann oder eine Frau der Gemeinde diese oder jene Funktion ausübt.[470] Es muß demnach immer wieder neu geprüft werden, wer mit wem in Kontakt treten und bleiben muß, wer wem welche Informationen zukommen lassen muß und welche Entscheidungen in wel-

---

[470] Vgl. **SCHMIDT; E.R. u. BERG, H.G.:** Beraten mit Kontakt. a.a.O. S. 122. Es würde beispielsweise den Kooperationsgedanken überstrapazieren, wenn jede einzelne Kerzenbestellung des Mesners erst durch den Pfarrgemeinderat sanktioniert werden müßte. Dies kann allenfalls dann Thema werden, wenn der oder die Betreffende nachweislich seine Kompetenzen überschritten oder mißbraucht haben sollte.

chem Gremium getroffen werden können bzw. müssen. In dieser Entwicklung einer inner- oder auch übergemeindlichen Kommunikationsstruktur muß dann auch Klarheit geschaffen werden, ob *alle* Amtsträgerinnen und Amtsträger für ihren jeweiligen Dienst eine Legitimation *von oben* – das heißt vom Bischof – brauchen oder ob und welche Beauftragungen auch von den Gemeinden selbst ausgesprochen werden können.

Innerhalb dieser Kooperation derer, die Verantwortung tragen für die Kommunikation und Organisation der Reich-Gottes-Botschaft, sei es innerhalb einer Gemeinde oder auch auf anderen Ebenen der Kirche, gibt es nun eine – im übertragenen Sinn – *herausragende* Aufgabe: die der Leitung. Diese Frage zu diskutieren ist in der Gegenwart äußerst interessant, aber auch sehr brisant. Im Zusammenhang mit der Diskussion um den Begriff der *communio hierarchica*[471] wurde schon gezeigt, daß es innerhalb der römisch-katholischen Kirche unterschiedliche Verantwortungen gibt, die sich nicht nur graduell, sondern auch wesentlich voneinander unterscheiden. Es geht also auch bei den weiteren Überlegungen dieser Arbeit um einen Dienst *innerhalb* des Amtes der Kirche und der Gemeinden.

---

[471] Vgl. Teil I, 2.1.6 - S. 97

2.2 'Leitung' – ein traditioneller Begriff in einem veränderten Kontext

Nähern wir uns dem Begriff der Leitung wieder geschichtlich, wobei die Grafik eine Verständnishilfe bieten möchte:

"Delegations-Modell"

"3-K-Modell"   **"Kooperations-Modell"**

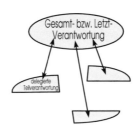
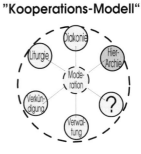

» Kommandieren
» Kontrollieren
» Korrigieren

Abbildung 11:
Leitungsmodelle

Quelle: SCHMIDT, E.R. u. BERG, H.G.:
Beraten mit Kontakt. a.a.O. S. 438-440
Gestaltung: R. Vögele

Über Jahrhunderte hinweg war ein *feudaler* Leitungsstil ("3-K-Modell") die durchgängige Praxis und auch innerkirchlich nur relativ selten hinterfragt. Die Hauptaufgabe dessen, der die Leitung im Sinne der Entscheidungskompetenz innehatte, war es, seine Mitarbeiterinnen und Mitarbeiter zu kommandieren, zu kontrollieren und gegebenenfalls zu korrigieren. Dieser Leitungsstil entspricht begrifflich der *Monarchie*: einer oder eine 'weiß', welches die Ziele und Inhalte der Arbeit oder der Organisation sind und steuert im Sinne des Allein-für-alles-Zuständig-Seins die Aufgaben und Befugnisse der ihm Untergebenen. Erst in unserem Jahrhundert hat sich neben diesem feudalen Leitungsstil das sogenannte *Delegations-Prinzip* herausgebildet: demnach steht zwar immer noch ein Leiter oder eine Leiterin an der obersten Spitze der Entscheidungspyramide, aber er oder sie überträgt Teilbereiche der Verantwortung mit dazugehörenden Entscheidungskompetenzen an Mitarbeiterinnen oder Mitarbeiter. Der Leitungsstil wird nun geprägt von den Begriffen fordern, fördern und rückmelden: die Leitung bietet die Herausforderung, sich in bestimmten – den eigenen Fähigkeiten entsprechenden – Teilbereichen zu profilieren, eigenverantwortlich handeln zu können und dennoch den 'Vorgesetzten' gegenüber informationspflichtig zu bleiben.

Während das Delegations-Prinzip trotz aller Möglichkeiten und Freiheiten zu einer gelingenden Kooperation[472] einen feudalistischen Geschmack behält, vor allem auch dann, wenn der Leiter oder die Leiterin eben nicht über kommunikative Fähigkeiten sowie über Bereitschaft und Kompetenzen der Konfliktbewältigung verfügt, wird in der Organisationsentwicklung unserer Zeit ein ganz neues Leitungskonzept erkundet. Dieses neue Verständnis von Leitung, das sich den Gegebenheiten des heutigen 'postmodernen' Menschen anpaßt, hat G. OSTERHOLD in ihrem gleichnamigen Buch mit den Begriff *"Veränderungs-management"* umschrieben. [473]

Bei aller Vorsicht, die eine Übertragung von Erkenntnissen der Wirtschaft oder Industrie auf ein "Non-Profit-Unternehmen", wie es die Kirche ist, gebietet, lassen sich doch bestimmte Gemeinsamkeiten eruieren: die gesamte Gesellschaft, also Kirche ebenso wie auch Wirtschafts- und Industrie-Unternehmen, sind in der Gegenwart einem enormen Wandel unterworfen. Ebenso hängt in allen Bereichen die Produktivität und Effektivität – kirchlich gesprochen: die Seelsorge – wesentlich ab von der Mitarbeitergewinnung und Mitarbeiterzufriedenheit. Um so mehr sich Mitarbeiterinnen und Mitarbeiter mit einem Unternehmen oder einer Organisation identifizieren können, um so mehr werden sie auch bereit sein, sich dafür zu engagieren und Verantwortung zu übernehmen.[474] Leiten setzt heute also ganz andere Fähigkeiten voraus als in der Vergangenheit: eben nicht mehr allein zu *wissen*, welches die Ziele einer Gemeinschaft, einer Pfarrgemeinde oder der Kirche sind und dementsprechende Handlungsanweisungen zu geben, sondern vielmehr die Fähigkeit, einen Prozeß zu steuern, in dem Ziele gemeinsam erarbeitet, verschiedene Ressourcen (Charismen, Leitbilder usw.) koordiniert, Innovationen gefördert, Kooperationen gestaltet und Konflikte bewältigt werden.[475] Auch innerhalb der Kirche und der Gemeinden wird

---

[472] Vgl. **KOVERMANN, W.**: Leitung, Delegation, Kooperation. Erkenntnisse aus der Organisationslehre als Hilfe für die Seelsorge. LEBENDIGE SEELSORGE 6-1991 S. 338-342

[473] Vgl. **OSTERHOLD, G.**: Veränderungsmanagement. a.a.O. S. 172f; vgl. auch **ZULEH-NER, P.M.**: Pastoraltheologie. a.a.O., der den Begriff folgendermaßen umschreibt: "Manager führen aus, führen aber nicht. Sie verwalten, sind aber nicht schöpferisch. Sie sind auch nicht innovativ, sondern administrieren das laufende Geschehen mehr oder minder perfekt. Manager gehen auf einem vorbestimmten Weg, sie sind aber nicht jene, die neue Ziele dorthin ausmachen." (S. 178)

[474] Vgl. die ausführlichen Untersuchungsbeschreibungen über den Zusammenhang von Mitarbeiterzufriedenheit und Leistungsbereitschaft. **WARNECKE, H.J.**: Die Fraktale Fabrik. a.a.O. S. 185-208

[475] Vgl. **OSTERHOLD, G.**: Veränderungsmanagement. a.a.O. S. 172-190, vgl. ebenso: **ZULEHNER, P.M.**: Pastoraltheologie. Band 2. Düsseldorf 1989. S. 178: "Leiten ist also mehr als Kooperation, Koordination und Organisation, deren Interesse sich darauf beschränken kann, daß 'der Laden läuft'. Leitung wird vielmehr dort wahrgenommen, wo

gelernt (oder muß zum Teil recht mühsam gelernt werden), "daß die Vorstellung einer zentralen Steuerung, also einer linearen Beeinflussung durch administrative Reglementierung oder hierarchische Sanktionierung, nicht haltbar und faktisch kontraproduktiv ist."[476] Insofern sind auch die Aufgaben der Leitung unschwer auf die einer Leitung in der römisch-katholischen Kirche übertragbar.

2.2.1 Aufgaben der Leitung

Es mag natürlich im Blick auf die reale Situation in der römisch-katholischen Kirche der Eindruck entstehen, daß diese (nicht nur theoretischen) Leitungskompetenzen in den Diözesanleitungen und Gemeinden nur in beschränktem Ausmaß zur Verfügung stehen. Anhand eines vielfach erlebbaren Beispiels soll demgegenüber jedoch verdeutlicht werden, daß diese Fähigkeiten nicht *voraus*gesetzt werden müssen, um überhaupt Leitung wahrnehmen zu können, sondern daß diese erlernbar sind. Oder wie es G. OSTERHOLD so treffend zum Ausdruck bringt: "Man hat Führungsfähigkeit nicht als Eigenschaft, sondern sie entsteht und erhält sich in Zusammenarbeit mit Menschen."[477] Dabei soll eine Systematisierung von H. GÄRTNER[478] eine Art Geländer sein:

> Probleme erkennen und analysieren
> Nach einer Neuwahl des Pfarrgemeinderates wurde in einer Gemeinde festgestellt, daß die bisherige Leitungsstruktur nicht mehr zeitgemäß und funktionstüchtig sei. Der ins Alter gekommene Pfarrer der Gemeinde vermochte es nicht mehr, die verschiedensten Gruppen und Gruppierungen der Gemeinde zusammenzuhalten und im Konfliktfall gegebenenfalls auch wieder zusammenzubringen. Sein Leitungsdienst beschränkte sich zunehmend darauf, punktuell – vorrangig bei der Sakramentenspendung und bei Repräsentationsaufgaben – in Erscheinung zu treten. Unter den Mitgliedern des Pfarrgemeinderates, und vorrangig auch in der Vorstandschaft dessen, machte sich jedoch eine zunehmende Unzufriedenheit mit dieser Si-

---

über dieses 'Am-Laufen-Halten' hinausgeblickt wird, um die Hinordnung auf das (gemeinsam) angestrebte Ziel zu gewährleisten."

[476] Vgl. **HELLER, A.:** Wie werden (nicht nur) Krankenhäuser intelligentere Organisationen? CARITAS. Zeitschrift für Caritasarbeit und Caritaswissenschaften 5/1998. S. 208-220, hier S. 209

[477] Vgl. **OSTERHOLD, G.:** Veränderungsmanagement. a.a.O. S. 176

[478] Vgl. **GÄRTNER, H.:** Leiten als Beruf. Impulse für Führungskräfte in kirchlichen Aufgabenfeldern. Mainz 1992. S. 31

tuation breit. Mit Hilfe eines Beraters konnte relativ schnell analysiert werden, daß die mangelnde Übersicht, der schlechte Informationsfluß und ungeklärte Entscheidungskompetenzen zu immer größerer Frustration – und zum Teil auch schon zur Abwanderung von Mitarbeiterinnen und Mitarbeitern – führte.

Zielfindung und Zielsetzung

Dementsprechend wurde auch relativ schnell ein erstes Ziel von dem Gemeindeentwicklungsprozeß gefunden: die Leitung der Gemeinde sollte 'dezentralisiert' werden, indem der Vorstand des Pfarrgemeinderates zusammen mit den hauptamtlichen Mitarbeiterinnen und Mitarbeitern ein Gemeindeleitungsteam bilden, das in einem kooperativen Zusammenwirken die unterschiedlichen Prozesse und Aktivitäten im Blick hat, koordiniert, gegebenenfalls auch neue Impulse einbringt usw.

Planung von Lösungsalternativen

In einer größer angelegten Pfarrgemeinderats-Sitzung wurde dieses Ziel dem gesamten Pfarrgemeinderat präsentiert und von ihm ein Votum bzw. alternative Vorschläge erbeten. Diese erstreckten sich von der Möglichkeit, daß der Pfarrgemeinderat selbst diese gemeindeleitende Funktion ausüben könne bis hin zu dem Vorschlag, den Bischof um eine Neubesetzung der Pfarrerstelle zu bitten.

Entscheidung

Letztendlich wurde entschieden, daß der Vorschlag des Vorstandes angenommen wurde, aber unter der Prämisse, daß die Leitung des Gemeindeleitungsteams an ein kompetentes Mitglied der Vorstandschaft, nicht aber dem Pfarrer selbst übertragen werden solle. Diese Aufgabe wurde schließlich der stellvertretenden Vorsitzenden übertragen, da diese von ihren Fähigkeiten, aber auch von ihrem Zeitreservoir und ihrem Kontakt zu den Gliedern der Gemeinde für geeignet gehalten wurde.

Organisieren

Das Gemeindeleitungsteam gab sich in den darauffolgenden Sitzungen eine eigene Struktur: die gesamte Pastoral wurde in verschiedene Bereiche aufgeteilt und je nach Kompetenz den einzelnen Mitgliedern des Teams übertragen. Es wurden also Zuständigkeits- und auch Entscheidungskompetenzen geklärt und man verpflichtete sich gegenseitig, dem Gemeindeleitungsteam die notwendigen Informationen weiterzugeben. Die Sitzungen sollten vierzehntägig stattfinden, beginnend mit einer 'Sammel-Runde', zu der sowohl ein geistlicher Impuls wie auch das Zusammentragen von wichtigen Tagesordnungspunkten und deren Systematisierung gehören sollten. Die Moderation wurde der Leiterin des Gemeindeleitungsteams übertragen, wobei Sachthemen von einzelnen 'Fachreferenten' dargelegt werden sollten.

Koordinieren und Lenken

Nach dem Motto: "Viele Augen sehen mehr als zwei" wurden so die verschiedenen Prozesse und Aktivitäten der Gemeinde gemeinsam in den Blick genommen. Als beispielsweise klar wurde, daß zwei Gruppierungen, beide im sozial-caritativen Bereich tätig, miteinander in Konflikt geraten waren, wurde ein Mitglied des Gemeindeleitungsteams beauftragt, mit beiden ein klärendes Gespräch zu führen, was letztendlich auch zu einer besseren Kooperation beider führte.

Motivieren

Zunehmend wurde es auch als Defizit empfunden, daß es innerhalb der Gemeinde zwar viele Gruppen und Gruppierungen gibt, daß aber dennoch ein 'Gemeindebewußtsein' kaum zum Vorschein komme. Ein anstehendes Pfarrfest wurde dazu genutzt, alle Leiterinnen und Leiter der verschiedensten Gemeinschaften zu einem gemeinsamen Gespräch einzuladen und sie zu einem wirklichen 'Fest der Gemeinde' zu motivieren. Sowohl in der Feier der Eucharistie als auch in dem Rahmenprogramm des zweitägigem Pfarrfestes wurde so die Möglichkeit geboten, daß sehr unterschiedliche Menschen sich in irgendeiner Weise einbringen und das Fest mitgestalten konnten. Solche und ähnliche Motivationen zeigten sich im weiteren Verlauf auch nötig in Bezug auf die Senioren- und Jugendarbeit wie auch in Bezug auf das Familiengottesdienst-Team. Oftmals erfüllte sich die Aufgabe auch lediglich darin, den entsprechenden Mitarbeiterinnen und Mitarbeitern in irgendeiner Form eine Anerkennung ihrer Tätigkeit zukommen zu lassen.

Kontrollieren

Die Kontrolle, ob zu einem vereinbarten Zeitpunkt auch das vereinbarte Ziel erreicht wurde oder nicht, findet im Gemeindeleitungsteam bzw. im Pfarrgemeinderat statt, je nachdem, wer für eine Entscheidung verantwortlich ist. Damit soll vermieden werden, daß die Bereiche Durchführung, Verantwortung und Kontrolle gespalten werden, da dies in den meisten Fällen zu irritierenden und frustrierenden Situationen führt.[479]

Bewerten

In regelmäßig stattfindenden Klausurtagungen des Gemeindeleitungsteams bzw. in jährlich stattfindenden Pastoralplanungs-Wochenenden des Pfarrgemeinderates wird mit Hilfe eines externen Begleiters der bisherige Prozeß reflektiert und bewertet. Aus dieser Evaluation ergeben sich dann die Ziele für die kommende Zeit, eventuell auch Richtungsänderungen und Vereinbarungen über die nächsten Schritte. So wurde beispielsweise bei einer solchen Tagung vereinbart, die im darauffolgenden Jahr anstehende Firmung als 'Pro-

---

[479] Vgl. **OSTERHOLD, G.**: Veränderungsmanagement. a.a.O. S. 136f

jekt' für die gesamte Gemeinde anzugehen, wobei sich jede Gruppierung selbst überlegen solle, wie sie das Thema Firmung erarbeiten
und transparent machen könne.

Daraus wird nun ersichtlich, daß Leiten vorrangig ein 'kommunikativer
Prozeß' ist: wer im Sinne des Veränderungsmanagements leitet oder leiten
will, muß die Verantwortung für die Kommunikationsmöglichkeiten aller
Beteiligten übernehmen und Sorge dafür tragen, daß der Veränderungsprozeß auch immer wieder reflektiert und evaluiert wird.[480] In der
jüngeren Zeit erscheinen zunehmend 'Fachbücher', in denen ausführlich beschrieben wird, wie eine solche Leitungsaufgabe auch kreativ bewerkstelligt
werden kann.[481] Allen ist – meist aus Erfahrung – gemeinsam, daß es einer
solch gemeinschaftlich wahrgenommenen Leitung *selten* an Mitarbeiterinnen und Mitarbeitern mangelt, vor allem auch, wenn prozeß- und
projektorientiert vorgegangen wird.

Was hier nun vielleicht als relativ einfach beschrieben wurde, scheitert in
der Praxis jedoch oft daran, daß Pfarrgemeinderäte, die vorrangig ein solches Leitungsorgan für die Pfarrgemeinde bilden könnten, sich nicht in der
Lage fühlen oder fähig und bereit sind, eine solche Leitungsfunktion zu
übernehmen. Denn klar ist: je komplexer die Organisation, desto kompli-
zierter und zeitintensiver oder längerfristiger sind auch die Prozesse der
Entscheidungsfindung.[482] Es ist also auch ein wesentliches Element von Gemeindeentwicklung, aufmerksam wahrzunehmen, wer überhaupt solche
Aufgaben der Gemeindeleitung übernehmen kann und will. Entgegen mehr
grundsätzlichen Bedenken gegenüber einem solchen Leitungsstil kann
vielleicht helfen, den Blick noch einmal zurückzuwenden auf das Zweite
Vatikanische Konzil, auf die Gemeinsame Synode in Würzburg oder auch
auf die vielen Diözesansynoden und -foren, die mittlerweile stattgefunden
haben: an deren Ende steht jeweils die Begeisterung über relativ einmütig
gefällte Entscheidungen bzw. Voten und phantasievollen Ideen und Anregungen für den Weg der Kirche und der Gemeinden. Dies begründet die
Behauptung, daß bei diesen Ereignissen genau das stattgefunden hat, was
die Organisationsentwicklung lehrt: wenn eine Leitung – also auch eine
Diözesanleitung in der Person des Bischofs – ihre spezifische Aufgabe
erfüllt, einen Kommunikationsprozeß in Gang zu bringen und zu halten und

---

[480] ebd. S. 145-156

[481] Vgl. **RAUSCH, U.**: Kreative Gemeinde. Der Pfarrermangel - und das Ende? Analysen -
Modelle - Visionen. Band 1. Frankfurt 1993; **DERS. (Hrsg.)**: Kreative Gemeinde. Bausteine für eine zukunftsfähige Gemeinde - ein Praxisbuch. Frankfurt 1995; **GÄDE, E.-G.
u. MENNEN, C.**: Gemeinde leiten - aber wie? Werkbuch für Pfarrgemeinderäte und Kirchenvorstände. Mainz 1995; **EISELE, P.**: Pfarrmanagement. a.a.O.

[482] Vgl. dazu auch **SCHMIDT, E.R. u. BERG, H.G.**: Beraten mit Kontakt. a.a.O. S. 259-261

dadurch zu einer weitgehend einmütig getroffenen Entscheidung zu finden (oder auch das Nicht-entscheiden-Können auszuhalten), wenn darüber hinaus diese Voten oder Entscheidungen auch immer wieder kontrolliert und gegebenenfalls – weil auch die Kirche und die Gemeinden dem Wandel der Zeit ausgeliefert sind – korrigiert werden, dann ist die Rede vom 'Gemeinsamen Priestertum aller Gläubigen' und von der 'Gemeinde als Trägerin und Subjekt der Pastoral' keine Floskel mehr, sondern kann zur Realität auf allen Ebenen der Kirche werden. Man muß mit viel Blindheit geschlagen oder Mißtrauen erfüllt sein, wenn man nicht bereit ist, aus diesen Erfahrungen zu lernen, daß eine *gemeinschaftliche* Entscheidungsfindung die solideste und stabilisierendste Grundlage für eine gemeinsam verantwortete Seelsorge in der heutigen Zeit ist.[483] So kommt auch M. KEHL zu der Überzeugung, daß "ein wirklich einheitsstiftender Konsens... weder von oben einfach diktiert noch von unten durch Druck der öffentlichen Meinung oder durch einfache Mehrheitsabstimmung durchgesetzt [werden darf], sondern er [muß] in einem konfliktreichen und offenen Dialog zwischen all jenen Überzeugungen, Glaubensweisen und Lebensstilen in der Kirche gesucht [werden], die sich an folgenden drei Kriterien messen lassen: am unbedingten Willen (1) zur *Einmütigkeit*, (2) zur *Treue* gegenüber der verbindlichen Vorgabe der Glaubensüberlieferung und (3) zur glaubwürdigen *Vermittlung* des Glaubens in die jeweilige Situation hinein."[484]

Leitung heißt demnach, wahrzunehmen, welche Gaben der Geist Gottes dieser oder jener Gemeinschaft zur Verfügung stellt, welche Auf-Gaben bzw. Bereiche des 'Amtes' damit bewerkstelligt werden können – oder auch nicht –, und daraufhin eine Ent*scheidung* zu fällen, die von möglichst vielen mitgetragen werden kann. Bildhaft hat dies F. BREID sehr treffend zum Ausdruck gebracht, wenn er den Dienst der Gemeindeleitung vergleicht mit dem Hüten eines *Biotops*: "Dieses Biotop verlangt von mir, daß ich im Laufe des Jahres einige Pflanzen zurückschneide und im Sommer, wenn es trocken wird, ein paar Eimer Wasser zuschütte. Mein Biotop verlangt vor allem von mir, daß ich es in Ruhe lasse. Nur so können sich viele, mir völlig unbekannte Lebewesen entwickeln. Nur so können sich in der Gemeinde viele mir (noch) unbekannte Charismen entfalten. Mein Biotop hat mich vor allem dies gelehrt: Menschen zu ermutigen, daß sie ihrer Sehnsucht folgen (oder den Ruf Gottes an sie hören)."[485] Ein anderes Bild für Leitung, das ich

---

[483] Vgl. **RÖMELT, J.:** Gemeinschaftliche Entscheidungsfindung in der Gemeinde. Theologische und prozeßorientierte Grundlinien für eine gemeinsam verantwortete Pastoral. THEOLOGIE DER GEGENWART 38 (1995) S. 110-126

[484] **KEHL, M.:** Wohin geht die Kirche. a.a.O. S. 74

[485] Vgl. **BREID, F.:** Daten und Impulse zur Landpastoral. Linz - Wien 1982 – zitiert nach: **ZULEHNER, P.M.:** Pastoraltheologie Band 2: Gemeindepastoral. Düsseldorf 1989. S.

in Pfarrgemeinderats-Seminaren gerne verwende, ist das Bild der Giraffe: die Giraffe steht wie die anderen Tiere auch mit den Füßen auf demselben Boden, in derselben Lebenswelt. Aber sie hat – wenn man dieses Bild ein wenig überstrapaziert – die Möglichkeit, *den Hals lang zu machen*, Ausschau zu halten nach den 'Zeichen der Zeit', zurückzublicken auf den bisherigen Weg oder sogar schon künftige Chancen und Gefahren frühzeitig zu erkennen und aus ihrer Perspektive darauf hinzuweisen.

Für eine Definition von Leitung kann es deshalb hilfreich sein, *Leitungs*aufgaben von *Handlungs*aufgaben zu unterscheiden: Handlungsaufgaben nehmen diejenigen wahr, die sich in konkreten Bereichen der Diakonie, Verkündigung und Liturgie engagieren. Leitungsaufgaben sind es dagegen, diese Mitchristen und ihre Aufgaben miteinander zu vernetzen, zu koordinieren, zu inspirieren, zu ermutigen usw. Dabei sollte es eine Selbstverständlichkeit sein, daß Leiterinnen und Leiter einer Gemeinde auch Handlungsaufgaben übernehmen; wer nur leiten möchte, um sich dadurch von der konkreten Arbeit zu 'entpflichten', wird seine Leitungsaufgabe mit der Zeit ohne Bezug zur Realität wahrnehmen.[486]

Diese Art und Weise, Leitung wahrzunehmen, ist in vielen Leitungsgremien katholischer Gemeinden eher noch ungewohnt. Der Anschaulichkeit halber soll hier einmal das Prinzip "Aufgaben-Orientierung" dem Prinzip "Charismen-Orientierung" gegenübergestellt werden:

Prinzip A: Aufgaben-Orientierung	Prinzip B: Charismen-Orientierung
☞ **Wir haben Aufgabenfelder, Dienste und Projekte**	☞ **Wir haben Menschen mit unterschiedlichen Fähigkeiten**
➥ Wir suchen Mitarbeiter/innen	➥ Wir suchen Aufgabenfelder und Projekte
☞ **Wir fragen: <u>Was</u> macht wer ?**	☞ **Wir fragen: <u>Wer</u> macht was ?**
➥ Mitarbeiter/innen werden „bedrängt"	➥ Mitarbeiter/innen werden eingeladen
➥ Überforderung / Überlastung	➥ Neue Aufgabenfelder werden eröffnet
➥ Resignation / Frustration / Rückzug	➥ Begleitung / Vernetzung / Integration
☞ **Wir erreichen:**	☞ **Wir erreichen:**
➥ Reduzierung des „Leistbaren"	➥ Kreativität und Offenheit
➥ Das „System" wird „bewahrt"	➥ Das „System" entwickelt sich weiter

Abbildung 12: Aufgaben u. Charismen   *Gestaltung: W. Neumann und R. Vögele*

---

213. In die gleiche Richtung gehend wird von JOHANNES XXIII. die Aussage wiedergegeben: "Wir Christen sind nicht auf Erden, um ein Museum zu hüten, sondern um einen Garten zu pflegen, der von blühendem Leben strotzt." Zitiert nach: **BÜHLMANN, W.:** Wider die Resignation. a.a.O. S. 412

486 Aus dem gleichen Grund empfiehlt **G. OSTERHOLD**: Veränderungsmanagement. a.a.O. S. 103-105, Projektgruppen quer zur Hierarchie zu installieren, damit in ihnen Leitungs- und Fachkompetenz einander fruchtbar ergänzen.

Auf den ersten Blick scheint diese Gegenüberstellung vielleicht logisch und einsichtig zu sein. Und für freikirchliche Gemeinschaften ist die Charismen-Orientierung auch sicherlich leicht anwendbar.[487] Aber in der katholischen Kirche mit ihrer derzeitigen Verfassung in unserem Lebensraum gibt es auch Aufgaben, die nicht ausfallen oder aufgegeben werden können bis sich dafür geeignete Mitarbeiterinnen und Mitarbeiter gefunden haben: es muß nach wie vor beerdigt, getauft, die Beichte abgenommen, bei der Trauung assistiert, das Geld verwaltet werden und vieles mehr. Deshalb wäre diese Gegenüberstellung auch falsch verstanden, würde man daraus den Grundsatz ableiten: entweder – oder. Keine Gemeinde wird 'von heute auf morgen' sagen können: wir arbeiten künftig nur noch charismenorientiert. Für eine katholische und ebenso staatskirchenrechtlich verfaßte Kirche wird deshalb vermutlich der Grundsatz des **"sowohl – als auch"** gelten müssen: sowohl die unaufgebbaren Aufgaben wahrnehmen als auch nach jenen Mitchristinnen und Mitchristen Ausschau zu halten, die ihre Charismen in die Trauerpastoral, in die Familienkatechese, Liturgie usw. einbringen können. Leitung mehr und mehr nach dieser Charismen-Orientierung wahrzunehmen schließt auch mit ein, den Mut zu haben, zur eigenen bzw. gemeinschaftlichen Begrenztheit zu stehen und nicht den Aktionismus als Leit- und Erfolgsprinzip der Gemeinde zu erheben bzw. zu bewahren.

Was hier nun von Leitung und Aufgaben der Leitung gesagt wurde, ist im Grunde gültig für alle christlichen Gemeinden und Gemeinschaften. Es wurde nun aber auch mehrfach schon benannt, daß eine Leitung in einer römisch-katholischen Gemeinde einem ganz speziellen Kontext ausgesetzt ist.

2.2.2 Die Leitung einer römisch-katholischen Gemeinde

Wenn es innerhalb der römisch-katholischen Kirche um das Thema Gemeindeleitung geht, wird eine breite und differenziertere Diskussion darüber oftmals dadurch erschwert oder gar verhindert, weil die Gesprächspartner ganz unterschiedliche Vorstellungen von dem Begriff Leitung haben. Verstehen die einen diesen im oben dargestellten Sinn mehr soziologisch, also als einen wesentlichen Bestandteil einer Gemeinschaft, ohne den diese gar nicht dauerhaft bestehen könnte[488], denken die anderen diesen auf dem theologischen Hintergrund und halten die Möglichkeit, daß auch Laien

---

[487] Vgl. **SCHWARZ, C.A.**: Das 1x1 der Gemeindeentwicklung. Emmelsbüll (C&P-Verlag) 1997. S. 13-14

[488] Vgl. die Ausführungen zur Gemeinschaftsbildung nach M.F. SAARINEN, Teil II, 1.1 - S. 159

Gemeindeleitung wahrnehmen, von vorneweg für undenkbar. Daß diese exklusive Sichtweise aber auch theologisch nicht haltbar ist, belegen erneut die deutschen Bischöfe, wenn sie in ihrer Verlautbarung über den pastoralen Dienst in der Pfarrgemeinde ausdrücklich betonen:

> "Der Dienst der Leitung der Gemeinde als sakramentale Repräsentation des Hirtenamtes Jesu Christi ist an die sakramentale Weihe durch das Gebet der Kirche unter Handauflegung gebunden."

Daß aber die sakramentale Repräsentation nicht das Ganze der Gemeindeleitung ausmacht, bringen sie im darauffolgenden Abschnitt zum Ausdruck:

> "Nicht alle Aufgaben, die zur Gemeindeleitung gehören, müssen von den Priestern wahrgenommen werden. Das II. Vatikanische Konzil spricht davon, daß Laien über die in der Taufe begründete Teilnahme an der Sendung der Kirche hinaus auch berufen werden können 'zu unmittelbarer Mitarbeit mit dem Apostolat der Hierarchie" und daß sie herangezogen werden können 'zu gewissen kirchlichen Ämtern, die geistlichen Zielen dienen' (LG 33)."[489]

Dem Anliegen dieser Arbeit folgend ist auch hier wieder zu fragen, was *das Ganze* der Gemeindeleitung dann ausmacht: ist es die sakramentale Repräsentation allein oder ist es nicht vielmehr ein Zusammenbringen und Koordinieren von verschiedenen 'Amtsträgerschaften', unter denen der sakramentale Dienst zwar einen unverzichtbaren, aber eben auch nur *einen* Bereich des Gesamten ausfüllt?[490] Ein kurzer Blick in die jüngere Kirchengeschichte kann wieder einmal verdeutlichen, daß auch diese Frage einer differenzierten Sicht von Gemeindeleitung innerhalb der katholischen Kirche ein spezielles Phänomen der Neuzeit ist, zumindest wenn man unberücksichtigt läßt, daß in der frühen Kirche nach dem Zeugnis des Neuen Testaments die Gestalt des kirchlichen Amtes noch pluriform und vielgestaltig war.[491]

Laien als Mitarbeiterinnen und Mitarbeiter in der Kirche und in den Gemeinden sind keine Neuheiten, die das Zweite Vatikanum hervorgebracht hat; vermutlich gab es diese schon immer in der Kirchengeschichte. Dennoch gab es – vorrangig in der deutschen – Kirchengeschichte zwei Ereignisse, die nach Ansicht von A. FRANZEN erstmals ein "katholisches Gemeinschaftsbewußtsein" bei den breiten Massen des Volkes wachrüttelten:

---

[489] **SEKRETARIAT DER DEUTSCHEN BISCHOFSKONFERENZ:** Der pastorale Dienst in der Pfarrgemeinde. a.a.O. II. 1.7 und 1.8

[490] Vgl. **MENKE, K.-H.:** Das eine Amt und die Vielfalt der Berufungen. PASTORAL-BLATT 4/1996. S. 99-109

[491] Vgl. **THEOBALD, M.:** Die Zukunft des kirchlichen Amtes. Neutestamentliche Perspektiven angesichts gegenwärtiger Blockaden. STIMMEN DER ZEIT Heft 3 / März 1998. S. 195-208, hier S.197

Zum einen war dies das sogenannte 'Kölner Ereignis', bei dem der Kölner Erzbischof Clemens August von DROSTE-VISCHERING 1837 von der preußischen Regierung verhaftet wurde, weil er in der Mischehenfrage den kirchlichen Standpunkt vertreten hatte. Der sofortige Protest von Papst GREGOR XVI. und J. GÖRRES war erfolgreich; aber noch effizienter war das Echo bei den sogenannten Laien: "Überall erkannte man die Notwendigkeit eines stärkeren Zusammenschlusses. So entstanden in den vierziger Jahren plötzlich zahlreiche neue Organisationen, die alle rein kirchlich-religiösen Charakter trugen, wie der Borromäusverein (1844), der Gesellenverein von A. KOLPING (1846), der Bonifatiusverein (1849), ebenso auch der Elisabeth-Verein (1840), der Franz-Xaverius-Missionsverein (1842), der Piusverein und die durch ihn ins Leben gerufenen alljährlich wiederkehrenden Katholikentage (1848)... ."[492] Das andere Ereignis war der in den 70er Jahren des 19. Jahrhunderts stattgefundene 'Kulturkampf', der seinerseits wieder 'Laien' ansporrnte, sich der Görresgesellschaft (1876), Studentenvereinen oder dem Verein für das katholische Deutschland (1890) anzuschließen mit dem Ziel, sich für die Pflege katholischer Wissenschaft, des katholischen Buches, des katholischen Studenten oder einfachhin des katholischen Volkes einzusetzen. Die von diesen Vereinen und Bewegungen geleistete Arbeit war ungeheuer groß und sicher unentbehrlich. "Trotzdem kann man nicht sagen, daß irgendeiner dieser Vereine überragende, die Zeit im katholischen Sinne radikal durchdringende Leistungen vollbracht habe. Aber es wurde der Boden für eine Neugeburt vorbereitet."[493]

Diese 'Neugeburt' kündigte sich spätestens mit dem Aufbruch der Liturgischen Bewegung in den 20er Jahren dieses Jahrhunderts an. Das Ziel dieser Bewegung war es nach Ansicht von W. DAMBERG, "in der als krisenhaft erfahrenen Gegenwart zu einer Erneuerung der Identität der Katholiken und ihrer Kirche beizutragen – aus einem neu eröffneten Verständnis des Gottesdienstes, der Liturgie heraus. [...] Diese Entdeckung der Liturgie wurde zur Grundlage der Spiritualität einer ganzen Generation von jungen Katholiken. Wir vermögen uns heute kaum noch vorzustellen, als wie revolutionär dies von der älteren Generation empfunden wurde, die der Verdacht beschlich, hier versuche eine Allianz von Kaplänen und Jugendlichen das Heilsmysterium eigenmächtig zu usurpieren, in unserem Sprachgebrauch Esoterik zu betreiben."[494] Zu erwähnen ist in diesem Zusammenhang auch noch das Entstehen und Anliegen der "Katholischen Aktion", die auf die

---

[492] **FRANZEN, A.:** Kleine Kirchengeschichte. a.a.O. S. 335

[493] Vgl. **LORTZ, J.:** Geschichte der Kirche I. Münster 1962. S. 349-356, hier S. 356

[494] **DAMBERG, W.:** Kirche im Wandel? Klerus und Laien, Seelsorge und gesellschaftlicher Wandel im 20. Jahrhundert. BENSBERGER PROTOKOLLE 96. Bensberg 1998. S. 17-27, hier S. 20f

Bemühungen von Papst PIUS XI. gleich zu Beginn seines Pontifikates (1922) zurückgehen. Es erstaunt, wie aktuell immer noch die Gründe sind, mit denen PIUS XI. unter ausdrücklicher Berufung auf das 'Allgemeine Priestertum' alle Gläubigen zur Ausbreitung und Erneuerung des Reiches Christi in der Gesellschaft aufgerufen hat:

> Zum einen ein "Abgleiten der Gesellschaft in das Heidentum", zum anderen aber auch die "Tatsache, daß der Klerus leider den Notwendigkeiten und Bedürfnissen unserer Zeit nicht mehr genügt, sei es, weil er an einigen Orten zu gering ist, sei es, weil er an ganze Kategorien von Menschen, die sich bewußt seinem Einfluß entziehen, mit seiner Stimme und seinen kraftvollen Ermahnungen gar nicht mehr herankommen kann." Deshalb sei es notwendig, so der Papst, "daß alle zu Aposteln werden", daß die Laienwelt "eng verbunden mit der kirchlichen Hierarchie und ihrer Weisungen an den heiligen Kämpfen sich beteiligt und mit voller Hingabe ihrer Person durch Gebet und freudig geleistete Tätigkeit mithilft, den Glauben wieder zur Blüte zu bringen."[495]

Zumindest von der Idee her setzt DAMBERG hier die "Geburtsstunde der Kernkreis-Pastoral nach dem Sauerteig-Modell" an, die aber in Deutschland kaum zu einer Verwirklichung gelangte. Die sogenannte 'Geburt des Laientums' verzögerte sich in unserem Lebensraum durch die beiden Weltkriege und die Wiederaufbau-Phase bis zur Mitte unseres Jahrhunderts. Während am Ende der 50er Jahre sich noch eine unverkennbare Resignation bemerkbar machte, die DAMBERG darauf zurückführt, daß die Hoffnung auf eine Verchristlichung der Gesellschaft durch ein missionarisch aktiviertes Laientum nur zu deutlich gescheitert war und demzufolge sowohl im Klerus wie auch bei den Laien eine große Ratlosigkeit und Hilflosigkeit herrschte, setzte mit Beginn der 60er Jahre eine unerwartete Veränderung an: mit der Ankündigung und Einberufung des Zweiten Vatikanischen Konzils durch JOHANNES XXIII. erlebte die katholische Kirche eine ungeheure Aufbruchstimmung und mit der Zeit auch ein sehr breites und vielfältiges Engagement ehrenamtlicher Mitarbeiterinnen und Mitarbeiter. Es liegt sehr nahe, diesen Aufbruch in Zusammenhang zu bringen mit dem veränderten Selbstverständnis des Menschen in unserem Lebensraum, wie er in Teil I ausführlichst beschrieben wurde. Die bereits am 4. Dezember 1963 verabschiedete "Konstitution über die Heilige Liturgie" vermittelte den katholischen Gläubigen das Gefühl – und in besonderem Maße auch jenen, die sich in der 'Liturgischen Bewegung' engagiert hatten –, daß ihr Einsatz sich gelohnt habe. Liturgische Formen wie die Verwendung der Landessprache, die bis dahin zwar noch verboten, aber dennoch vielfach

---

[495] ebd. S. 21f

praktiziert worden waren, erhielten nun eine offizielle Legitimation. Ermutigt durch solch schnelle und auch konkreten Ergebnisse des Konzils und später auch durch die mutige "Pastorale Konstitution über die Kirche in der Welt von heute" (Gaudium et spes), die am 7. Dezember 1965 beschlossen wurde, schöpften katholische Christinnen und Christen große Hoffnungen, daß nun tatsächlich eine neue Ära in ihrer Kirche anbreche. Die in dem letztgenannten Konzilstext angedachten, aber auch nicht so gemeinten Äußerungen in Bezug auf das "Volk Gottes"[496] sind sicherlich ein wesentlicher Grund dafür, daß sich über längere Zeit hinweg Mitarbeiterinnen und Mitarbeiter in den Pfarrgemeinden in einem unerwartet großen Maße engagierten.

Wenn sich nun in den letzten beiden Jahrzehnten die Klagen häufen, daß immer weniger bereit seien, ihr Wissen und Können, ihre Zeit und Kraft in den Dienst der Kirche und der Gemeinden zu stellen, so hat diesen einen Grund sicher auch darin, daß die Kirche und ihre Gemeinden im Unterschied zu früheren Zeiten große 'Konkurrenz' bekommen hat auf dem 'Markt des Freizeitangebotes'. Ein wesentlicher Grund ist aber sicher auch darin zu erkennen, daß die Christinnen und Christen in der katholischen Kirche zunehmend auch erkannten, daß der gute Wille der Konzilsväter recht bald auch verblaßte. Die Verwirklichungen der Idee vom 'Volk Gottes' in neuen Strukturen ließ nicht nur immer länger auf sich warten, sondern erfuhr mit der Zeit sogar regressive Züge.

Insofern läßt es sich auch leicht begründen, weshalb sich immer mehr katholische Christinnen und Christen aus ihrer Kirche verabschieden, sei es durch die Verweigerung ihrer aktivem Mitarbeit oder sogar dadurch, daß sie sich aus unterschiedlichsten Gründen aus dieser "Steuergemeinschaft" austreten. Entgegen diesem allgemeinen Trend, daß angeblich immer weniger Glieder der Gemeinde immer mehr leisten müßten, kann aber auch festgestellt werden, daß heute im Bereich der Pastoral und Gemeindeleitung viel mehr Mitarbeiterinnen und Mitarbeiter engagiert sind als noch vor wenigen Jahrzehnten. Außerdem kann wohl auch ohne wissenschaftlichen Nachweis behauptet werden, daß die heutigen ehrenamtlichen Mitarbeiterinnen und Mitarbeiter auf einem qualitativ viel höheren Niveau sich einbringen (können). Und darin liegt nun auch wieder, wie es L. KARRER treffend formuliert hat, für viele Hauptamtliche in der Kirche ein Problem: "Früher ging das einfacher, als ein Pfarrer mit vier Vikaren sich zurechtfinden mußte und man sich in klaren Rollenverhältnissen gegenseitig 'mahlte'. Aber heute ist ein viel dynamischeres und situations-orientierteres Rollenverhalten verlangt. Die pastorale Rolle verstrickt sich mit dem Partizipationswillen

---

[496] vgl. Teil I, 2.1.1 – S. 95-102 sowie Teil I, 2.1.6 – S. 124-130

der sogenannten Laien, mit dem neuen Selbstverständnis der Frauen, mit dem höheren Bildungsstand ganz allgemein und mit der Vielfalt der seelsorgerlichen Dienste."[497] Der quantitative Rückgang kann demzufolge zum einen darauf zurückgeführt werden, daß die Laien nach wie vor *zu eng* an die kirchliche Hierarchie und ihre Weisungen gebunden werden und ihnen diesbezüglich keinerlei Mitspracherecht im Sinne der Partizipation eingeräumt wird. Zum anderen kann es – nun wieder in Bezug auf den Kontext Pfarrgemeinde – auch daran liegen, daß vom Pfarrer und gegebenenfalls sogar von den hauptberuflichen pastoralen Mitarbeiterinnen und Mitarbeitern ein nicht zeitgemäßer Leitungs*stil* gepflegt wird. Aus diesem Grund ist es heute brisant und zugleich drängend, sich der Frage zu stellen, was eigentlich 'Leitung einer Gemeinde' bedeutet bzw. bedeuten kann.

Von Gemeindeleitung im speziellen Sinn kann dort gesprochen werden, "wo Menschen nicht nur einzelne Initiativen und Gruppen leiten, sondern in noch überschaubaren, aber doch größeren Bereichen für den bekömmlichen Umgang unterschiedlicher Bewegungen und Formationen einer Gemeinde Sorge tragen, wo sie unterschiedliche Charismen ermutigen und miteinander in Kontakt bringen und sie, wenn möglich, koordinieren, wo sie aber auch Konflikte zwischen Gegnern zulassen und 'Streithähne' für geraume Zeit voneinander trennen, wo sie nicht eigene Charismen und Schulmeinungen durchsetzen wollen, sondern sich dafür hergeben, daß sich alle Charismen und Meinungen gleichermaßen 'durchsetzen' können und dabei lernen, sich gegenseitig zu achten, auch wenn sie unterschiedlich und widersprüchlich sind..."[498] Der Dienst in der Gemeindeleitung ist also primär ein *Dienst an der Kommunikation und Integration* vieler, zum Teil sehr unterschiedlicher Menschen und Meinungen. Ein solcher Dienst setzt wiederum voraus, daß die Trägerinnen und Träger dieser Leitungsverantwortung selbst integrierte und integrierende Persönlichkeiten sind, die sowohl mit den verschiedenen Milieus innerhalb der Gesellschaft, mit den Sektoren innerhalb der Kirche als auch mit den Glaubensstufen und -formen umzugehen wissen.

Diese Aufgabe der Leitung, die für eine christliche Gemeinde von besonderer Bedeutung ist, läßt sich vielleicht präziser verdeutlichen anhand der beiden Begriffe **Legitimität** und **Authenzität**[499]: Die Leitung einer Gemeinde oder Gemeinschaft kann ihre Funktion so wahrnehmen, daß sie das Bedürfnis der Menschen erfüllt, in ihrer jeweiligen Lebensweise oder ihrer Entwicklungsstufe *legitimiert*, das heißt anerkannt und bestätigt zu werden.

---

[497] **KARRER, L.:** Pastoraler Erfolg oder Mißerfolg. BÄRENZ, R.: Theologie, die hört und sieht. a.a.O. S. 64-81, hier S. 65

[498] **FUCHS, O.:** Ämter für eine Kirche der Zukunft. a.a.O. S. 85

[499] Zu dem folgenden vgl. **WILBER, K., ECKER, B. u. ANTHONY, D.:** Meister, Gurus, Menschenfänger. a.a.O. S. 170-195

Diese Legitimation ist zum einen zwar eine wichtige Funktion von Leitung, denn es ist auch "eine der großen Aufgaben jeder Gesellschaft [und religiösen Gemeinschaft], ihren Mitgliedern eine legitimierte und legitimierende Weltsicht zur Verfügung zu stellen, die in der Lage ist, die Existenz [ihrer Mitglieder] glaubhaft zu sanktionieren [und bewältigen zu helfen]." Es wäre aber keinesfalls eine integrierte und integrierende Form der Leitung und somit auch für betroffene Menschen verhängnisvoll, wenn *eine* (für den entsprechenden Entwicklungsstand durchaus legitime) Entwicklungsstufe als die *einzig* legitime dargeboten würde.[500] Diesem Vorwurf ist auch die Leitung der katholischen Kirche immer wieder ausgesetzt.[501] Dem entgegen versteht sich aber eine "richtige Leitungsautorität" über diese phasenspezifische Legitimierung hinaus als Anwalt für die *Authenzität* jedes einzelnen Menschen. Die Leiterinnen und Leiter einer Gemeinschaft haben gewissermaßen das Gesamt der möglichen Entwicklungsstufen im Blick und vermitteln durch ihren Leitungs*stil* die Unabhängigkeit und Eigenständigkeit des einzelnen Menschen. Sie verwirklichen dadurch den positiven Sinngehalt von dem Begriff 'Autorität', der von dem lateinischen Verb *augere* stammt und die Bedeutung hat: *wachsen lassen, verstärken, bereichern.*

Bevor an späterer Stelle noch einmal ausführlicher dargelegt werden soll, wie und von wem eine solche Form der Gemeindeleitung wahrgenommen werden kann und soll, ist es hier wichtig, nun aber noch eine – für das katholische Verständnis von Gemeinde und Gemeinschaft – *wesentliche* Dimension der Leitung hinzuzunehmen: das *hierarchische* Element, das sich innerhalb einer Gemeinde personifiziert im Priester und innerhalb der Diözese im Bischof. Es ist also nun auch genauerhin darüber zu sprechen, welche Aufgaben dem 'ordinierten' Priester im Sinne einer solchen Gemeindeentwicklung zukommen.

---

[500] Die Praktizierung solcher "falschen [Leitungs-]Autorität" wird dargestellt in: **WILBER, K., ECKER, B. u. ANTHONY, D.**: Meister, Gurus, Menschenfänger. a.a.O. S. 19-38. Darin werden einige problematische psychospirituellen Gruppierungen wie der Volkstempel, Scientology, die Vereinigungkirche, Baghwan, Transzendentale Meditation und andere genauerhin darauf analysiert.

[501] Vgl. **WERBICK, J.**: Vom Wagnis des Christseins. a.a.O. S. 190-193; **HUTH, W.**: Glaube, Ideologie und Wahn. a.a.O. S. 113-116; **NIENTIEDT, K.**: Grenzen der Vielfalt. Geistliche Bewegungen in der Kritik. HERDER-KORRESPONDENZ 3/1996. S. 133-138; **URQUHART, G.**: Im Namen des Papstes. Die verschwiegenen Truppen des Vatikans. München 1995

2.2.3 Die Aufgaben des 'ordinierten' Priesters

In der theologischen Analyse in Teil I wurde schon mehrfach darauf hingewiesen, daß die Kirche und damit auch jede Gemeinde *nicht aus sich selbst und nicht für sich selbst lebt*, sondern daß sie als Volk Gottes dazu berufen ist, die Reich-Gottes-Botschaft in der Kraft des Geistes Gottes durch das eigene Miteinander wie auch im Dienst für die anderen zur Entfaltung zu bringen. "Die Kirche verdankt sich nicht sich selbst, sondern dem Handeln Gottes in Christus durch seinen Heiligen Geist, und eben dieses unaufhebbare Zuvor (extra nos) ihres Entstehungsgrundes tritt ihr in ihren Ämtern zeichenhaft gegenüber."[502] Dieses *Gegenüber* hat Jesus selbst (zumindest nach katholischem Verständnis) gewissermaßen auf zweifache Weise konstituiert: zum einen dadurch, daß er seinen Jüngerinnen und Jüngern den Heiligen Geist sandte (Joh 20,22; Apg 2,4) und als ständigen Begleiter zusagte (Joh 16,13), zum anderen aber auch dadurch, daß er konkrete Strukturen hinterließ (Mt 16,18-19; Mk 16,16-18; Lk 22,19 par 1 Kor 11,24-25; Apg 8,17). Beide Mitteilungen Gottes in Jesus Christus prägen seitdem die Geschichte der Kirche: vertikal durch die Sendung seines Heiligen Geistes (Lumen gentium 2, 5, 7, 8, 9, 22, 44; Ad Gentes 4; Apostolicam Actuositatem 1, 3) und horizontal durch das – durch Handauflegung und Gebet weitergegebene –"Amt des Hirten", also seit dem II. Vatikanum durch das Amt des Bischofs (Lumen gentium 20, 21, 28; Presbyterium Ordinis 1; Christus Dominus 2).

Diese doppelte Struktur sollte für die Ortskirche und Gemeinde im recht verstandenen Sinn ein besonderer Schutz sein: zum einen vor einer allzu mächtigen 'Hierokratie', also einer regelrechten Entmündigung durch den Klerus, zum anderen aber auch vor einer allzu grenzenlosen Charismatik, durch die das hierarchische Amt nahezu überflüssig würde. [503] Von daher ist

---

[502] **BÖTTIGHEIMER, C.:** Die Krise des Amtes – eine Chance für die Laien? STIMMEN DER ZEIT 4/1998. S. 266-278, hier S. 268

[503] Daß sich beide Mitteilungen Jesu nicht trennen lassen, sondern geradezu ergänzen müssen, hat **H.J. VERWEYEN:** Gottes letztes Wort. a.a.O. S. 547-572 deutlichst herausgearbeitet. Gegen die Tendenz mancher charismatischer Bewegungen, ohne das "Amt" viel besser zurechtzukommen, schreibt VERWEYEN: "Ein einseitiges Festhalten am Prinzip der (von Quellenkundigen verwalteten) 'sola scriptura' hat in der Geschichte immer wieder zu Bildungen von kirchlichen Gemeinschaften geführt, in denen die Wahrheit Jesu vorwiegend im charismatischen Direktkontakt der Gläubigen zum 'vertikal einfallenden' Gottesgeist gesucht wird. Diejenigen in solchen Gemeinden, die die Hl. Schrift zu lesen vermögen, benutzen sie dann weitgehend in fundamentalistischer Manier als Steinbruch auf der Suche nach Bestätigung für das, was gruppenspezifisch als Erfahrung des Hl. Geistes akzeptiert wird. Dabei kommt es dann häufig zu autoritären Abhängigkeiten, die schlimmer ausfallen als die geschmähten hierarchischen Strukturen der Großkirchen, die von einer bedeutsamen horizontalen Selbstkontrolle - eben der Tradition - geprägt sind." (S. 404)

es auch – in meinen Augen voll und ganz – verständlich, daß es eine katholische Gemeinde und eine Gemeindeleitung ohne einen 'ordinierten' Priester nicht geben kann, wobei der Unterschied zwischen dem ordinierten Priestertum und dem Priestertum aller Gläubigen nicht auf der funktionalen, sondern auf der sakramentalen Ebene anzusiedeln ist, wie es K.-H. MENKE dargelegt hat.[504] Dabei besteht die *wesentliche* Aufgabe des hierarchischen Priestertums gerade darin, die Gemeinde immer wieder "auf die fundamentale Abhängigkeit der Kirche von Jesus Christus [hinzuweisen und zu bezeugen], daß die Gemeinde nicht aus sich selbst und nicht für sich selbst da ist." Diese Aufgabe verwirklicht der ordinierte Priester dadurch, daß er "als Zeuge für Jesus Christus und sein Evangelium dem Kommen des Gottesreiches in der konkreten Situation seiner Gemeinde [dient] und diesen Maßstab an alle Aktivitäten und Initiativen [anlegt]."[505] Ein solches sakramentales oder auch christologisches Verständnis des ordinierten Dienstes[506] hat auch zur Folge, daß der Priester innerhalb der Struktur einer Gemeinde nicht eine *übergeordnete*, sondern eine im rechten Sinn verstandene *'außer-gewöhnliche'*[507] Funktion wahrnimmt, indem er immer wieder den Verweis auf Jesus Christus als Grund und Maß allen pastoralen Handelns und Planens zu leisten hat.[508] Er verwirklicht die ihm aufgegebene *repraesentatio Jesu Christi capitis* – vor allem in der gemeinsamen Feier der Eucharistie und bei der Spendung der Sakramente –, indem er immer wieder auf ihn *hinweist*, ihn also nicht vertritt oder gar seine Stelle einnimmt, sondern viel

---

[504] Vgl. **MENKE, K.-H.**: Das eine Amt und die Vielfalt der Berufungen. a.a.O. S. 108

[505] Vgl. **SEKRETARIAT DER DEUTSCHEN BISCHOFSKONFERENZ:** Der pastorale Dienst in der Pfarrgemeinde. a.a.O. II. 1.4. S. 12 sowie II. 2.5.

[506] **LEHMANN, K.:** Priesterlicher Dienst und Gemeindeleitung. DERS.: MAINZER PERSPEKTIVEN. Wort des Bischofs 1. Mainz 1995. S. 69-85. LEHMANN betont hierin ausdrücklich, daß "man den geistlichen Dienst überhaupt nicht zuerst und gar ausschließlich ekklesiologisch begründen [kann]. Für einen solchen ekklesiologischen Ansatz gibt es deshalb heute eine große Versuchung, weil die herkömmliche Bestimmung des Amtes und die Stellung des Priesters in der Kirche und konkret in der Gemeinde zu wenig berücksichtigt hatte. Das noch tiefere Fundament [als die ekklesiale Bestimmung des geistlichen Dienstes ist aber] die bleibende innere und äußere Herkunft von Jesus Christus." (ebd. S. 72)

[507] Ein sehr anschauliches Beispiel für ein solches 'von außen kommendes Amt' bietet religionsgeschichtlich der Roman von **ZIMMER BRADLEY, M.:** Die Nebel von Avalon. Frankfurt a.M. 1983. Darin kommt zum Ausdruck, daß die Priesterin Morgaine zwar inmitten der Menschen und ihrer Schicksale lebt, aber ihre spirituelle Kraft aus der immer wiederkehrenden Begegnung mit der geheimnisvollen Insel Avalon bekommt.

[508] Vgl. **GEMEINSAME SYNODE**. Beschluß: Dienste und Ämter 2.1.1. Daran anlehnend schlägt **BÖHNKE, M.:** "Grundverantwortung" - Ein Begriff steht zur Diskussion. PASTORALBLATT 4/1996. S. 119-120 auch vor, auf die Bezeichnung 'Erst- oder Letztverantwortung' zu verzichten und eher von einer Grundverantwortung des ordinierten Dienstes zu sprechen.

mehr Sorge dafür trägt, daß "Jesus Christus ungehindert [und das heißt auch unmittelbar] seine Herrschaft in die Welt hinein ausüben kann."[509]

Es liegt nahe, daß die Konzilsväter ebendiese christologische Funktion im Blick hatten und deshalb nicht mehr von einem "besonderen", sondern ausschließlich von dem "hierarchischen Priestertum" oder dem "Priestertum des Dienstes" sprachen: durch seinen Verweis auf den ιερος αρχη, auf den "heiligen Ursprung" und die "heilige Herrschaft" soll er den Menschen dienen, ihnen helfen, daß ihr Leben gelingt. Zumindest würde diese Interpretation dem Gesamt der Aufgaben eines ordinierten Priesters entsprechen, wie sie in Presbyterorum ordinis 4-6 oder auch im Kodex unter den Canones 528 und 529 zusammengefaßt sind, auch wenn er diese in der gegenwärtigen Situation sicher nicht mehr alleine wahrnehmen kann.[510] Er soll also in seiner *christologischen* Funktion Jesus Christus im Alltag der Menschen *und* in der Feier der Liturgie immer wieder ins Bewußtsein bringen, damit die Christinnen und Christen selbst erkennen, "was in den wichtigen und den alltäglichen Ereignissen von der Sache her gefordert ist und was Gott von ihnen will." (Presbyterorum ordinis 6) Oder anders formuliert: er soll sich nicht (mehr und ausschließlich) selbst als "Opfergabe" verstehen, sondern Menschen ermutigen, "sich selbst zur Opfergabe zu machen, d.h. zu dienen, damit alle die Fülle des Lebens erfahren." Von daher ist es auch kein Widerspruch, auf der einen Seite zu sagen, daß "alle Christen priesterliche Menschen" sind, daß die besondere Funktion der ordinierten Priester aber gerade darin besteht, dem priesterlichen Gottesvolk zu dienen, "indem sie in qualifizierter, amtlicher Weise auf den Hohenpriester Jesus Christus verweisen."[511]

Das Zweite Vatikanische Konzil und das Kirchenrecht von 1983 gingen noch selbstverständlich davon aus, daß der Pfarrer der alleinige Amtsträger – zumindest der Letztverantwortliche für die Wahrnehmung der Seelsorge – ist und sie haben demzufolge auch postuliert, daß dem Priester bzw. Pfarrer

---

[509] **LEHMANN, K.:** Priesterlicher Dienst und Gemeindeleitung. a.a.O. S. 73

[510] Dort heißt es, daß der Pfarrer, um die Hirtenaufgabe sorgfältig wahrnehmen zu können, darum bemüht zu sein hat, die seiner Sorge anvertrauten Gläubigen zu kennen, die Familien zu besuchen, an den Sorgen und Ängsten und vor allem an der Trauer der Gläubigen Anteil zu nehmen und sie im Herrn zu stärken, sie in kluger Weise wieder auf den rechten Weg bringen, wenn sie es in irgendwelchen Dingen fehlen lassen. Er soll mit hingebungsvoller Liebe den Kranken und Sterbenden zur Seite stehen, sich mit besonderer Aufmerksamkeit den Armen, Bedrängten, Einsamen und Heimatvertriebenen zuwenden, die Ehegatten und Eltern bei der Erfüllung ihrer Pflichten stützen und die Vertiefung eines christlichen Lebens in der Familie fördern (vgl. Canon 529 § 1 CIC/1983).

[511] Vgl. **HILBERATH, B.J.:** Ich bin es nicht. Grundlegendes zur Aufgabe des priesterlichen Dienstes. DIAKONIA Heft 3 / Mai 1998. S. 173-181, hier S. 177

nur für eine Pfarrei die pfarrliche Sorge übertragen ist.[512] Er sollte also "Bruder unter Brüdern und Schwestern" (Presbyterorum ordinis 9) in (s)einer Gemeinde sein können, um dort – mitten im Alltag der Menschen – das *hierarchische* Priestertum im Sinne der Erinnerung an den 'heiligen Ursprung' der Kirche, also an Jesus Christus, zu vollziehen. Dieses Prinzip ist heute jedoch immer weniger praktizierbar, nicht nur aufgrund des zunehmenden Priestermangels, sondern mehr noch aufgrund der Komplexität unserer heutigen Welt.

Aus all diesen Überlegungen kann man nun zu der Erkenntnis kommen, daß der Dienst des ordinierten Priesters ein wesentliches und auch konstitutives Element in der Gemeindeleitung darstellt, aber deshalb nicht schon *die* Gemeindeleitung an sich ist. Vielmehr ist es eine *geistliche Leitung*[513], deren Vorhandensein nicht dem Zufall entsprechend vorhandener Charismen überlassen werden kann.[514] Es mag demzufolge auch durchaus einsichtig sein, daß "keine Gemeinde [...] ihren Priester aus sich selbst heraus bestellen [kann]"[515], wenn damit ausgesagt sein soll, daß die Ordination nicht alleinige Sache der Gemeinde ist und werden darf. Falls damit aber intendiert ist, der Gemeinde das Recht oder auch nur die Möglichkeit abzusprechen, aus ihren Reihen einen entsprechend fähigen Mann (und ir-

---

[512] Vgl. Can. 526 § 1 CIC/1983, indem es ausdrücklich heißt, daß der Pfarrer nur für eine Pfarrei die pfarrliche Sorge haben soll und nur bei Priestermangel die Sorge für mehrere benachbarte Pfarreien haben kann. Man kann nach dem Kirchenrecht hier sogar eine Höchstgrenze von drei Pfarreien 'konstruieren', wenn man von dem 'Recht der Gemeinde auf die Eucharistie' ausgeht und in Can. 905 § 2 nachliest, daß ein Priester höchstens dreimal an Sonntagen und gebotenen Feiertagen zelebrieren darf. Eine andere Begrenzung des amtspriesterlichen Dienstes wird aber auch durch Can. 152 auferlegt, in dem es heißt, daß niemandem zwei oder mehrere Ämter übertragen werden dürfen, die von einem allein nicht zugleich wahrgenommen werden können.

[513] Vgl. **ZULEHNER, P.M.:** Das geistliche Amt des Volkes Gottes. Eine futurologische Skizze. HOFFMANN, P. (Hrsg.): Priesterkirche. a.a.O. S. 195-207; **HEIMBACH-STEINS, M.:** Geistliche Entscheidungsfindung in Gemeinschaft - eine Aufgabe von Leitung. PASTORALBLATT 11/1995. S. 332-338. Es sei ausdrücklich noch einmal betont, daß diesen Begriff die deutschen Bischöfe bereits wenige Jahre nach dem Konzil geprägt haben: vgl. **SEKRETARIAT DER DEUTSCHEN BISCHOFSKONFERENZ:** Über das priesterliche Amt. a.a.O. Art. 45. S. 65; ebenso: **SEKRETARIAT DER DEUTSCHEN BISCHOFSKONFERENZ:** Der Leitungsdienst in der Gemeinde. a.a.O. S. 9

[514] Vgl. **DASSMANN, E.:** Entstehung und theologische Begründung der kirchlichen Ämter in der alten Kirche. a.a.O. "Schon bald ergab sich die Notwendigkeit (vgl. Didache), Dienste, die für die Gemeinde unverzichtbar waren, bewährten und geprüften Personen durch amtliche Beauftragung zu übertragen und ihnen die Vollmacht dazu durch Weihe zu verleihen. Auf einen charismatisch erweckten Zungenredner konnte eine Gemeinde verzichten, nicht jedoch auf jemand, der die Vollmacht besaß zu leiten, zu versöhnen und über die Lehre zu wachen." (S. 361)

[515] **SEKRETARIAT DER DEUTSCHEN BISCHOFSKONFERENZ:** Der Leitungsdienst in der Gemeinde. a.a.O. S. 8

gendwann einmal eine entsprechend fähige Frau) für diesen Dienst dem Bischof zu präsentieren und ihn um die Weihe dessen (oder derer) zu bitten, wäre hier ein deutlicher Widerspruch angebracht.

Von der Gemeinde her gesehen entzündet sich genau an dieser Stelle vielfach der Streit um dieses Amt: berechtigterweise müßte man davon ausgehen dürfen, daß nur diejenigen Männer zu Priestern geweiht werden (können), die sich in einer solchen christologischen Transparenz bewährt haben. Da es sich de facto aber oftmals nicht so verhält, da oftmals gerade durch den Umgangs- und Leitungs*stil* eines Pfarrers die Glieder der Gemeinde zum Glauben an Christus nicht ermutigt, motiviert und geführt werden, sondern diese resignieren und frustriert ihr Heil woanders suchen, wird immer deutlicher die Frage gestellt, wer letztendlich kompetenter(er) darüber entscheiden kann, wer zu solch einem Amt berufen werden kann und soll?[516] Dabei ist es nicht nur die geringe Zahl der Priesterkandidaten, die Alternativen herausfordert[517], sondern auch die immer weniger akzeptierte Praxis, daß durch diesen Mangel auch "Kandidaten zur Beauftragung zum Presbyter zugelassen werden, die man in früheren Zeiten weggeschickt hätte, nicht nur im Interesse der Kirche, sondern auch im Interesse dieser Leute."[518] Gegen eine solche 'Mangelkosmetik' hat E. SCHILLEBEECKX bereits im Jahre 1981 gewagt, sich mit der Frage auseinanderzusetzen, warum die Amtsträger (=Priester) nicht auch von der Gemeinde selbst (nach einem geeigneten Verfahren) zu diesem amtlichen Dienst berufen und wegen ihres Auftretens in der Gemeinde, das charismatische Begabung erkennen läßt, vom Bischof als dem eigentlichen Leiter der Gemeinde durch die Weihe bestätigt werden könnten. Wie eine solche 'Berufung' vonstatten gehen könne, hat er – in Anlehnung an die Ordinationspraxis der frühen Kirche – ausführlich dargelegt:

> Er geht davon aus, daß es "neben der Verantwortung aller Gläubigen für die ganze Gemeinde, die sich in vielen anderen Diensten und Charismen äußert, [...] in der Kirche auch amtliche Dienste mit ei-

---

[516] Zur Geschichte der Eignungskriterien für den pastoralen Dienst vgl. **WULF, F.**: Kriterien der Eignung. STENGER, H. (Hrsg.): Eignung für die Berufe der Kirche. Freiburg 1988. S. 11ff

[517] **RUH, U.**: Prekäre Perspektiven. a.a.O. Eine interne 'Hochrechnung' in der Erzdiözese Freiburg ergab zum Beispiel, daß im Jahre 2004 - bei einem (sehr optimistisch geschätzten) Zuwachs von 8 Neupriestern und 15 hauptberuflichen pastoralen Mitarbeiter/innen pro Jahr - 532 Priestern in der Pfarrseelsorge 526 Pastoral- bzw. Gemeindereferenten/innen gegenüberstehen werden.

[518] **HÖSLINGER, N.**: Zum Verhältnis heutiger Menschen zu Gemeinde und Großkirche. a.a.O. S. 41; vgl. dazu auch **MOOSBRUGGER, O.**: Mehr basisfundierte Auswahl und Ausbildung von Priestern. Überlegungen und "Utopien" eines ehemaligen Regens eines Priesterseminars in der Schweiz. HOFFMANN, P. (Hrsg.): Priesterkirche S. 293-306

nem eigenen spezifischen Zug [gibt]: es sind verschiedene Formen pastoraler Leitung der Gemeinde." Bei der Handauflegung durch den eigentlichen Leiter einer Ortskirche, den Bischof, wird zeichenhaft verdeutlichst, daß das, was in der Ekklesia geschieht, Gabe des Geistes Gottes ist und nicht Zeichen kirchlicher Eigenmächtigkeit ist. Es wird "dadurch über den Berufenen das 'pneuma hegemonikon' herabgefleht: der Geist, der die Kirchengemeinde leitet und auch in Erinnerung bringt, was Jesus gesagt und getan hat, wie dies durch die apostolische Überlieferung den Gemeinden als ein dynamisch zu bewahrendes Erbpfand weitergegeben worden war. Als Leiter der Gemeinde ist der Amtsträger konsequent der Leiter der Eucharistiefeier, in der die Gemeinde ihr tiefstes Mysterium und ihr eigenes Dasein feiert, Dank und Lobpreis gegen Gott." SCHILLEBEECKX unterscheidet von diesem christologischen Dienst des Priesters seine Funktion als "Leiter der Gemeinde" im organisatorischen Sinn, weshalb er ihn zugleich auch als "Teamleiter" bezeichnet. Ihm "werden amtliche Mitarbeiter zugewiesen, die ebenfalls unter Handauflegung und Gebet eingesetzt werden, wodurch durch etwas bestimmtere und differenzierte Weise ausgedrückt wird, zu welchem besonderen Amt sie berufen werden. Dazu wird auch auf sie das erforderliche Amtscharisma herabgerufen. Aber kraft des ihnen verliehenen Geistcharismas können alle Amtsträger in Notsituationen für den Teamleiter einspringen und seinen Dienst wahrnehmen, ohne daß dafür sozusagen zusätzliche 'Weihen' nötig wären. Wo amtlicher und nichtamtlicher Dienst beginnt, läßt sich im konkreten Leben einer Gemeinde oft kaum abgrenzen. Die Begriffe Leitung, Unterricht, Liturgie und Diakonie geben, kurz zusammengefaßt, aber doch wieder, was die große christliche Tradition als amtliche Dienste gesehen hat."[519]

Während SCHILLEBEECKX mit seinem Vorschlag den römisch-katholischen Rahmen zwar sehr weit ausnutzt, diesen aber nicht verlassen hat, kann man dies von den Ausführungen von P. WESS, dem Gründer der Basisgemeinschaft in der Wiener Machstraße, nicht mehr behaupten. Er hat diese Thesen zwei Jahre später nämlich dahingehend 'radikalisiert', daß es für ihn kein Amt gebe, das der Gemeinde *gegenüber* steht.[520] Solchen Ansichten, daß es nur ein Amt *in* der Gemeinde und *durch* die Gemeinde gebe, muß entgegengehalten werden, daß "der geweihte Amtsträger keineswegs nur Repräsentant seiner Gemeinde [ist], sondern ihr auch *gegenüber* [steht]. Er soll – von Christus in der Weihe dazu bevollmächtigt – jede einzelne Gemeinde und die Kirche insgesamt daran erinnern, daß sie nicht die nachträglich gebildete Summe ihrer Glieder, sondern 'ecclesia', d.h. vom Herrn

---

[519] **SCHILLEBEECKX, E.**: Das Amt. a.a.O. S. 234
[520] Vgl. **WESS, P.**: Ihr alle seid Geschwister. Mainz 1983. S. 86-92

'herausgerufen' und zusammengeführt ist. Die Weihe bzw. Ordination bringt zum Ausdruck, daß der Amtsträger seine Autorität weder der Gemeinde, noch eigener Kompetenz, sondern einzig und allein der sakramental empfangenen Sendung durch Christus verdankt. Nicht weil er ein bestimmtes Charisma hat oder weil er etwas kann, was andere nicht können, sondern nur aufgrund einer Beauftragung steht der Inhaber des Leitungsamtes nicht nur *in seiner* Gemeinde, sondern ihr auch *gegenüber*."[521]

Genau diese Spannung zwischen dem 'In-der-Gemeinde-Stehen' und 'Der-Gemeinde-gegenüber-Stehen' ermöglicht meines Erachtens keine einheitliche und allseits befriedigende Lösung. Es wäre in manchen Gemeinden sicher möglich – vermutlich auch überwiegend in den städtischen –, den Vorschlag von N. WEBER zu verwirklichen:

> "Alle, die in einer Glaubensgemeinde ihr christliches Leben miteinander gestalten, sollten sich umschauen nach denen, die seit Jahren schon erwiesenermaßen ihrem gemeinsamen Leben spürbare Hilfe geleistet haben, nicht nur in der Sozialarbeit, Kindergarten, in der Schüler- und Jugendarbeit, in den Familien- und Seniorenkreisen, sondern auch besonders in der Katechese, im Gottesdienst und im persönlich aufrichtenden Glaubensgespräch. Diese 'Kandidaten/innen' sollten direkt angesprochen werden, u.U. durch einen Berufswechsel oder in der Freizeit bzw. im Pensionsalter für die Gemeinde nun auch 'amtlich' Dienst zu tun. Im Falle ihrer Zustimmung sollten sie durch die gewählten Gemeindegremien dem Bischof zur entsprechenden 'Ordination' auf den 'Titel' dieser Gemeinde präsentiert werden... Zum Dienst der Gemeindeleitung und/oder des Eucharistievorstandes sollte die Priesterweihe erteilt werden, gegebenenfalls zur Ausübung 'auf Zeit'. Das beträfe natürlich unterschiedslos Männer wie Frauen, Ledige wie Verheiratete, Berufstätige wie Rentner. Diesen Personen aus der Mitte der Gemeinde müßte gegenüber allen von außen 'eingeflogenen' (und meist älteren) Priestern der Vorrang gegeben werden, weil jene die Gemeinde gar nicht richtig kennen und nicht mit ihr täglich leben."[522]

---

[521] **MENKE, K.-H.:** Das eine Amt und die Vielfalt der Berufungen. a.a.O. S. 106; so auch **KASPER, W.:** Das kirchliche Amt in der Diskussion. a.a.O.; **HILBERATH, B.J.:** Das Verhältnis von gemeinsamem und amtlichem Priestertum in der Perspektive von Lumen gentium 10. TRIERER THEOLOGISCHE ZEITSCHRIFT 94 (1985) S. 311-325. "Das Amt ist ohne Zweifel notwendig in der Kirche und für die Kirche; es gehört zur ekklesiologischen Grundstruktur von Anfang an... Der Amtsträger hat für die Kirche konstitutive Funktion, das Gegenüber des Evangeliums, das 'extra nos' des Heils ständig präsent zu halten, zu re-präsentieren." (S. 323); **FUCHS, O.:** Ämter für eine Kirche der Zukunft. a.a.O. S. 104-107

[522] Vgl. **WEBER, N.:** Von der Präsentation zur Ordination. ANZEIGER FÜR DIE SEELSORGE 6/1994. S. 278. Ebenso **SCHILLEBEECKX, E.:** Das Amt. a.a.O. S. 238: "Es gibt auch heute genügend Christen, Männer und Frauen, die ekklesiologisch und amtlich

Solche Forderungen sind jedoch für andere Gemeinden – vor allem im ländlichen Raum – fast undenkbar, besonders im Hinblick auf jene Männer und Frauen, die innerhalb der vielleicht sehr engen dörflichen Struktur aufgewachsen sind und – wie Jesus selbst – "als Propheten im eigenen Land" nahezu keine Chance haben, das Gegenüber zur Gemeinde auch zu verwirklichen (vgl. Lk 4,24; Mt 13,57; Joh 4,44). Aus diesem Grunde ist es meines Erachtens sehr wichtig, auch hier keine der bisher genannten Optionen zu ideologisieren. Viel wichtiger und entscheidender ist es, sich immer wieder bewußt zu machen, daß es bei dem Amt des hierarchischen Priestertums eben nicht darum geht, die Gläubigen mit den Sakramenten zu 'versorgen' oder möglichst 'gut zu stehen' mit den Menschen und auch über den liturgischen Bereich hinaus die Seelsorge optimal zu 'managen', sondern gerade beide Dimensionen, das Mitten-unter-ihnen *und* das Gegenüber, überzeugt und überzeugend zu leben. Und dies – so behaupte ich aufgrund meiner Erfahrungen – vermögen auch Männer und Frauen, die sich in der Gemeinde, im Dienst an der Kommunikation und Verständigung, als integrierte und integrierende Persönlichkeiten bewährt haben.

Auch wenn die meisten der bundesdeutschen Gemeinden heute noch sehr weit davon entfernt sind, solche Männer und Frauen für den Dienst des ordinierten Priestertums präsentieren zu können und den Bischof um die Handauflegung zu bitten, können sich – falls dies überhaupt gewollt und unterstützt wird – die Zeiten auch diesbezüglich relativ schnell ändern. Diese These soll im Folgenden untermauert werden mit einem Praxisbeispiel aus den sogenannten "jungen Kirchen", die uns bezüglich des Priestermangels, aber auch der Gemeindeentwicklung einiges voraus haben.

2.2.3.1 Ein Praxisbeispiel: "Die Kirche Gottes, die in Kinshasa lebt"

"Gegenüber den Anfängen unserer Ortskirchen in der Kolonialzeit, die man ohne Übertreibung mit Konsum-Gesellschaften vergleichen kann, in denen die Priester die Spender und die Gläubigen die Konsumenten waren, zeigt 'die Kirche Gottes, die in Kinshasa ist', wie es dem Klerus von Kinshasa gelungen ist, durch Tage des Gebets und der Reflexion eine neue, lebendige Pastoral auf der Grundlage der nachkonziliaren Erneuerung zu

---

dieses Charisma besitzen, wie zum Beispiel viele Katecheten in Afrika und Pastoralarbeiter und -arbeiterinnen in Europa und anderswo, oder die zumindest zu amtlicher Eingliederung bereit sind, wenn sie ihrem Empfinden nach dadurch nicht klerikalisiert werden oder in den Dienst eines 'Systems' treten müssen". Vgl. auch **HÄRING, B.**: Heute Priester sein. a.a.O. S. 112-114

entwerfen. Gestützt auf die Ekklesiologie des II. Vatikanums, die aus der Kirche eine Versammlung des gesamten Volkes Gottes macht, in der jeder am Kommen des Reiches Gottes verantwortlich mitarbeitet, zählt 'die Kirche Gottes, die in Kinshasa ist' ihre aus dieser Ekklesiologie hervorgegangenen Veränderungen auf: Dezentralisierung der Pfarreien, Dienstämter, die Laien anvertraut werden, Laien in der Verantwortung für Pfarreien und Stadtviertel..."[523] Der "äußere Druck", der zu diesem neuen Denken führte, war die dramatische Entwicklung der Hauptstadt von Zaire: als Kinshasa Ende 1959 zum Erzbistum erhoben wurde, zählte die Stadt rund 400.000 Einwohner und 21 Pfarreien. Schon 10 Jahre später hatte sich die Bevölkerung verdreifacht und heute schätzt man die Einwohner auf über vier Millionen Menschen, von denen rund 55% katholisch getauft sind und sich auf über 100 Pfarreien verteilen. Diese Bevölkerungsexplosion stellte auch die Kirche vor größere Probleme.

Gewissermaßen als 'inneren Druck' kann man das Anliegen von Kardinal MALULA bezeichnen, der afrikanischen Kirche zu helfen, Wurzeln zu fassen und einheimisch zu werden. Dazu sollten zunächst einmal kirchliche Basisgemeinschaften[524] gegründet und gefördert werden mit den Zielen:

a) Gemeinschaften zu bilden, die klein genug sind, daß alle einander persönlich kennen, sich gegenseitig helfen und christliche Liebe praktisch leben und erfahren können;

b) ihren Glauben zu feiern und gemeinsam zu beten;[525]

c) sich selbst zu evangelisieren, indem die Gemeinschaften sich ständig vom Anruf des Evangeliums bekehren lassen und ihre Zustimmung zur Botschaft Christi immer mehr vertiefen;

d) die Situation und Ereignisse ihres Lebenskreises zu analysieren und sich den großen Fragen der Welt von heute im Licht des Evangeliums zu stellen und so

e) eine prophetische Rolle in der Gemeinschaft zu spielen, indem sie das Wort Gottes verkünden, jede Form von Ungerechtigkeit anprangern, sich in den Dienst der am meisten Benachteiligten stellen und sich für den Aufbau

---

[523] **BERTSCH, L.**: Laien als Gemeindeleiter. a.a.O. S. 31

[524] Vgl. Anmerkung 0, wobei hier wohl mehr an "theologische" bzw. auch "deskriptive" Basisgemeinschaften gedacht ist.

[525] So auch das Zitat von Kardinal **MALULA**: "Der Gottesdienst ist bei uns Zelebration, Feier, ein Fest; vor allem ein Fest. Man geht hin wie zu einem Fest, und die Menschen erleben das Herrenmahl wie ein Fest: die Lesungen, die Gesänge, die Tänze. Es ist wirklich ein Fest wie es unserem Lebensgefühl entspricht. Und die Liturgie ist nicht mehr Sache des Priesters, der sie leitet, sondern alle Welt ist daran beteiligt, macht mit." Zitiert nach: **KEHL, M.**: Die Kirche. a.a.O. S. 248

einer den Werten des Gottesreiches besser entsprechenden Gesellschaft engagieren.[526]

Organisatorisch verlief der Prozeß dann folgendermaßen: jede kirchliche Basisgemeinschaft ruft einige ihrer Mitglieder dazu auf, eine belebende Kerngruppe zu bilden, deren Aufgabe es ist, die Aktivitäten der Gemeinschaft zu leiten, lebendig zu erhalten und zu koordinieren. Aus dieser Kerngruppe wählt die Gemeinschaft wiederum drei Kandidaten und legt diese Wahl den Verantwortlichen der Pfarrei vor, die aus diesen dreien den *'moyangeli'* bestimmen. Dieser wird (wie auch die anderen *'bayangeli'* [Pluralform]) Mitglied im Pfarrgemeinderat, der die Aufgabe eines "Pastoralrates" wahrnimmt.

In konsequenter Folge dieser Struktur setzte sich Kardinal MALULA schon sehr früh (1973) dafür ein, Laien als Gemeindeleiter einzusetzen. Dies geschah also nicht primär aus Mangel an einheimischen Priestern, sondern eben, um durch die Nähe und Beheimatung des Gemeindeleiters zum bzw. im Leben der Pfarrgemeinde die "Verwurzelung" und "Inkulturation" des christlichen Glaubens zu gewährleisten. Ein solcher "laikaler Gemeindeleiter" trägt die Bezeichnung *'mokambi'* (Plural: *'bakambi'*). Er ist in der Regel ein verheirateter Christ, der – voll im Berufs- und Familienleben stehend – einen großen Teil seiner freien Zeit dazu verwendet, eine Pfarrgemeinde zu leiten. Er muß weder Katechist noch verheirateter Diakon sein, soll sich aber durch sein bisheriges Leben und Engagement in seiner jeweiligen Pfarrei in jeder Hinsicht exemplarisch ausgezeichnet haben.

> Gemeinsam mit seiner Frau absolviert der angehende Mokambi einen zweijährigen Intensiv-Kurs oder nimmt an einem dreijährigen Abendkurs teil.
>
> Der Mokambi wird dann vom Ortsbischof zum Gemeindeleiter ernannt und eingesetzt. Er ist genauso alleiniger Verantwortlicher der ihm anvertrauten Gemeinde wie gewöhnlich ein Pfarrer.
>
> Er geht einem geregelten Beruf nach und muß sozial abgesichert sein (eine finanzielle Unterstützung von Seiten der Gemeinde oder Diözese gibt es nicht).
>
> Die Ernennung erfolgt immer nur für drei Jahre, kann aber stets erneuert werden (nach Befragung der Gemeinde).
>
> Erster Mitarbeiter und Berater des Mokambi ist der seiner Pfarrei vom Bischof zugeteilte 'Prêtre-Animateur' – ein Priester, der nicht als Pfarrer in die Gemeinde kommt (und dort auch nicht zwingend residiert), sondern als Mitarbeiter des dortigen Gemeindeleiters (= Mokambi).
>
> Aufgabe des Prêtre-Animateur ist die Achtsamkeit, daß das Wort Gottes unverfälscht verkündet und die Lehre der Kirche vor allem in

---

[526]   Vgl. **BERTSCH, L.**: Laien als Gemeindeleiter. a.a.O. S. 92f

der Katechese in rechter Weise weitergegeben wird. Er garantiert, daß die Gemeinde regelmäßig die Gelegenheit hat, die Sakramente zu feiern – vor allem die sonntägliche Eucharistiefeier.

Weiterhin hat er für die religiöse und theologische Fort- und Weiterbildung des Mokambi und aller anderen in der Pfarrei Verantwortlichen Sorge zu tragen.

Andere wichtige Mitarbeiter des Mokambi sind die bereits genannten 'bayangeli', die Vorsteherinnen und Vorsteher der kleinen christlichen Gemeinschaften. Sie tragen Sorge für das Leben in ihrer Gemeinschaft bzw. ihres Wohnviertels sowie für die Durchführung der katechetischen Dienste und die Wahrnehmung der caritativen Aufgaben.

Die Bayangeli bilden mit dem Mokambi und dem Prêtre-Animateur den Pfarrgemeinderat, dessen Vorsitz der Mokambi innehat und in dem die Dienste und Aktivitäten der einzelnen Gemeinschaften und Wohnviertel beraten und evtl. koordiniert werden.

Bei all den Vorurteilen, daß sich afrikanische "Modelle" nicht einfach auf unsere Verhältnisse umsetzen lassen, soll doch auf einige Entwicklungsmerkmale hingewiesen werden, die der deutschen Situation nicht fremd zu sein scheinen: Die "kleinen christlichen Gemeinschaften", die die Grundlage für die dargelegten Strukturen bilden, entstanden nicht ausschließlich *von unten* her wie die "kirchlichen Basisgemeinden" Lateinamerikas, sondern in einem dialogischen Prozeß, bei dem die Initiative aber auch sehr stark von den Priestern, Ordensleuten, Katechisten und Bischöfen ausging. "Die Entwicklungsgeschichte zeigt deutlich, wie die 'Kirche von oben' zusammen mit der 'Kirche von unten' in mühsamen, oft leidvollen Schritten allmählich zu einer 'Kirche miteinander' wird."[527] Der Weg ging auch nicht davon aus, zunächst eine "Option für die Armen" zugrundezulegen, sondern primär eine "Option für die Gemeinde". Dementsprechend waren die ersten Adressaten nicht die Armen, sondern eher die 'normalen Kirchenbesucher'. Dieses Miteinander-Kirche-sein wurde sehr wahrscheinlich nur deshalb möglich, weil Bischöfe wie Kardinal MALULA die tiefen Wunden des Kolonialismus – gerade im Bereich der kulturellen Identität und der Beraubung von menschlicher Würde – ernstgenommen haben und nach gemeinsamen Auswegen suchten. Eine Übertragung auf unsere westeuropäischen bzw. deutschen Verhältnisse scheint insofern möglich und praktikabel zu sein, wenn auch die deutschen Bischöfe es tatsächlich ernst meinen, daß der Weg in die Zukunft nur noch gemeinsam gesucht und gefunden werden kann. Wenn sie zudem ihr Amt nicht ausschließlich als ein Lehr-Amt, sondern zunehmend auch als 'Hör-Amt' und als einen Dienst am Dialog mit den Gemeinden

---

[527] **JANSSEN, H.**: Solidarität, Lebenseinheit und Basisgemeinschaften in Afrika - zitiert nach **KEHL, M.**: Die Kirche. a.a.O. S. 234

verstehen, dann legen es Erfahrungen nahe, daß sie zusammen mit all denen, die Verantwortung mittragen in der Seelsorge, auch Wege der Weiterentwicklung finden.

2.2.3.2   Der Canon 517 § 2 CIC/1983 als Weg zum Ziel?

Es ist an dieser Stelle aber auch von enormer Bedeutung, zu erwähnen, daß dieses sich aus der Praxis heraus entwickelte "Modell Kinshasa" gesetzesverändernde Kraft hatte: aufgrund dieses neuen Verständnisses von Gemeindeleitung waren nämlich die Verfasser des Kirchenrechts von 1983 mehr oder weniger gezwungen, eine Bestimmung zu erlassen, die innerhalb des ganzen Gesetzeswerkes außergewöhnlich ist:

> "Wenn der Diözesanbischof wegen Priestermangels glaubt, einen Diakon oder eine andere Person, die nicht die Priesterweihe empfangen hat, oder eine Gemeinschaft von Personen an der Wahrnehmung der Seelsorgsaufgaben einer Pfarrei beteiligen zu müssen *(participationem concredendam esse)*, hat er einen Priester zu bestimmen, der, mit den Vollmachten und Befugnissen eines Pfarrers ausgestattet, die Seelsorge leitet *(curam pastoralis moderetur)*." Can. 517 § 2 CIC/1983

Um diesen Canon gibt es bis zur Gegenwart eine lebhafte Diskussion[528], zumal durch ihn überhaupt nicht geklärt wird, wer nun konkret die Gemeinde 'leitet'.[529] M. BÖHNKE hat in seiner Arbeit nicht nur am deutlichsten herausgearbeitet, welche Widerstände, Virulenzen und Probleme es – besonders auch von Seiten des deutschen Episkopats – diesbezüglich gegeben hat, sondern auch wie sowohl das Beteiligen *(participatio)* an Seelsorgsaufgaben als auch das Leiten *(moderari)* verstanden werden kann. Seinen Untersuchungen zufolge wird in der Rechtssprache dem Wort *moderari* eine

---

[528]   **SCHMITZ, H.:** Gemeindeleitung durch Nichtpfarrer-Priester oder Nichtpriester-Pfarrer. Kanonistische Skizze zu dem neuen Modell pfarrlicher Gemeindeleitung des C. 517 § 2 CIC. ARCHIV FÜR KATHOLISCHES KIRCHENRECHT. 161. Band. Jahrgang 1992; **SELGE, K.-H.:** Das seelsorgerische Amt im neuen CIC. Die Pfarrei als Ort neuer kirchlicher Ämter? Eine Auseinandersetzung mit dem Canon 517 § 2 CIC/1983. EUROPÄISCHE HOCHSCHULSCHRIFTEN. Reihe XXIII. Band 418. Frankfurt-Bern-New York-Paris 1993; **BÖHNKE, M.:** Pastoral in Gemeinden ohne Pfarrer. Interpretation von Canon 517 § 2 CIC/1983. Essen 1994; **RECKZIEGEL, I.:** Mangel verwalten oder Gemeinde gestalten. Ein Pastoralmodell (CIC 517 § 2) auf dem Prüfstand - Bericht einer Betroffenen Gemeindeleiterin, die nicht leiten "darf". PREDIGER UND KATECHET 5/1995. S. 616-624; **LEHMANN, K.:** Die Sorge der Kirche für die Pfarrgemeinde. a.a.O.; **DEMEL, S.:** 'Priesterlose' Gemeindeleitung? a.a.O.; **PREE, H.:** Pfarrei ohne Pfarrer - Leitung und Recht auf Eucharistie? ANZEIGER FÜR DIE SEELSORGE 1/1996. S. 18-24

[529]   Vgl. **DEMEL, S.:** 'Priesterlose' Gemeindeleitung? a.a.O. S. 67

dreifache Bedeutung zugeschrieben: 'leiten', 'koordinieren' und 'repräsentieren'. "Der letztgenannte Aspekt erhält in Zusammenhang mit c. 517 § 2 CIC/1983 seinen Sinn, wenn man ihn theologisch als 'repraesentatio Christi capitis' versteht und nicht soziologisch als Repräsentanz der Pfarrgemeinde in der Gesellschaft. Die Bedeutung koordinieren erschließt eine praktisch-organisatorische Dimension von *moderari* und leiten eine autoritative. [...] Die autoritative Dimension (wiederum) legitimiert sich durch die 'repraesentatio Christ capitis'. Faßt man beide Elemente zusammen, so könnte dies im Begriff 'geistliche Leitung' adäquat geschehen."[530] In diese Richtung geht auch die Interpretation von W. ZAUNER, der dieses *moderari* so versteht, daß damit "an eine Art episkopale Funktion gedacht [ist], also an eine Art Aufsicht und Letztinstanz, die sich nicht auf die laufenden und täglich anfallenden Leitungsaufgaben bezieht."[531] In logischer Konsequenz dessen hat auch der zweite Begriff *participatio* – also die Art der Beteiligung an dieser Leitung – eine ihm eigene Bedeutung: In Anlehnung an die Interpretation von M. BÖHNKE folgert auch der Mainzer Bischof K. LEHMANN, "daß die nichtpriesterlichen Beauftragten am Hirtenauftrag des Bischofs und nicht an dem des Priesters partizipieren." Diese Mitarbeiterinnen und Mitarbeiter, die an der Wahrnehmung der Seelsorgsaufgaben beteiligt werden, "sind nicht nur der verlängerte Arm des Priesters, sondern haben stärker eine die Eigenverantwortung betonende Subjekt-Stellung."[532]

Dieser Canon 517 § 2/CIC 1983 nimmt deshalb in Bezug auf die hier gestellte Frage nach einer differenzierten Gemeindeleitung gewissermaßen eine *Schlüsselrolle* ein, weil in ihm ausdrücklich von einer *Partizipation* von Laien an der bischöflichen Leitungsgewalt die Rede ist. Das zwar sehr vorsichtig formulierte *'participationem concredandam esse'* – wörtlich übersetzt: *'die Teilhabe anvertrauen zu müssen'* – deutet zwar darauf hin, daß es den Kanonisten sehr wichtig war, den Diözesanbischöfen hier eine sehr vorsichtige Handhabung ins Gewissen zu legen. Aber immerhin geht dieser Canon hier noch einen Schritt weiter als der bereits besprochene Canon 129 § 2 CIC/1983, in dem lediglich von einem *'cooperari possunt'*, also von einer Kooperation im Sinne des *Mit*wirkens bei der Ausübung von Leitung die Rede ist.[533] Je nach Interpretation kann dieser Canon 517 § 2 CIC/1983

---

[530] **BÖHNKE, M.:** Die Zukunft der priesterlosen Gemeinden. a.a.O. S. 171; **DERS.:** Pastoral in Gemeinden ohne Pfarrer. a.a.O. S. 40

[531] Vgl. **ZAUNER, W.:** Leben und Leitung der Gemeinde. Ein Leitungsverständnis von der Gemeinde aus gedacht. DIAKONIA 1/1996. S. 23-34, hier S. 33

[532] **BÖHNKE, M.:** Pastoral in Gemeinden ohne Pfarrer. a.a.O. S. 42; **LEHMANN, K.:** Die Sorge der Kirche für die Pfarrgemeinde. a.a.O. S. 124

[533] Vgl. dazu die Ausführungen von B. LAUKEMPER-ISERMANN zu Can. 129 § 2 CIC/1983 in Teil II, 2.1.3 – S. 208f sowie Anmerkung 458 – S. 208

also die Tür zu einer Weiterentwicklung verschließen oder auch öffnen: man kann nämlich einerseits betonen, daß 'Laien', also nichtordinierte Gläubige, lediglich dem Priester bei der Ausübung von Leitung *mit*wirken oder *mit*helfen;[534] man kann aber andererseits auch betonen, daß dem Diözesanbischof damit eine Möglichkeit geboten ist, auch nichtordinierten Gemeindeleiterinnen und Gemeindeleitern bzw. einem Gemeindeleitungsteam die Wahrnehmung der Seelsorge genauso anzuvertrauen (*'concredere'*) wie einem ordinierten Priester (vgl. Can. 526 § 1 CIC/1983), wenn auch unter der Maßgabe, daß für dieses Gemeindeleitungsteam ein Priester bestimmt wird, der die Seelsorge 'moderiert'.[535] Nach dieser weitgehenden Interpretation wäre also die Möglichkeit gegeben, daß sich heute schon Männer und Frauen in die Praxis der Gemeindeleitung hineinarbeiten könnten – und zwar gleichberechtigt mit dem 'moderierenden Priester', sodaß sie sich in Konfliktfällen an einem *gemeinsamen* Dienstvorgesetzten (beispielsweise den Dekan) wenden könnten.[536] So wäre beispielsweise auch die Chance eröffnet, daß diese ganz pragmatisch in der Wahrnehmung von Gemeindeleitung bewährten Christinnen und Christen irgendwann einmal von den Gemeinden als *'viri probati'* oder *'mulieres probatae'* empfohlen und vom Bischof geweiht werden könnten.

Abgesehen von solch zugegebenermaßen noch recht spekulativen Interpretationsmöglichkeiten erhält dieser Canon 517 § 2/CIC 1983 aber auch deshalb ein besonderes Gewicht, da durch ihn die Möglichkeit geboten wird, daß ein Priester tatsächlich seine Aufgaben in dem oben beschriebenen Sinn einer *geistlichen Gemeindeleitung* wahrnehmen kann: daß er also *lediglich* Sorge dafür trägt, daß die Gemeinde mit all ihren Aktivitäten 'in der Spur Jesu Christi' bleibt bzw. immer wieder zu ihr zurückkehrt. Dieses Verständnis des hierarchischen Priestertums, so muß aber auch bedacht werden, ist (noch) nicht sehr weit verbreitet. Vielfach bestätigt sich noch der Eindruck von J. WERBICK, daß bezüglich der Partizipation von 'Laien' an Seelsorge und Gemeindeleitung es vielen Vertretern des hierarchischen

---

[534] **LEHMANN, K.:** Die Sorge der Kirche für die Pfarrgemeinde. a.a.O. S. 125: "Auch wenn ein Laie keine grundsätzliche Befähigung zur Übernahme von Leitungsvollmacht hat, so ist es doch nicht ausgeschlossen, daß ein Laie bei der Ausübung dieser Vollmacht 'mitwirkt' (vgl. Can. 129 § 2: *cooperari possunt*) oder 'mithilft' (vgl. Can. 519). Man könnte als Kurzformel gebrauchen: mitwirken bei der Ausübung von Leitungsvollmacht bzw. von Hirtensorge."

[535] Vgl.: **KAISER, M.:** Die Laien. LISTL, J. u. MÜLLER, H. u. SCHMITZ, H. (Hrsg.): Handbuch des katholischen Kirchenrechts. Regensburg 1983. S. 189

[536] Diese Möglichkeit wird meines Wissens im keinem bundesdeutschen Bistum ausgeschöpft. Vgl. dazu auch: **AMTSBLATT DES BISTUMS LIMBURG:** Statut für die Pfarrseelsorge nach can. 517 § 2 CIC. Nr. 9 vom 1. September 1995. S 259-260, besonders § 3 Abs. 3 sowie § 5 Abs. 5

Lehramtes in eher *dogmatischer Perspektive* vorrangig wichtig ist, sich hier nichts aus der Hand nehmen lassen zu wollen. Die christentums-distanzierten Zeitgenossen sollen sich vielmehr mit der *organischen Ganzheit* der kirchlichen Glaubens- und Sittenlehre vertraut machen, die in rechter Weise nur von ordinierten Priestern vermittelt werden kann. "Vielleicht geht man hier ganz selbstverständlich davon aus, daß sie schon vom Christlichen überzeugt würden, wenn sie es nur im 'Orginalton Mutter Kirche' hörten, nicht verzerrt und verkürzt von der subjektiven und selektiven Auslegung vieler 'Dreiviertels-Zeugen' (Katechetinnen und Katecheten), nicht verstellt durch eigene bedauerliche Vorurteile gegen die Kirche, wie sie etwa den Heranwachsenden von allzu kritischen und uninformierten Eltern einge-pflanzt werden."[537] Ein solches Mißtrauen von Seiten des hierarchischen Priestertums wäre für das Anliegen einer Gemeindeentwicklung gewisser-maßen der Todesstoß. Und dort, wo es in diesem Ausmaß vorhanden wäre, wäre es auch ungemein schwer, das Vertrauen zu wecken, daß der Heilige Geist gerade auch in der *communio* der Kirche wirkt, zu der alle Gläubigen aufgrund des gemeinsamen Priestertums gehören und unter denen eine "wahre Gleichheit ihrer Würde und ihrer Tätigkeit" besteht (vgl. Lumen gentium 32), und nicht allein und ausschließlich durch das Lehramt.

Aber auch, wenn es hier und da noch solche Vertreterinnen und Vertreter eines mehr tridentinischen Kirchen- und Priesterbildes gibt, wächst doch weitgehend die Erkenntnis, daß alle in gewisser und auch unterschiedlicher Weise *Geistträgerinnen* und -träger sind und daß es zunehmend die primäre Aufgabe des *Lehr*amtes sein muß, zunächst einmal *Hör*amt zu sein, ehe Defizite benannt und erkennbare Abweichungen vom Glauben der gesamten Kirche korrigiert werden. In der pastoralen Bildsprache der Bibel wird die-ses Anliegen zum Ausdruck gebracht durch die Gestalt des Hirten und des Lammes: im Alten Testament ist es stets Gott, der als der *eigentliche* Hirte seines Volkes gesehen wird (Gen 48,15; Ps 23,1; 80,2; JSir 18,13) und der Propheten beruft, für ihn und in seinem Auftrag zu "hirten" (Jer 3,15; 23,4; Ez 34,23; 37,24). Auch im Neuen Testament wird Jesus Christus nicht zu-nächst als der "Gute Hirte" (Joh 10,11), sondern zuerst als das "Lamm Got-tes" (Joh 1,29.36) vorgestellt, der nicht die Rolle des Vaters als Hirte des Volkes ersetzt, sondern als derjenige, der sich nach Menschen umsieht und ihnen in ihrer Verlorenheit nachgeht, um sie so in die Gemeinschaft mit Gott zurückzuführen. Dadurch zeigt Jesus den Menschen, daß Gott selbst ihnen nachgeht, sich nach ihnen umsieht, und er ist so gerade *als Lamm*, das weidet und zu den Quellen führt, aus denen das Wasser des Lebens strömt (vgl. Offb. 7,17), *der gute Hirte*. Aus diesem Grundverständnis Jesu heraus,

---

[537] Vgl. **WERBICK, J.:** Vom Wagnis des Christseins. a.a.O. S. 101f

nicht Hirte, sondern Lamm zu sein, das auf den eigentlichen Hirten hinweist, kann man auch die Stellen, an denen das Hirtenamt an andere weitergegeben wird (vgl. Joh 21,15-17; Apg 20,17-36; 1 Petr 5,1-4), so verstehen, daß dadurch eben nicht eine strukturierte Amtlichkeit geschaffen werden soll, sondern daß vielmehr eine charismatische Wirksamkeit angemahnt wird, die Hirtenaufgabe so zu übernehmen, wie sie von dem "Lamm Gottes" vorgezeichnet wurde. H. VAN DE SPIJKER resümiert aus all diesen Untersuchungen, daß "in der pastoralen Bildsprache des Neuen Testaments die hirtliche Haltung und hirtliche Tätigkeit weder exklusiv auf eine bestimmte Personengruppe eingeschränkt [sind] noch [sich] verwirklichen in einem reinen Gegenüber: Hirte hier – Herde dort." Vielmehr sei es das Selbstideal der Christenheit, "keine Herde von *Hirten*", sondern "eine Herde von *Weidenden*" zu sein, die aus dem Geist des Guten Hirten lebt. Aus diesem Glaubensbewußtsein, daß nur Gott und in ihm Jesus Christus der Gute Hirt ist, und aus der Erkenntnis, daß Menschen als die *Weidenden* unterschiedslos zu der Aufgabe berufen sind, an die Quellen lebendigen Wassers zu gelangen und zu führen, ergibt sich in der Konsequenz für alle, die Leitungsfunktionen ausüben, "die Balance zwischen Weiden und Geweidetwerden, zwischen Weiden-mit-einander und Weiden-von-einander, zwischen Sich-selbst-weiden und Andere-Menschen-weiden" zu finden.[538]

In Bezug auf den ordinierten Dienst bedeutet eine solche Interpretation konkret, daß auch und insbesondere der geweihte Priester sich einordnen muß in die Schar der "Weidenden", daß er sich tatsächlich als "Bruder unter Brüdern (und Schwestern)" verhält (vgl. Presbyterorum ordinis 9) und im Hören auf das, "was der Geist den Gemeinden sagt" (Offb 2,7 u.a.) dazu verhilft, daß "das neue Gebot der Liebe von allen erfüllt wird" (Lumen gentium 32). Insofern sind die Aufgaben von Priestern und von Erziehenden nicht unähnlich: auch Eltern finden sich immer wieder, wenn es angebracht und notwendig ist, in der Rolle des Gegenübers zu ihren Kindern. Auch sie müssen in diesem Rollenkonflikt lernen, sich mehr und mehr zurückzunehmen, um ihre Kinder zu wirklich erwachsenen und eigenständigen Menschen zu erziehen, damit sie partnerschaftsfähig werden. Vielleicht ist auf diesem Hintergrund die Weisung in 1 Timotheus 3 für die Auswahl künftiger Priester neu zu bedenken, wenn er schreibt: "Wer das Amt des Bischofs (oder des Priesters) anstrebt, ...soll ein guter Familienvater sein und seine

---

[538] Vgl. **SPIJKER, H. VAN DE**: Hirten und Schafe. Pastoraltheologische Überlegungen zu Formen des christlichen Miteinander. SCHULZ, E. u. BROSSEDER, H. u. WAHL, H. (Hrsg.): Den Menschen nachgehen. Offene Seelsorge als Diakonie in der Gesellschaft. Festschrift für H. SCHILLING. St. Ottilien 1987. S. 43-64; **DERS.:** Hirtendes Ich in den Gedichten Rilkes – dichterische Winke zur Selbstsorge. BÄRENZ, R.: Theologie, die hört und sieht. a.a.O. S. 199-215

Kinder zu Gehorsam und allem Anstand erziehen... Wer seinem eigenen Hauswesen nicht vorstehen kann, wie soll er für die Kirche Gottes sorgen?" (3, 1.4-5)

Damit stellt sich natürlich noch einmal brisanter die Frage, ob es dem Willen des Geistes entspricht, daß die (oberste) Kirchenleitung sich kontinuierlich weigert, die Zulassungsbedingungen zum ordinierten Priestersein zu ändern.[539] Sicher spricht vieles momentan dafür, die Bedingungen (männlich, zölibatär lebend und akademisch ausgebildet), die nur "aufhebbare Akzidentien" und keine "Wesensmerkmale" für den (amts-)priesterlichen Dienst sind, zu ändern, wenn sie auf Dauer nicht kontraproduktive Folgen nach sich ziehen sollen: die Tatsache, daß immer mehr Pfarrgemeinden nicht mehr reden (wollen), sondern handeln, daß vereinzelt auch Eucharistiefeiern ohne Priester zelebriert werden und weitgehend schon der Ausnahmefall von Wortgottesdiensten am Sonntag immer mehr zum Normalfall wird, hat auch unweigerlich zur Folge, daß der sakramentale Dienst des Priesters zu einer Ausnahme-Erscheinung wird (auf die man gegebenenfalls auch noch verzichten kann) und daß dadurch auch die sakramentale Grundstruktur der katholischen Kirche 'auf dem Altar des Zölibats' geopfert wird.[540] Andererseits muß hier aber auch in aller Deutlichkeit noch einmal gesagt sein: der Zölibat ist nicht (allein) *das* Problem der katholischen Kirche. Er ist nicht mehr, aber auch nicht weniger als eine Folgeerscheinung, ein Symptom einer Umbruchszeit, in der niemand in eindeutiger Klarheit sagen kann, wohin der Weg der Kirche und der Gemeinden geht und welche Aufgaben, Rollen und Funktionen einem ordinierten Priester übertragen bzw. aufgebürdet werden.[541] Und ebendiese Unsicherheit hindert wiederum

---

[539] Vgl. **JOHANNES PAUL II.:** Ordinatio sacerdotalis. Apostolisches Schreiben über die nur Männern vorbehaltene Priesterweihe. L'OSSERVATORE ROMANO. Wochenausgabe in deutscher Sprache Nr. 23 vom 10. Juni 1994. S. 2; ebenso **SEKRETARIAT DER DEUTSCHEN BISCHOFSKONFERENZ:** Der Leitungsdienst in der Gemeinde. a.a.O. S. 22

[540] Vgl. auch **NIEWIADOMSKI, J.:** Menschen, Christen, Priester... a.a.O. S. 164; **KOCH, K.:** Zölibat am Scheideweg - abschaffen oder aufwerten? Zum Stellenwert der Ehelosigkeit in theologischer Sicht in Geschichte und Gegenwart. NEUE ZÜRCHER ZEITUNG vom 17.6.1995

[541] Vgl.: **KARRER, L.:** Pastoraler Erfolg oder Mißerfolg. a.a.O. (Anmerkung 497). S. 69. KARRER sieht als ein Grundproblem die zermürbende Überforderung an, gerade in Regionen (z.B. Pfarrverbänden), in denen nur noch ein Priester oder ein Seelsorgeteam zur Verfügung steht. Dabei werde die gemeindliche Überlastung der Seelsorger durch die räumlich ausgeweitete Mobilität zusätzlich verstärkt. Hinzu komme, daß infolge der Spezifizierung der Dienste ein massiver Druck auf konzeptionelle Planung und administrative Arbeit, auf differenzierte Information und auf durchaus komplizierte Kooperationsmodelle entstehen. "Gerade für Seelsorgerinnen und Seelsorger, die sich ihrer Aufgabe nicht ent-

viele daran, sich auf einen Beruf einzulassen, für den es nur recht unklare Umschreibungen und Definitionen gibt.

Ob die hier dargelegte Umschreibung einer *geistlichen Leitung* Zuspruch findet, muß abgewartet werden. Es dürfte für unseren Kontext klar sein, daß das hierarchische Priestertum, wie es hier verstanden wird und sich deutlich von dem 'All-round-Seelsorger' absetzt, von vielen wie ein "neuer Wein" empfunden wird, den man nicht (mehr) in alte Schläuche füllen kann und darf. Aufgrund meiner Erfahrungen mit Pfarrgemeinden und Pfarrern möchte ich mich jedoch ausdrücklich dagegen wehren, diese alten Schläuche auch mit alten Pfarrern gleichzusetzen. Es ist nämlich gerade nicht das Alter, das Priester – wie jeden anderen Menschen auch – alt macht, sondern die Weigerung, nach vorne zu blicken und sich den Veränderungen der Zeit zu stellen. Viel zu oft kann man nämlich erleben, daß gerade ältere Priester und Pfarrer, die schon Jahrzehnte im Dienst sind, sich keineswegs scheuen, sich als solche *geistlichen Gemeindeleiter* zu verstehen.

Um dieses Kapitel über den ordinierten Dienst abzurunden und vielleicht auch zusammenzufassen, soll ein Pfarrer von drei Gemeinden zu Wort kommen, der für sich zur Erkenntnis gekommen ist, sich nicht mehr aufladen zu lassen, als er selbst tragen kann. Nahezu an der Situation, nur noch ausgebrannt, atemlos und gelähmt zu sein, ließ sich K. HOMMERICH gerade von der Heilung des Gelähmten (Mt 9, 1-8) inspirieren, das ihm Mögliche zu tun. Die Worte Jesu zu dem Gelähmten, er solle aufstehen, seine Tragbahre nehmen und nach Hause gehen, bedeuten für ihn ganz konkret, dort beheimatet zu bleiben, wo er in fünfzehn Jahren seine Wurzeln geschlagen hat. Anderen Orten, so sagt er sich selbst und anderen, kannst du verbunden sein, Heimat aber kann dir nur ein Ort sein. Dieses 'Geh' heißt für ihn aber auch einzusehen, daß Kirchenvorstand und Pfarrgemeinderat nicht arbeitsunfähig werden, wenn der Pastor nicht dabei ist. "Das 'Geh' meines Jesus bedeutet sehr oft: 'Geh da weg' und 'Laß die alleine gehen – die können das'."[542]

2.2.4 Die hauptberuflichen pastoralen Mitarbeiterinnen und Mitarbeiter in der Seelsorge

Die Praxis geht gegenwärtig in die Richtung, daß ein immer größer werdender Teil der hauptberuflichen pastoralen Mitarbeiterinnen und Mitarbeiter immer mehr 'gemeindeleitende Funktionen' ausüben muß, ohne daß sie

---

ziehen, sondern sich persönlich erreichen lassen wollen, ist es äußerst belastend, die seelsorge- und seelsorger-feindlichen Sogwirkungen auszuhalten." (ebd.)

[542] Vgl. **HOMMERICH, K.**: Pfarrer an drei Gemeinden. a.a.O. S. 314

sich deshalb schon gleich als Gemeindeleiter bzw. Gemeindeleiterinnen verstehen dürfen.[543] Hintergrund solcher akrobatischen Begriffsübungen ist natürlich wieder das Verständnis vom Amt und Leitung: solange das Lehramt der Kirche ausschließlich die ordinierten Priester als eigentliche Amtsträger versteht, deren Amt gerade auch darin gipfelt, als Presbyterium zusammen mit dem Bischof die (letztverantwortliche) Entscheidungskompetenz wahrzunehmen, solange wird es in dieser Diskussion – trotz eindeutiger theologischer Widersprüche – keine Weiterentwicklung geben. Insofern mag es auch müßig sein, die in der gegenwärtigen Diskussion angebotenen Alternativen hier noch einmal darzulegen[544], da sie in der Behandlung der Frage nach Amt und Leitung implizit schon ausgesprochen sind. Natürlich wäre es für die Professionalität dieser neuen Berufe in der Kirche vorteilhaft, auch ganz offiziell eine Anerkennung dadurch zu erfahren, daß ihnen beispielsweise – in Anknüpfung an die frühchristliche Ämterordnung – "das Amt des Lehrens" (vgl. 1 Kor 12,8.28; Eph 4,11) übertragen wird und sie dadurch vielleicht sogar, wie es E. SCHILLEBEECKX vorgeschlagen hat, die Möglichkeit haben, den Priester bis hin zum Vorsitz der Eucharistie zu vertreten.[545] Vielleicht wäre ein weiteres Konzil diesen 'Vertreterinnen' und 'Vertretern' im Nachhinein ebenso zu Dank verpflichtet wie das Zweite Vatikanische Konzil gegenüber jenen Männern und Frauen, die in Situationen, wo die Freiheit der Kirche schwer behindert war, mit Einsatz ihrer

---

[543] Vgl. **SELGE, K.H.:** Laien als amtliche Seelsorger in der Pfarrei? ANZEIGER FÜR DIE SEELSORGE 12/1994. S. 581-585; **WANKE, J.:** Seelsorge im Alleingang? Thesen zur Mitarbeit von Laien beim Gemeindeaufbau. Vortrag auf Priesterkonferenzen im Oktober 1982. Herausgegeben vom Pastoralamt Erfurt; **SESBOUÉ, B.:** Die pastoralen Mitarbeiter. Eine theologische Vorausschau oder: die Widersprüche zwischen theoretischer und praktischer Ekklesiologie. PASTORALBLATT 5/1994. S. 131-140; **GOTTSTEIN-STAAK, C.:** 'Bezugspersonen' - Seelsorger/innen mit eigenem Profil. Begriffs- und Rollenklärung im Bistum Limburg anhand konkreter Erfahrung. MITTEILUNGEN BISTUM LIMBURG S. 6-8; **KEHL, M.:** Kirche. a.a.O. S. 441-443; **HEINZ, H.:** Korrekturen an einem jungen Berufsbild. Perspektiven für Gemeinde- und Pastoralreferenten. STIMMEN DER ZEIT 1/1996. S. 16-26

[544] Vgl. **HILBERATH, B.J.:** Zum ekklesiologischen Ort der 'Laien im pastoralen Dienst'. SCANNONE, J.C., HOPING, H. u. FRALING, B. (Hrsg.): Kirche und Theologie im kulturellen Dialog. Festschrift für P. HÜNERMANN. Freiburg 1994. S. 363-377; **HOMEYER, J.:** Der Priestermangel und die Hoffnung. a.a.O.; **SCHILLEBEECKX, E.:** Christliche Identität und kirchliches Amt. Düsseldorf 1985. S. 140-148; **BÖTTIGHEIMER, C.:** Die Krise des Amtes – eine Chance für die Laien. a.a.O.

[545] Vgl. dazu die Ausführungen in Teil II, 2.2.3 – Seite 233f; ebenso: **NEUNER, P.:** Die Kirche entwickelt heute neue Ämter. a.a.O. S. 128-133; **RAHNER, K.:** Weihe des Laien zur Seelsorge. SCHRIFTEN ZUR THEOLOGIE III. Einsiedeln 1956. S. 313-328; **DERS.:** Pastorale Dienste und Gemeindeleitung. SCHRIFTEN ZUR THEOLOGIE XIV. Einsiedeln 1980. S. 132-147; **FUCHS, O.:** Ämter für eine Zukunft der Kirche. a.a.O. S. 115-137; **SIEFER, G.:** Amt und Profession. a.a.O.

eigenen Freiheit, bisweilen sogar ihres Lebens, "an die Stelle der Priester" getreten sind, um die Menschen ihrer Umgebung zu lehren und zu leiten (Apostolicam actuositatem 17). Noch kühner mag die Vorstellung erscheinen, daß das Lehramt der Kirche dann konsequenterweise diesen im Lehren und Leiten bewährten Männern und Frauen die Ordination erteilt: wenn immer wieder argumentiert wird, daß demjenigen der Eucharistievorsitz zukommen muß, der auch den Leitungsdienst ausübt (und nicht umgekehrt!), dann wäre es auch konsequent, jene Männer und Frauen zu ordinieren, die *de facto* in den Gemeinden die Aufgaben der Leitung wahrnehmen.[546]

Im Kontext des Verständnisses vom Amt als dem gesamten Auftrag, der von Jesus Christus her der Kirche bzw. der Gemeinde zukommt, und von Leitung als Dienst an der Kommunikation – und damit auch an der Koordination der verschiedenen Dienste – wird es dagegen kaum verwundern, wenn ich hier die (von den Kirchenleitungen zumindest begriffliche) Zurückhaltung unterstütze, hauptberufliche pastorale Mitarbeiterinnen und Mitarbeitern nicht voreilig mit dem Gesamt der Gemeindeleitung zu betrauen.[547] Es ist meines Erachtens sicher nicht *die* Lösung aller Probleme, die zur Verfügung stehenden oder zumindest die dafür geeigneten hauptberuflichen pastoralen Mitarbeiterinnen und Mitarbeiter zu Gemeindeleiterinnen und Gemeindeleitern zu machen und sie zu gegebener Zeit 'nachzuweihen'.[548] Denn dadurch würde wieder dem Modell Vorschub geleistet, Gemeindeleitung auf eine Person zu reduzieren bzw. zu *mono*polisieren.[549] Dieser (aus personalpolitischer Sicht sicher einfacheren) 'Lösung' ist es aber

---

[546] Vgl. **KNOBLOCH, S.**: Kirchliche Entwicklungen und ihre Bedeutung für die Zukunft der pastoralen Berufe. ANZEIGER FÜR DIE SEELSORGE 6/1998. S. 273-278, hier S. 276f

[547] Vgl. **SEKRETARIAT DER DEUTSCHEN BISCHOFSKONFERENZ (Hrsg.):** Der pastorale Dienst in der Pfarrgemeinde. a.a.O. III. 5.3

[548] Vgl. **KARRER, L.:** Diakone und "Laien" in der Pfarrer-Rolle. "Kooperative Seelsorge" als Lösung angesichts des zunehmenden Priestermangels? DIAKONIA 3/1992. S. 180-185. hier S. 185. KARRER erinnert in diesem Artikel an das theologische (scholastische) Axiom 'Ecclesia supplet': die Kirche ergänzt im Nachhinein, was "aus dem geistlichen Lebensreichtum den Menschen schon zuströmt", ihnen bis dahin aber amtlich bzw. rechtlich vorenthalten blieb. Vgl. dazu auch **KOCH, K.:** Unaufschiebbare Ordination als 'Sanatio in radice'. Der Leitungsdienst in der Gemeinde in pastoralen Notsituationen. Heutige Herausforderungen und ekklesiologische Rückfragen. Vortrag bei der deutschsprachigen Generalvikarskonferenz in Quarten am 23. Mai 1995. S. 4-11; **DERS.:** Testfall Laientheologen. Berufslaien oder Ersatz-Pfarrer? DERS.: Kirche der Laien? Plädoyer für die göttliche Würde des Laien in der Kirche. Fribourg 1991. S. 73-81;

[549] In der Praxis zeigen sich die Konflikte oft dadurch, daß die Einzelpersonen sehr leicht und sehr schnell in die Rolle der "Nichtpriester-Pfarrer" geraten (können), die eine *Gemeinde*entwicklung im Sinne der gemeinsamen Verantwortung behindern. Vgl. dazu auch **SCHMITZ, H.:** Gemeindeleitung durch Nichtpfarrer-Priester oder Nichtpriester-Pfarrer. a.a.O.

im Sinne einer *Gemeinde*entwicklung vorzuziehen, das Profil dieser Berufe dahingehend zu stärken und zu unterstützen, daß durch diese hauptberuflichen Mitarbeiterinnen und Mitarbeiter die Glieder der Gemeinde selbst nicht *ent*mutigt, sondern vielmehr *er*mutigt werden, Eigenverantwortung für die Seelsorge und Gemeindeleitung zu übernehmen.

Wird die Frage nach dem 'Ort der hauptberuflichen Laien' also nicht im Kontext einer – im Sinne der gestuften Verantwortung innerhalb der Ämtertrias – hierarchischen Struktur gestellt, sondern vielmehr aus dem Kontext der Gemeinde und was sie benötigt, um wirklich Volk Gottes zu sein bzw. zu werden, dann ist es meines Erachtens offenkundig, daß diese weitgehend noch jene "Lehrer" und "Erzieher" benötigen, die ihnen theologisch wie pastoral-praktisch helfen, selbst zu mündigen und eigenverantwortlichen Mitarbeiterinnen und Mitarbeiter der Gemeinde zu werden. Diese Funktion und dieser "Dienst an den Gemeinden" scheint mir *gegenwärtig* von herausragender Bedeutung zu sein, womit auch zugleich angedeutet ist, daß sich diese situationsbedingt und auch epochal variabel gestalten müssen. Nicht jede Gemeinde wird in gleicher Weise einer 'Grundausbildung' bedürfen. Das heißt: es gilt auch hier wieder in besonderem Maße, sich das Erziehungsideal im Sinne einer *Authenzität* [550] zu eigen zu machen und sich ständig auf's Neue zu fragen, welche Bedürfnisse diese Mitchristen in dieser konkreten Situation haben.

Selbstverständlich wird gerade die Aufgabe und Funktion von den allermeisten hauptberuflichen pastoralen Mitarbeiterinnen und Mitarbeiter heute bereits wahrgenommen und in dem meisten Fällen auch professionell verwirklicht. Dennoch soll hier ein Beispiel aus der Praxis[551] noch einmal verdeutlichen, daß es hier in den letzten beiden Jahrzehnten eine entscheidende Akzentverschiebung gegeben hat:

> Nicht selten kommt es vor, daß hauptberufliche pastorale Mitarbeiterinnen und Mitarbeiter – und besonders 'anfällig' dafür sind Berufsanfänger/innen – aufgrund ihrer in Studium und Ausbildung erworbenen Kompetenz in den Gemeinden relativ schnell 'das Heft in die Hand nehmen': es werden optimale, aber auch ungeheuer aufwendige Konzepte für eine Firm- oder Erstkommunionkatechese erarbeitet, kreativ und phantasievoll Angebote für Jugendliche und Erwachsene gemacht, sodaß fast alle in der Gemeinde äußerst zufrieden sind, dank der Hauptamtlichen eine solche Vielfältigkeit des Gemeindelebens vorweisen zu können. Wird aus personalpolitischen

---

[550] Vgl. Teil II, 2.2.2 – Seite 227f

[551] Damit hier niemand der Verdacht erhebt, ich würde – selbst im Beruf des Pastoralreferenten stehend – 'besserwissend' einen moralischen Appell an alle Kolleginnen und Kollegen richten, möchte ich vorweg ausdrücklich betonen, daß es sich bei diesem Beispiel um eine ganz eigene Erfahrung handelt!

Gründen jedoch die Stelle der hauptberuflichen pastoralen Mitarbeiterin zum Beispiel nicht wieder besetzt, kommt es nicht selten zum großen Entsetzen: wer soll nun die kommende Firmvorbereitung leiten, die sich nach Möglichkeit und zur 'Standardsicherung' an das bisherige Konzept halten solle? Auf die ursprüngliche Begeisterung folgt meistenfalls zunächst einmal die Lähmung und die Resignation, da sich in der Gemeinde keine ehrenamtlichen Mitarbeiterinnen und Mitarbeiter finden lassen, die mit gleichem oder zumindest annäherndem zeitlichen Aufwand die Aufgabe übernehmen könnten.

Aufgrund solcher Erfahrungen ist es schon in der Ausbildung der hauptberuflichen pastoralen Mitarbeiterinnen und Mitarbeiter von enormer Bedeutung, die durchaus verständlichen, aber auch im meisten Fall alles andere als segensreichen 'Selbstverwirklichungs-Tendenzen' dieser zu minimalisieren. Ihre Aufgabe ist es vielmehr, zusammen mit den ehrenamtlichen Mitarbeiterinnen und Mitarbeitern in den Gemeinden Konzepte zu entwikkeln, die praktikabel und variabel sind, sodaß sie gegebenenfalls auch verwirklicht werden können, wenn kein hauptberuflicher pastoraler Mitarbeiter mehr zur Verfügung stehen sollte. Dieser Dienst ist enorm schwieriger und längerfristiger; vieles könnte im Kreise der Hauptamtlichen im 'Hau-Ruck'-Verfahren' schneller und gewissermaßen auch effektiver durchgeführt werden. Aber die Folge dessen wäre letztendlich wieder die Fortführung einer "Zwei-Klassen-Gesellschaft", einer Gemeinde, die aus "Experten" und "Handlangern", aus Hirten und Schafen, Versorgende und Versorgten besteht, die es doch eigentlich im Sinne der Volk-Gottes-Lehre und der Communio-Ekklesiologie zu überwinden gälte.

Eine solche pastorale Vorgehensweise setzt natürlich auch ein gewisses Maß an "Selbstreferenz" voraus: der oder die hauptberufliche Mitarbeiter/in braucht ein bestimmtes Maß an Selbstwertgefühl, um nicht immer nur von der Anerkennung anderer – sei es *von oben* oder auch *von unten* – abhängig zu sein.[552] Diese Selbstreferenz kann zwar theologisch daraus abgeleitet werden, daß man sich selbst als "Mitarbeiter/in Gottes" versteht. Aber dieses Selbstverständnis – und hier spreche ich nun auch wieder aus eigener Erfahrung – kann sehr schnell an seine Grenzen stoßen, wenn man gegebenfalls mit einem 'dienstvorgesetzten' Pfarrer zusammenarbeiten muß, der bezüglich der Aufgaben eines hauptberuflichen pastoralen Mitarbeiters ganz andere Ansichten hat. Deshalb ist es von der Organisationsentwicklung her nicht unwichtig, daß hauptberufliche wie auch ehrenamtliche Mitarbeiterinnen und Mitarbeiter öffentlich in ihr Amt eingeführt werden, daß ihre Tätigkeit öffentlich bekannt gemacht wird und ihnen somit auf der sachlichen Ebene eine Zuständigkeitskompetenz zugesprochen wird, die sie bei Kon-

---

[552] Vgl. **SCHMIDT, E.R. u. BERG, H.G.:** Beraten mit Kontakt. a.a.O. S. 17-22

flikten auf der personalen Ebene schützt.[553] Nach Ansicht von B.J. HIL-
BERATH spräche auch theologischerseits nichts dagegen, diese hauptberuflichen "Dienste an den Gemeinden" auch amtlich zu legitimieren: "Sie
werden ausgeführt im Zusammen mit demjenigen bzw. derjenigen, der/die
in der Gemeinde dafür verantwortlich ist, daß die fundamentale Abhängigkeit von Jesus Christus jederzeit präsent ist und die Einheit im Geist gewahrt wird. Es handelt sich nicht um abgeleitete Dienste, nicht um delegierte Aufgaben, sondern um Aufgaben, die den Männern und Frauen, die
sie wahrnehmen, genuin zukommen. Das bedeutet weiterhin, daß diese
Frauen und Männer in ihren Diensten keinen geliehenen ekklesiologischen
Ort einnehmen, sondern einen genuinen, eigenen, ihnen zukommenden."[554]
Ein Schritt in diese Richtung kann also durchaus sein, daß hauptberufliche
pastorale Mitarbeiterinnen und Mitarbeiter gemeindeleitende Funktionen
übernehmen und gemäß der obengenannten Interpretation des Canon 517 §
2 CIC/1983 vom Bischof als seine *unmittelbaren* Mitarbeiterinnen und
Mitarbeiter beauftragt oder sogar – weitblickend gedacht – für diese spezielle Funktion ordiniert werden. Nach W. ZAUNER könnte der Bischof
diese ihm zur Verfügung stehenden Kompetenzen sogar dazu nutzen, ihnen
Aufgaben der Jurisdiktion zu übertragen, auch wenn es ihm (noch) verwehrt
ist, auch die Weihevollmacht zu übertragen.[555]

Grundsätzlich und abschließend sei aber noch einmal betont, daß es in der
Gegenwart von viel größerer Bedeutung ist, durch entsprechende Aus- und
Weiterbildung das Ziel zu verfolgen, die hauptberuflichen pastoralen Mitar-
beiterinnen und Mitarbeiter, die in territorialen Bereichen Aufgaben der
Seelsorge und Gemeindeleitung übernehmen, nicht *nolens volens* in die
Rolle des Allein-für-Alles-Zuständigen Gemeindeleiters (wieder) hineinge-
raten zu lassen, sondern daß gezielt Wege zu einer synodalen Gemeindelei-
tung hin gesucht und gegangen werden.

---

[553] ebd. S. 220

[554] Vgl. **HILBERATH, B.J.:** Zum ekklesiologischen Ort der 'Laien im pastoralen Dienst'.
a.a.O. S. 377

[555] Vgl. in Bezug auf die Trennung von Jurisdiktion und Weihevollmacht: **ZAUNER, W.:**
Leben und Leitung in der Gemeinde. DIAKONIA 1/1996. S. 23-34. W. ZAUNER stellt -
historisch begründet - heraus, daß das kirchliche Leben sich "manchmal bald in die eine,
bald in die andere Richtung bewegt hat, aber keine [dieser beiden Extrempositionen] je als
Ideal angesehen [wurden]." (S. 34)

2.2.5 Die Verwirklichung einer 'synodalen' Gemeindeleitung

Empirisch ist festzustellen, daß ein Priester bzw. Pfarrer um so mehr freier wird für seine eigentliche Aufgabe, auf den 'heiligen Ursprung' und die heilige Herrschaft Jesu Christi hinzuweisen, je mehr er sich von der Rolle distanziert, alleine für alle(s) zuständig sein zu müssen. Dadurch ermöglicht er auch um so mehr eine *synodale* Gemeindeleitung, in der die Verantwortungsträgerinnen und Verantwortungsträger für bestimmte Bereiche der Seelsorge auch wirklich an der Gemeindeleitung partizipieren, auch wenn ihnen hierfür von offizieller Seite her (noch) die Legitimation fehlt.

Wenn an dieser Stelle nun von einer 'synodalen' Gemeindeleitung die Rede ist, so soll auch dies wieder von der ursprünglichen griechischen Wortbedeutung her verstanden werden: *'συν-οδος'* – *zusammenkommen, miteinander* einen *Weg* gehen. Christen und Christinnen, die am Ort leben und die bestehenden Verhältnisse (manchmal zu gut) kennen oder sich darum bemühen, diese in Kenntnis zu bringen, tragen diese zusammen und entscheiden sich aufgrund dieser Analysen für Schwerpunkte der Pastoral. Um aber auch wirklich arbeits- und entscheidungsfähig zu sein, delegieren die Gemeinden aus sich heraus (!) ein Gremium, das diese Aufgabe der pastoralen Planung übernimmt. Dieses Delegationsgremium der Gemeinde wird in gewissem Sinn vervollständigt durch einen Vertreter oder eine Vertreterin des hierarchischen Amtes – also durch einen Priester oder eine vom Bischof beauftragte Person –, die bzw. der die im letzten Kapitel beschriebenen Aufgaben wahrnimmt.

Eine solche synodale Gemeindeleitung bietet so die Möglichkeit, daß Christen und Christinnen, die am Ort leben und dort die Gläubigen (und auch die sogenannten '*Un*gläubigen') kennen, zusammen mit dem Priester oder der vom Bischof beauftragten Person viel besser eine "kontextuelle" Seelsorge verwirklichen können wie ein einsamer 'Pastoralmanager', der für mehrere Gemeinden gleichzeitig zuständig ist.[556] Es ist leichter möglich, gemeinsam den Überblick zu behalten, sich auch gemeinsam immer wieder der eigenen Vision und der festgelegten Ziele zu vergewissern und sich miteinander – anstelle einer starren Hierarchie – für eine Vernetzung der vielfältigen Charismen in der Gemeinde und für eine kommunikative Seelsorge einzusetzen, wie es hier bildlich dargestellt ist.

---

[556] **HEINZE, J.:** Postmoderne Kirche. a.a.O. S. 150-153; **VAN DER VEN, J.:** Perspektive einer kontextuellen Ekklesiologie. DIAKONIA 2/1996. S. 119-125

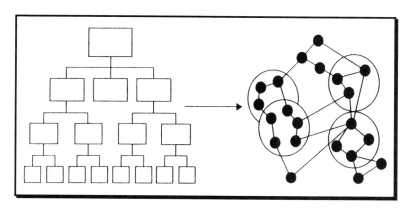

Abbildung 13: Von der starren Hierarchie zur Vernetzung der Charismen

Quelle: OSTERHOLD, G.: Veränderungsmanagement. a.a.O. S. 25

Ein solcher Führungsstil hat seine Aufgabe vor allem darin, "den Austausch von Ideen und Informationen unter den Mitarbeiterinnen [und Mitarbeitern] anzuregen und die Bildung von aufgabenorientierten Arbeitsgruppen zu organisieren"[557]. Ihm ist also eine höchst 'relative Bedeutung' zu eigen, nämlich *Relationen*, Beziehungen zu stiften, Dialoge anzuregen und zu begleiten zwischen den unterschiedlichsten Gruppen und Gruppierungen einer Pfarrgemeinde. Er zielt darauf hin, so weit und so gut wie möglich diejenigen in einer Gemeinde oder Diözese an Entscheidungsfindungen zu beteiligen, die auch davon betroffen sind, um dadurch nicht der Demokratie, zumindest aber einer *demokratischen Kultur* Tür und Tor zu öffnen.[558]

Zu solch einem synodalen Leitungsgremium hat sich in den letzten beiden Jahrzehnten vielerorts der Kirchen- bzw. Pfarrgemeinderat herausgebildet, der sich, einem Experten in Pfarrgemeinderats-Schulungen folgend, in den letzten Jahrzehnten zunehmend vom "Kopfnicker zur Führungskraft" entwickelt.[559] Diese Entwicklung fortzuführen bedeutet, künftig auch verstärkt Sorge dafür zu tragen, daß in dieses Gremium auch Menschen gewählt

---

[557] Vgl. **LEIBER, M.:** Frauen kommen langsam, aber gewaltig... Gibt es einen weiblichen Führungsstil? LEBENDIGE SEELSORGE 4-5/1995. S. 241-244

[558] Vgl. **SEIBEL, W.:** Ist Demokratie der Kirche wesensfremd? a.a.O.. S. 721-722; **RÖMELT, J.:** Gemeinschaftliche Entscheidungsfindung in der Gemeinde. a.a.O. S. 110-126; **HEIMBACH-STEINS, M.:** Geistliche Entscheidungsfindung in Gemeinschaft. a.a.O. S. 332-338; **SAUER, R.:** Die Hinführung zur Verantwortung angesichts des schwindenden Gemeinsinns. a.a.O.

[559] Vgl. **JANKU, A.:** Vom "Kopfnicker" zur Führungskraft. Weiterbildung für Pfarrgemeinderäte. KATHOLISCHE REGIONALSTELLE UNTERER NECKAR: Pastorale Strukturen - lebendige Vielfalt. Heidelberg 1996. S. 51-53

werden, die vom Heiligen Geist (bzw. aufgrund ihrer eigenen Lebens- und Glaubensgeschichte) mit einem entsprechenden Charisma ausgestattet wurden. Da bei Pfarr- bzw. Kirchengemeinderatswahlen dieses Kriterium oft noch eine nebensächliche Rolle spielt und vielfach noch Gemeindeglieder in den Pfarrgemeinderat gewählt werden, weil sie in der Gemeinde bekannt, aber nicht unbedingt auch für Leitungsaufgaben geeignet sind, ist auch hier zu überlegen, wie man von theoretisch guten Überlegungen auch zu guten personellen Entscheidungen kommen kann. Beispielhaft hat dies meines Erachtens die Vater-unser-Gemeinde in Böblingen-Ditzenhalde (Diözese Rottenburg-Stuttgart) gelöst:

> Gemeindeentwicklung wird in der Vater-unser-Gemeinde schon seit Jahren vorangetrieben. Zunächst wurde die Gemeinde auf Anregung von Pfarrer BOLLHALDER und mit Hilfe des "Rottenburger Modells zur Gemeindeerneuerung"[560] sensibilisiert, sich ihrer gemeinsamen Verantwortung ("Die Gemeinde als Subjekt und Trägerin der Seelsorge") bewußt zu werden. Erste Ergebnisse dieses Gemeindeerneuerungs-Prozesses waren die Bildungen von Bibel-Teilen-Kreisen wie auch von einigen Gesprächs- und Aktionsgruppen. In einer weiteren Phase wurde intensiv überlegt, inwieweit die gemeinsame Verantwortung auch strukturell gefaßt werden könne. In Kooperation mit einem Gemeindeberater diskutierte und entschloß sich die Vater-unser-Gemeinde für eine neue Struktur: um mit dem bestehenden Kirchenrecht und dem Statut für die Kirchengemeinderäte nicht in Konflikt zu kommen, wurde bei einer Gemeinde-Synode, zu der alle Glieder der Gemeinde eingeladen waren, vor der Wahl mitgeteilt, daß sich der Kirchengemeinderat künftig in zwei verschiedene Gremien aufteilen werde. Das eine Gremium, die LEITUNGS-RUNDE FÜR PASTORALE AUFGABEN (LPA), befaßt sich dementsprechend mehr mit der pastoralen Planung und Koordination der bestehenden Gruppen (Bibel-teilen-Gruppen, Funktionsgruppen und sogenannte Werkstätten im Sinne von Projektgruppen), das andere Gremium, das VERWALTUNGS- UND VERTRETUNGSGREMIUM (VVG), mehr mit der Vermögensverwaltung und der Vertretung der Gemeinde, zum Beispiel im Gesamtkirchengemeinderat, im Dekanatsrat, im Arbeitskreis christlicher Kirchen usw. Um eine Sitzungs- und Aufgabenüberhäufung zu vermeiden, entscheiden sich die gewählten Kichengemeinderäte bei der konstituierenden Sitzung, in welchem der beiden Gremien sie mitarbeiten wollen. Darüber hinaus hat sowohl die LPA wie auch das VVG, da rechtlich als "Aus-

---

[560] Vgl. **INSTITUT FÜR PASTORALE FORT- UND WEITERBILDUNG DER KIRCHLICHEN DIENSTE IN DER DIÖZESE ROTTENBURG-STUTTGART:** Pastorale Perspektiven in der Diözese Rottenburg-Stuttgart. Bausteine für KGR-Seminare und Mitarbeiterbefähigung. Rottenburg 1992

schuß" des Kirchengemeinderates agierend, die Möglichkeit, weitere kompetente Glieder der Gemeinde zur Mitarbeit heranzuziehen.

Diese Vorgehensweise hat zur Folge, daß in der LPA beispielsweise fast alle Gruppen vertreten sein können und daß dadurch sowohl eine effektivere Informationsvernetzung möglich ist wie auch ein intensiveres Suchen nach neuen Möglichkeiten der Evangelisierung. Das VVG wiederum hat die Möglichkeit, beispielsweise in Finanzangelegenheiten kompetente Männer und Frauen mitwirken zu lassen, denen pastorale Planung nicht so sehr am Herzen liegt. Die Koordination der beiden Gremien geschieht durch das GEMEINDE-LEITUNGS-TEAM, dem derzeit neben dem Pfarrer die Vorsitzende der LPA und der Vorsitzende des VVG angehören und die sich regelmäßig zu Dienstgesprächen treffen. Jährlich – oder je nach Bedarf auch mehrmals – findet eine gemeinsame Sitzung von LPA und VVG statt, in der man sich über wichtige Angelegenheiten informiert und die Aktivitäten aufeinander abstimmt.

Stehen gravierende Entscheidungen an, die die Gesamtgemeinde betreffen, wie zum Beispiel diese Strukturveränderung, wird eine GEMEINDE-SYNODE einberufen, der mindestens ein Informationsabend über die zu fällenden Entscheidungen vorausgeht. Zu dieser Gemeinde-Synode wird möglichst frühzeitig in dem Pfarrbrief "KREIS" eingeladen und darin auch schon erste Informationen über zugrundeliegende Probleme und die erdachten Lösungsmöglichkeiten vermittelt. Lehnt eine Gemeinde-Synode mehrheitlich einen Lösungsvorschlag der LPA oder des VVG ab, muß von den betreffenden Gremium erneut ein Vorschlag erarbeitet und in einer weiteren Synode zur Verabschiedung vorgelegt werden.

Mit dieser (meines Wissens) völlig neuartigen Struktur ist zum einen die Gefahr gebannt, daß der Kirchen- bzw. Pfarrgemeinderat auch weiterhin zu einer Gruppierung neben anderen in der Pfarrgemeinde 'verartet'. Zum anderen versteht er sich aber auch nicht als autarkes, von der Gesamtgemeinde unabhängiges Gremium, sondern läßt seine – zumindest tief- bzw. weitreichenden – Änderungsentscheidungen von der Basis her legitimieren. Ein weiterer Vorteil dieser Struktur ist, daß das VVG aus Männern und Frauen gebildet wird, die eine Befähigung (und Lust) haben zu verwaltungstechnischen Angelegenheiten, und die LPA sich zusammensetzt aus Vertreterinnen und Vertretern derer, die pastoral etwas tun in der Gemeinde. Die Gruppierungen innerhalb der Vater-unser-Gemeinde entscheiden also in gewisser Weise selbst, wie gut sie sich in diesem Gemeindeleitungsgremium vertreten wissen wollen und sie wissen sich dementsprechend auch angebunden an das Gesamt der Kirchengemeinde. Dadurch ist auch eine viel größere Flexibilität möglich als in bisherigen Strukturen: so können auch nur vorrübergehende Projektgruppen (Werkstätten) eine Vertretung in die LPA entsenden, deren Mandat nach Auflösung der Gruppe auch wieder erlischt. Ein solcher Modus wird auf Zukunft hin vermutlich immer wichtiger, da es auch immer schwieriger wird, längerfristige Mitarbeiterinnen und Mitarbeiter zu finden.

Je nach Größe und Konstitution einer Pfarrgemeinde müßte folglich überlegt werden, ob das hier beschriebene pastorale Leitungsgremium tatsächlich effektiv sein kann: gegebenfalls ist es sinnvoll – wie in der Vaterunser-Gemeinde von Böblingen-Ditzenhalde auch geschehen –, die LPA wiederum in verschiedene Aufgabengruppen (z.B. Liturgie, Gemeindeleben, Befähigung und Begleitung usw.) zu unterteilen, um so eine effektivere Arbeit zu ermöglichen.[561] Eine andere Möglichkeit ist es, Männern und Frauen aus dem Pfarrgemeinderat die Verantwortung für bestimmte Bereiche der Pastoral wie Verkündigung, Diakonie, Liturgie oder auch Verwaltung zu übertragen, die dann wiederum ein sogenanntes "Pastoralteam" bilden.[562] Dieses Gremium ist dem Pfarrgemeinderat nicht *über*-, sondern vielmehr *zu*geordnet: ähnlich wie das Gemeindeleitungs-Team in dem Beispiel der Vater-unser-Gemeinde von Böblingen-Ditzenhalde sorgt dieses Pastoralteam durch regelmäßige Sitzungen für eine schnelle Vernetzung von Informationen, es plant die Sitzungen des Pfarrgemeinderates, bereitet entsprechende Themen vor usw. Gerade für Glieder von Gemeinden, in denen der Pfarrer nicht mehr am Ort wohnt, bietet die Aufteilung in einige wenige Aufgabenbereiche mit entsprechend benannten Personen die Möglichkeit, daß man sich – zumindest nach einer gewissen Eingewöhnungsphase – mit seinem Anliegen gleich an den richtigen Mann bzw. an die richtige Frau wenden kann. Außerdem kann bzw. sollte dieses Pastoralteam aus seiner Mitte wieder ein Mitglied bestimmen, das die Funktion der Moderation übernimmt.[563]

Wenn man diese 'Modelle' nun konsequent weiterentwickeln würde, sodaß die entsprechenden Mitarbeiterinnen und Mitarbeiter im Pfarrgemeinderat und auch im Pastoralteam ihre Aufgaben immer eigenständiger wahrnehmen könnten, wäre es auch für unsere bundesdeutschen Verhältnisse

---

[561] Der Vollständigkeit halber soll hier ergänzt werden, daß diese neue Struktur allein keineswegs dazu führte, daß nun in der Vater-unser-Gemeinde 'die Massen strömen'. Aber immerhin hat sich in den letzten Jahren eine 'Kerngemeinde' gebildet, die nach den Aussagen des Gemeindeleitungs-Teams mit größtem Engagement zum Leben und zur Lebendigkeit der gesamten Gemeinde beiträgt. Über diesen - circa 80 bis 90 Personen umfassenden Kreis hinaus - ist die Vater-unser-Gemeinde für viele andere zu einem *Lebensraum* geworden, in dem durch das gemeinsame Leben- und Glauben-teilen - und sei es auch nur punktuell oder phasenweise - der Anonymisierung der modernen Gesellschaft entgegengewirkt wird.

[562] **ERZBISCHÖFLICHES ORDINARIAT FREIBURG:** Zur Pastoral der Gemeinde. a.a.O. S. 63

[563] Vgl. Abbildung 11: **Leitungsmodelle.** S. 214

nicht unmöglich, das Modell von Kinshasa (oder vielen anderen Ländern in Afrika oder Lateinamerika) zu verwirklichen: die Priester werden dadurch von den konkret anfallenden Aufgaben der Verwaltung und teilweise auch der Seelsorge so weit entlastet, daß sie auch noch genügend Zeit finden, in der ihnen anvertrauten 'Sakramentsverwaltung' *wirk*lich Seelsorger sein zu dürfen und zu können. Rein spekulativ wäre ja auch denkbar – wenn es die Konstellation der Gemeindeleitungs-Teams erlaubt und der Priester es gar nicht (mehr) als notwendig ansieht, an allen Sitzungen und Zusammen-künften präsent sein zu müssen –, daß auf Zukunft hin nicht einmal die dringende Notwendigkeit besteht, diese Aufgabe hauptberuflich auszuüben, sondern daß es auch hier – wie bei den Diakonen und nach dem Vorbild der französischen Arbeiterpriester – 'Priester mit Zivilberuf' gibt, die dem Bei-spiel des Hl. Paulus folgend sich ihren Lebensunterhalt selbst verdienen (vgl. Apg 20,34; 1 Kor 4,12; 1 Thess 2,9). Diese Vision wird allerdings solange noch 'Utopie' bleiben, solange sich strukturell nichts ändert und die immer weniger werdenden Priester und Pfarrer für immer mehr Gemeinden "zuständig" sein müssen, obwohl die Bischöfe die Möglichkeit hätten, auch nichtordinierte Laien als ihre bevollmächtigte Mitarbeiterinnen und Mitar-beiter mit Aufgaben der Gemeindeleitung zu betrauen.

Synodale Gemeindeleitung, wie sie hier gedacht ist und kirchenrechtlich auch möglich ist, wäre somit – wie J.B. HILBERATH es benannt hat – die Verwirklichung einer "Ekklesiopraxie der communio", womit er eine "angstfreie und herrschaftsfreie Kommunikationskultur" meint, in der jeder Part seine "relative Eigenständigkeit" einbringen kann und zugleich die Erfahrung machen darf, daß "das Sicheinbringen in Beziehungen nicht zur Selbstaufgabe führen muß, sondern das Selbst zu tragen vermag, daß es auf bloß äußere Stützen verzichten kann."[564]

Wer an dieser Stelle nun meint, den Einwand erheben zu müssen, daß es solch eine synodale Gemeindeleitung in der Kirchengeschichte noch nie gegeben habe und daß sie deshalb theologisch nicht zu rechtfertigen sei, der

---

[564] Vgl. **HILBERATH, B.J.:** Kirche als communio. a.a.O. Erwähnenswert scheint mir auch die Zusammenfassung HILBERATHs: "Wer nie die Erfahrung gemacht hat, daß er sich auf andere einlassen kann ohne Angst, sich dabei zu verlieren, der wird immer Krücken brauchen, um sich seiner Identität zu vergewissern. Solche Krücken können sein: Amtsbo-nus, Amtskleidung, Berufung auf Autoritäten und Vorschriften, akademische Sitten und Gebräuche, kompliziertes, weil angeblich wissenschaftliches Reden usw. Daß nicht die Angst, sondern der Heilige Geist uns und unsere Kirche regiert, wird sich letztlich daran zeigen, ob wir das Vierte Hochgebet in unserem Leben ernstnehmen: 'Damit wir nicht mehr uns selber leben [also ängstlich um uns kreisen], sondern ihm, der für uns gestorben und auferstanden ist [und das heißt: vorbehaltlos für die anderen da sind], hat er als erste Gabe von Dir, Vater, für alle, die glauben, den Heiligen Geist gesandt, damit er das Werk Deines Sohnes auf Erden fortführe und alle Heiligung vollende.'" (S. 65)

sei von H. HEINZ daran erinnert, daß die Verantwortlichen im Volk Gottes schon immer einfallsreich waren, wenn es um die Lösung personeller Probleme ging: "Als Mose mit der Führung des Volkes überfordert war, befahl Gott ihm, seine Verantwortung mit anderen zu teilen. Als die Apostel in der Jerusalemer Urgemeinde überfordert waren, bestellten sie Diakone. Als Papst Gregor d.Gr. zu wenige geeignete Bischöfe insbesondere für seine weltkirchlichen Missionen fand, griff er auf die Klöster zurück und weihte Mönche zu Bischöfen. Entsprechend gilt für alle kirchlichen Strukturfragen die Grundregel: Die Sachzwänge erlauben nicht die Überforderung des vorhandenen 'Personals', sondern fordern dazu heraus, andere vorhandene Begabungen zu entdecken und sie eignungsgerecht einzusetzen."[565] Diesen Argumenten läßt sich sogar noch hinzufügen, daß es auch ein Personalmangel war, der vom 3. Jahrhundert an – vor allem in der Kirche des Ostens – zur Institutionalisierung eines weiblichen Diakonats führte, weil die wachsenden missionarischen und katechetischen Aufgaben die besondere Mithilfe der Frauen in den Gemeinden verlangte. Daraus folgert C. BÖTTIGHEIMER, "daß die Möglichkeiten, die die Kirche bei der Strukturierung des Weiheamtes besitzt, weitaus größer sind als für gewöhnlich angenommen wird."[566]

Vielleicht wäre es in diesem Zusammenhang auch überlegenswert, ob es sinnvoll ist, weiterhin an der herkömmlichen Form der Firmspendung festzuhalten. Wenn damit theologisch das Ja der Firmanden zur ihrer eigenen Taufe sakramental zum Ausdruck gebracht werden soll, dann ist es sicher nicht zu weit gegriffen, daß bei dieser Sakramentenspendung unzählige Jugendliche *de facto* zum 'Lügen' gedrängt werden: denn oftmals sind sie in dieser Lebensphase noch gar nicht fähig oder auch bereit, ein aufrichtiges Ja zu Gott und seiner Kirche zu sagen. Eine Alternative wäre es, dieses an sich wertvolle Sakrament mehr und mehr in das Erwachsenenalter hinein zu verlegen und es gewissermaßen als "Priesterweihe" jenen Gläubigen zu spenden, die *wirk*lich bereit sind, ihr Charisma, ihre Zeit und Kraft als 'Amtsträgerinnen' und 'Amtsträger' in den Dienst der Kirche bzw. der Gemeinde zu stellen. Damit könnte man zeigen, daß man das vom Zweiten Vatikanischen Konzil erstmalig eingeführte "Priestertum aller Getauften" (Lumen gentium 10) auch konkret ernst nimmt.[567] Klar muß dabei sein, daß

---

[565] Vgl. **HEINZ, H.:** Die Seelsorge neu gestalten. a.a.O. (Anm. 260) S. 47

[566] **BÖTTIGHEIMER, C.:** Die Krise des Amtes – eine Chance für die Laien? STIMMEN DER ZEIT 4/1998. S. 266-278, hier S. 273

[567] Eine solche Idee bietet sich aufgrund von Lumen gentium 10 an, wo es heißt: "Durch die Wiedergeburt und die Salbung mit dem Heiligen Geist werden die Getauften zu einem geistigen Bau und einem heiligen Priestertum geweiht (*consecrantur).*" Vgl. dazu auch **THEOBALD, M.:** Die Zukunft des kirchlichen Amtes. a.a.O. S. 203 sowie Anm. 50

diese Form der "Priesterinnen- und Priesterweihe" eine andere (dem Wesen nach) Qualität hat als die Ordination in das hierarchische Priestertum.

Rückblickend auf die in diesem Kapitel bisher geäußerten Optionen mag es sinnvoll sein, sich noch einmal die Grafik zu vergegenwärtigen, die zu Beginn dieses zweiten Teils als eine Vision vorangestellt wurde:

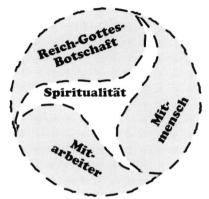

vgl. Abbildung 8: Die Dreidimensionalität der Verkündigung S. 160

Die entscheidende – und vielleicht auch gegenwärtig entscheidendere – Aufgabe ist meines Erachtens, eine Balance zu finden zwischen diesen drei Fundamenten kirchlicher Seelsorge: Der Ursprung unseres Glaubens, die Reich-Gottes-Botschaft, muß immer wieder konfrontiert werden mit der Lebenswirklichkeit der Menschen in dieser Zeit und an diesem bestimmten Ort. Dazu bedarf es von Seiten der haupt- wie auch ehrenamtlichen Mitarbeiterinnen und Mitarbeitern des Dialogs und auch kommunikativer Strukturen.

Wesentlich für Kirche und Gemeinden ist demnach, daß sich die hier dargestellten Bereiche gegenseitig durchdringen: daß also Priester wie auch hauptberufliche und ehrenamtliche Mitarbeiterinnen und Mitarbeiter die Reich-Gottes-Botschaft so verkünden, daß sie von den Menschen verstanden und angenommen werden kann und daß in all diesem Evangelisieren die Praxis Jesu bzw. seine dem Menschen zugewandte Spiritualität durchscheinen kann.

Um eine solche kontextuelle und kommunikative Pastoral zu verwirklichen, muß sich meines Erachtens auch strukturell bzw. vom äußeren Erscheinungsbild der Kirche einiges ändern, was in den folgenden Kapiteln noch zur Sprache gebracht werden soll.

2.3 Plädoyer für einen Strukturwandel und eine veränderte Sozialgestalt der katholischen Kirche

Es ist sicherlich klar, daß ich innerhalb dieser Arbeit mit meinen Ideen und Anregungen das Terrain der gegenwärtigen Verfassung der katholischen Kirche relativ weit abstecke oder mich an der einen oder anderen Stelle sogar außerhalb der 'Legitimität' gestellt habe. Aber es handelt sich hier um einen "Diskussionsbeitrag", um ein Plädoyer, das den Verantwortlichen in der Kirche, vorrangig denen auf der Ebene der Pfarrgemeinde als Gesprächshilfe dienen möchte. Diese Betonung ist mir wichtig, weil es gilt, aus den Fehlern der Vergangenheit zu lernen: oft genug wurden Mitarbeiterinnen und Mitarbeiter dieser Kirche durch allzu gute Visionen und teilweise auch Utopien *fort*gebildet, weil sich diese einfach nicht mit der reellen Situation der Kirche zusammenbringen ließen. Diesen Fehler möchte ich dadurch meiden, indem ich heraushebe, daß Veränderungen von Strukturen in der Kirche nur möglich sind durch ein Miteinander der Verantwortlichen *von oben* mit denen *von unten*. Und der optimale und ursprünglichste Weg wäre es natürlich, wenn diese Veränderung sich als eine *Entwicklung von innen heraus* erweisen würden – aus einer Spiritualität, die sich an jenem ιερος αρχη orientiert, der uns in Jesus Christus und seinem Umgang mit den Menschen und seinen Mitarbeiterinnen und Mitarbeiter "Fleisch geworden" ist.

Die wissenschaftlich dargelegte und konkret erfahrbare Wirklichkeit läßt vielleicht vielfach die Vermutung aufkommen, daß die bisherige und immer noch geltende Struktur der katholischen Kirche völlig unzureichend ist, eine solche Gemeindeentwicklung zu verwirklichen. Die Angst vor einem Strukturwandel scheint dabei sowohl diejenigen zu lähmen, die nach wie vor in einem 'feudalistischen' System um ihre Position bangen, aber auch diejenigen, die in einer solch altehrwürdigen Ordnung den nahezu letzten Grundpfeiler einer völlig verkommenen Gesellschaft ansehen. Ein solches Bündnis von renovationsresistenten Christinnen und Christen *von oben* und *von unten*, das zudem in der Gegenwart die stärkste Koalition innerhalb der Kirche bildet, scheint momentan noch vielfach Struktur- und Rollenveränderungen innerhalb der Kirche und der Gemeinden zu blockieren. Aber der Druck nimmt nicht nur von Seiten der Gesellschaft, sondern auch von Seiten der reformbereiten Kirchenglieder enorm zu. Der Ruf nach einer Beendigung des "Reformstaus" wird von Seiten der Theologie wie auch von Seiten jener "KirchenVolksBegehrerInnen" immer lauter. Nicht wenige der älteren Mitchristinnen und Mitchristen fühlen sich derzeit erinnert an jene Zeit unter Papst PIUS XII., in der die Frage nach der Zukunft der Kirche und der Gemeinde wohl ebenso emotional und leidenschaftlich diskutiert wurde.[568] Wenn man sich in dieser brisanten Situation aber auch in Gelassenheit – was nicht gleichzusetzen ist mit Gleichgültigkeit – ein italienisches Sprichwort zu eigen machen kann, das gesagt: *"Un papa bolla, l'altro sbolla."* *(Der eine Papst stempelt, der andere entwertet)*, dann kann man vielleicht auch mit weniger Aufgeregtheit und Spannung, die uns Deutschen so eigen ist, in Veränderungsprozesse hineingehen, auch wenn dabei nicht gleich jeder Schritt legitim und *von oben sanktioniert* ist. Denn ein Veränderungsprozeß ist zugleich auch Lernprozeß, bei dem es – zumindest nach Ansicht von W. BÜHLMANN – die Glieder der Kirche, die bisher als 'Laien' (im profanen Sinn) tituliert und als solche gehalten wurden, noch stärker lernen müssen, "mit Zivilcourage so zu handeln, daß der Sache wirklich gedient sei (vgl. Mk 2,27)", bei dem aber auch Rom, also die Kurie, es lernen muß, "mit mündigen Christen umzugehen, die oft eigene Lösungen praktizieren, die vom Gesetz nicht vorgesehen, sogar von ihnen verboten sind und die, wie oft in der Kirchengeschichte, wahrscheinlich hernach vom Gesetzgeber anerkannt, sogar vorgeschrieben werden."[569] Vielleicht wäre gerade aus diese Gründen die Geduld als ein Teil pastoraler Kompetenz derzeit am meisten zu fordern und zu fördern, ohne dadurch dem 'Aussitzen von Problemen' Tür und Tor zu öffnen.

Wenn man also nicht allein dem Jesuswort trauen möchte, bei uns zu sein "bis zum Ende der Welt" (Mt 28,20), dann kann man sich auch von der Chaos-Forschung belehren lassen, die wissenschaftlich nachgewiesen hat, daß keine Gemeinschaft an einem Chaos zugrunde geht, wenn sie sich ihrer Visionen und Ziele bewußt bleibt. Vielmehr schafft sich jede Organisation – und sei es auch nur eine Clique von Jugendlichen – Ordnungen und Strukturen. Neue Ordnungen und Strukturen, sofern sie gewollt sind, be*gründen* sich aber auch erst wieder auf einem neuen *Leitungs*verständnis und einem veränderten Leitungs*stil*. Gerade diese sind, um noch einmal das durchgängige Motiv dieser Arbeit aufzugreifen und zu vervollständigen, wie ein "junger Wein", der nicht in "alte Schläuche" gegossen werden darf, wie es Jesus nach übereinstimmender Auskunft der Synoptiker – zwar in einem anderen Zusammenhang, aber vom Grundsatz her durchaus auf diese The-

---

[568] Vgl. **ZIEGER, B.:** Wie kam es zum Konzil? a.a.O.

[569] Vgl. **BÜHLMANN, W.:** Darf man/soll man römische Normen unterwandern? SCHWEIZERISCHE KIRCHENZEITUNG 44/1997. S. 656-657. Dieses vielleicht 'ketzerisch' klingenden Weisungen BÜHLMANNs macht er an konkreten Beispielen fest wie der durch iroschottische Mönche eingeführten Ohrenbeichte, die auf der Synode von Toledo (589) erst als eine "zu leichte und verabscheuungswürdige Art der Sündenvergebung" deklariert wurde, später aber vom IV. Laterankonzil (1215) als mindestens einmal jährlich zu praktizierend vorgeschrieben wurde. Ähnliches läßt sich belegen mit der Einführung der Landessprache in die Liturgie durch das II. Vatikanum, mit dem zurückgenommenen Verbot, Mädchen als Ministrantinnen aufzunehmen usw.

matik übertragbar – selbst empfohlen hat (Mt 9,17; Mk 2,22; Lk 5,38).
"Jungen Wein muß man in neue Schläuche gießen" heißt die Schlußfolgerung Jesu, woraus wiederum die Konsequenz abzuleiten wäre: "Der neue
Geist [braucht] auch neue Formen" bzw. Strukturen.[570] Interessant ist jedoch
auch der Zusatz in Lukas 5,39, der zwar erwiesenermaßen nicht von Lukas
selbst stammt, aber dennoch offenbart, daß die Problematik heute dieselbe
ist wie damals: *"Und niemand, der alten Wein getrunken hat, verlangt jungen. Denn er sagt: Der alte ist bekömmlich."* H. SCHÜRMANN interpretiert diese Anfügung dahingehend, daß damals wie heute sich viele gegen
das Neue sperren und lieber beim Alten bleiben. Deshalb muß den jungen –
also für die damalige Situation christlichen – Gemeinden das ablehnende
Verhalten der Pharisäer und Schriftgelehrten und das Ungläubigbleiben der
starken Judenschaft verständlich gemacht werden, damit sie sich auf das
unumgängliche Nebeneinander einstellen.[571] Wenn aus diesem Nebeneinander dann irgendwann ein Miteinander wird, kann im Nachhinein festgestellt
werden, daß das Neue (Lk 5,36-38) zugleich auch das Alte (Lk 5,39) ist,
weil es zurückgeht auf Jesus selbst.[572] In unserem Zusammenhang könnte
dies bedeuten: das neue Gemeinde- und Gemeindeleitungsverständnis ist
unter Umständen gar nicht so neu, weil es wieder zurückkehrt zu jenem
Verständnis einer "offenen Gemeinschaft", die Jesus selbst grundgelegt hat.

2.3.1 Die 'relative' Bedeutung der (Pfarr-)Gemeinde

Auch wenn in der Einleitung zu dieser Arbeit schon relativ viel zum
Thema Pfarr-gemeinde gesagt wurde,[573] ist es mir nach diesem Durchgang
wichtig, dieses Stichwort noch einmal aufzugreifen. Die theologische und
kirchenrechtliche Untersuchung hat ergeben, daß die Pfarrgemeinde im
Sinne der Territorialgemeinde weitgehend durch das Zweite Vatikanische
Konzil und den Kodex von 1983 *relativiert* wurde.[574] Aufgrund des gegen-
wärtigen Personalmangels, vorrangig an ordinierten Priestern, die auch der
Eucharistiefeier der Gemeinde vorstehen können, werden solche Optionen

---

[570] Vgl. **SCHÜRMANN, H.**: Das Lukasevangelium. HERDERS THEOLOGISCHER KOM-
MENTAR ZUM NEUEN TESTAMENT. Band III. 1. Teil. Freiburg 1969. S. 298-300,
hier S. 299

[571] ebd. S. 300

[572] Vgl. **BOVON, F.**: Das Evangelium nach Lukas. EVANGELISCH-KATHOLISCHER
KOMMENTAR ZUM NEUEN TESTAMENT. Band III, 1. Zürich 1989. S. 262-264, hier
S. 264

[573] Vgl. Teil I, Einleitung 1.1.1 - S. 16-19

[574] Vgl. Teil I, 2.1.4 – Seite 117-119

gerne aufgegriffen und mit theologischer Präzision jenen Gemeinden entgegengehalten, die nicht mehr bereit sind, die – ihrer Ansicht nach selbstproduzierte – Not mitzutragen. Selbstverständlich ist es, wie G. LOHAUS analysiert hat, vollkommen richtig, daß eine Gemeinde keine "Selbständigkeit" im Sinne einer Autonomie besitzt, sondern – wie dargelegt – nur dann katholische Gemeinde ist und bleibt, wenn sie auch in Relation zur Ortskirche, zu ihrem Bischof steht. Ebenso klar ist auch, daß das zweite *Wesensmerkmal*, eine "eucharistische Gemeinschaft" zu sein, ein Konstitutivum ist für eine katholische Gemeinde, nicht aber ihre territoriale Abgrenzung.[575]

Aber die vielen Beispiele in dieser Arbeit haben auch gezeigt, daß sich Kirche und Gemeinde für die Menschen von heute nicht auf dem Weg von Konzilsbeschlüssen und Kirchenrecht, sondern durch die konkreten Glaubenszeugen *formiert*. Und diese Glaubenszeugen brauchen nicht nur die Welt als Ort der *Sendung*, sondern auch einen bestimmten Raum als Ort der *Sammlung*, der Begegnung und der Kommunikation. Insofern muß allen Bestrebungen, eine Diözese lediglich nach dem Kriterium der vorhandenen und immer weniger zu erwartenden ordinierten Priester zu gliedern, entgegengehalten werden, daß auch eine Territorialgemeinde in sich die Chance birgt – wenn sie nicht nur als Arbeitsfeld von Mit*arbeiterinnen* und Mit*arbeitern* erlebt wird – ein "Lebensraum" zu sein, "in dem Begegnung, Teilen des Lebens und des Glaubens, Austausch und gegenseitige Hilfe möglich sind. So kann Gemeinde als Raum der Erlösung und Beheimatung erfahren werden und gegenüber der Anonymität der modernen Gesellschaft Ausstrahlung gewinnen."[576] Die Pfarrgemeinde hätte also gegenüber anderen Lern- und Lebensorten wie Schule, Arbeitsplatz und Vereinen den Vorteil, daß hier nicht jeweilige Generationen, Ansprüche und Interessen dominieren müßten, sondern daß quer durch alle Altersschichten und Milieus hindurch ein Miteinander-unterwegs-Sein verwirklichbar wäre. "Nicht mehr das Weitergeben, Übernehmen und Eingliedern von Kindern und Jugendlichen steht [dabei] im Mittelpunkt, sondern 'Hinführung', 'Erschließung', 'Begleitung' und vor allem 'Eröffnung von Erfahrung durch Teilhabe'. Die Teilhabe am Leben und Glauben als gemeinsamer Suchprozeß von Kindern, Jugendlichen und Erwachsenen ist wechselseitig. Die Erwachsenen lernen von den Kindern und Jugendlichen und umgekehrt." Einem solchen Idealbild von Pfarrgemeinde steht zwar immer noch die Tatsache entgegen, daß "nicht wenige (Pfarr-)Gemeinden eher 'Verlernorte' als Lernorte für lebens-

---

[575] Vgl. **LOHAUS, G.**: "Dann machen wir eben alles selber!" – Ekklesiologische Überlegungen zur Selbständigkeit der Gemeinden. PASTORALBLATT 7/1997. S. 203-209

[576] Vgl. **SEKRETARIAT DES FREIBURGER DIÖZESANFORUMS (Hrsg.)**: Dokumentation Heft 2. a.a.O. S. 15; ebenso: **GEMEINSAME SYNODE**. Beschluß: Pastoralstrukturen III. 1.1. a.a.O. S. 694

begleitendes, generationsübergreifendes und identitätsnahes Lernen sind", aber auch dieser Vorwurf kann für sich keinesfalls Allgemeingültigkeit beanspruchen.[577] Gerade für Gemeinden im ländlichen Raum würde eine Auflösung dieser territorialen Ordnungen vermutlich das Gegenteil dessen bewirken, was der Kirche und den Gemeinden vom Auftrag des Evangeliums her zukommt: die Beheimatung vieler zur Bewältigung ihrer eigenen Lebens- und Glaubensgeschichte in einer immer differenzierter werdenden Welt.

Viele der traditionellen Pfarreien werden derzeit regelrecht von der Situation 'ereilt', daß ein Pfarrer oder ein Team von hauptberuflichen pastoralen Mitarbeiterinnen und Mitarbeitern für Seelsorge nicht nur ihrer, sondern zugleich mehrerer benachbarter Gemeinden beauftragt wird. In Folge dessen müssen Gottesdienstzeiten neu ausgehandelt werden, es werden eigens 'Taufsonntage' eingeführt, Wortgottesdienst-Leiterinnen und Leiter ausgebildet und in Dienst genommen, ehrenamtliche Mitarbeiterinnen und Mitarbeiter für die Katechese eingesetzt usw. Verwaltungstechnisch ließen sich solche Prozesse oft dadurch erleichtern, daß jüngere Pfarrgemeinden, die zum Beispiel erst vor einigen Jahrzehnten gebildet wurden, als man einen Überschuß an Priestern hatte, die auch Pfarrer sein wollten und sollten, in die 'Muttergemeinde' zurückführt. Eine solche Vorgehensweise muß dann aber meist auch *über*gehen, daß die 'jüngeren' Gemeinden – meist auch in gewachsenen Wohngebieten – viel profilierter und beziehungsreicher geworden sind als ihre traditionelleren Muttergemeinden. Die Erfahrung in der Gemeindeberatung lehrt, daß solche Prozesse der Kooperation zwischen solchen Pfarrgemeinden oft viel schwieriger zu bewerkstelligen sind als in ländlichen Pfarrgemeinden, die sich seit einigen Jahren oder gar Jahrzehnten schon daran gewöhnt haben, selbst die Verantwortung für die Seelsorge und Gemeindeleitung zu übernehmen. Meistenfalls ist den Gemeinden und den Gläubigen auch mehr damit gedient, wenn sie ihre eigenen Formen der Glaubensweitergabe und der gottesdienstlichen Feiern ein- und ausüben können als wenn ihr Leben und ihre Lebendigkeit allein von der Zuordnung zu einem Priester abhängig gemacht wird.

Neben dieser herkömmlichen und zum Teil auch bewährten "Sozialgestalt" von Kirche gibt es und entstehen derzeit aber noch viele andere, wie zum Beispiel die sogenannte *Lebensraum*-Orientierung[578] oder die, wie das Beispiel der Communità Sant' Egidio zeigt, von Pfarreigrenzen unabhängige Gemeinschaftsbildung oder – bei einer entsprechenden Profilierung einer ehemals klar umgrenzten Pfarrei – die Gestalt einer "Richtungsgemeinde",

---

[577] Vgl. **SCHARER, M.**: Begegnungen Raum geben. a.a.O. S. 46

[578] Vgl. **ENDERS, G.**: Zur neuen Pastoralen Planung - Wissenswertes und Interessantes. MITTEILUNGEN DES BISTUMS LIMBURG 3/1994. S. 5-7

wie sie sich beispielsweise in Düsseldorf, aber auch in Basel (Elisabethen-kirche) und anderen Großstädten gebildet hat.[579]

> Einen solchen Prozeß des Übergangs von einer Pfarrseelsorge zu einer "Passantenpastoral" hat ausführlich U. ENGEL in seinen Arti-keln über die St. Andreas-Gemeinde in der Düsseldorfer Altstadt be-schrieben. Auf eine entvölkerte Innenstadt auf der einen Seite und ein zunehmendes urbanes Lebensgefühl mitsamt den ihm eigenen – im weitesten Sinn – religiösen Ausdrucksformen auf der anderen Seite reagierten die Düsseldorfer Dominikaner dadurch, daß sie als eine "offene Kirche in einer offenen Stadt" versuchen, zusammen mit ehrenamtlichen Mitarbeiterinnen und Mitarbeitern auf die vielfälti-gen und recht differenten Interessen der Besucherinnen und Besucher ihrer Kirche einzugehen. Sie wagen damit den Versuch, "als einzelne und als Kommunität sich so zu verhalten, daß man ohne Vorbehalt für die anderen da ist, für sie offen ist und sich ihnen öffnet. Das be-deutet die Bereitschaft zur Präsenz, zum Hören, zur Solidarität mit dem und den Fremden, und zwar ohne den Hintergedanken der Ver-einnahmung." Praktiziert wird dies dadurch, daß täglich zwei bis vier Mitglieder des Empfangsteams zwischen 15 Uhr und 17.30 Uhr in teilweise eigens dafür geschaffenen Räumen als Ansprechpartner zur Verfügung stehen, daß darüberhinaus aber auch "stabile Orte" in Form von Gruppen und regelmäßigen Treffen angeboten werden für diejenigen, die verbindlich miteinander kommunizieren und agieren wollen. Punktuelle Angebote wie die des Dominikanischen Bil-dungswerkes, kulturelle Veranstaltungen wie Kunstausstellungen und Konzerte bis hin zu der Altstadt-Armenküche, in der an sechs Tagen pro Woche etwa 90 bis 130 armen bzw. obdachlosen Men-schen eine warme Mahlzeit in menschenwürdiger Umgebung ange-boten wird, führen dazu, daß sich mehr und mehr Mitchristen für ein Engagement innerhalb dieser 'Pfarrgemeinde' interessieren, auch oder gerade weil sie in ihrer eigenen Territorialgemeinde keine Hei-mat (mehr) finden.[580]

Die örtliche Situation einer Gemeinde, ihr sozialer Kontext und vieles mehr können demzufolge zu sehr unterschiedlichen Konzepten und Ver-wirklichungen von Gemeinde-sein führen. Entscheidend ist dabei aber auch die Frage, wie eine "Ko-Existenz auf einem bestimmten Territorium zur

---

[579] Vgl. **KEHL, M.:** Wohin geht die Kirche? a.a.O. S. 131-135

[580] Vgl. **ENGEL, U.:** Eine offene Kirche in einer offenen Stadt. Das Projekt "St. Andreas - offene Kirche der Dominikaner" in Düsseldorf aus: LEBENDIGE SEELSORGE 5/1994. S. 258-261; **DERS.:** Von Playboys und Prayboys. Zu einem Projekt der City-Pastoral in der Düsseldorfer Altstadt. ORIENTIERUNG 60 (1996) S. 68-72; vgl. auch **HÖHN, H.-J.:** Wir lernen das Eigene besser im Streit mit dem Fremden. Christentum und urbane Öffent-lichkeit. HILLENBRAND, K. u. NICHTWEISS, B. (Hrsg.): Aus der Hitze des Tages. a.a.O. S. 193-207

Konvenienz, zum Miteinanderleben, entwickelt werden kann."[581] Das heißt nun nicht nur bezogen auf Großstädte: wie kann es gelingen, daß die verschiedenen Angebote des Erlebens von Kirche und Gemeinde auch in die Gesellschaft hinein transparent werden können? Gibt es so etwas wie eine 'Informationszentrale', ein gemeinsames Prospekt, in dem sich Kirche in einem territorialen Raum, in ihrer Vielfältigkeit und Vielschichtigkeit 'präsentieren' kann? Gibt es nicht zuletzt auch Räume und Orte, an denen sich Seelsorgerinnen und Seelsorger, die in den verschiedensten Bereichen der Pastoral tätig sind, einander Informationen zukommen lassen können (zum Beispiel Seelsorgerinnen und Seelsorger in Krankenhäusern mit denen der Territorialgemeinde, auf deren Gebiet ihr Krankenhaus liegt)?[582] In Bezug auf die vielen unterschiedlichen Orte, Initiativen, Gruppierungen und Teilvollzüge der Pastoral, die in einer vielfältigen und vielschichtigen Gesellschaft zwar von enormer Bedeutung sind, aber oftmals viel zu wenig voneinander wissen und sich aufeinander beziehen, hat sich in der Pastoraltheologie der Terminus **"Passagenpastoral"** entwickelt. Gemeint ist damit, "daß an die Stelle exklusiven religiösen Sozialisations- und Erfahrungsagentur 'Gemeinde' das flexible Netzwerk pluraler kirchlicher Erfahrungsorte in ihrer wechselseitigen Relativierung, Bereicherung, Kritik und Ergänzung treten muß." Eine solche Passagenpastoral macht jedoch eine territoriale Pfarrgemeinde keineswegs überflüssig, denn sie "ist immer noch der soziale Raum, der insbesondere auch in seiner ganzen Sakramentenpastoral die Initiation, die Anfangszugänge zur kirchlichen Glaubens- und Lebenswelt gestaltet, nicht nur für Kinder, sondern zunehmend auch für Erwachsene. Die dabei entstandenen Strukturen von der Pfarrverwaltung bis zum Wohnviertelapostolat derer, die (nicht nur) das Pfarrblatt austragen, wären phantastische institutionelle Ressourcen für die Passagenvermittlung. [...] So gesehen könnte sich die Pfarrgemeinde – insbesondere im gesteigerten Bewußtsein ihrer Verantwortung für die Gesamtpastoral – geradezu als Verbindungsinstanz, als primäre Vernetzungszentrale begreifen."[583]

In absehbarer Zukunft wird es viele und sicher auch sehr verschiedene Prozesse geben, in denen sich Gemeinden – ob territorial oder eher kommu-

---

[581] Vgl.: **GARHAMMER, E.**: "Suchet der Stadt Bestes" (Jer 29,7). Kirche in der Großstadt. BÄRENZ, R.: Theologie, die hört und sieht. a.a.O. S. 26-33

[582] Ein solches Konzept der 'Konvenienz' wird derzeit in der Stadt Mainz unter dem Arbeitstitel **L**ebensraum **O**rientierte **S**eelsorge entwickelt. Ziel dieses Projektes ist es, zunächst einmal die hauptberuflichen pastoralen Mitarbeiterinnen und Mitarbeiter, die in verschiedensten Bereichen der Seelsorge im Lebensraum Mainz tätig sind, miteinander zu 'vernetzen', damit so nicht nur relevante Informationen für alle leichter zugänglich sind, sondern auch durch die persönliche Begegnungen ein 'Aufeinander Verweisen' erleichtert wird.

[583] **FUCHS, O.**: Die Pastoral im Kontext der religiösen Zeitzeichen. BENSBERGER PROTOKOLLE 91: Emotionalität erlaubt? Bensberg 1998. S. 9-39, hier S. 34

nial orientiert – entwickeln und verändern werden. Dabei wird sich nach außen auch das Erscheinungsbild, die "Sozialgestalt" der Kirche und Gemeinde wandeln: in Anlehnung an das Wort "Wo der Bischof ist, ist die Kirche" wird in Zukunft immer weniger gelten, daß die Gemeinde da ist, wo der Pfarrer ist. Vielmehr wird sich Kirche und Gemeinde durch sehr verschiedene und unterschiedliche Amtsträgerinnen und Amtsträger präsentieren; sie wird sich – vermutlich mehr in dörflichen Strukturen – weiterhin als traditionell verfaßte Gemeinschaft von Vereinen und Verbänden zeigen, darüber hinaus aber auch in überpfarrlichen (bis hin zu regionalen oder diözesanen) Zusammenschlüssen und Bewegungen und sie wird im Sinne der "Passantenpastoral" in den Großstädten, an den Urlaubsorten oder an anderen speziellen Orten eher punktuell von den Menschen wahrgenommen. Vielleicht wird es tatsächlich auch einmal *eine* Form der Sozialgestalt von Kirche sein, daß man per Internet in 'seine Kirche' surft, um als Mitglied der Diözese Parthenia auf diese Weise an den Heilsgütern der Kirche zu partizipieren. Jedenfalls wird es bei diesen Prozessen unvermeidlich sein, daß auch Pfarrgemeinden in gewisser Weise "abrüsten", sich von den Anspruch verabschieden, auch weiterhin "allzuständig" zu sein. Eine "Selbstrelativierung" ist angesagt, die auch "riskiert, Menschen 'abzugeben' (z.B. an die ehrenamtliche Mitarbeit in einer sozialen Initiative) und dadurch für den eigenen Raum zu 'verlieren'." Für die Gesamtpastoral, die gewissermaßen 'global denkt und lokal handelt', könnte dies bedeuten: "ereignisnah, kleinbeweglich und groß vernetzt [zu sein], wenig zentralistisch und doch dachgeschützt, niederschwellig und anspruchsvoll: für Menschen mit loser Beziehung (auf Zeit), für Menschen mit dichter und dauerhafter Anbindung."[584]

Wichtig ist bei all diesen Entwicklungsprozessen also, daß die Leitung einer Ortskirche der Kommunikation der vielfältigen Erfahrungen dient und daß sie dafür Sorge trägt, daß die Verbundenheit mit ihr und mit den anderen Gemeinden nicht aufgegeben wird zugunsten einer 'absoluten Eigenständigkeit', was zugleich eine Abkehr von der kommunialen Grundstruktur einer jeden katholischen Gemeinde oder Gemeinschaft bedeuten würde. Es gilt also bei allen Gemeindeentwicklungsprozessen die 'relative Bedeutung einer Pfarrgemeinde' nicht aus dem Blick zu verlieren: jede Gemeinde oder Gemeinschaft konstituiert sich gerade dadurch als 'katholische' Gemeinde oder Gemeinschaft, indem sie *in Relation*, das heißt in Beziehung und in Austausch mit den anderen Gemeinden und Gemeinschaften der Orts- wie auch der Universalkirche steht.

---

[584] ebd. S. 35

Gemäß einem intelligenten Spruch: "Nur wer ein eigenes Zuhause hat, kann auch Nachbarn haben"[585], sind meinem Eindruck nach derzeit immer mehr Gemeinden dabei, ein solches 'Zuhause' zu schaffen. Sie sind zum Großteil, um es einmal so auszudrücken, wie junge Erwachsene, die sich langsam, aber auch kontinuierlich von den bisherigen 'Autoritäten' lossagen und eine eigene Wohnung einrichten. Dementsprechend wie sie – ebenso wie Heranwachsende – dabei die Autoritäten erleben, ob als Partner und Wegbegleiter oder auch als diejenigen, die jeglichen Auszug verhindern wollen durch autoritäres Verhalten, werden sie den Weg zur Gemeinschaft (mit der Kirche) suchen oder auch meiden. Und interessanterweise lernen die Pfarrgemeinden in unserem Sprachraum dabei sehr viel durch die Erfahrungen unserer lateinamerikanischen und afrikanischen Mitchristen, die es uns sehr anschaulich *vor*leben, daß Veränderungen von Leitungsstrukturen nicht das Ende, sondern eben auch der Anfang eines neuen Kircheseins zur Folge haben kann.[586]

2.3.2 Die 'relative' Bedeutung der verschiedenen Ebenen einer Ortskirche

Dieses Kapitel ist für Diözesen in der Größenordnung wie das schweizerische Bistum St. Gallen sicher nicht von großer Bedeutung. Dort hat sich der derzeitige Bischof Ivo FÜHRER zur Gewohnheit gemacht hat, möglichst oft mit seinen Mitarbeiterinnen und Mitarbeitern im pastoralen Dienst im Gespräch zu sein. Aufgrund der relativ geringen Zahl der hauptamtlich Tätigen in seinem kleinen Bistum gelingt es ihm problemlos, diese jeweils als Team einer Gemeinde oder eines Pfarrverbandes an seinen Mittagstisch einzuladen. Auf diese Weise kann er innerhalb eines Jahres mit *allen* hauptberuflichen Mitarbeiterinnen und Mitarbeiter in der Seelsorge in Kontakt kommen und ist somit natürlich unmittelbar an allen relevanten Informationen und Entscheidungen beteiligt. Aber solche Bistümer sind in unserem bundesdeutschen Lebensraum eher spärlich. Deshalb ist es nicht unbedeutend, sich gegen Ende dieser Arbeit, die bisher vorrangig die Gemeinde in den Blick genommen hat, damit auseinanderzusetzen, wie dieses Miteinan-

---

[585] Vgl. **BAUER, W.**: Priesterlos - leblos? KONRADSBLATT. Wochenzeitung für das Erzbistum Freiburg Nr. 27/1994. S. 11

[586] Vgl. zu den Ausführungen über Kinshasa (Seite 236ff) ebenso: **MISSIO**: Missionarische Gemeinde. Ein Informations- und Arbeitsheft. München - Aachen 1986; **DIESS.**: In der Reihe "ERFAHRUNGEN AUS DEN JUNGEN KIRCHEN" z.B. Gemeinsam Verantwortung tragen (München 1988), Gemeinsam Kirche werden (Aachen 1989), Gemeinsam das Evangelium leben (München 1990)

der der verschiedenen Gemeinden innerhalb einer Ortskirche verwirklicht werden könnte.

In Verlautbarungen diözesaner Leitlinien wird immer wieder besonders stark die pfarreiübergreifende Dimension der Kooperation genannt, die die jeweilige Gemeinde innerhalb einer Seelsorgeeinheit vor einer *Über*forderung zu schützen vermag. Dieser Hinweis entbehrt keineswegs einer gewissen Logik: es scheint auf Zukunft immer unmöglicher (falls es überhaupt schon einmal möglich war), daß *eine* Pfarrgemeinde allein die ganze Bandbreite des 'Amtes' in dem hier dargelegten Sinn erfüllen kann, wenn man sich den weitgespannten Erwartungen der Menschen unserer Zeit stellen will. Von daher legt es sich *de facto* nahe, eine Kooperation mit anderen Pfarrgemeinden zu suchen mit dem Ziel, möglichst viele Kompetenzen (im Sinne von Fähigkeiten) entsprechend in dem großen Feld von Seelsorge einzubinden und zu vernetzten.

> Solche Vernetzungen finden beispielsweise in Gemeinden statt, die sich durchaus ihrer eigenen Fähigkeiten, aber auch ihrer Grenzen bewußt sind. Im Wissen, daß es innerhalb der eigenen Pfarrgemeinde einige wenige Interessenten und Interessentinnen gibt, die sich für das Anliegen der 'Einen Welt' engagieren wollen, wäre es absurd, diese nicht mit anderen interessierten Menschen der benachbarten Pfarrgemeinden zusammenzubringen. Dies gilt in gleicher Weise für Bildungsarbeit, für Jugend- oder Familienpastoral usw. In der Seelsorgeeinheit Bisingen mit den Ortsteilen Steinhofen, Thanheim und Zimmern ging man beispielsweise vor Jahren schon daran, am Gründonnerstag einen gemeinsamen Gottesdienst in der St. Nikolaus-Kirche zu feiern, in der Vertreterinnen und Vertreter aller Ortsteile dieses feierliche Hochamt mitgestalteten. Nicht die Notwendigkeit des Priestermangels, sondern das Erleben eines solch beeindruckenden Gottesdienstes, der für viele Mitfeiernde so etwas wie ein 'Katholikentag im Kleinen' wurde, hat unter anderem auch dazu geführt, daß die Pfarrgemeinderäte der drei Pfarreien in gemeinsamen Sitzungen miteinander überlegten, wo es noch weitere Kooperationen geben könnte.

Entscheidend ist aber auch hier wieder die konkrete Kommunikation unter den Gemeinden, in der das Wissen um solche Gruppen und Kreise vernetzt werden und auch gemeinsame Überlegungen in praktische Konsequenzen münden können. Man kann diese kommuniale und kommunikative Struktur nun übertragen auf alle anderen Ebenen einer Ortskirche, wobei auch hier wieder die konkrete Situation (Größe, Verkehrsbedingungen, Infrastruktur usw.) ausschlaggebend sein wird für eine verwirklichbare Struktur. Insofern müssen sich die Verantwortlichen auf den verschiedenen Ebenen einer Ortskirche zunächst damit befassen, in welcher Form und in welchen Gremium sie eine derartige Vernetzung der Informationen gewährleistet sehen. Wenn ich hier nun gleich einen Sprung mache zu der Diözesanebene, so nur aus diesem Grund, weil mir dieses angeführte Modell beispielhaft erscheint für manch andere Planungen.

Eine Pionierarbeit in dieser Beziehung scheint derzeit in der Schweizer Diözese Basel-Solothurn geleistet zu werden. Dort wird nämlich seit dem Amtsantritt von Bischof K. KOCH die Frage debattiert, wie eine möglichst gute Vernetzung von Gemeinden, Dekanaten und Diözese zu ermöglichen sei. Aus diesem Grund hat sich Bischof KOCH Anfang 1996 an seine Dekane gewandt mit der Bitte, in Zukunft verstärkt diesen Dienst an der Kommunikation innerhalb ihres Dekanates auszuüben. Ihre Aufgabe wäre es, für den Zusammenhalt der (Orts)Kirche Sorge zu tragen, das Gute, das in den Dekanaten geschieht, zu sehen, aber auch die Nöte in Welt und Kirche in die Gemeinden hineinzutragen. In diesem Sinne seien die Dekane nach seinem Verständnis "Bischöfe in Kleinformat".[587]

Im August 1996 kam Bischof KOCH dann mit dem Bischofsrat und den 10 Regionaldekanen zusammen, um in einer Klausurtagung zu überlegen, wie sie ihren kirchlichen Dienst zeitgerecht leisten könnten. Das Ergebnis dieser Tagung war, daß nicht die Strukturen, sondern das Selbstverständnis der Bistumsleitung wie auch der Regionaldekane sich ändern müsse, indem die Regionaldekane – gewissermaßen als Informanten aus den Dekanaten und in die Dekanate hinein – im weiteren Sinn in die Bistumsleitung integriert werden sollen. Dementsprechend wurde im Protokoll dieser Konferenz festgehalten: "Die Regionaldekanekonferenz ist für die Kommunikation und Entscheidungsfindung in grundlegenden Fragen, die das Bistum Basel betreffen, notwendig. Die Aufteilung in Bistumsregionen ist sachgerecht, weil sie den historisch gewachsenen Strukturen in der Schweiz und in der Ortskirche Basel entspricht: daraus folgt, daß die Regionaldekane eine 'bischöfliche Funktion' wahrnehmen, indem sie die lebenswichtigen Spannungen zwischen den verschiedenen Bistumsregionen und dem Gesamtbistum als Ortskirche fruchtbar machen. Also ist die Regionaldekanekonferenz sowohl ein Beratungsals auch ein Führungsgremium."[588] Die Regionaldekane sollen demzufolge in ständigen Kontakt mit dem Bischof sein und – gegebenenfalls auch als 'Bischofsvikare' – mit dem Bischof und dem – reduzierbaren – Bischofsrat gewissermaßen die Leitung der Diözese übernehmen.

Eine solche Vorgehensweise von Bischof K. KOCH hat ohne Zweifel den Vorteil, daß er über seine 'Informanten' (Dekane und Regionaldekane) sehr

---

[587] Vgl. **WEIBEL, R.:** Auseinanderhalten, was eigentlich zusammengehört. SCHWEIZERISCHE KIRCHENZEITUNG 27-28/1996. S. 421-424

[588] Vgl. **HOFER, M.:** Neuorientierung im Bistum Basel. SCHWEIZERISCHE KIRCHENZEITUNG 39/1996. S. 547-548

nah mit den Problemen und positiven Erfahrungen seiner Gemeinden verbunden ist. Er verwirklicht dadurch auch, wie er es selbst geschrieben hat, eine "neue Pragmatik des Amtsstiles [der Bischöfe...], ihr Amt so auszuüben, daß es der Kirche als Communio, als Gemeinschaft von Ortskirchen, und ihren Gläubigen entspricht und dient. Da nämlich zur Wahrheit der Kirche nicht nur der wahre Glaube gehört, sondern auch der wahre Umgang miteinander nach dem Beispiel Jesu, erweisen sich Amtsträger, die den Dialog in der Kirche nicht nur nicht wie die Pest fürchten, sondern ihn geradezu ermöglichen und ihn leiten und auf diesem Wege zur Bewahrung des Evangeliums vor allem durch Überzeugen beitragen, nicht weniger, sondern mehr und wesentlicher als Hirten in und für die Communio, die ihr Amt als Dienst an einer synodalen Kultur der Glaubenskonsensbildung verstehen und vollziehen."[589]

An gleicher Stelle bringt Bischof KOCH, anlehnend an ein Zitat von Cyprian von Karthago, in exzellenter Weise zum Ausdruck, worum es in diesem Kapitel geht:

> "Nihil sine episcopo, nihil sine consilio presbyterii, nihil sine consensu plebis."[...] "Nichts ohne die Zustimmung des Volkes Gottes und nichts ohne den Rat des Presbyteriums, aber auch nichts ohne den Bischof: Erst dort, wo diese drei 'nichts ohne' gleichermaßen berücksichtigt werden und wo folglich in positiver Hinsicht das personale, das kollegiale und das synodale Prinzip zusammenklingen, befindet sich das kirchliche Leben in einem gesunden Gleichklang und Gleichgewicht. Dort kommt es nicht weiterhin zu Frontalkollisionen zwischen den synodalen und hierarchischen Prinzipien in der katholischen Kirche, sondern dort fordern und fördern sich beide wechselseitig."[590]

Man ist an dieser Stelle vielleicht geneigt zu fragen (oder auch zu sagen): "Warum kann es nicht grundsätzlich so gehen?" Vielleicht taucht auch hier die Frage auf, die schon in Bezug auf die Bestellung von fähigen Männern und Frauen zum ordinierten Dienst gestellt wurde, wer nun kompetenter darüber entscheiden kann, wer Gemeindeleiter bzw. hier nun Bischof werden solle. Nicht nur kirchenrechtlich und theologisch wären hier durchaus einige praktikable Modelle möglich;[591] auch in der Praxis werden hier be-

---

[589] Vgl. **KOCH, K.**: Synodale Kirche und Bischofsamt. SCHWEIZERISCHE KIRCHENZEITUNG 23/1997. S. 358-362, hier 358

[590] ebd. S. 361

[591] Vgl. **PRIMETSHOFER, B.**: Dezentralisierung wäre angebracht. Kirchenrechtliche Überlegungen zu den Bischofsbestellungen. HERDER-KORRESPONDENZ 7/1996. S. 348-352; **ZSIFKOVITS, V.**: Mehr Chancen durch mehr Mitbestimmung. a.a.O. S. 51-53; ebenso: **KEHL, M.**: Wohin geht die Kirche? a.a.O. S. 87-89; **DERS.**: Die Kirche. a.a.O. S. 381-383; **WERBICK, J.**: Kirche. a.a.O. S. 150, Anm. 35: "So ist von Leo dem Großen

reits – wenn auch nur vereinzelt –neue Wege beschritten: so hat Bischof R. STECHER, wie auch schon andere Bischöfe vor ihm, in seiner Diözese eine Befragung über geeignete Kandidaten für das Bischofsamt veranlaßt mit der Absicht, diese Kandidatenliste in Rom vorzulegen. Aufgrund jüngerer Erfahrungen ist es nach B. PRIMETSHOFER zwar zu bezweifeln, daß in Rom diesen Wünschen Rechnung getragen wird, aber es ist auch ein wichtiger Schritt, eine notwendige "Dezentralisierung" auf den Weg zu bringen.[592] Vielleicht finden sich im dritten Jahrtausend noch mehr *mündige*[593] Bischöfe wie R. STECHER oder auch C. SCHÖNBORN von Wien, der in Bezug auf einen zu bestellenden Weihbischof eine ähnliche Umfrage gestartet hat, und verwirklichen so von der 'mittleren Ebene her' (weltkirchlich gesehen) gewissermaßen die vom Konzil erstrebte Kollegialität aller Bischöfe.[594]

Der Weg dahin scheint vielen sicher noch sehr weit und schwierig. Die Beispiele zeigen aber, daß er gangbar ist. Grundvoraussetzung ist nur die Bereitschaft, aufeinander zu hören und miteinander zu reden. Von Seiten der Gläubigen und der Pfarrgemeinden hat dies einerseits zur Folge, daß sie wirklich im Rahmen ihrer Möglichkeiten die Mitsprache- und Mitentscheidungsrechte wahrnehmen und gegebenenfalls auch einfordern; von Seiten des hierarchischen Amtes heißt dies aber auch, "daß sich die Entscheidungsträger auch öffentlichen Rückfragen stellen und im einzelnen ihre Gehorsamsforderungen vor den betroffenen Menschen selbst wiederholen, statt sich in die Anonymität von Dokumenten so zurückzuziehen, daß sich der Gläubige, der sich nicht verstanden fühlt, wie vor einer geschlossenen

---

die Sentenz überliefert: 'Wer allen vorsteht, muß auch von allen gewählt werden'." Oder von **BONIFAZ VII.** wird im LIBER SEXTUS erwähnt: "Was alle angeht, muß von allen gebilligt werden."; **EMEIS, D.**: Zur Beteiligung der Gemeinde an der Frage ihrer Leitung. LEBENDIGE SEELSORGE 4-5/1995. S. 206-208

[592] Vgl. **PRIMETSHOFER, B.**: Dezentralisierung wäre angebracht. a.a.O. S. 352; vgl. dazu auch **RAHNER, K. u. FRIES, H.**: Einigung der Kirchen - eine reale Möglichkeit. Freiburg 1985. S. 70ff; **RAHNER, K.**: Grundkurs des Glaubens. a.a.O. S. 371; **BOFF, L.**: Der römische Katholizismus. **DERS.**: Kirche: Charisma und Macht. a.a.O. S. 124-163.282-284; **VERWEYEN, H.J.**: Gottes letztes Wort. a.a.O. S. 557ff; **KEHL, M.**: Die Kirche. a.a.O. S. 327ff; **WERBICK, J.**: Kirche. a.a.O. S. 376ff; **ZSIFKOVITS, V.**: Mehr Chancen durch mehr Mitbestimmung. a.a.O. S. 53; **ZIEGER, B.**: Wie kam es zum Konzil? a.a.O. S. 317. Hier belegt ZIEGER, daß ähnliche Reformwünsche auch schon zu Lebzeiten von PIUS XII. im Umlauf waren.

[593] Hier könnte die ursprüngliche Bedeutung von Mündigkeit wieder zum Vorschein kommen, die vom althochdeutschen 'Munt' herkommt und "mit dem im Mittelalter die rechtliche und soziale Stellung des germanischen Hausherrn gegenüber Frau, Kindern und Gesinde bezeichnet wurde. Wer unter dem Munt des Vaters lebte, genoß seine Fürsorge, seine Haftung und seinen Schutz." Vgl. **SCHARER, M.**: Begegnungen Raum schaffen. a.a.O. S. 124

[594] Vgl. **KÖNIG, F.**: Kirche auf dem Weg ins dritte Jahrtausend. STIMMEN DER ZEIT 6/1996. S. 363-371, hier S. 369

Tür findet, wenn er in aller Bescheidenheit seine Einwände vortragen möchte."[595] Dies heißt schlußendlich auch, sich seiner je eigenen Relativität bewußt zu sein bzw. werden, ob als einfacher Gläubiger oder auch als Bischof, um in einer communialen Ekklesiopraxie mehr und mehr zu verwirklichen, was einer auf Jesus Christus zurückgehenden Ekklesiologie entspricht, derzufolge er selbst das Haupt seiner Kirche ist und mit ihr kommuniziert durch die Aussendung seines Heiligen Geistes, der bekanntlich weht, wo er will (vgl. Joh 3,8; Koh 11,15).

2.4   Eine 'von außen' begleitete Gemeindeentwicklung

> "Gemeindeentwicklung ist verbunden mit der Bereitschaft, das Leben in der Gemeinde im Licht des Evangeliums zu sehen, das Gute zu bewahren und sich auf Neues einzulassen. Die Verantwortlichen einer Pfarrgemeinde, d.h. der Pfarrer im Zusammenwirken mit dem Pfarrgemeinderat, entscheiden, welche konkreten Wege gegangen werden sollen, um noch mehr Gemeinde Jesu Christi zu werden und so das Miteinander zu stärken, zu verbessern und zu überlegen, wie der gemeinsame Weg dahin beginnen soll."[596]

Mit dieser Aussage beginnt eine "Praxishilfe", die in der Erzdiözese Freiburg erarbeitet und veröffentlicht wurde für alle Gemeinden, die sich für das Thema Gemeindeentwicklung interessieren. Damit wird den Verantwortlichen in den Gemeinden auch einleitend ein deutliches Signal gegeben: der Wunsch nach Gemeindeentwicklung muß *aus der Gemeinde* selbst heraus wachsen; Gemeindeentwicklung kann nicht durch noch so gute 'Rezepte' und Handlungsanweisungen verordnet werden, sondern braucht Menschen *in der Gemeinde*, die sensibel dafür sind, daß die gegenwärtige Situation unserer Gesellschaft eine andere "Sozialgestalt von Kirche" notwendig macht als in den zurückliegenden Jahrzehnten.

Es gibt genügend Beispiele in dieser und in anderen Diözesen, die zeigen, daß Pfarrgemeinden auch ohne Hilfen von Seiten der Diözesan-, Regional- oder Dekantsebene – also gewissermaßen durch eine *Hilfe von außen* – in der Lage waren und sind, zu einer 'relativen Eigenständigkeit' und Eigenverantwortung zu finden. Oftmals sind solche Prozesse aber auch gerade deshalb gelungen, weil diese Gemeinden keine Scheu hatten, sich gerade *von außen* immer wieder Anregungen und Inspirationen geben zu lassen. In

---

[595] Vgl. **HAEFFNER, G.:** Ein Amt zu lehren. STIMMEN DER ZEIT 4/1995. S. 233-250, hier S. 249

[596] Vgl. **ERZBISCHÖFLICHES ORDINARIAT FREIBURG:** Zur Pastoral der Gemeinde. FREIBURGER TEXTE Nr. 25. S. 71

früheren Zeiten geschah dies vielfach durch die bekannten 'Gemeindemissionen', zu denen Patres (z.B. Franziskaner, Pallottiner, Oblaten, Redemptoristen oder andere) durch Gottesdienste, Predigten, Vorträge und Beichtgelegenheiten in die Gemeinden hinein kamen und neue Impulse gaben. Auf Inspiration des Konzils hin, daß Christus "sein prophetisches Amt nicht nur durch die Hierarchie, sondern auch durch die Laien" erfüllt, indem er sie mit den Glaubenssinn *(sensus fidelium)* und der Gnade des Wortes ausrüstet, "damit die Kraft des Evangeliums im alltäglichen Familien- und Gesellschaftsleben aufleuchte" (vgl. Lumen gentium 35), ging man in den letzten Jahrzehnten mehr und mehr dazu über, dem Gespräch der Gläubigen miteinander einen breiteren Raum zu öffnen. Geistliche Gemeindeerneuerung vollzieht sich dabei immer mehr im Hören aufeinander und auf das Wort Gottes, im Leben- und im Bibel-teilen. Es ist erstaunlich, wieviele neue "Glaubenskurse" in den letzten Jahrzehnten entwickelt und – vor allem auf Gemeindeebene – durchgeführt wurden. Dies begründet sich meines Erachtens auch darin, daß hauptberufliche pastorale Mitarbeiterinnen und Mitarbeiter (schon zahlenmäßig) verstärkt in der Gemeindepastoral neben der Feier der Eucharistie neue Formen der Glaubensverkündigung entdeckt und entwickelt haben.

Eine andere Möglichkeit der Gemeindeentwicklung wurde und wird darin gesehen, den Gliedern der Gemeinde mittels der Bildungswerke – und geeigneter Referentinnen und Referenten, zum Teil auch von außen kommend – unter anderem die Anliegen und Ziele des Zweiten Vatikanischen Konzils zu vermitteln. Auch mehr als drei Jahrzehnte nach Konzilsende ist es oftmals erschreckend, wie wenig von den eigentlichen Aussagen bei den 'einfachen Gläubigen' tatsächlich angekommen ist. Mit viel Phantasie und Kreativität wird deshalb immer wieder versucht, die Intention der Konzilstexte – allen voran der Pastoralen Konstitution Gaudium et spes, die man auch überschreiben könnte: *Miteinander Kirche sein für die Welt von heute* – in die Lebenswirklichkeit der Menschen hinein zu übersetzen bzw. sie dieses auch erfahren zu lassen.[597] Nicht selten sind gerade aus solchen Impulsen von Seiten des Bildungswerkes einer Gemeinde Veränderungen in Gang gekommen, die man nach dem hier dargelegten Sinn durchaus als Gemeindeentwicklungsprozesse bezeichnen könnte.

Eine relativ neue Form, Gemeindeentwicklung zu initiieren und durchzuführen, ist die Zuhilfenahme der sogenannten "Gemeindeberatung". Sie ist "der Versuch, mit Hilfe eines oder mehrerer von außen Kommender der

---

[597] Vgl. **METTE, N.:** Kirchliche Erwachsenenbildung im Kontext radikalisierter Modernität. ERWACHSENENBILDUNG 1/1996. S. 11-14; **KNOBLOCH, S.:** Vom Standbein und Spielbein der Erwachsenenbildung. Prolegomena zur Erwachsenenbildung aus pastoraltheologischer Sicht. ERWACHSENENBILDUNG 1/1996. S. 15-17

Gemeinde zu helfen, ihre Probleme und Aufgaben in ihrem gesellschaftlichen Umfeld möglichst klar zu erkennen und ihre eigenen Möglichkeiten zu entdecken. Die Hauptaufgabe der Gemeindeberatung ist, der Gemeinde zu helfen, sich selber zu sehen, ihre eigenen Ziele und Methoden zu finden, und schließlich, ihr dabei zu helfen, diese Ziele zu erreichen. [...] Sie geht dabei davon aus, daß die Voraussetzungen für eine Erneuerung oder Veränderung in der Gemeinde selber vorhanden sind."[598] Gemeindeberaterinnen und Gemeindeberater sind in diesem Sinne also *keine* 'Expertinnen und Experten' in Sachen Gemeindeentwicklung, sondern allenfalls in Bezug auf die Begleitung von solchen Prozessen. Aufgrund einer Zusatzausbildung bzw. praxisbegleitender Kurse erwerben sich die Mitarbeiterinnen und Mitarbeiter in der Gemeindeberatung eine gewisse 'Feldkompetenz' in der Begleitung von verantwortlichen Gremien der Gemeinden.

Wiederum ausgehend davon, daß die Gemeinde selbst entscheidet, eine solche *Hilfe von außen* in Anspruch zu nehmen, weil dadurch der Blick auf die eigene Gemeinde gegebenfalls weiter und weniger tabuisiert[599] wahrgenommen werden kann, bieten Gemeindeberaterinnen und Gemeindeberater den verantwortlichen Gremien der Gemeinden (also beispielsweise dem Pfarrgemeinderat, einer eigens installierten Projektgruppe für Gemeindeentwicklung oder anderen Gremien der Gemeindeleitung) methodische und gegebenfalls auch inhaltliche Hilfen an, damit diese beispielsweise

⇒ sich verständigen über ihre gemeinsamen oder auch unterschiedlichen Visionen von Kirche und Gemeinde

⇒ gemeinsame Ziele suchen und vereinbaren

⇒ theologische und geistliche Dimensionen pastoralen Handelns reflektieren

⇒ den gesellschaftlichen Kontext in die pastorale Planung einbeziehen

⇒ sich sensibilisieren (lassen) für die Menschen in ihrem Lebensraum mit ihren Freuden und Hoffnung, aber auch Trauer und Angst

⇒ die 'relative' Bedeutung der Pfarrgemeinde und deren Gruppierungen innerhalb der Communio der Kirche wahrnehmen

⇒ die Möglichkeiten und Grenzen der Gewinnung, Befähigung und Begleitung von Mitarbeiterinnen und Mitarbeitern sich bewußt machen

---

[598] **ADAM, I. u. SCHMIDT, E.R.:** Gemeindeberatung. Gelnhausen - Berlin 1977. S. 50

[599] Die Effektivität einer *Begleitung von außen* ist gerade in diesem Bereich der vielen 'Tabus' und der eingespielten Rollenverhalten in einer Gemeinde bzw. einem Gremium derer erfahrungsgemäß von immenser Bedeutung: Beraterinnen und Berater, die von außen in das System Gemeinde hineinkommen und es auch wieder verlassen, können schon durch ihre Fragetechniken Verhaltensmuster aufdecken und damit auch Konflikte angehen, die innergemeindlich vielleicht gar nicht mehr gesehen werden. Vgl. dazu: **SCHMIDT, E.R. u. BERG, H.G.:** Beraten mit Kontakt. a.a.O. S. 118-154

⇒ oder auch damit die Teilnehmerinnen und Teilnehmer an einem solchen Entwicklungsprozeß sich erst einmal untereinander verständigen über ihre Erwartungen und Interessen, ihre Motivation für Veränderung oder auch über ihre Einwände, Zweifel.[600]

Um über diese Themen miteinander ins Gespräch zu kommen, kann die Gemeindeberatung unterschiedliche Methoden anbieten wie zum Beispiel Einzel- oder Gruppenarbeit, Plenumsgespräche, Vorträge in Form von 'Inputs', Medienarbeit, Skulpturbildungen usw. Auf diese Weise kann es den verantwortlichen Gremien (vielleicht eher) gelingen, sich Klarheit zu verschaffen über das eigene Selbst- oder auch Leitungsverständnis, über die Transparenz der eigenen Arbeits- und Kommunikationsstrukuren, über den Umgang mit Zeit, die Kooperation untereinander und mit anderen Gemeinden und Institutionen; es können gegebenenfalls auch mit Hilfe der Gemeindeberatung Leitungskompetenzen gestärkt, Konflikte bearbeitet, Aufgaben- und Zuständigkeitsbeschreibungen verfaßt und nicht zuletzt die eigenen Zielvereinbarungen nach einer gemeinsam festgelegten Zeit miteinander überprüft und eventuell auch korrigiert bzw. fortgeschrieben werden.

Im Wissen, daß derzeit mindestens zwei Dissertationen zu diesem Thema (und seiner Abgrenzung zur Supervision) erstellt werden und in Anbetracht dessen, daß der Fokus dieser Arbeit immer noch auf der Gemeinde verbleiben sollte, möchte ich es mir ersparen, ausführlicher auf die unterschiedlichen Ansätze von Gemeindeberatung und ihre jeweilige Problematik einzugehen. Der Vergleich nur weniger Publikationen aus den verschiedenen Jahren[601] genügt schon um festzustellen, daß sich die Problemstellungen der Gemeindeberatung ständig wandeln. Sie ist, wie es B. ERNSPERGER treffend formulierte, selbst ein "lernendes System", das einer ständigen Veränderung unterworfen ist.[602]

Ein Problem der Gemeindeberatung, das von den Gemeinden aber oft als solches gar nicht empfunden wird (vor allem, wenn sie die jeweiligen Be-

---

[600] Vgl. dazu auch Abbildung 2:Veränderungsprozeß. S. 31 und die diesbezüglichen Ausführungen

[601] Vgl. **STEINKAMP, H.**: Identität der Gemeinde? Kritische Bemerkungen zum gegenwärtigen Konzept von Gemeindeberatung. DIAKONIA 1985. S. 249-253; **LUMMER, F.**: Gemeindeberatung. Anlässe, Hintergründe, Kriterien und Probleme. BAUMGARTNER, I.: Handbuch der Pastoralpsychologie. Regensburg 1990. S. 333-347; **FISCHER, J.**: Gemeindeberatung - was hilft sie? LEBENDIGE SEELSORGE 3/4 1992. S. 187-190; **ISENBERG, W. (Hrsg.)**: Supervision im pastoralen Feld. Akzentsetzung angesichts der Krise in der Pastoral. BENSBERGER PROTOKOLLE 82. Bensberg 1994; **SCHMIDT, E.R. u. BERG, H.G.**: Beraten mit Kontakt. a.a.O. (1995); **MARCUS, H.J.**: Aspekte einer Praxistheorie kirchlicher Gemeindeberatung. München 1998

[602] Vgl. **ERNSPERGER, B.**: Supervision und Gemeindeberatung im Kontext von Gemeindeentwicklung. DIAKONIA 5/1997. S. 329-331

raterinnen und Berater als kompetent erleben), ist deren Verortung in der Diözese. Hintergrund dieses Problems ist in gewisser Weise die Herkunft der Gemeindeberatung: zunächst als Ergänzung, mit der Zeit aber auch in Differenzierung zur Supervision hat die Gemeindeberatung von dieser her das "Postulat der Vertraulichkeit" mit auf den Weg bekommen, das in der Supervision bekanntlich eine entscheidende Rolle spielt. Die Verantwortlichen für Gemeindeberatung in den deutschsprachigen Bistümern, die sich seit Jahren nun schon bei ihren jährlichen Konferenzen damit befassen, sprechen diesbezüglich von einem schwierigen "Dreiecks-Verhältnis". Gemeint ist damit die eventuell problematische "doppelte Beauftragungsstruktur" von Gemeindeberaterinnen und Gemeindeberatern. Wenn diese, wie beispielsweise in der Diözese Mainz, auf Initiative der Bistumsleitung ausgebildet und schließlich auch ganz offiziell zu diesem Dienst beauftragt werden, kann dies auch zu der Assoziation führen, daß hier gewissermaßen *von oben* ein neues Instrumentarium geschaffen und eingesetzt wird, um die Gemeinden bzw. ihre Verantwortlichen 'auf Kurs' zu bringen. Gerade in Zeiten, in denen vielfach die Rede ist von kooperativer Pastoral in Zusammenhang mit den zu bildenden Seelsorgeeinheiten legt sich der Verdacht nahe, daß diese Gemeinden nun mittels der Gemeindeberatung daraufhin 'getrimmt' werden sollen, möglichst gut miteinander zu kooperieren – vielleicht auch bis hin zur Selbstauflösung und zur Schaffung neuer und größerer Pfarreien. Ein solcher Argwohn gegenüber der Gemeindeberatung würde jeden Begleitungsprozeß von vornherein vereiteln oder sogar verunmöglichen. Andererseits können solche Entwicklungsprozesse aber auch dadurch ins Leere laufen, wenn beispielsweise inmitten eines Beratungsprozesses diesem zuwiderlaufende Personalentscheidungen gefällt werden.

Diesbezüglich macht O. FUCHS darauf aufmerksam, daß sowohl in der Supervision wie auch in der Gemeindeberatung genauerhin unterschieden werden muß zwischen "Symptom" und "Ursache": beispielsweise kann in einem Beratungsprozeß die Frage auftauchen, ob "der Personalmangel in der gemeindeleitenden Pastoral eine unnötige (weil produzierte und künstliche) oder eine notwendige Not [ist]. Das Recht der Gemeinden auf Eucharistie steht aus dogmatischen Gründen über den kirchendisziplinären Zulassungsbestimmungen zum Weiheamt. Eine ämtertheologisch taubstumme Supervision operiert in solcher Situation an den Symptomen herum und verhindert gleichzeitig, die Lösungsversuche dorthin zu tragen, wo die Probleme tatsächlich verursacht sind. [...] Wenn sich das System (besonders in ihren oberen Rollenträgern) nicht mitverändert, bleibt der Supervision in der dünnen Luft isolierter individueller Problembearbeitung der Atem weg."[603]

---

[603] Vgl. **FUCHS, O.**: Supervision in der Krise der Pastoral. a.a.O. (Anmerkung 48). S. 173

Damit ist vermutlich deutlich geworden, daß eine Gemeindeberatung meistenfalls nur dann sinnvoll und effektiv sein kann, wenn *alle Betroffenen* daran beteiligt sind: und dies bedeutet für den Entwicklungsprozeß einer katholischen Gemeinde, die eben kein 'geschlossenes System' ist, daß auch die Diözesanleitung in gewisser Weise daran beteiligt werden muß, zumindest was die Weitergabe und Transparenz *relevanter Informationen* anbelangt. Diese Informationsvernetzung darf aber wiederum nicht einseitig verstanden werden: im Sinne einer *systemischen* Organisations- oder Gemeindeentwicklung[604], die nicht nur den einzelnen Menschen mit seiner Individualität, sondern auch das System, in das er sich einbringt, zur Kooperation motivieren und befähigen will, ist es im katholischen Kontext nicht nur unvermeidlich, sondern geradezu zwingend notwendig, *gemeinsam* – und das heißt auf allen Ebenen einer Ortskirche – an neuen Ansätzen und Lösungen der Zukunftsfähigkeit zu arbeiten. Im Hinblick auf eine Diözese ist es klar, daß es sich dabei um recht komplexe und teilweise auch komplizierte Transaktionsmuster, Organisationsstrukturen und Zielsetzungen handelt. Dennoch sind effektive Veränderungen *im Gesamtsystem* nur möglich, wenn diese im Zusammenwirken aller Ebenen erarbeitet und erprobt werden.[605] Wie eine solche Kooperation vonstatten gehen könnte, wird derzeit im Bistum Mainz erkundet:

> Der "etwas andere Weg" der Gemeindeberatung begann in diesem Bistum bereits vor einigen Jahren, als man sich Gedanken darüber machte, wie eine "von der Diözesanleitung unabhängige" – und damit oft ineffektive – Form der Beratung vermieden werden könnte. Mit großen Aufwand, aber auch viel schöpferischer Kraft wurde zusammen mit den beiden externen (also nichtkirchlichen) Unternehmensberatern H. Zimmermann-Seitz und Dr. A. Heller eine Konzeption für einen Ausbildungskurs für Gemeindeberatung erarbeitet und vom Mai 1995 bis Juni 1997 auch durchgeführt. Auftraggeber dieser Ausbildung war Bischof K. Lehmann bzw. dadurch die Bistumsleitung, die in der Person von Generalvikar Dr. W. Guballa in einer Feierstunde am 5. Juni 1997 im Kloster Jakobsberg in Ockenheim die ausgebildeten Gemeindeberaterinnen und Gemeindeberater (ausschließlich hauptberufliche pastorale Mitarbeiterinnen und Mitarbeiter) auch offiziell beauftragte.
>
> Das Verfahren einer Gemeindeberatung erfolgt mittlerweile nach folgendem Schema: interessierte Gemeinde wenden sich an den Leiter der Abteilung Seelsorge,, der als Ansprechpartner und Koordi-

---

[604] Vgl. Teil I, Einleitung 1.1 - S. 13-21

[605] **KÖNIG, E. u. G. VOLMER**: Systemische Organisationsberatung. a.a.O. S. 244. Ebenso **LENZ, G. u. OSTERHOLD, G. u. ELLEBRACHT, H.**: Erstarrte Beziehungen - heilendes Chaos. a.a.O.

nator eingesetzt ist. Diese Anfragen seitens der Gemeinden, aber auch von Einrichtungen und Verbänden im Bistum Mainz sowie eventuell verschiedener Dienststellen des Bischöflichen Ordinariates werden an die "Steuerungsgruppe" weitergeleitet, der folgende Mitglieder angehören: der Generalvikar, der Dezernent für Pastoral und sein Stellvertreter, der Dezernent für Seelsorge und der Abteilungsleiter für Gemeindeseelsorge sowie ein Referent der Abteilung Fortbildung. In Abstimmung mit dieser Steuerungsgruppe trifft der Generalvikar die Entscheidung, ob ein Beratungsprojekt aufgenommen und – nach einer Sondierung in der Sprechergruppe der Gemeindeberaterinnen und Gemeindeberater – welches Beratungsteam entsendet wird.

In diese Steuerungsgruppe fließen zu gegebener Zeit auch immer wieder relevante Daten und Fakten aus den verschiedenen Beratungsprozessen zurück, sodaß die Diözesanleitung auch auf diesem Weg in Erfahrung bringen kann, in welcher Weise das Anliegen einer kooperativen Pastoral und des pastoralen Prozesses im Bistum Mainz mit dem Titel "Damit Gemeinde lebt" verwirklichbar oder eventuell auch korrekturbedürftig ist.

Mit dieser Konzeption stellt sich die Gemeindeberatung im Bistum Mainz in die Spannung, sich einerseits den Rahmenbedingungen und Leitlinien zu verpflichten, die im Bistum entwickelt werden, andererseits aber auch ihren direkten 'Klienten', den Gemeinden. Eine solche Spannung kann nach Ansicht von Generalvikar W. GUBALLA aber auch fruchtbringend sein, wenn sie getragen wird von einem "gegenseitigen Vertrauen, angefangen vom Bischof über alle, die an der Leitung des Bistums teilhaben, über die Gemeindeberaterinnen und Gemeindeberater bis hin zu den einzelnen Gemeinden oder denen in der Gemeinde, denen die Beratung zuteil wird." Ihnen allen müsse gemeinsam sein, daß sie dem Evangelium verpflichtet sind und in aller Ehrlichkeit und Gebrochenheit ihre Möglichkeiten suchen, dieses Evangelium transparent zu machen. [606]

Dieses 'Mainzer Modell' ist in dieser Form einer relativ engen Vernetzung aller Ebenen aber auch deshalb möglich, weil es bei dieser *systemischen Beratung* im Unterschied zur personenorientierten psychologischen oder psychotherapeutischen Beratung nicht um die "Optimierung der Person", sondern um das effizientere Zusammenwirken einer Gruppe innerhalb von festen Spielregeln und Werten geht. [607] Eine solche Begleitung von Gemeindeentwicklungsprozessen durch Außenstehende wird sich also *nicht in erster Linie* damit beschäftigen, ob die Christinnen und Christen einer Ge-

---

[606] Vgl. **BISCHÖFLICHES ORDINARIAT MAINZ:** Mitteilungen Mainz 3/1997. S. 170-173, hier S. 172

[607] ebd. S. 171

meinde es 'miteinander können' oder nach den Ursachen forschen, warum nicht, sondern sie wird *fragend* dazu verhelfen, ob die gemeinsame Vision, nämlich Gemeinde Jesu Christi zu sein bzw. immer mehr zu werden, erkannt und in einzelne Ziele adaptiert wird. Sie wird dazu anregen, daß die Verantwortlichen der Gemeinde ihren soziologischen, theologischen und pastoralen Standort bestimmen, daß Zuständigkeiten und Entscheidungskompetenzen geklärt werden, daß Zielvereinbarungen auch überprüft werden usw. Und sie wird auch immer wieder darauf hinweisen, wie eminent wichtig bei einem *Gemeinde*entwicklungsprozeß die Transparenz auf die gesamte Gemeinde und auch auf alle betroffenen Stellen innerhalb des Gesamtsystems Kirche ist.

Genau dies macht es aber in der Gemeindeberatung sehr schwierig, wenn nicht sogar unmöglich, die von der herkömmlichen Beratung so hochgehaltene "Vertraulichkeit" und "Unabhängigkeit" zu übernehmen: Vertraulichkeit im Sinne absoluter Verschwiegenheit ist schon deshalb nur schwer zu gewährleisten, weil eine Gemeindeentwicklung meistenfalls mitgetragen wird von einer größeren Gruppe, sei es dem Pfarrgemeinderat oder einer eigens installierten Projektgruppe, die einen ganz anderen Öffentlichkeitscharakter hat wie ein Team von hauptberuflichen pastoralen Mitarbeiterinnen und Mitarbeitern und die sich nur selbst schaden würde, wenn sie den Weg, der in dieser Gemeindeentwicklung gegangen wird, nicht ständig auf die Gesamtgemeinde hin transparent macht. Und die Unabhängigkeit ist insofern keine relevante Größe für eine Gemeinde, weil sie nicht nur personell und finanziell keine Eigenständigkeit besitzt, sondern – und dies wiegt weitaus mehr – weil sie theologisch und pastoral-praktisch für die Ortskirche genauso wichtig und unverzichtbar ist wie auch die Ortskirche für die einzelne Gemeinde. Wenn sowohl die Deutsche Bischofskonferenz dazu ermutigt, an einer "umfassenden Erneuerung der Kirche" mitzuarbeiten[608] als auch einige Diözesen in Anlehnung daran dazu aufrufen, über neue Erkenntnisse und Erfahrungen im Gespräch zu bleiben, um vertieft die Wege zu erkennen, die Gott uns führen will[609], dann können und dürfen sich auch Gemeinden und pastorale Mitarbeiterinnen und Mitarbeiter, die solche Gemeindeentwicklungsprozesse durchführen und begleiten, nicht aus diesem Gespräch heraushalten. Vielmehr müssen sie dafür Sorge tragen, daß

---

[608] Vgl. **SEKRETARIAT DER DEUTSCHEN BISCHOFSKONFERENZ:** Der pastorale Dienst in der Pfarrgemeinde. a.a.O. IV. 4

[609] So z.B.: **ERZBISCHOF DR. O. SAIER**: Wege kooperativer Pastoral und Gemeindeleitung. a.a.O. Kapitel IV - S. 423; ebenso: **BISCHÖFLICHES ORDINARIAT MAINZ:** "Damit Gemeinde lebt...". Zentrale Leitlinien zur künftigen pastoralen Planung in den Pfarrgemeinden. KIRCHLICHES AMTSBLATT FÜR DIE DIÖZESE MAINZ vom 25. Mai 1996. S. 51

die Erfahrungen und Erkenntnisse, seien sie positiver oder auch negativer Art, miteinander vernetzt werden und an entsprechender Stelle zu einer besseren Entscheidungsfindung beitragen. Durch diese Vernetzung profitiert die Diözese von den Profilierungen der einzelnen Gemeinden wie auch die einzelnen Gemeinden davon profitieren können, Informationen über Wege der Gemeindeentwicklung zu erhalten, die andernorts entwickelt wurden und geglückt oder auch mißglückt sind.

Systemische Gemeindeberatung versucht so verstanden den 'Graben' zwischen Gemeinde und Ortskirche zu überwinden und im Sinne der Communio-Ekklesiologie das Miteinander und die Relativität aller Ebenen einer Ortskirche immer wieder transparent zu machen. Sie hat die – bestimmt nicht leichte – Aufgabe, diözesane Leitlinien in die Realität einer Ortsgemeinde umzusetzen, indem sie mit den Betroffenen danach fragt, was aufgrund der Menschen, die sich zur Verfügung stellen, und ihrer Charismen umsetzbar und verwirklichbar ist; sie hat in gleichem Maße aber auch die Aufgabe, daß Realitäten und Erfahrungen aus den Gemeinden diözesane Leitlinien beeinflussen und daß diese zu gegebener Zeit neu geschrieben werden. Es ist vermutlich nicht weit hergeholt, wenn ich abschließend behaupte, daß die Kirche und die meisten der Gemeinden hier noch mitten in einem Lernprozeß stehen, bei dem auch noch sehr viele Fehler gemacht werden (dürfen). Auch wenn man den Willen zur Kooperation und zur Informationsvernetzung hat, heißt das noch nicht, daß diese auch schon gelingen. Oftmals muß auch erst noch das gegenseitige Mißtrauen aufgearbeitet werden, das sich aufgrund konkreter Erfahrungen entwickelt hat.

Aber die Erfahrungen lehren auch: das Zweite Vatikanische Konzil hat Wegweiser in eine Richtung gestellt, von der die Konzilsväter vermuteten oder ahnten, daß diese in das 'verheißende Land' führen könne. In den letzten dreißig Jahren wurden in diese Richtung viele Straßen gebaut und Wege angelegt, oftmals auch nur als Feldwege oder Trampelpfade. Oftmals 'wissen' Gemeindeberaterinnen und Gemeindeberater um die Unterschiedlichkeit der Wege besser, weil sie es auch mit verschiedenen und sehr unterschiedlichen Gemeinden zu tun haben und dadurch lernen, 'über den eigenen Kirchturm' hinauszuschauen. Vielleicht sind sie gerade deshalb die besseren 'Lehrerinnen und Lehrer', weil sie aus der Erfahrung solcher Entwicklungsprozesse gelernt haben und immer wieder neu lernen, damit umzugehen und es zu akzeptieren, daß das was ist, ist – aber ja nicht so bleiben muß.

3 ZUSAMMENFASSENDE THESEN ZUR GEMEINDEENTWICKLUNG

Am Ende dieser Arbeit soll der Versuch unternommen werden, das hier Dargelegte in Thesen zusammenzufassen. Sie sollen der Vergewisserung dienen und wollen so auch im Sinne von *Optionen* verstanden werden: sie zeigen eine Richtung an, die die gegenwärtige Situation nahelegt, und die in gewissem Sinn auch unumgehbar ist, wenn man Gemeindeentwicklung in dem hier gemeinten Sinn verwirklichen will. Dabei wird immer von folgendem Verständnis von Gemeinde ausgegangen:

> Eine Gemeinde ist eine Gemeinschaft von Gläubigen, die den Auftrag Jesu Christi an seine Kirche entsprechend ihrer eigenen Charismen und in *communio* mit dem Ortsbischof und den anderen zur Ortskirche gehörenden Gemeinden zu verwirklichen sucht.

Von diesem – zugegeben recht offenen – Gemeindeverständnis aus legen sich folgende Optionen für eine gelingende Gemeindeentwicklung nahe:

These 1:   Gemeindeentwicklung ist vor allem ein spirituelles Ereignis

Spiritualität wird oft mißverstanden oder verengt gesehen als ein 'ver*gei*stigtes' Betrachten der Welt und der alltäglichen Dinge. Neue geistliche Bewegungen sind nicht selten dazu geneigt, zu schnell 'den lieben Gott ins Spiel zu bringen' und sich nicht zunächst der eigenen Realität, den eigenen grundlegend menschlichen Bedürfnissen, Gefühlen und Entwicklungsaufgaben zu stellen. Dementsprechend meint Spiritualität hier aber eine Grundhaltung der *Offenheit* für das, was ist, war und eventuell auch sein kann. Diese Offenheit verlangt von allen, die an einer Gemeindeentwicklung interessiert sind und sich aktiv daran beteiligen, zunächst einmal dem Heiligen Geist die Regie zu überlassen, der nach paulinischer Lehre nicht nur in der Kirche als Institution, sondern in jedem Menschen innewohnt und diese Wohnung zu einem Tempel verwandeln will (vgl. 1 Kor 3,16 und 6,19). Gemeindeentwicklung als spirituelles Ereignis heißt demnach nichts anderes, als sich "die Offenheit für die Überraschungen des Heiligen Geistes" zu bewahren.

**These 2:   Gemeindeentwicklung geht den Weg
zu und mit den Menschen**

Die Verantwortlichen für Gemeindeentwicklung auf den verschiedensten
Ebenen einer Ortskirche oder der Weltkirche müssen *tiefgründig* wahrnehmen, wer die Menschen sind, für die sie Kirche sein wollen. Darum ist
es auch ein unumgänglicher Ansatz für einen Gemeindeentwicklungsprozeß, zunächst einmal die Freuden und Hoffnungen, aber auch die Ängste
und Trauer der Menschen von heute zu erkennen (vgl Gaudium et spes 1).
Erst auf dieser Grundlage können dann Konzepte entwickelt und Aktionen
durchgeführt werden, die dazu beigetragen sollen, daß die Menschen Gott
als einen "Liebhaber des Lebens" (vgl. Joh 10,10) erfahren.

**These 3:   Gemeindeentwicklung gründet auf der Gleichheit
der Würde und Tätigkeit aller Getauften**

Die Anerkennung der Gleichheit aller Glieder der Gemeinde und der Kirche, die sich für die Erfüllung des Heils- und Weltauftrages einsetzen, ist
eine unverzichtbare Grundlage für Gemeindeentwicklung. Entsprechend der
Weisung Jesu, daß sich keiner in seiner Kirche Rabbi oder Vater nennen
lassen soll, sondern alle einander Brüder und Schwestern sein sollen (Mt
23,8-11), ist es von zentraler Bedeutung, in Strukturen sichtbar und im Verhalten erlebbar werden zu lassen, daß *alle* Gläubige 'Laien' sind und als
Glieder des Volkes Gottes ernstgenommen werden, wenn sie sich an einem
dialogischen Prozeß beteiligen.

**These 4:   Gemeindeentwicklung verwirklicht sich
kommunial und kommunikativ**

Die *communio* der Kirche impliziert auch, daß alle Hörende *und* Lehren-
de, Weidende *und* Geweidete sind. Jeder und jede kann auf die je eigene
Weise dazu beitragen, daß das Wirken des Geistes in dieser Welt wahrgenommen wird, und soll sich in den kommunikativen Prozeß einmischen
dürfen, der von den 'Hirten' durch das Zweite Vatikanische Konzil und in
den darauf basierenden Schreiben immer wieder eingefordert wurde. Alle,
die sich zur "Priesterschaft Gottes" zugehörig fühlen, müssen im *gemeinsamen* Gespräch die Wege erkunden, die Gott uns führen will

These 5: **Gemeindeentwicklung basiert auf einem spezifischen Leitungsverständnis und Leitungsstil**

Leitung im bisherigen Sinn (kommandieren, kontrollieren, korrigieren) greift nicht mehr, wenn eine kommuniale Struktur in der Kirche verwirklicht werden will. Leitung muß vielmehr verstanden werden als ein "Dienst an der Kommunikation", der die anderen inspiriert und motiviert, sich mit ihrer je eigenen Kompetenz in den Zielfindungs- und Entscheidungsprozeß einzubringen. In der Vielfältigkeit und Vielschichtigkeit unserer gegenwärtigen Gesellschaft verwirklicht sich dieser Dienst an der Kommunikation am ehesten durch eine *dezentralisierte* und *differenzierte* Leitung.

These 6: **Gemeindeentwicklung bevorzugt die 'Qualität' von Seelsorge**

Vorrangiges Ziel von Gemeindeentwicklung ist es, die Seelsorge nicht quantitativ, sondern qualitativ und kompetent wahrzunehmen. Im Sinne der "Pastoral des Emmaus-Evangeliums" ist es dafür wichtig, sich geduldig auf Beziehungen und auf die Schrittlänge der Menschen einzulassen, und *erst dann* dem gesellschaftlichen Wertesystem Ergänzungen bzw. Widersprüche aus christlicher Perspektive dazuzulegen bzw. gegenüberzustellen.

These 7: **Gemeindeentwicklung hat auch den 'Mut zur Lücke'**

Die Verantwortlichen in Kirche und Gemeinden müssen es lernen damit umzugehen, daß sie sich auf einem "Marktplatz der religiösen Angebote" befinden und daß sie nicht 'allen alles allezeit' anbieten können und auch nicht brauchen. Auch innerhalb der Gemeinden sollte man dazu stehen, daß weniger drängende und verzichtbare Aufgaben nicht wahrgenommen werden können, solange sich niemand findet, der die Verantwortung dafür übernimmt. Ebenso wenig darf verlangt werden, daß der Pfarrer und die hauptberuflichen pastoralen Mitarbeiterinnen und Mitarbeiter für alle in gleicher Weise zuständig sein können.

These 8: **Gemeindeentwicklung bedeutet letztendlich**
eine kooperative Pastoral zu verwirklichen

Eine gleichberechtigte Zusammenarbeit von eigenverantwortlichen Mitarbeiterinnen und Mitarbeitern ist Weg *und* Ziel einer gelingenden Gemeindeentwicklung. Theologisch gesprochen muß immer wieder dazu animiert und motiviert werden, daß alle, die sich für die Gemeindeentwicklung einsetzen, sich als Mitarbeiterinnen und Mitarbeiter *Gottes* – und nicht des Pfarrers – verstehen und erfahren. Als 'Amtsträgerinnen' und 'Amtsträger', haben sie in den ihnen übertragenen Aufgabenbereichen dementsprechend auch die *Letzt*verantwortung, die sie eigen*ständig*, nicht jedoch eigen*mächtig* wahrnehmen. Deshalb ist es dringend erforderlich, daß sie mit den anderen Leiterinnen und Leitern von kategorialen Aufgabenbereichen in einem permanenten Informationsaustausch sind und bleiben und sich auf dieser kollegialen Ebene auch gegenseitig ergänzen und korrigieren lassen.

These 9: **Gemeindeentwicklung bedarf eines authentischen**
Verständnisses des ordinierten Dienstes

Die primäre und unverzichtbare Aufgabe des *hierarchischen Priestertums* wird in der Konsequenz einer Gemeindeentwicklung, in der die Seelsorge zur Aufgabe vieler wird, darin liegen, Jesus Christus als *Grund und Maß* aller pastoralen Dienste in Erinnerung zu rufen. Diese *Grund*verantwortung des ordinierten Dienstes ist für eine Gemeindeleitung konstitutiv, auch wenn noch – aufgrund von Erfahrungen – geklärt werden muß, welche konkreten Aufgaben letztlich von dem 'ordinierten' Priester ausschließlich wahrgenommen werden müssen oder welche Aufgaben auch von anderen 'beauftragten' pastoralen Mitarbeiterinnen und Mitarbeitern wahrgenommen werden können.

These 10: **Gemeindeentwicklung braucht für den Übergang**
auch hauptamtliche Lehrerinnen und Lehrer

Gemeindeentwicklung soll die ehrenamtlichen Mitarbeiterinnen und Mitarbeiter in den Gemeinden fördern, aber sie darf sie nicht überfordern. Überwiegend bedarf es noch der Zurüstung, Begleitung und ständigen Motivation dieser freiwillig engagierten Mitarbeiterinnen und Mitarbeiter. Hier zeigt sich das große und kompetente Reservoir an hauptberuflichen pastoralen Mitarbeiterinnen und Mitarbeitern für die Kirche in Deutschland als äußerst wertvoll: ihre Rolle und Funktion muß es aber sein (bzw. werden), die Glieder der Gemeinde nicht zu entmündigen, sondern zu ermutigen und zu befähigen, eigenverantwortliche Dienste zu übernehmen.

These 11:   Gemeindeentwicklung bedeutet, nicht grenzenlos, sondern grenzenübergreifend zu denken und zu handeln

Eine Pfarrgemeinde kann es sich heute – pragmatisch und theologisch – nicht mehr leisten, nur für die eigene Pfarrei zu denken und zu handeln. Sie ist eingebunden in die Ortskirche und damit in die Weltkirche und ebenso in die Gesellschaft und damit auch in globale Zusammenhänge. Kooperation mit anderen Gemeinden, sei es in der Nachbarschaft oder auch in anderen Teilen der (Welt-)Kirche sowie auch mit anderen Institutionen innerhalb der Gesellschaft, kann dazu führen, daß der Glaube an Gott und die Botschaft vom Reich Gottes vielfältiger und vielschichtiger erfaßt und verkündigt werden kann.

These 12:   Gemeindeentwicklung wird unterstützt durch eine personelle 'Hilfe von außen'

Auch wenn die Verantwortung für einen Veränderungsprozeß bei den Verantwortlichen der Gemeinden liegt, kann es für sie hilfreich sein, sich dabei *von außen* begleiten zu lassen. Kompetente Mitarbeiterinnen und Mitarbeiter in der Kirche für geistliche Gemeindeerneuerung oder für Gemeindeberatung können nicht nur neue Impulse in das Leben der Gemeinde hinbringen, sondern auch helfen, die eigene Situation aus einer anderen Perspektive zu betrachten (lernen). Durch solche Begleiterinnen und Begleiter können auch Erfahrungen, die andernorts in Bezug auf Gemeindeentwicklung gemacht worden sind und werden, miteinander vernetzt werden.

These 13:   Gemeindeentwicklung ist eine kontinuierliche Aufgabe für die Verantwortlichen in Gemeinden

Nicht nur für die Kirche als Ganze, sondern auch für jede einzelne Pfarrgemeinde oder Gemeinschaft gilt das Wort von der *ecclesia semper reformanda* (vgl. Lumen gentium 8), von der Kirche, die sich ständig neu orientieren und auf dem Weg der Nachfolge in jeder Zeit neu bewähren muß.

Der immer schnellere "Wandel der Zeit" verlangt immer dringender, sich in der Schnell-Lebigkeit nicht zu verlieren und nur rastlos den eigenen Zielen und den Ansprüchen der anderen hinterher zu laufen, sondern immer wieder auch zu rasten, sich zu vergewissern und neu zu orientieren. Gemeindeentwicklung lebt deshalb aus der Gewißheit, daß jede Zeit *Gottes* Zeit ist (vgl. Koh 3,1).

EIN WORT ZUM SCHLUSS

Irgendwo habe ich einmal eine Geschichte gelesen, die mir im Zusammenhang dieser Arbeit sehr bedeutsam erschien:

> In einer Stadt wurde eine große Überschwemmungskatastrophe angekündigt. Ein frommer Mann betete inbrünstig zu Gott, daß er verschont bleibe. Als der Regen einsetzte, bot ihm seine Nachbarin an, ihn in ein nahegelegenes Ferienhaus mitzunehmen, das sicher sei vor allen Überflutungen. Der Mann lehnte dankbar, aber entschieden ab mit dem Hinweis, Gott werde ihm schon helfen. Wenig später vermeldeten die Lautsprecher von Polizeiautos, man solle die Häuser verlassen und sich in das Umland begeben; der Mann blieb in dem Vertrauen, Gott werde ihm schon helfen. Zuletzt, als die Überschwemmung schon in das Haus des Mannes eindrang, kam noch ein Boot mit Feuerwehrleuten vorbei, die den Mann mitnehmen wollten. Wiederum lehnte der Mann dieses Angebot ab mit dem Hinweis, Gott werde ihm helfen, die Katastrophe zu überstehen. Der Mann überlebte nicht. Er ertrank. Als er vor Gottes Angesicht stand, fragte er diesen: 'Warum hast du mir nicht geholfen, wo ich dich doch so flehentlich darum gebeten habe?' Gott antwortete ihm: 'Dreimal habe ich dir meine Hilfe angeboten – dreimal hast du abgelehnt!'

Nicht wenige Mitchristen – und auch Nichtchristen – sind der Überzeugung, daß auch der Kirche das Wasser schon bis zum Hals stehe, wenn man die Relevanz dieser in der gegenwärtigen Gesellschaft nüchtern betrachte. Ich teile diese Auffassung nicht ganz, aber es könnte noch so weit kommen, wenn wir uns weiterhin *allein* auf das Gebet (zum Beispiel um Priesterberufungen) verlassen. Zu unserem Beten muß auch das Handeln hinzukommen, ein Handeln im Sinne der Gedanken und Optionen, die uns Gott durch seinen Heiligen Geist vermittelt hat: im Zweiten Vatikanischen Konzil, in der Gemeinsamen Synode und, wenn ich es richtig deute, zuletzt in der Erklärung der deutschen Bischöfe "Der pastorale Dienst in der Pfarrgemeinde". Durch diese Verlautbarungen ruft uns Gott meines Erachtens laut und deutlich genug zu, unsere gewohnte und vertraute Umgebung zu verlassen, um in anderen Räumen mit veränderten Strukturen und Rollenverständnissen neu aufzu*leben.*

Ob die Kirche der Gegenwart für einen solchen Neuanfang tatsächlich ein neues Konzil braucht, darüber kann und wird man sicherlich noch lange diskutieren. Sicher ist, daß das Zweite Vatikanische Konzil *strukturell* noch sehr vieles offen gelassen hat, was es nun – nach nunmehr dreißigjähriger Erfahrung – zu legitimieren gälte. Ob die Zeit allerdings weltweit schon 'reif' ist, *solche* Konzeptionen, wie ich sie hier als Diskussionsbeitrag vorgestellt habe, auch in Gesetzestexte zu fassen, wage ich zu bezweifeln. Dazu sind die Ideen und Verwirklichungen noch zu wenig bei der Mehrheit der Gläubigen 'angekommen' und würden deshalb vermutlich auch nicht angenommen werden. Andererseits kann einer solchen Haltung mit bestechender

Logik entgegengehalten werden, daß sich in Ländern wie der Bundesrepublik Deutschland kein demokratisches Bewußtsein gebildet hätte, wäre nicht zuerst eine solche Verfassung zugrunde gelegt worden. Letztendlich hänge also die Verwirklichung der Optionen des Zweiten Vatikanischen Konzils davon ab, ob die Bischöfe als Leiter der Kirche eine solche Verfassungsänderung nicht nur ideologisch, sondern auch jurisdiktionell vertreten.

Eine – im wahrsten Sinn des Wortes – *Alternative*, ein "Neugeburt" von Kirche, wäre es für eine solch unbestimmbare Übergangszeit, sich die Einstellung Jesu wieder mehr ins Bewußtsein zu rufen, der sein Wirken auch nicht derart verstand, das Gesetz und die Propheten aufzuheben, sondern um sie zu erfüllen (vgl. Mt 4,17).[610] Dieses Anliegen hinderte ihn jedoch nicht daran, das Gesetz zum Heil der Menschen auch zu *über*treten, wie es viele Stellen in Neuen Testament belegen[611]. Not lösend könnte also zunächst einmal ein *legerer* Umgang mit den geltenden Bestimmungen der Konzilstexte und dem Kirchenrecht sein in der Hinsicht, daß – in Bezug auf die Gemeindeentwicklung – "das Heil der Menschen" und die daraus resultierende Praxis in allem den Vorrang hat (vgl. Can. 1752 CIC/1983).

Gemeindeentwicklung braucht also *mutige* Menschen, die aufgrund ihres Glaubens und in kommunikativer Praxis bereit sind, sich auf neue – auch grenzüberschreitende – Wege einzulassen zum Heil der Menschen und auch zum Wohl der gesamten Kirche. Solche mutige Menschen gab es und gibt es in der katholischen Kirche zur Genüge: man darf bei allen Neuerungen, die in diesem Diskussionsbeitrag zum Teil nur wiederholt, zum Teil auch wirklich neu erarbeitet wurden, nicht vergessen, daß gerade die katholische Kirche in den vergangenen dreißig Jahren einen ungemeinen Entwicklungsprozeß durchlaufen hat. Unzählige Christinnen und Christen haben in den vergangenen Jahrzehnten dazu beigetragen und tragen in der Gegenwart dazu bei, daß sich das Antlitz dieser Kirche gewandelt hat und auch weiterhin wandeln wird.

Den allzu Ungeduldigen bei einem solchen Entwicklungsprozeß kann es vielleicht ein kleiner Trost sein, sich an das Volk Israel erinnern, das für seinen Weg ins gelobte Land bekanntlich auch vier Jahrzehnte gebraucht hat, obwohl es nur eine kleine Schar war. Diese für die Gemeindeentwicklung äußerst relevante Geschichte[612] erzählt unter anderem aber auch, daß irgend-

---

[610] Vgl. **BAUM, A.**: Gesetz. GRABNER-HAIDER, A. (Hrsg.): Praktisches Bibel-Lexikon. Freiburg 1969. S. 411-415. In diesem Artikel schreibt BAUM, daß die Stellung Jesu zum Gesetz geprägt ist "von einer gewissen Ambivalenz. Jesus bewahrt und hält das Gesetz, zugleich kritisiert er es hart und setzt sich darüber hinweg.... Einziger Maßstab für das Gesetz ist das Doppelgebot der Gottes- und Nächstenliebe, denn in ihm findet der Gotteswille seinen absoluten Ausdruck. Wenn das Gesetz diesem Gebot entspricht, wird es bejaht, wenn nicht, wird es verneint oder radikalisiert."

[611] Vgl. dazu die Anmerkungen 45 und 46 – S. 29

[612] Vgl. dazu die Ausführungen in der Einleitung 1.1.2 – Seite 28f

wann auf diesem Weg Gott den Befehl gab, führende Männer aus jedem Stamm als Kundschafter in das Land Kanaan zu senden, denen er das verheißene Land schon einmal zeigen wollte (Num 13). Als sie zu Mose und Aaron und der ganzen Gemeinde zurückgekehrt waren, brachten sie diesen aus dem Land, in dem Milch und Honig fließt, nicht nur eine Weintraube mit, die so groß war, daß sie diese zu zweit auf einer Stange tragen mußten, und einige Granatäpfel und Feigen, sondern auch die Botschaft, daß das Volk, das dort wohne, sehr stark sei und daß die Israeliten gegen diese nichts ausrichten könnten. Einige von ihnen, wie Kaleb und Josua, ermutigten dennoch das Volk, weiterzuziehen und das Land in Besitz zu nehmen, andere dagegen streuten Gerüchte unter das Volk, daß genau dieses Land seine Bewohner auffresse und daß es dort Riesen gäbe, gegen die sie sich selbst wie Heuschrecken vorgekommen wären. Und das Volk murrte erneut und wollte zurück zu den Fleischtöpfen Ägyptens. Gott selbst mußte eingreifen und diejenigen, die die falschen Gerüchte verbreitet hatten, mußten erst tot umfallen, ehe die Israeliten sich bekehrten (Num 14,36-40).

Dieser Teil der Exodus-Geschichte scheint mir mit der gegenwärtigen Situation vergleichbar: immer wieder gibt es 'Kundschafter', die theoretisch oder pragmatisch sich auf den Weg machen bzw. gemacht haben in ein neues Land. Die meisten von ihnen können 'Früchte' vorzeigen, die zum Staunen Anlaß geben, und auch viele andere ermutigen, sich (wieder) auf den Weg zu machen. Es gibt aber nach wie vor jene Unheilspropheten, die voraussagen, der Weg in ein *neues* Land bringe der katholischen Kirche nur Verderben und Untergang; es gäbe für die katholische Kirche, wenn sie sich selbst treu bleiben wolle, nur den Weg zurück in die alten und bewährten Formen und Strukturen, auch wenn dafür noch eine gewisse 'Durststrecke' durchgehalten werden müsse. Wenn man sich allein auf *diese* Aufbruchsgeschichte verlassen würde, bliebe derzeit keine andere Möglichkeit als zu warten, bis jene 'restaurativen' Kräfte bzw. jene Unheil ankündigenden Botschaften endgültig zu Grabe getragen sind. Die *Vor*gehensweise Jesu, die Wegweisungen des Zweiten Vatikanischen Konzils und anderer lehramtlicher Dokumente laden aber vielmehr ein, mutig und entschlossen den Weg in eine veränderte Zukunft zu gehen. Dabei könnte ein Satz von K. MARTI maßgebend sein, den ich auch oft bei Vorträgen und Seminaren als abschließenden Merksatz für Gemeindeentwicklung einbringe:

> Wo kämen wir denn hin, wenn **alle** sagen würden:
> **"Wo kämen wir denn da hin...?"** -
> und keiner ginge, um zu schauen,
> wo wir hinkämen, wenn wir gingen?

LITERATURANGABE

ADAM, I. u. SCHMIDT, E.R.: Gemeindeberatung. Gelnhausen - Berlin 1977

ALBUS, M. u. ZULEHNER, P.M. (Hrsg.): Nur der Geist macht lebendig. Mainz 1985

AMTSBLATT DER ERZDIÖZESE FREIBURG vom 11. Juli 1973. Nr. 113: Vorläufiges Rahmenstatut für Pfarrverbände im Erzbistum Freiburg. S. 281-282

AMTSBLATT DES BISTUMS LIMBURG: Statut für die Pfarrseelsorge nach can. 517 § 2 CIC. Nr. 9 vom 1. September 1995. S 259-260

APFELBACHER, K.E.: Gutgemeinte Appelle – verunglückter Dialog. Bemerkungen zum "Schreiben der deutschen Bischöfe über den priesterlichen Dienst" vom 24.9.1992. LEBENDIGE SEELSORGE 5/1994. S. 244-248

ARBEITSKREIS CHRISTLICHER KIRCHEN IN DER SCHWEIZ: Den Glauben weitergeben in heutiger Zeit. SCHWEIZERISCHE KIRCHENZEITUNG 3/1998. S. 34-38

ARENS, E.: Anerkennung der anderen. Eine theologische Grunddimension interkultureller Kommunikation. Freiburg ²1995

ARENS, E.: Perspektiven und Problematik pluralistischer Christologie. MÜNCHENER THEOLOGISCHE ZEITSCHRIFT 3/1995. S. 329-343

AUGENTA, A. u. VORGRIMMLER, H. (Hrsg.): Sie wandern von Kraft zu Kraft. Kevelaer 1993

BÄRENZ, R. (Hrsg.): Theologie, die hört und sieht. Würzburg 1998

BAUDLER, G.: Riten und Rituale. Religionspädagogisch-pastorale Überlegungen. LEBENDIGE KATECHESE 2/1995. S. 77-81

BAUM, G.: Über die Pilgerschaft der christlichen Kirche. CONCILIUM 3/1997. S. 395-400

BAUMGARTNER, I.: Handbuch der Pastoralpsychologie. Regensburg 1990

BECHTOLD, O.: Haushaltsrede zum Haushaltsplan 1976/77. ERZBISTUM FREIBURG INFORMATIONEN. 1. Quartal / Januar 1975. S. 15-16

BECK, U.: Risikogesellschaft. Auf dem Weg in eine andere Moderne. Frankfurt a. M. 1986

BEGUERIE, P.: Liturgie und Leben. LEBENDIGE SEELSORGE 29/1978. S. 304-308

BEINERT, W.: Die Beziehungen zwischen kirchlichem Lehramt, wissenschaftlicher Theologie und dem Glaubenssinn der Gläubigen. ANZEIGER FÜR DIE SEELSORGE. 1/1992. S. 3-6

BEINERT, W.: Wie begegnet man Fundamentalismus und Fundamentalisten? ANZEIGER FÜR DIE SEELSORGE 7/1996. S. 336-341

BEINERT, W.: Einige Fragen zum Kirchenbild einer römischen Instruktion. ANZEIGER FÜR DIE SEELSORGE 2/1998. S. 67-72

BELLEBAUM, A. u. BARHEIER, K. (Hrsg): Lebensqualität. Ein Konzept für Praxis und Forschung. Opladen 1994

BERGER, P.: Der Zwang zur Häresie. Freiburg 1992

BERGER, P.L.: Pluralistische Angebote: Kirche auf dem Markt. DEUTSCHES ALLGEMEINES SONNTAGSBLATT Nr. 46 vom 12. November 1993. S. 19

BERTSCH, L.: Laien als Gemeindeleiter. Ein afrikanisches Modell. Freiburg 1990

BIEGER, E. u. FISCHER, W. u. POENSGEN, H. (Hrsg.): Die Kirche wickelt sich ab – Und die Gesellschaft lebt die produktive Kraft des Religiösen. Nur 18 Thesen zum Verhältnis Kirche, Religion und Kultur. Mainz 1995

BISCHÖFLICHES GENERALVIKARIAT MÜNSTER: Seelsorgeeinheiten. Erschienen in der Reihe DIÖZESANFORUM MÜNSTER Heft 13. Münster 1998

BISCHÖFLICHES ORDINARIAT MAINZ: Damit Gemeinde lebt. Auswertung der Umfrage im Bistum Mainz. 7. September 1995

BISCHÖFLICHES ORDINARIAT ROTTENBURG-STUTTGART (Hrsg): Gemeindeleitung im Umbruch. Entwicklung einer differenzierten und kooperativen Leitung. Rottenburg 1997

BISER, E.: Wie lange noch Nacht? Christsein zwischen Krise und Aufbruch. STIMMEN DER
ZEIT 4/1996. S. 235-242

BOCK, Th.: Ehrenamtliche gewinnen, vorbereiten und begleiten. CARITAS 97 (1996),5. S.
220-225

BÖCKENFÖRDE, W.: Zur Autoritätsnot in der römisch-katholischen Kirche. ANZEIGER
FÜR DIE SEELSORGE 3/1995. S. 122-123

BÖHNKE, M.: Pastoral in Gemeinden ohne Pfarrer. Interpretation von Canon 517 § 2
CIC/1983. Essen 1994

BÖHNKE, M.: Die Zukunft der priesterlosen Gemeinden. Eine kirchenrechtliche Betrachtung
des Canon 517 § 2 CIC/1983. THEOLOGIE DER GEGENWART 38 (1995). S. 162-178

BÖHNKE, M.: "Grundverantwortung" – Ein Begriff steht zur Diskussion. PASTORAL-
BLATT 4/1996. S. 119-120

BÖTTIGHEIMER, C.: Die Krise des Amtes – eine Chance für die Laien? STIMMEN DER
ZEIT 4/1998. S. 266-278

BOFF, L.: Kleine Sakramentenlehre. Düsseldorf 1976

BOFF, L.: Kirche: Charisma und Macht. Düsseldorf [3]1985

BOFF, L.: Jesus Christus, der Befreier. Freiburg 1986

BOFF, L.: Mensch geworden. Das Evangelium von Weihnachten. Freiburg 1986

BOFF, L.: Gott kommt früher als der Missionar. Neuevangelisierung für eine Kultur des
Lebens und der Freiheit. Düsseldorf 1991

BONHOEFFER, D.: Widerstand und Ergebung. München-Hamburg 1966

BOPP, K.: 'Die Option für die ärmere Jugend' – Eine Weichenstellung für Selbstverständnis
und pastorale Praxis der Kirche. MÜNCHENER THEOLOGISCHE ZEITSCHRIFT
2/1996. S. 145-154

BORMANN, J.: Ergebnisse der Pfarrgemeinderatsbefragung. TRIERER FORUM. April 1996.
S. 4-8

BORN, G.: Die freiwillig sozial Engagierten. DEUTSCHER CARITASVERBAND: Freiwilligenarbeit „Not sehen und helfen". CARITAS-WERKHEFT 1997. Freiburg 1997. S. 4-11

BOVON, F.: Das Evangelium nach Lukas. EVANGELISCH-KATHOLISCHER KOMMEN-
TAR ZUM NEUEN TESTAMENT. Band III, 1. Zürich 1989. S. 262-264

BRILL, K.: Das Wunderwerk der gewöhnlichen Leute. SÜDDEUTSCHE ZEITUNG vom
18.03.1995

BÜHLMANN, W.: Weltkirche. Neue Dimensionen – Modell für das Jahr 2001. Graz-Wien-
Köln 1984

BÜHLMANN, W.: Vom unflätigen Umgang in der Kirche. ANZEIGER FÜR DIE SEEL-
SORGE 12/1994. S. 585-590

BÜHLMANN, W.: Wider die Resignation. Interview über die Situation nach dem II. Vatikanum. ANZEIGER FÜR DIE SEELSORGE 8/1995. S. 409-412

BÜHLMANN, W.: Darf man/soll man römische Normen unterwandern? SCHWEIZERISCHE
KIRCHENZEITUNG 44/1997. S. 656-657

BULHOF, I.: Die postmoderne Herausforderung der ökumenischen Bewegung. UNA
SANCTA 1/1995

BUNDESMINISTERIUM FÜR JUGEND, FAMILIE, FRAUEN UND GESUNDHEIT:
Nichteheliche Lebensgemeinschaften in der Bundesrepublik Deutschland. Band 170. Bonn
1989

CARITAS-VERBAND FÜR DIE DIÖZESE TRIER e.V. (Hrsg.): Weichenstellung Ehrenamt. SCHRIFTENREIHE DES CARITASVERBANDES FÜR DIE DIÖZESE TRIER e.V. Heft 9. Trier 1997

CAVIGELLI-ENDERLIN, Z.: Glaubwürdigkeit der Kirche. Und was ihre Struktur, ihre Kultur und ihre Strategien dazu beitragen können. Fribourg 1996

CASPER, B.: Sprache und Theologie. Freiburg 1975

CODEX DES KANONISCHEN RECHTES. Kevelaer [3]1989

COLLET, G.: Zu neuen Ufern aufbrechen? Redemptoris Missio aus missionstheologischer Perspektive. ZEITSCHRIFT FÜR MISSIONSWISSENSCHAFT UND RELIGIONSWISSENSCHAFT 75 (1991). S. 161-175

CONGAR, Y.: Der Laie. Entwurf einer Theologie des Laientums. Stuttgart 1957

CONGAR, Y.: Der Heilige Geist. Freiburg 1982

DAMBERG, W.: Kirche im Wandel? Klerus und Laien, Seelsorge und gesellschaftlicher Wandel im 20. Jahrhundert. BENSBERGER PROTOKOLLE 96. Bensberg 1998

DASSMANN, E.: Entstehung und theologische Begründung der kirchlichen Ämter in der alten Kirche. COMMUNIO 4/1993. S. 350-361

DEMEL, S.: Priesterlose Gemeindeleitung? Zur Interpretation von c. 517 § 2 CIC/1983. MÜNCHENER THEOLOGISCHE ZEITSCHRIFT 1/1996. S. 65-76

DESCHNER, K.-H. (Hrsg.): Warum ich Christ / Atheist / Agnostiker bin. Köln 1977

DEUTSCHER CARITASVERBAND (Hrsg.): Caritas-Werkheft 1997 Freiwilligenarbeit „Not sehen und handeln". Freiburg 1997

DIETFURTH, H.v.: Der Geist fiel nicht vom Himmel. Die Evolution unseres Bewußtseins. Hamburg 1976

DREWERMANN, E.: Giordano Bruno oder Der Spiegel des Unendlichen. München 1992

DROBINSKI, M.: Weniger Egoismus als man glaubt. PUBLIK-FORUM 11/1996. S. 17-19

DUMKE, O.: Techno-Veranstaltungen - ein neues Freizeit-Erlebnis. DIAKONIA 4/1997. S. 251-256

EBERTZ, M.N.: Sind unsere Gemeinden noch reformierbar? KONRADSBLATT. Wochenzeitung für das Erzbistum Freiburg Nr. 44/1995. S. 10-12

EBERTZ, M.N.: Religion ja – Kirche nein. Jeder seine eigene Sekte? INSTITUT FÜR WISSENSCHAFTLICHE WEITERBILDUNG DER PHIL.-THEOL. HOCHSCHULE VALLENDAR (Hrsg.): Akademie-Referate Heft 40 (1996)

EBERTZ, M.N.: Kirche im Gegenwind. Zum Umbruch der religiösen Landschaft. Freiburg 1997

ECCLESIA CATHOLICA: Katechismus der Katholischen Kirche. München 1993

EISELE, P.: Pfarrmanagement – Gewinn für die Seelsorge. Ein Handbuch für die Organisation von und in Pfarrgemeinden. Freiburg 1995

EISENBACH, F.: Der eine Auftrag und die verschiedenen Dienste. INFO BERLIN 42-4/1994. S. 20-26

EMEIS, D.: Zwischen Ausverkauf und Rigorismus. Freiburg 1991

EMEIS, D.: Die Glaubenden lassen sich nicht mehr alles sagen. LEBENDIGE SEELSORGE 1/1995. S. 41-43

EMEIS, D.: Zur Beteiligung der Gemeinde an der Frage ihrer Leitung. LEBENDIGE SEELSORGE 4-5/1995. S. 206-208

EMEIS, D.: Wenn die Kirche von dem Menschen lernt. Freiburg 1996

ENDERS, G.: Zur neuen Pastoralen Planung – Wissenswertes und Interessantes. MITTEILUNGEN DES BISTUMS LIMBURG 3/1994. S. 5-7

ENGEL, U.: Eine offene Kirche in einer offenen Stadt. Das Projekt "St. Andreas. LEBENDIGE SEELSORGE 5/1994. S. 258-261;

ENGEL, U.: Von Playboys und Prayboys. Zu einem Projekt der City-Pastoral in der Düsseldorfer Altstadt. ORIENTIERUNG 60 (1996) S. 68-72

ERNSPERGER, B.: Supervision und Gemeindeberatung im Kontext von Gemeindeentwicklung. DIAKONIA 5/1997. S. 329-331

ERZBISCHOF DR. OSKAR SAIER: Dem Menschen zugewandt. Gesichtspunkte zur Erneuerung der Seelsorge. FREIBURGER TEXTE. Nr. 13. Freiburg 1993

ERZBISCHÖFLICHES ORDINARIAT FREIBURG: Zur Pastoral der Gemeinde. Erschienen in der Reihe FREIBURGER TEXTE Nr. 25. November 1996

ERZBISCHÖFLICHES ORDINARIAT FREIBURG: Referate und Predigten der Tage der Pastoralen Dienste in der Erzdiözese Freiburg 1997. Freiburg November 1997

ESSER, W.G.: Gott reift in uns. Lebensphasen und religiöse Entwicklung. München 1991

EVANGELISCHE AKADEMIE BADEN / KATHOLISCHE AKADEMIE FREIBURG (Hrsg.): Glauben ohne Kirche? Neue Religiosität als Herausforderung für die Kirchen. HERRENALBER FORUM Band 11. Freiburg - Karlsruhe 1996

EXELER, A. (Hrsg.): Die neue Gemeinde. Mainz 1967

EXELER, A. u. METTE, N. (Hrsg.): Theologie des Volkes. Mainz 1978

FATZER, G. (Hrsg.): Organisationsentwicklung für die Zukunft. Köln 1993 (Edition Humanistische Psychologie)

FECHTNER, K. u.a. (Hrsg.): Religion wahrnehmen. Marburg 1996

FEIFEL, E.: Wie drückt sich der Glaubenssinn der Gläubigen aus? Vision und Realität. LEBENDIGE KATECHESE 1/1996. S. 8-15

FIGURA, M.: Die Kirche als allumfassendes Sakrament des Heils. COMMUNIO Juli/August 1996. S. 342-358

FISCHER, A. u. MÜNCHMEIER, R.: Die gesellschaftlichen Krisen sind heute Teil des Erwachsenwerdens. FRANKFURTER RUNDSCHAU vom 6. Juni 1997

FISCHER, H. u. GREINACHER, N. u. KLOSTERMANN, F.: Die Gemeinde. Mainz 1970

FISCHER, J.: Gemeindeberatung – was hilft sie? LEBENDIGE SEELSORGE 3/4 1992. S. 187ff

FISCHER, K.: Über die Zukunft des Glaubens. ANZEIGER FÜR DIE SEELSORGE 5/1998. S. 228-235

FONK, P.: Der eine Sonntag und zu viele Messen? ANZEIGER FÜR DIE SEELSORGE 12/1997. S. 599-605

FOWLER, J.W.: Glaubensentwicklung. Perspektiven für Seelsorge und kirchliche Bildungsarbeit. München 1979

FOX, M.: Vision vom kosmischen Christus. Stuttgart 1991

FRANZ, A.: Weltreligionen für den Frieden. Die internationalen Friedenstreffen von Sant' Egidio. Trier 1996

FRANZEN, A.: Kleine Kirchengeschichte. Freiburg 1965

FRANZEN, A. u. BÄUMER, R.: Papstgeschichte. Freiburg 1974

FRICKER, B.: Ein Pfarrhaus mit offenen Türen. LEBENDIGE SEELSORGE 6/1993. S. 326-330

FRIELINGSDORF, K.: Dämonische Gottesbilder und ihre Entstehung, Entlarvung und Überwindung. Mainz 1992

FUCHS, O.: Heilen und befreien. Der Dienst am Nächsten als Ernstfall von Kirche und Pastoral. Düsseldorf 1990

FUCHS, O.: Ämter für eine Kirche der Zukunft. Luzern 1993

FUCHS, O.: Skizze der Krise in der Pastoral. Diagnose und Handlungsorientierungen aus der Sicht eines Pastoraltheologen. BENSBERGER PROTOKOLLE 82: Supervision im pastoralen Feld. Bensberg 1994. S. 27-67

FUCHS, O.: Kirche im Symbolkampf? STIMMEN DER ZEIT Heft 7 / Juli 1998. S. 442-452

FUCHS, O.: Supervision in der Krise der Pastoral. BENZ, R. (Hrsg.): Theologie, die hört und sieht. Würzburg 1998. S. 169-185

FUCHS, O.: Die Pastoral im Kontext der religiösen Zeitzeichen. BENSBERGER PROTO-KOLLE 91: Emotionalität erlaubt? Bensberg 1998. S. 9-39

FUCHS, O. u. GREINACHER, N. u. KARRER, L. u. METTE, N. u. STEINKAMP H.: Der pastorale Notstand. Notwendige Reformen für eine zukunftsfähige Kirche. Düsseldorf 1992

FÜRST, W.: Accueil. Zu einem Schlüsselwort pastoraler Spiritualität und Lebenskultur in der französischen Kirche. DIAKONIA 1/1996. S. 57-60

GABRIEL, K.: Christentum zwischen Tradition und Postmoderne. QUAESTIONES DISPU-TATAE Nr. 141. Freiburg 1992

GABRIEL, K.: Krise der Solidarität. Der Konflikt um den Sozialstaat und die christliche Gesellschaftsethik. STIMMEN DER ZEIT 6/1996. S. 393-402

GÄDE, E.-G. u. MENNEN, C.: Gemeinde leiten – aber wie? Werkbuch für Pfarrgemeinde-räte und Kirchenvorstände. Mainz 1995

GÄRTNER, H.: Leiten als Beruf. Impulse für Führungskräfte in kirchlichen Aufgabenfeldern. Mainz 1992

GAILLOT, J.: Eine Kirche, die nicht dient, dient zu nichts. Freiburg 1990

GEMEINSAME SYNODE der Bistümer in der Bundesrepublik Deutschland. Freiburg ⁵1976

GERBER-ZEDER, J.: Laientheolog(inn)en: Ein kirchliches Amt ohne sakramentale Beauf-tragung. SCHWEIZERISCHE KIRCHENZEITUNG 164 (1996). S. 186-191

GERBERT, F.: Rituale – Stützmauern der Seele. Über die neuen Zeremonien, Riten und Bräuche. FOCUS vom 25.03.1996

GIESECKE, H.: Die Zweitfamilie. Stuttgart 1987

GOTTSTEIN-STAAK, C.: 'Bezugspersonen' – Seelsorger/innen mit eigenem Profil. MIT-TEILUNGEN BISTUM LIMBURG S. 6-8

GRABNER-HAIDER, A. (Hrsg.): Praktisches Bibel-Lexikon. Freiburg 1969

GRAFF, M.: Andachtsraum Kino. LEBENDIGE KATECHESE 1/1996. S. 48-50

GRAFF, M.: Kino und Kirche, Film und Spiritualität. DIE ANREGUNG 5/1996. S. 202-203

GRIEPENTROG, E.A.: Wort und Wirklichkeit. 'Religion' – eine europäische Erfindung? CHRIST IN DER GEGENWART Nr. 32/1996. S. 232

GRÜN, A. u. DUFFNER, K.: Spiritualität von unten. MÜNSTERSCHWARZACHER KLEINSCHRIFTEN Nr. 82. Münsterschwarzach 1994

HAEFFNER, G.: Ein Amt zu lehren. STIMMEN DER ZEIT 4/1995. S. 233-250

HÄRING, B.: Heute Priester sein. Eine kritische Ermutigung. Freiburg 1995

HASLINGER, H.: Für eine mystagogische Praxis kirchlicher Jugendarbeit. Mainz 1991

HAUNERLAND, W.: Weltdienst im Gottesdienst. Überlegungen zur diakonischen Dimension der Liturgie. PASTORALBLATT 5/1996. S. 133-140

HEIMBACH-STEINS, M.: Geistliche Entscheidungsfindung in Gemeinschaft – eine Aufgabe von Leitung. PASTORALBLATT 11/1995. S. 332-338

HEINZ, H.: Korrekturen an einem jungen Berufsbild. Perspektiven für Gemeinde- und Pasto-ralreferenten. STIMMEN DER ZEIT 1/1996. S. 16-26

HEINZ, H.: Typische (Fehl-)Entwicklungen Neuer Geistlicher Bewegungen. ANZEIGER FÜR DIE SEELSORGE 8/1996. S. 387-390

HEINZ, H.: Zukunft der Gemeinden – Lebensfrage der Kirche. PASTORALBLATT 11/1996. S. 323-332

HEINZE, J.: Postmoderne Kirche. PASTORALBLATT 5/1996. S. 150-153

HELLER, A.: Kirchliche Organisationskultur entwickeln. LEBENDIGES ZEUGNIS 48/1993. S. 211-222

HELLER, A.: Wie werden (nicht nur) Krankenhäuser intelligentere Organisationen? CARITAS. Zeitschrift für Caritasarbeit und Caritaswissenschaften 5/1998. S. 208-220

HILBERATH, B.J.: Das Verhältnis von gemeinsamem und amtlichem Priestertum in der Perspektive von Lumen gentium 10. TRIERER THEOLOGISCHE ZEITSCHRIFT 94 (1985) S. 311-325

HILBERATH, B.J.: Zur Wirklichkeit der Gemeinde. Referat bei der Klausurtagung des Caritasverbandes für die Diözese Mainz. August 1989

HILBERATH, B.J.: Kirche als communio. Beschwörungsformel oder Projektbeschreibung? THEOLOGISCHE QUARTALSCHRIFT TÜBINGEN 1/1994. S. 45-65

HILBERATH, B.J.: Communio hierarchica – Historischer Kompromiß oder hölzernes Eisen? THEOLOGISCHE QUARTALSCHRIFT TÜBINGEN 3/1997. S. 202-219

HILBERATH, B.J.: Ich bin es nicht. Grundlegendes zur Aufgabe des priesterlichen Dienstes. DIAKONIA Heft 3 / Mai 1998. S. 173-181

HILBERATH, B.J. u. STALLER, D. (Hrsg.): Vorgeschmack. Ökumenische Bemühungen um die Eucharistie. Festschrift für Theodor SCHNEIDER. Mainz 1995

HILBERATH, B.J. u. BECKER, H. u. WILLERS, U. (Hrsg.): Gottesdienst – Kirche – Gesellschaft. St. Ottilien 1993. S. 319-338

HILLENBRAND, K.: Zum Priesterbild der Gegenwart. ANZEIGER FÜR DIE SEELSORGE 9/1994. S. 392-400

HILLENBRAND, K. u. NICHTWEISS, B. (Hrsg.): Aus der Hitze des Tages. Kirchliches Leben in Momentaufnahmen und Langzeitperspektiven. Würzburg 1996

HIRSCHER, T.M.: Zwischen Armenhilfe und internationaler Diplomatie. 25 Jahre Basisgemeinschaft Sant' Egidio in Rom. L'OSSERVATORE ROMANO. Wochenausgabe in deutscher Sprache vom 9. April 1993. S. 6

HOFER, M.: Neuorientierung im Bistum Basel. SCHWEIZERISCHE KIRCHENZEITUNG 39/1996. S. 547-548

HOFFMANN, J.: Menschen verschiedener Generationen entdecken einander. BRENNPUNKT ERZIEHUNG 6 (1981) S. 1-5

HOFFMANN, P. (Hrsg.): Priesterkirche. Düsseldorf ²1989

HOFFMANN, P.: 'Dienst' als Herrschaft oder 'Herrschaft' als Dienst? BIBEL UND KIRCHE 3/1995. S. 146-150

HÖHN, H.-J.: GegenMythen. Religionsproduktive Tendenzen der Gegenwart. Freiburg 1994

HÖHN, H.-J.: Sinnsuche und Erlebnismarkt. THEOLOGISCH-PRAKTISCHE QUARTALSCHRIFT 4/1995. S. 361-371

HÖSLINGER, N.: Zum Verhältnis heutiger Menschen zu Gemeinde und Großkirche. DIAKONIA 1/1996. S. 40-41

HOISCHEN, O.: Unternehmen Gottes. Die Second Baptist Church kann über mangelnden Zulauf nicht klagen. FRANKFURTER ALLGEMEINE ZEITUNG vom 8.3.1996

HOMANN, K.: Herausforderung durch systemische Sozial- und Denkstrukturen. ERWACHSENENBILDUNG 4/1996. S. 181-186

HOMEYER; J.: Der Priestermangel und die Hoffnung, auf eine neue Art Kirche zu sein. DIAKONIA 3/1992. S. 176-178

HOMMERICH, K.: Pfarrer an drei Gemeinden. PASTORALBLATT 10/1996. S. 313-315

HONSEL, B.: Der rote Punkt. Eine Gemeinde unterwegs. Düsseldorf 1983

HONSEL, B.: Was fördert und was erschwert Seelsorge als Beziehung? DIAKONIA 1/1994

HÜNERMANN, P.: Volk Gottes – katholische Kirche – Gemeinde. Dreiheit und Einheit in der Ekklesiologie des Zweiten Vatikanischen Konzils. THEOLOGISCHE QUARTALSCHRIFT TÜBINGEN 1/1995. S. 32-45

HURTH, E.: Wenn Religion ein Hit wird. Anmerkungen zum Gottesbild in der Rock- und Popmusik der Gegenwart. COMMUNIO November / Dezember 1996. S. 553-560

HUTH, W.: Glaube, Ideologie und Wahn. Das Ich zwischen Realität und Illusion. Frankfurt-Berlin 1988

HUTH, W.: Wie kann ein moderner Mensch religiös glauben? STIMMEN DER ZEIT 11/1996. S. 723-734

INSTITUT FÜR PASTORALE FORT- UND WEITERBILDUNG DER KIRCHLICHEN DIENSTE IN DER DIÖZESE ROTTENBURG-STUTTGART: Pastorale Perspektiven in der Diözese Rottenburg-Stuttgart. Bausteine für KGR-Seminare und Mitarbeiterbefähigung. Rottenburg 1992

INSTITUT FÜR DEMOSKOPIE ALLENSBACH: Kirchenaustritte. Eine Untersuchung zur Entwicklung und zu den Motiven der Kirchenaustritte. Allensbach am Bodensee 1992

ISENBERG, W. (Hrsg.): Zusammenkunft. Beruf in der Kirche – Grenzen, Chancen, Perspektiven. BENSBERGER PROTOKOLLE 96. Bensberg 1998

JANKU, A.: Vom "Kopfnicker" zur Führungskraft. Weiterbildung für Pfarrgemeinderäte. KATHOLISCHE REGIONALSTELLE UNTERER NECKAR (Hrsg.): Pastorale Strukturen – lebendige Vielfalt. Heidelberg 1996. S. 51-53

JEDIN, H.: Kleine Konzilsgeschichte. Freiburg 1978

JENTSCH, W.: Der Seelsorger. Moers 1982

JELLOUSCHECK, H.: Die Kunst als Paar zu leben. Zürich 1992

JOHANNES PAUL II.: Ordinatio sacerdotalis. Apostolisches Schreiben über die nur Männern vorbehaltene Priesterweihe. SEKRETARIAT DER DEUTSCHEN BISCHOFSKONFERENZ: Verlautbarungen des Apostolischen Stuhls Nr. 117 (1994)

JONE, H.: Gesetzbuch der lateinischen Kirche (CIC/1917). Band I. Paderborn 1950

JÖRNS, H.-P.: Die neuen Gesichter Gottes. München 1997

JUGENDWERK DER DEUTSCHEN SHELL: Jugend 1997. Opladen 1997

KARRER, L.: Handbuch der praktischen Gemeindearbeit. Freiburg 1990

KARRER, L.: Diakone und "Laien" in der Pfarrer-Rolle. "Kooperative Seelsorge" als Lösung angesichts des zunehmenden Priestermangels? DIAKONIA 3/1992. S. 180-185

KARRER, L.: Wir sind wirklich das Volk Gottes. Auf dem Weg zu einer geschwisterlichen Kirche. Freiburg - Schweiz 1994

KARRER, L.: Und sie bewegt sich doch... Kirche-sein in einer veränderten Welt. DIAKONIA 1/1996. S. 1-6

KAUFMANN, F.-X.: Katholizismus und Moderne. Am Beispiel des Zweiten Vatikanischen Konzils. ERWACHSENENBILDUNG 1/1996. S. 2-6

KASPER, W.: Das kirchliche Amt in der Diskussion. Zur Auseinandersetzung mit E. Schillebeeckx. THEOLOGISCHE QUARTALSCHRIFT TÜBINGEN 163 (1983) S. 46-63

KASPER, W.: Zukunft aus der Kraft des Konzils. Die außerordentliche Bischofssynode '85. Freiburg 1986

KASPER, W.: Theologie und Kirche. Mainz 1987

KASPER, W.: Berufung und Sendung des Laien in der Kirche und Welt. Geschichtliche und systematische Perspektiven. STIMMEN DER ZEIT 112/1987. S. 579-593

KASPER, W.: Der Diakon in ekklesiologischer Sicht angesichts der gegenwärtigen Herausforderungen in Kirche und Gesellschaft. DIAKONIA 32 (1997)

KAUFMANN, F.-X.: Religion und Modernität: sozialwissenschaftliche Perspektiven. Tübingen 1989

KEHL, M.: Die Kirche. Eine katholische Ekklesiologie. Würzburg ²1992

KEHL, M.: Wohin geht die Kirche. Freiburg 1996

KEHL, M.: Die Kirche – das 'universale Sakrament des Heils'. KATHOLISCHE NACHRICHTENAGENTUR - ÖKUMENISCHE INFORMATIONEN 22-23 vom 21. Mai 1996. S. 5-11

KEPPLER, A.: Wirklicher als die Wirklichkeit? Das neue Realitätsprinzip der Fernsehunterhaltung. Frankfurt a.m. 1994

KIRCHSCHLÄGER, W.: Kath'olische Kirche. Biblische Anmerkungen zu einer Kirchenvision. DIAKONIA 1/1996. S. 7-22

KLEIN, H.: Warum laufen den Hirten die Schafe davon, Bischof Lehmann? FAZ-MAGAZIN. Heft 684 (1993). S. 62-63

KLEIN, N.: Papstwahl: geänderte Spielregeln. ORIENTIERUNG 60(1996). S. 97-98

KLEIN, S.: Der tradierte Glaube in der modernen Gesellschaft. THEOLOGISCH-PRAKTISCHE QUARTALSCHRIFT 4/1995. S. 351-360

KLINGER, E.: Armut – eine Herausforderung Gottes. Zürich 1990

KLOSTERMANN, F.: Prinzip Gemeinde. Gemeinde als Prinzip des kirchlichen Lebens. Wien 1965

KLOSTERMANN, F.: Gemeinde – Kirche der Zukunft. Thesen, Dienste, Modelle. Band 1. Freiburg 1974

KLOSTERMANN, F.: Der Priestermangel und seine Konsequenzen. Düsseldorf 1977

KLOSTERMANN, F.: Wie wird unsere Pfarrei eine Gemeinde? Wien 1979

KNAEBEL, S.: Die Beteiligung am Amt durch Weihe oder Beauftragung. LEBENDIGE SEELSORGE 4-5/1995. S. 203-205

KNITTER, P.F.: Ein Gott – viele Religionen. Gegen den Absolutheitsanspruch des Christentums. München 1988

KNOBLOCH, S. u. HASLINGER, H. (Hrsg.): Mystagogische Seelsorge. Eine lebensgeschichtlich orientierte Pastoral. Mainz 1991

KNOBLOCH, S.: Wieviel ist ein Mensch wert? Einzelseelsorge – Grundlage und Skizzen. Regensburg 1993

KNOBLOCH, S.: Vom Standbein und Spielbein der Erwachsenenbildung. ERWACHSENENBILDUNG 1/1996. S. 15-17

KNOBLOCH, S.: Kirchliche Entwicklungen und ihre Bedeutung für die Zukunft der pastoralen Berufe. ANZEIGER FÜR DIE SEELSORGE 6/1998. S. 273-278

KOCH, H.: Kurswechsel in der Gemeindepastoral des Erzbistums Köln? PASTORALBLATT 11/1994. S. 343-346

KOCH, K.: Kirche der Laien? Plädoyer für die göttliche Würde des Laien in der Kirche. Fribourg 1991

KOCH, K.: Leitungsdienst in der Gemeinde in pastoralen Notsituationen. Heutige Herausforderungen und ekklesiologische Rückfragen. Vortrag bei der deutschsprachigen Generalvikarskonferenz in Quarten am 23. Mai 1995 (Manuskriptfassung)

KOCH, K.: Zölibat am Scheideweg – abschaffen oder aufwerten? Zum Stellenwert der Ehelosigkeit in theologischer Sicht in Geschichte und Gegenwart. NEUE ZÜRCHER ZEITUNG vom 17.6.1995

KOCH, K.: Fundamentalismus. Eine elementare Gefahr für die Zukunft? STIMMEN DER ZEIT 8/1995. S. 521-532

KOCHANEK, H.: Kirche und Gemeinde in der Erlebnisgesellschaft. Perspektiven für Neuansätze in der Seelsorge. PASTORALBLATT 1/1996. S. 13-18 sowie PASTORALBLATT 2/1996. S. 44-51

KÖGLER, I.: Zwischen Erlebnis und Religion: die Klangwelt der Rockmusik. CHRIST IN DER GEGENWART Nr. 41/1996. S. 341-342

KÖNIG, E. u. G. VOLMER: Systemische Organisationsberatung. Grundlagen und Methoden. Weinheim 1993

KÖNIG, F.: Kirche auf dem Weg ins dritte Jahrtausend. STIMMEN DER ZEIT 6/1996. S. 363-371

KÖSTER, F.: Welche Kirche brauchen die Menschen heute?. ANZEIGER FÜR DIE SEELSORGE 8/1997. S. 400-403

KOSLOWSKI, P., SPAEMANN, R., LÖW, R. (Hrsg.): Moderne oder Postmoderne. Zur Signatur des gegenwärtigen Zeitalters. Weinheim 1986

KOVERMANN, W.: Leitung, Delegation, Kooperation. Erkenntnisse aus der Organisationslehre als Hilfe für die Seelsorge. LEBENDIGE SEELSORGE 6/1991 S. 338-342

KRÄTZEL, H.: Was ist aus der Kirche geworden? ANZEIGER FÜR DIE SEELSORGE 9/1994. S. 409-417

KRAMER VON REISSWITZ, C.: Auf der Schattenseite Roms. Die Gemeinschaft Sant Egidio lebt die frohe Botschaft. KONRADSBLATT. Wochenzeitung für das Erzbistum Freiburg Nr. 4/1987. S. 8-9

KRAMER VON REISSWITZ, C.: In Rom gehen die Kirchen aus. BADISCHE ZEITUNG vom 16. August 1996 (KNA-Meldung). S. KUW 01

KRANEMANN, B.: Auf dem Rücken der Liturgie. Zur prekären Lage der liturgischen Leitungsdienste. HERDER KORRESPONDENZ 12/1996. S. 641-644

KREPPOLD, G.: Der (die) Seelsorger(in) als Anwalt von Sinn. LEBENDIGE SEELSORGE 4-5/1995. S. 250-253

KRIEGER, W. u. SCHWARZ, A. (Hrsg.): Amt und Dienst. Würzburg 1996

KÜNG, H.: Christ sein. München (DTV) [6]1983

KUHN, F.: Die Zusammenarbeit von Priestern und hauptamtlichen Laien. LEBENDIGE SEELSORGE 6/1991 S. 345-349

LANGHORST, P.: Zu einer Theologie menschlicher Entwicklung. THEOLOGIE DER GEGENWART 40 (1997). S. 262-270

LECHNER, M.: Katholische Junge Gemeinde – Kirche in der Lebenswelt von Kindern und Jugendlichen. MÜNCHENER THEOLOGISCHE ZEITSCHRIFT 2/1996. S. 155-161

LEDERHILGER; S.: Kooperative Seelsorge und die Frage nach dem Amt. THEOLOGISCH-PRAKTISCHE QUARTALSCHRIFT 2/1994. S. 123ff

LEHMANN, K.: Gemeinde. CHRISTLICHER GLAUBE IN MODERNER GESELL-SCHAFT. Teilband 29. Freiburg 1982. S. 5-65

LEHMANN, K.: Die Zukunft der Seelsorge in den Gemeinden. MAINZER PERSPEKTIVEN - Wort des Bischofs Nr. 1. Mainz 1995

LEHMANN, K.: Eine Lebensfrage für die Kirche. Dialog als Form der Wahrheitsfindung. HERDER KORRESPONDENZ 1/1995. S. 29-35

LEIBER, M.: Frauen kommen langsam, aber gewaltig... Gibt es einen 'weiblichen Führungsstil? LEBENDIGE SEELSORGE 4-5/1995. S. 241-244

LENZ, G. u. OSTERHOLD, G. u. ELLEBRACHT, H.: Erstarrte Beziehungen – heilendes Chaos. Freiburg 1995

LEYKAUF, L.: Ist Fernsehen die bessere Religion? CHRIST IN DER GEGENWART 47/1996. S. 397-388

LEXIKON FÜR THEOLOGIE UND KIRCHE. Band 1. Freiburg [3]1993 – Band 5. Freiburg [3]1996

LIPPERT, P.: Begegnung mit anderen Kulturen und Religionen. Evangelisieren beginnt mit der Präsenz. PASTORALBLATT 3/1996. S. 67-77

LIPPERT, P.: Drei große Herausforderungen für den Glauben und die Spiritualität des katholischen Christen heute und morgen. THEOLOGIE DER GEGENWART 39 (1996). S. 200-208

LISTL, J. u. MÜLLER, H. u. SCHMITZ, H. (Hrsg.): Handbuch des katholischen Kirchenrechts. Regensburg 1983

LOGAN, R. u. GEORGE, C.: Das Geheimnis der Gemeindeleitung – zu beziehen über C & P Verlags-GmbH - Niederwaldstr. 14 - D-65187 Wiesbaden

LOHAUS, G.: "Dann machen wir eben alles selber!" – Ekklesiologische Überlegungen zur Selbständigkeit der Gemeinden. PASTORALBLATT 7/1997. S. 203-209

LOHFINK, G.: Wie hat Jesus Gemeinde gewollt? Freiburg 1982

LORTZ, J.: Geschichte der Kirche. Teil 1. Münster 1962; Teil 2. Münster 1964

LÜCK, G.: Stoppelhopser und wilde Kerle. Ein Träger und sein Kinderhaus. WELT DES KINDES 5/1995. S. 19-21

LÜLSDORFF, R.: Volk Gottes und Leib Christi. Ein Zwiespalt in der Ekklesiologie des Zweiten Vatikanischen Konzils? PASTORALBLATT 4/1997

LÜSCHER, K. u. BÖCKLE, F.: Familie. CHRISTLICHER GLAUBE IN MODERNER GESELLSCHAFT, Band 7. Freiburg 1981

LUHMANN, N.: Funktion der Religion. Frankfurt a.M. 1982

LUHMANN, N.: Soziale Systeme. Grundriß einer allgemeinen Theorie. Frankfurt a.M. 1987

MAGNIFIKAT. Gebet- und Gesangbuch für die Erzdiözese Freiburg. Freiburg 1968

MAIER, H.: Geistige Umbrüche in Deutschland 1945 - 1995. COMMUNIO November / Dezember 1996. S. 561-576

MANN, D.: Information, Kommunikation und Seelsorge. Citypastoral am Beispiel des Frankfurter Kirchenladens. DIAKONIA 4/1997. S. 265-268

MARTINI, C.M.: Die Rast der Taube. Dem Frieden Raum geben. München 1996

MENKE, K.-H.: Das eine Amt und die Vielfalt der Berufungen. PASTORALBLATT 4/1996. S. 99-109

METTE, N. u. STEINKAMP, H.: Sozialwissenschaft und praktische Theologie. Leitfaden Theologie Band 11. Düsseldorf 1983

METTE, N.: Pfarrei versus Gemeinde? Zur Wiederaufnahme einer unterbrochenen Diskussion. DIAKONIA 20 (1989). S. 153

METTE, N.: Menschheit wohin? DIAKONIA 4/1994. S. 217-221

METTE, N.: Kirchliche Erwachsenenbildung im Kontext radikalisierter Modernität. ERWACHSENENBILDUNG 1/1996. S. 11-14

MEUFFELS, O.: Verbindlichkeit und Relativität dogmatischer Aussagen. MÜNCHENER THEOLOGISCHE ZEITSCHRIFT 3/1995. S. 315-327

MISSIO: Missionarische Gemeinde. Ein Informations- und Arbeitsheft. München - Aachen 1986

MISSIO: "Erfahrungen aus den jungen Kirchen": Gemeinsam Verantwortung tragen (München 1988), Gemeinsam Kirche werden (Aachen 1989), Gemeinsam das Evangelium leben (München 1990)

MODEHN, C.: Neues auf dem Markt der Religion. PUBLIK-FORUM Nr. 8/26. April 1996. S. 30-31

MOROZZO DELLA ROCCA, R.: Vom Krieg zum Frieden. Geschichte einer ungewöhnlichen Vermittlung. TEXTE ZUM KIRCHLICHEN ENTWICKLUNGSDIENST 56. Hamburg 1997

MÜLLER, W.: Menschliche Nähe in der Seelsorge. Sich selbst annehmen – den anderen annehmen. Mainz 1987

MÜLLER, W.: Intimität. Vom Reichtum ganzheitlicher Begegnung. Mainz 1989

MÜLLER, W.W.: Gratia supponit naturam. Was trägt ein scholastisches Axiom zur Kontingenzbewältigung bei? ZEITSCHRIFT FÜR KATHOLISCHE THEOLOGIE 118 (3/1996). S. 361-370

NEUMANN, J.: Offenes Haus Kirche. Das Gemeindeforum Murg. KONRADSBLATT. Wochenzeitung für die Erzdiözese Freiburg. Nr. 40/1993. S. 9-12

NEUNER, P.: Der Laie und das Gottesvolk. Frankfurt 1988

NEUNER, P.: Die Kirche entwickelt heute neue Ämter. Ein Gespräch über die Notwendigkeit, unterschiedlicher Ordinationen. HERDER KORRESPONDENZ 3/1995. S. 128-133

NIENTIEDT, K.: Der "wilde Mann" Jesus. HERDER KORRESPONDENZ 3/1990. S. 135-138

NIENTIEDT, K.: Überforderte Gemeinschaft HERDER KORRESPONDENZ 45/1991. S. 293

NIENTIEDT, K.: Beziehungskirche. HERDER KORRESPONDENZ 11/1992. S. 1-3

NIENTIEDT, K.: Nicht Schicksal, sondern Wahl. Gemeindeleben angesichts von Individualisierung und Pluralität. MATERIALDIENST DES RELIGIONSWISSENSCHAFTLICHEN INSTITUTS BENSHEIM 2/1994. S. 3-12

NIENTIEDT, K.: Umstandslos. Das Friedensengagement der römischen Gemeinde Sant' Egidio. HERDER KORRESPONDENZ 1/1995. S. 6-7

NIENTIEDT, K.: Rückkehr der Religion? HERDER KORRESPONDENZ 1/1996. S. 1-3

NIENTIEDT, K.: Grenzen der Vielfalt. Geistliche Bewegungen in der Kritik. HERDER-KORRESPONDENZ 3/1996. S. 133-138

NIENTIEDT, K.: Frankreich: Neue Seelsorgestrukturen. HERDER-KORRESPONDENZ 4/1997. S. 175-176

NIENTIEDT, K.: Diözesansynoden: Instruktion will Stärkung der Bischöfe. HERDER KORRESPONDENZ 9/1997. S. 442-444

NIEWIADOMSKI, J.: Menschen, Christen, Priester... Dogmatische Überlegungen zur Amtstheologie auf dem Hintergrund der Diskussion über "kooperative Seelsorgemodelle". THEOLOGISCH-PRAKTISCHE QUARTALSCHRIFT 2/1995. S. 159-169

NIPKOW, K.E.: Intergenerationalität in der Gemeinde. DIAKONIA 6/1996. S. 380-386

ÖKUMENISCHES GEMEINDEINSTITUT EMMELSBÜLL: Kirche für morgen. Bausteine für gemeindekybernetische Strategie – zu beziehen über die Adresse ÖKG - Diedersbüllerstr. 6 - D-25924 Emmelsbüll

OSCHWALD, H.: Bibel, Mystik und Politik. Die Gemeinschaft Sant' Egidio. Freiburg 1998

OSTERHOLD, G.: Veränderungsmanagement. Visionen und Wege zu einer neuen Unternehmenskultur. Wiesbaden 1996

PAARHAMMER, H. u. RINNERTALER, A. (Hrsg.): Scientia Canonum. München 1991

PANNENBERG, W. (Hrsg): Sind wir von Natur aus religiös? Düsseldorf 1986

PASTORALAMT DES BISTUMS BASEL: "Suchet zuerst das Reich Gottes". Ein Arbeitsinstrument für pastorales Handeln im Bistum Basel. Solothurn 1993

PAUL VI.: Rundschreiben "Ecclesiam suam" vom 6. August 1964, zitiert aus dem AMTSBLATT FÜR DIE ERZDIÖZESE FREIBURG vom 24. September 1964. S. 525-543

PAULWITZ, I.: Wem gebührt die Ehre? Ehrenamtliche Arbeit im Vergleich zu anderen europäischen Ländern. CARITAS 97 (1996),5. S. 226-232

PESCH, O.H.: Das Zweite Vatikanische Konzil. Würzburg [2]1994

PESCH, R.: Wie Jesus das Abendmahl hielt. Der Grund der Eucharistie. Freiburg 1977

PLATE, H.: Das Deutsche Konzil. Freiburg 1975

POTTMEYER, H.J.: Kirche als Communio. Eine Reformidee aus unterschiedlichen Perspektiven. STIMMEN DER ZEIT 117/1992. S. 579-589

PREE, H.: Pfarrei ohne Pfarrer – Leitung und Recht auf Eucharistie? ANZEIGER FÜR DIE SEELSORGE 1/1996. S. 18-24

PRIMETSHOFER, B.: Denzentralisierung wäre angebracht. Kirchenrechtliche Überlegungen zu den Bischofsbestellungen. HERDER-KORRESPONDENZ 7/1996. S. 348-352

PÜTTMANN, A.: Die Kinder der Blumenkinder. Neuere Befunde über das Wertebewußtsein der jungen Deutschen. COMMUNIO November/Dezember 1995. S. 481-498

RAHNER, K.: Weihe des Laien zur Seelsorge. SCHRIFTEN ZUR THEOLOGIE III. Einsiedeln 1956. S. 313-328

RAHNER, K.: Zur Theologie des Todes. QAESTIONES DISPUTATAE 2. Freiburg 1958

RAHNER, K.: Löscht den Geist nicht aus. Festvortrag auf dem österr. Katholikentag vom 1. Juni 1962. SCHRIFTEN ZUR THEOLOGIE VII. Einsiedeln 1966. S. 77-90

RAHNER, K.: Frömmigkeit früher und heute. SCHRIFTEN ZUR THEOLOGIE Band VII. Einsiedeln - Köln - Zürich 1966

RAHNER, K. u. VORGRIMMLER, H.: Kleines Konzilskompendium. Freiburg 1966

RAHNER, K.: Bemerkungen zur Gotteslehre in der katholischen Dogmatik. SCHRIFTEN ZUR THEOLOGIE Band VIII. Einsiedeln - Köln - Zürich 1967. S. 167-186

RAHNER, K.: Gotteserfahrung heute. SCHRIFTEN ZUR THEOLOGIE Band IX. Einsiedeln - Köln - Zürich 1970. S. 161-176

RAHNER, K.: Grundkurs des Glaubens. Freiburg 1976

RAHNER, K.: Pastorale Dienste und Gemeindeleitung. SCHRIFTEN ZUR THEOLOGIE XIV. Einsiedeln 1980. S. 132-147

RAHNER, K. u. FRIES, H.: Einigung der Kirchen – eine reale Möglichkeit. Freiburg 1985

RAUSCH, U.: Kreative Gemeinde. Der Pfarrermangel – und das Ende? Analysen – Modelle – Visionen. Band 1. Frankfurt 1993

RAUSCH, U. (Hrsg.): Kreative Gemeinde. Bausteine für eine zukunftsfähige Gemeinde – ein Praxisbuch. Frankfurt 1995

RATZINGER, J.: Das neue Volk Gottes. Düsseldorf 1969

RATZINGER, J.: Grenzen kirchlicher Vollmacht. Stellungnahme zum Dokument von Johannes Paul II. zur Frauenordination. COMMUNIO 4/1994. S. 337-345

RECKZIEGEL, I.: Mangel verwalten oder Gemeinde gestalten. Ein Pastoralmodell (CIC 517 § 2) auf dem Prüfstand. PREDIGER UND KATECHET 5/1995. S. 616-624

RICCARDI, A.: Sant' Egidio, Rome et le monde. Paris 1996

RÖMELT, J.: Gemeinschaftliche Entscheidungsfindung in der Gemeinde. THEOLOGIE DER GEGENWART 2/1995. S. 110-126

ROTH, R.A.: Quo vadis Germania? Lebenschancen trotz Gesellschaftsveränderung, Wertewandel und Sinnkrisen. ANZEIGER FÜR DIE SEELSORGE 3/1996. S. 98-103

RUH, U.: Prekäre Perspektiven. Priester und Priesternachwuchs in Europa. HERDER KORRESPONDENZ 5/1996. S. 251-254

RUSSEL, B.: Warum ich kein Christ bin. Hamburg 1971

SAUER, H.: Abschied von der säkularisierten Welt? Fundamentaltheologische Überlegungen. THEOLOGISCH-PRAKTISCHE QUARTALSCHRIFT 4/1995. S. 339-349

SAUER, R.: Die Hinführung zur Verantwortung angesichts des schwindenden Gemeinsinns. Ein Plädoyer für eine Partizipation an Entscheidungsprozessen und Gemeindeleitungen. PASTORALBLATT 1/1996. S. 3-12

SCANNONE, J.C., HOPING, H. u. FRALING, B. (Hrsg.): Kirche und Theologie im kulturellen Dialog. Festschrift für P. HÜNERMANN. Freiburg 1994

SCHARER, M.: Begegnungen Raum geben. Mainz 1995

SCHAVAN, A.: Kompetenz und Profil. Katholische Laienarbeit 30 Jahre nach dem Konzil. STIMMEN DER ZEIT 5/1995. S. 310-320

SCHEUTEN, W.: Moderne Betriebsleitung und Gemeindeleitung. LEBENDIGE SEELSORGE 4-5/1995. S. 236-239

SCHILLEBEECKX, E.: Christus und die Christen. Freiburg 1977

SCHILLEBEECKX, E.: Das kirchliche Amt. Düsseldorf 1981

SCHILLEBEECKX, E.: Christliche Identität und kirchliches Amt. Düsseldorf 1985

SCHILSON, A.: Medienreligion. Zur religiösen Signatur der Gegenwart. Tübingen - Basel 1997

SCHILSON, A.: Die Wiederkehr des Religiösen im Säkularen. Eine Gegenwartsanalyse und ihre Herausforderung für das Christentum. ANZEIGER FÜR DIE SEELSORGE 7/1997. S. 342-347 und 8/1997. S. 390-394

SCHLUND, R.: Pastoralplanung. INFORMATIONEN ERZBISTUM FREIBURG. 3. Quartal / März 1970. S. 20-24

SCHLUND, R.: Seelsorgeplanung. ERZBISTUM FREIBURG INFORMATIONEN. 2. Quartal / April 1974. S. 90-91

SCHMÄLZLE, U.F.: Die Steuergemeinschaft endet. Es bleibt die Heilsgemeinschaft. ANZEIGER FÜR DIE SEELSORGE 10/1995. S. 494-498

SCHMIDT, E.R. u. BERG, H.: Beraten mit Kontakt. Handbuch für Gemeinde- und Organisationsberatung. Offenbach a.M. 1995

SCHMIDT-LEUKEL, P.: Worum geht es in der Theologie der Religionen? COMMUNIO Juli/August 1996. S. 289-297

SCHMITT, H.: Einfühlungsvermögen und ekklesiale Streitkultur. STIMMEN DER ZEIT Heft 2/Februar 1998. S. 118-132

SCHMITZ, H.: Gemeindeleitung durch Nichtpfarrer-Priester oder Nichtpriester-Pfarrer. Kanonistische Skizze zu dem neuen Modell pfarrlicher Gemeindeleitung des C. 517 § 2 CIC. ARCHIV FÜR KATHOLISCHES KIRCHENRECHT. 161. Band. Jahrgang 1992

SCHNEIDER, J.-P.: Neue Gemeinden in der Diözese Lille. BEGEGNEN UND HELFEN. Zeitschrift für caritative Helfergruppen. Heft 4 /1996

SCHÜRMANN, H.: Das Lukasevangelium. HERDERS THEOLOGISCHER KOMMENTAR ZUM NEUEN TESTAMENT. Band III. 1. Teil. Freiburg 1969. S. 298-300

SCHULZ, E. u. BROSSEDER, H. u. WAHL, H. (Hrsg.): Den Menschen nachgehen. Offene Seelsorge als Diakonie in der Gesellschaft. Festschrift für H. SCHILLING. St. Ottilien 1987

SCHULZE, G.: Die Erlebnisgesellschaft. Kultursoziologie der Gegenwart. Frankfurt a.M. 1992

SCHUNK, R.: Amtspriestertum und allgemeines Priestertum. FORUM KATHOLISCHE THEOLOGIE 3/1994. S. 177-196

SCHUSTER, N.: Gemeindeleitung und Pfarrgemeinderat. München 1994

SCHUSTER, N. u. WICHMANN, M. (Hrsg.): Die Platzhalter. Mainz 1997

SCHÜTTE, H.: Bischöfliche Verfassung und apostolische Sukzession. KATHOLISCHE NACHRICHTENAGENTUR - ÖKUMENISCHE INFORMATIONEN 6/1996. S. 5-10

SCHÜTTE, H.: Das Dienstamt der Einheit der Kirche. KATHOLISCHE NACHRICHTEN-AGENTUR - ÖKUMENISCHE INFORMATIONEN 26/1996. S. 14-20

SCHWARZ, C.A.: Die natürliche Gemeindeentwicklung. Emmelsbüll (C&P-Verlag) 1996

SCHWARZ, C.A.: Das 1x1 der Gemeindeentwicklung. Emmelsbüll (C&P-Verlag) 1997

SCHWEITZER, F.: Lebensgeschichte und Religion. Religiöse Entwicklung und Erziehung im Kindes- und Jugendalter. München 1987

SCHWEIZERISCHES PASTORALSOZIOLOGISCHES INSTITUT (SPI) (Hrsg.): Pastoraler Orientierungsrahmen Luzern. Grundlagentext. Luzern - St. Gallen 1998

SEDMAK, C.: Zur Professionalisierung der Pastoral: Institutionalisierte Beziehungen. DIAKONIA Mai 1997/3. S. 153-158

SEIBEL, W.: Ist Demokratie der Kirche wesensfremd? STIMMEN DER ZEIT 11/1995. S. 721-722

SEKRETARIAT DER DEUTSCHEN BISCHOFSKONFERENZ (Hrsg.): Schreiben der Bischöfe des deutschsprachigen Raumes über das priesterliche Amt. Eine biblisch-dogmatische Handreichung. Erschienen in der Reihe DIE DEUTSCHEN BISCHÖFE. Nr. 03. Bonn 1970. S. 55

SEKRETARIAT DER DEUTSCHEN BISCHOFSKONFERENZ (Hrsg.): Apostolisches Schreiben von Papst PAUL VI. über die Evangelisierung in der Welt von heute. VERLAUTBARUNGEN DES APOSTOLISCHEN STUHLS Nr. 2 (1975)

SEKRETARIAT DER DEUTSCHEN BISCHOFSKONFERENZ (Hrsg.): Die Enzyklika Redemptor Hominis von Papst JOHANNES PAUL II. VERLAUTBARUNGEN DES APOSTOLISCHEN STUHLS Nr. 6 (1979)

SEKRETARIAT DER DEUTSCHEN BISCHOFSKONFERENZ (Hrsg.): Priesterliche Lebensform. ARBEITSHILFE Nr. 36 (1984)

SEKRETARIAT DER DEUTSCHEN BISCHOFSKONFERENZ (Hrsg.): Die Europäischen Bischöfe und die Neu-Evangelisierung Europas. STIMMEN DER WELTKIRCHE Nr. 32 (1991)

SEKRETARIAT DER DEUTSCHEN BISCHOFSKONFERENZ (Hrsg.): Nachsynodales Schreiben Pastores dabo vobis von Johannes Paul II. VERLAUTBARUNGEN DES APOSTOLISCHEN STUHLS Nr. 105 (1992)

SEKRETARIAT DER DEUTSCHEN BISCHOFSKONFERENZ (Hrsg.): Schreiben der deutschen Bischöfe über den priesterlichen Dienst". DIE DEUTSCHEN BISCHÖFE. Nr. 49 vom 24.9.1992

SEKRETARIAT DER DEUTSCHEN BISCHOFSKONFERENZ (Hrsg.): Schreiben der Kongregation für die Glaubenslehre an die Bischöfe der katholischen Kirche über einige Aspekte der Kirche als Communio. VERLAUTBARUNGEN DES APOSTOLISCHEN STUHLS Nr. 107 (1992)

SEKRETARIAT DER DEUTSCHEN BISCHOFSKONFERENZ: Sakramentenpastoral im Wandel. Überlegungen zur gegenwärtigen Praxis der Feier der Sakramente – am Beispiel von Taufe, Erstkommunion und Firmung. ERKLÄRUNGEN DER KOMMISSIONEN (Pastoralkommission) Nr. 12 (1993)

SEKRETARIAT DER DEUTSCHEN BISCHOFSKONFERENZ (Hrsg.): Der Leitungsdienst in der Gemeinde. Referat von Bischof Dr. Walter KASPER beim Studientag der Deutschen Bischofskonferenz in Reute. ARBEITSHILFE Nr. 118. Bonn 23. Februar 1994

SEKRETARIAT DER DEUTSCHEN BISCHOFSKONFERENZ (Hrsg.): Die Enzyklika Evangelium vitae. VERLAUTBARUNGEN DES APOSTOLISCHEN STUHLS Nr. 120 (1995). Nr. 2

SEKRETARIAT DER DEUTSCHEN BISCHOFSKONFERENZ (Hrsg.): Der pastorale Dienst in der Pfarrgemeinde. DIE DEUTSCHEN BISCHÖFE Nr. 54. Bonn 28. September 1995

SEKRETARIAT DER DEUTSCHEN BISCHOFSKONFERENZ: Instruktionen zu einigen Fragen über die Mitarbeit der Laien am Dienst der Priester. VERLAUTBARUNGEN DES APOSTOLISCHEN STUHLS 129. Bonn 1997

SEKRETARIAT DES FREIBURGER DIÖZESANFORUMS (Hrsg.): Dokumentation zum Freiburger Diözesanforum. Heft 1: Die Voten. Freiburg 1992. S. 9 (Votum 1 der Kommission I); Heft 2: Die Vorlagen. Freiburg 1992. S. 11-32

SELGE, K.-H.: Das seelsorgerische Amt im neuen CIC. Die Pfarrei als Ort neuer kirchlicher Ämter? Eine Auseinandersetzung mit dem Canon 517 § 2 CIC/1983. EUROPÄISCHE HOCHSCHULSCHRIFTEN. Reihe XXIII. Band 418. Frankfurt-Bern-New York-Paris 1993

SELGE, K.H.: Laien als amtliche Seelsorger in der Pfarrei? ANZEIGER FÜR DIE SEELSORGE 12/1994. S. 581-585

SENFT, J.: Anerkennung des anderen. Paradigma sozialethischer und religionspädagogischer Bildung. ORIENTIERUNG 61 (1997) S. 28-30

SESBOUÉ, B.: Die pastoralen Mitarbeiter. Eine theologische Vorausschau oder: die Widersprüche zwischen theoretischer und praktischer Ekklesiologie. PASTORALBLATT 5/1994. S. 131-140

STEINKAMP, H.: Identität der Gemeinde? Kritische Bemerkungen zum gegenwärtigen Konzept von Gemeindeberatung. DIAKONIA 1985. S. 249ff

STEINKAMP, H.: Sozialwissenschaft und praktische Theologie. Leitfaden Theologie Band 11. Düsseldorf 1983

STEINKAMP, H.: Diakonie – Kennzeichen der Gemeinde. Freiburg 1985

STEINKAMP H.: Der pastorale Notstand. Notwendige Reformen für eine zukunftsfähige Kirche. Düsseldorf 1992

STENGER, H.: Dienen ist nicht nur Dienen. Ein Beitrag zur Redlichkeit pastoralen Handelns. LEBENDIGE SEELSORGE 2/3 1983. S. 82-87

STENGER, H. (Hrsg.): Eignung für die Berufe der Kirche. Freiburg 1988

STENGER, H.: Mehr Kompetenz – mehr Zuversicht. Ein Plädoyer für die Verwirklichung des Can. 208 CIC. LEBENDIGE SEELSORGE 1/1994. S. 14-20

STIER, F.: Das Neue Testament. München 1989

STRAHM, Ch.: Die kulturelle Evolution des Menschen. FREIBURGER UNIVERSITÄTS-BLÄTTTER Heft 139 / März 1998. S. 91-109

SUDBRACK, J.: Neue Religiosität. Herausforderung für die Christen. Mainz 1987

SUDBRACK, J.: Die vergessene Mystik und die Herausforderung des Christentums durch New Age. Würzburg 1988

SUDBRACK, J.: Faszination Esoterik: Wie oben so unten". LEBENDIGE KATECHESE 2/1995. S. 66-69

SZONDI, L.: Ich-Analyse. Die Grundlage zur Vereinigung der Tiefenpsychologie. Bern-Stuttgart 1556

TAUBERT, L.: Den Erfolg wollen. McKinsey durchleuchtet den Dekanatsbezirk München. MITTEILUNGEN DER EVANGELISCHEN LANDESKIRCHE BADEN. Heft 3. Mai/Juni 1996. S. 5

TEBARTZ VAN ELST, F.-P.: Der Erwachsenenkatechumenat in den Vereinigten Staaten von Amerika. Eine Anregung für die Sakramentenpastoral in Deutschland. Altenberge 1993

THEOBALD, M.: Die Zukunft des kirchlichen Amtes. Neutestamentliche Perspektiven angesichts gegenwärtiger Blockaden. STIMMEN DER ZEIT Heft 3 / März 1998. S. 195-208

URQUHART, G.: Im Namen des Papstes. Die verschwiegenen Truppen des Vatikans. München 1995

VAN DER VEN, J.A.: Kommunikative Identität der Ortskirche. CONCILIUM 5/1994. S. 394-402

VAN DER VEN, J.: Perspektive einer kontextuellen Ekklesiologie. DIAKONIA 2/1996. S. 119-125

VENETZ, H.J.: Vielfältige Formen von Gemeindeleitung im Neuen Testament. LEBENDIGE SEELSORGE 4-5/1995. S. 188-193

VERWEYEN, H.J.: Gottes letztes Wort. Düsseldorf 1991

VÖGELE, R.: Versuche mit neuen Formen der Gemeindeleitung. Ein Überblick von Lateinamerika, Kinshasa, Linz, Speyer bis Basel. LEBENDIGE SEELSORGE 4-5/1995. S. 215-218

VÖGELE, R.: Gemeindeentwicklung und neue Gemeindemodelle in der Erzdiözese Freiburg,. UNTERNEHMEN KIRCHE. Organisationshandbuch für Pfarrer und Gemeinde. Stadtbergen 1997. S. 65-81

VORGRIMMLER, H.: Überlegungen zum Glaubenssinn der Gläubigen. DIAKONIA Heft 6 / November 1997. S. 366-375

WAHL, H.: Sakramentenpastoral in der spätmodernen Gesellschaft. Praktisch-theologische und pastoralpsychologische Aspekte einer herausfordernden Situation. MÜNCHENER THEOLOGISCHE ZEITSCHRIFT 2/1996. S. 131-143

WALF, K.: Eine Chance für synodale Strukturen und Rechte? ORIENTIERUNG 59/1995. S. 29-33

WALDENFELS, H.: Faszination der Religionen. LEBENDIGE KATECHESE 2/1995. S. 71-73

WALDENFELS, H.: Zur Ekklesiologie der Enzyklika Redemptoris. ZEITSCHRIFT FÜR MISSIONSWISSENSCHAFT UND RELIGIONSWISSENSCHAFT 75 (1991). S. 176-190

WALTER, M.: Zwischen Ritual und Aufbruch. GOTTESDIENST 16/17 - 1997. S. 121-127

WALTER, P.: Gemeindeleitung und Eucharistiefeier. Zur theologischen Ortsbestimmung des Amtes. FRALING, B. u.a. (Hrsg.): Kirche und Theologie im kulturellen Dialog. Freiburg 1994. S. 54ff

WALTER, P.: Vorsteher der Eucharistie und Gemeindeleitung. Theologische und praktische Überlegungen. LEBENDIGE SEELSORGE 4-5/1995. S. 193-198

WALTER, R.: Gemeinden für das Leben. Das Anliegen der Hospizbewegung und die Vision einer erneuerten Pastoral. ANZEIGER FÜR DIE SEELSORGE 5/1996. S. 233-235

WANKE, J.: Weihnachtslob für Ungläubige? Ein liturgisches Experiment im Erfurter Dom am 24.12.1988. GOTTESDIENST 23/1989. S. 145-147

WANKE, J.: Last und Chance des Christseins. Akzente eines Weges. Leipzig 1991

WANKE, J.: Was das Bistum zur Heimat macht. STIMMEN DER ZEIT 119/1994. S. 87

WANKE, J.: Chancen und Grenzen des Dialogs in der Kirche. ANZEIGER FÜR DIE SEEL-SORGE 2/1994. S. 43- 49

WARNECKE, H.-J.: Die Fraktale Fabrik. Revolution der Unternehmenskultur. Berlin 1992

WEBER, N.: Von der Präsentation zur Ordination. ANZEIGER FÜR DIE SEELSORGE 6/1994. S. 277-280

WEIBEL, R.: Auseinanderhalten, was eigentlich zusammengehört. SCHWEIZERISCHE KIR-CHENZEITUNG 27-28/1996. S. 421-424

WERBICK, J.: Kirche. Freiburg 1994

WERBICK, J.: Vom Wagnis des Christseins. Wie glaubwürdig ist der Glaube? München 1995

WEIZSÄCKER, C.F.v.: Bewußtseinswandel. München-Wien 1988

WESS, P.: Ihr alle seid Geschwister. Mainz 1983

WELSCH, W.: Unsere postmoderne Moderne. Weinheim 1987

WESS, P.: Ein neues Apostelkonzil? Überlegungen zur gegenwärtigen Situation der Kirche. ANZEIGER FÜR DIE SEELSORGE 11/1995. S. 539-542

WIEH, H.: Konzil und Gemeinde. Eine systematisch-theologische Untersuchung zum Gemeindeverständnis des Zweiten Vatikanischen Konzils in pastoraler Absicht. FRANK-FURTER THEOLOGISCHE STUDIEN 25. Frankfurt 1978

WIDL, M.: Herausforderung Sehnsuchtsreligion. Neue religiöse Kulturformen und kirchliches Handeln. THEOLOGISCH-PRAKTISCHE QUARTALSCHRIFT 4/1995. S. 392-401

WILBER, K.: Der glaubende Mensch. München 1983

WILBER, K.: Das holographische Weltbild. Bern-München-Wien [2]1986

WILBER, K.: Halbzeit der Evolution. Bern-München-Wien 1987

WILBER, K.: Das Spektrum des Bewußtseins. Bern-München-Wien 1987

WILBER, K.: Wege zum Selbst. München 1987

WILBER, K.: Die drei Augen der Erkenntnis. Auf dem Weg zu einem neuen Weltbild, München 1988

WILBER, K.: Mut und Gnade. Scherz-Verlag [6]1994

WILBER, K.: Naturwissenschaft und Religion. Die Versöhnung eines Gegensatzes. Frankfurt a.M. 1998

WILBER, K., ENGLER, J. u. BROWN, D. (Hrsg.): Psychologie der Befreiung. Bern-München-Wien 1988

WILBER, K., ECKER, B. u. ANTHONY, D.: Meister, Gurus, Menschenfänger. Über die Integrität spiritueller Wege. Frankfurt a.M. 1995

WINDISCH, H.: Theologische Durchblicke: Pastoralaporetik. THEOLOGIE DER GEGEN-WART 39 (1996) S. 272-276

WINTER, M.: Glauben und Leben zusammenbringen. Seelsorge in Denzlingen. KONRADS-BLATT. Wochenzeitung für das Erzbistum Freiburg Nr. 40/1994. S. 22-23

WOHLFAHRT, A.: Ehrenamtliches Engagement heute. Das theologisch-psychologische Qualifizierungskonzept für Ehrenamtliche im Altenbesuchsdienst. Würzburg 1995

WOLFF, H.: Jesus der Mann. Die Gestalt Jesu in tiefenpsychologischer Sicht. Stuttgart ⁸1985

ZAUNER, W.: Leben und Leitung der Gemeinde. Ein Leitungsverständnis von der Gemeinde aus gedacht. DIAKONIA Heft 1/ Januar 1996. S. 23-34

ZAUNER, W.: Leben mit einem wandelbaren Priesterbild. DIAKONIA Heft 3 / Mai 1998. S. 145-152

ZERFASS, R.: Menschliche Seelsorge. Für eine Spiritualität von Priestern und Laien im Gemeindedienst. Freiburg 1985

ZIEGER, B.: Wie kam es zum Konzil? Eine fällige Erinnerung an Papst PIUS XII. und seine Enzyklika "Mystici Corporis". ANZEIGER FÜR DIE SEELSORGE 7/1994. S. 315-318

ZIMMERMANN, D.: Leben – Glauben – Feiern. Dimension eines Glaubensweges. LEBENDIGE SEELSORGE 29/1978. S. 148-149

ZIMMERMANN, D.: Leben – Deuten – Feiern. Eine Orientierung für Katechese und Pastoral. München ³1996

ZOLLITSCH, R.: Amt und Funktion des Priesters. Eine Untersuchung zum Ursprung und zur Gestalt des Presbyters in den ersten zwei Jahrhunderten. Freiburg 1974

ZSIFKOVITS, V.: Mehr Chancen durch mehr Mitbestimmung. Zur Strukturreform der Kirche. STIMMEN DER ZEIT 1/1996. S. 43-54

ZULEHNER, P.M.: Leutereligion. Wien 1982

ZULEHNER, P.M.: Heirat Geburt Tod. Eine Pastoral zu den Lebenswenden. Freiburg ⁴1982

ZULEHNER, P.M.: Der mühsame Weg aus der Versorgungskirche. STIMMEN DER ZEIT. Heft 1 - Januar 1984. S. 3-14

ZULEHNER, P.M.: Gemeinde. Neues Handbuch theologischer Grundbegriffe. Band 2. München 1984

ZULEHNER, P.M.: Das Gottesgerücht. Bausteine für eine Kirche der Zukunft. Düsseldorf ²1987

ZULEHNER, P.M.: Pastoraltheologie. Band 2. Düsseldorf 1989

ZULEHNER, P.M.: Grundkurs gemeindlichen Glaubens. Ein Arbeitsbuch. Düsseldorf 1992

ZULEHNER, P.M. u. DENZ, H.: Wie Europa lehrt und glaubt. Europäische Wertestudie. Düsseldorf 1993

ZULEHNER, P.M.: Fundamentalismus in der katholischen Kirche. MATERIALDIENST DES KONFESSIONSKUNDLICHEN INSTITUTS BENSHEIM 5/1995. S. 90-94

ZULEHNER, P.M., FISCHER, J., HUBER, M.: Sie werden mein Volk sein. Grundkurs gemeindlichen Glaubens. Düsseldorf ⁵1995